COLETÂNEA DE QUESTÕES

PSICOLOGIA – COMUNICAÇÃO DESIGN – TURISMO

2012 © Wander Garcia

Coordenador da Coleção: Wander Garcia
Organizadores: Wander Garcia e Elson Garcia
Editor: Márcio Dompieri
Projeto gráfico, Capa e Diagramação: R2 Criações

FICHA CATALOGRÁFICA ELABORADA PELO

Sistemas de Bibliotecas da UNICAMP /
Diretoria de Tratamento da Informação
Bibliotecária: Helena Joana Flipsen – CRB-8ª / 5283

G	Garcia, Wander.
	Coletânea de Questões e Habilidades Gerais e Específicas do ENADE – Psicologia, Comunicação Social, Design e Turismo / Wander Garcia -- Campinas, SP : Editora Foco, 2012. p. 428
	1. Psicologia, Comunicação Social, Design e Turismo. 2. Exames - Questões. 3. Educação.
I. Título.	
	CDD - 658
	- 371.261
	- 370
ISBN 978-85-62168-76-5	

Índices para Catálogo Sistemático:

1. Psicologia, Comunicação Social, Design e Turismo   658
2. Exames - Questões   371.261
3. Educação   370

2012

Proibida a reprodução total ou parcial.
Os infratores serão processados na forma da lei.
Todos os direitos reservados à
Editora Foco Jurídico Ltda
Al. José Amstalden 491 – Cj. 52
CEP 13331-100 – Indaiatuba – SP
E-mail: contato@editorafoco.com.br

www.editorafoco.com.br

SUMÁRIO

CAPÍTULO I
AVALIAÇÃO DAS HABILIDADES E CONTEÚDOS GERAIS E ESPECÍFICOS 7

CAPÍTULO II
QUESTÕES DE FORMAÇÃO GERAL 11

HABILIDADE 01
INTERPRETAR, COMPREENDER E ANALISAR TEXTOS, CHARGES,
FIGURAS, FOTOS, GRÁFICOS E TABELAS 15

HABILIDADE 02
ESTABELECER COMPARAÇÕES, CONTEXTUALIZAÇÕES, RELAÇÕES,
CONTRASTES E RECONHECER DIFERENTES MANIFESTAÇÕES ARTÍSTICAS 23

HABILIDADE 03
ELABORAR SÍNTESES E EXTRAIR CONCLUSÕES 35

HABILIDADE 04
CRITICAR, ARGUMENTAR, OPINAR, PROPOR SOLUÇÕES E FAZER ESCOLHAS 43

ANEXO I
GABARITO E PADRÃO DE RESPOSTA 51

HABILIDADE 1 – INTERPRETAR, COMPREENDER E ANALISAR TEXTOS,
CHARGES, FIGURAS, FOTOS, GRÁFICOS E TABELAS 51

HABILIDADE 2 – ESTABELECER COMPARAÇÕES, CONTEXTUALIZAÇÕES, RELAÇÕES,
CONTRASTES E RECONHECER DIFERENTES MANIFESTAÇÕES ARTÍSTICAS 51

HABILIDADE 3 – ELABORAR SÍNTESES E EXTRAIR CONCLUSÕES 51

HABILIDADE 4 – CRITICAR, ARGUMENTAR, OPINAR, PROPOR SOLUÇÕES E FAZER ESCOLHAS 53

CAPÍTULO III
QUESTÕES DE COMPONENTES ESPECÍFICOS DE PSICOLOGIA 57

PSICOLOGIA
2009 61

PSICOLOGIA
2006 71

PSICOLOGIA
2003 79

COLETÂNEA DE QUESTÕES – PSICOLOGIA, COMUNICAÇÃO SOCIAL, DESIGN, TURISMO

PSICOLOGIA
2002 91

PSICOLOGIA
2001 99

PSICOLOGIA
2000 109

CAPÍTULO IV
QUESTÕES DE COMPONENTES ESPECÍFICOS DE COMUNICAÇÃO SOCIAL — 117

COMUNICAÇÃO SOCIAL
2009 125

1. COMPONENTE ESPECÍFICO / COMUM 125

2. COMPONENTE ESPECÍFICO / CINEMA 128

3. COMPONENTE ESPECÍFICO / EDITORAÇÃO 130

4. COMPONENTE ESPECÍFICO / JORNALISMO 133

5. COMPONENTE ESPECÍFICO /PUBLICIDADE E PROPAGANDA 137

6. COMPONENTE ESPECÍFICO /RADIALISMO 140

7. COMPONENTE ESPECÍFICO /RELAÇÕES PÚBLICAS 143

COMUNICAÇÃO SOCIAL
2006 147

JORNALISMO
2003 155

JORNALISMO
2001 159

CAPÍTULO V
QUESTÕES DE COMPONENTES ESPECÍFICOS DE DESIGN — 167

DESIGN DE MODA
2009 171

DESIGN
2009 179

DESIGN
2006 185

CAPÍTULO VI
QUESTÕES DE COMPONENTES ESPECÍFICOS DE TURISMO — 193

GESTÃO DE TURISMO
2009 197

TURISMO
2009 205

TURISMO
2006 213

CAPÍTULO VII
GABARITO E PADRÃO DE RESPOSTA **223**

CAPÍTULO III
QUESTÕES DE COMPONENTES ESPECÍFICOS DE PSICOLOGIA 225

PSICOLOGIA – 2006 226

PSICOLOGIA – 2003 227

PSICOLOGIA – 2002 229

PSICOLOGIA – 2001 229

PSICOLOGIA – 2000 229

CAPÍTULO IV
QUESTÕES DE COMPONENTES ESPECÍFICOSDE COMUNICAÇÃO SOCIAL 230

COMUNICAÇÃO SOCIAL – 2009 230

COMUNICAÇÃO SOCIAL – 2006 232

JORNALISMO – 2003 236

JORNALISMO – 2001 237

CAPÍTULO V
QUESTÕES DE COMPONENTES ESPECÍFICOS DE DESIGN 239

DESIGN DE MODA – 2009 239

DESIGN – 2009 239

DESIGN – 2006 242

CAPÍTULO VI
QUESTÕES DE COMPONENTES ESPECÍFICOS DE TURISMO 244

GESTÃO DE TURISMO – 2009 244

TURISMO – 2009 245

TURISMO – 2006 246

Capítulo I
Avaliação das Habilidades e Conteúdos Gerais e Específicos

Avaliação das Habilidades e Conteúdos Gerais e Específicos

Mais do que nunca as Instituições de Ensino Superior, o Ministério da Educação e o mercado de trabalho buscam a formação de profissionais que desenvolvam habilidades, competências e conteúdos gerais e específicos.

Nesse sentido, o Exame Nacional de Desempenho dos Estudantes - ENADE, instituído pela Lei 10.861/04, vem submetendo, principalmente junto aos alunos concluintes, exame **obrigatório** que avalia habilidades e competências destes, e não apenas a capacidade de decorar do estudante, o que faz com que essa avaliação esteja muito mais próxima do que é a "vida real", o mercado de trabalho, do que outros exames de proficiência e de concursos com os quais o estudante se depara durante sua vida escolar e profissional.

Esse exame tem os seguintes **objetivos**:

a) avaliar o desempenho dos estudantes com relação aos **conteúdos programáticos** previstos nas diretrizes curriculares dos cursos de graduação;

b) avaliar o desempenho dos estudantes quanto ao **desenvolvimento de competências e habilidades** necessárias ao aprofundamento da formação geral e profissional;

c) avaliar o desempenho dos estudantes quanto ao **nível de atualização** com relação à realidade brasileira e mundial;

d) servir como um dos **instrumentos de avaliação** das instituições de ensino superior e dos cursos de graduação.

Dessa forma, o exame não privilegia o verbo **decorar**, mas sim os verbos analisar, comparar, relacionar, organizar, contextualizar, interpretar, calcular, **raciocinar**, argumentar, propor, dentre outros.

É claro que será aferido também se os conteúdos programáticos ministrados nos cursos superiores foram bem compreendidos, mas o foco maior é a avaliação do desenvolvimento da capacidade de compreensão, de síntese, de crítica, de argumentação e de proposição de soluções por parte dos estudantes.

Além disso, o exame é **interdisciplinar** e **contextualizado**, inserindo o estudante dentro de situações-problemas, de modo a verificar a capacidade deste de *aprender a pensar*, a *refletir* e a *saber como fazer*.

O exame é formado por 40 questões, sendo 10 questões de **Formação Geral, das quais duas são subjetivas**, e 30 questões de **Componente Específico, das quais três são subjetivas**.

As questões subjetivas costumam avaliar textos argumentativos a serem escritos, em geral, em até 15 linhas.

O peso da parte de formação geral é de 25%, ao passo que o peso da segunda parte é de 75%.

O objetivo da presente obra é colaborar com esse processo contínuo de desenvolvimento de habilidades e conteúdos gerais e específicos junto aos alunos, a partir do conhecimento e resolução de questões do exame mencionado e do Exame Nacional de Cursos, questões essas que, como se viu, primam pela avaliação desses conteúdos e competências.

Capítulo II
Questões de Formação Geral

1) Conteúdos e Habilidades objetos de perguntas nas questões de Formação Geral.

As questões de Formação Geral avaliam, junto aos estudantes, o conhecimento e a compreensão, dentre outros, dos seguintes **Conteúdos**:

a) Arte, cultura e filosofia;

b) Avanços tecnológicos;

c) Ciência, tecnologia e inovação;

d) Democracia, ética, cidadania e direitos humanos;

e) Ecologia e biodiversidade;

f) Globalização e geopolítica;

g) Políticas públicas: educação, habitação, saneamento, saúde, transporte, segurança, defesa e desenvolvimento sustentável;

h) Relações de trabalho;

i) Responsabilidade social e redes sociais: setor público, privado, terceiro setor;

j) Sociodiversidade: multiculturalismo, tolerância, inclusão e exclusão (inclusive digital), relações de gênero; minorias;

k) Tecnologias de Informação e Comunicação;

l) Vida urbana e rural;

m) Violência e terrorismo;

n) Relações interpessoais;

o) Propriedade intelectual;

p) Diferentes mídias e tratamento da informação.

Tais conteúdos são o pano de fundo para avaliação do desenvolvimento dos seguintes grupos de Habilidades:

a) **Interpretar**, **compreender** e **analisar** textos, charges, figuras, fotos, gráficos e tabelas.

b) Estabelecer **comparações**, contextualizações, relações, contrastes e reconhecer diferentes manifestações artísticas.

c) Elaborar sínteses e extrair **conclusões**.

d) **Criticar**, **argumentar**, opinar, propor **soluções** e fazer escolhas.

As questões objetivas costumam trabalhar com as três primeiras habilidades, ao passo que as questões discursivas trabalham, normalmente, com a quarta habilidade.

Com relação às questões de Formação Geral optamos por classificá-las nesta obra pelas quatro Habilidades acima enunciadas.

2) Questões de Formação Geral classificadas por Habilidades.

Habilidade 01

INTERPRETAR, COMPREENDER E ANALISAR TEXTOS, CHARGES, FIGURAS, FOTOS, GRÁFICOS E TABELAS

1. (EXAME 2004)

TEXTO

"O homem se tornou lobo para o homem, porque a meta do desenvolvimento industrial está concentrada num objeto e não no ser humano. A tecnologia e a própria ciência não respeitaram os valores éticos e, por isso, não tiveram respeito algum para o humanismo. Para a convivência. Para o sentido mesmo da existência.

Na própria política, o que contou no pós-guerra foi o êxito econômico e, muito pouco, a justiça social e o cultivo da verdadeira imagem do homem. Fomos vítimas da ganância e da máquina. Das cifras. E, assim, perdemos o sentido autêntico da confiança, da fé, do amor. As máquinas andaram por cima da plantinha sempre tenra da esperança. E foi o caos."

ARNS, Paulo Evaristo. **Em favor do homem.**
Rio de Janeiro: Avenir, s/d. p.10.

De acordo com o texto, pode-se afirmar que

(A) a industrialização, embora respeite os valores éticos, não visa ao homem.
(B) a confiança, a fé, a ganância e o amor se impõem para uma convivência possível.
(C) a política do pós-guerra eliminou totalmente a esperança entre os homens.
(D) o sentido da existência encontra-se instalado no êxito econômico e no conforto.
(E) o desenvolvimento tecnológico e científico não respeitou o humanismo.

2. (EXAME 2004)

Millôr e a ética do nosso tempo

A charge de Millôr aponta para

(A) a fragilidade dos princípios morais.
(B) a defesa das convicções políticas.
(C) a persuasão como estratégia de convencimento.
(D) o predomínio do econômico sobre o ético.
(E) o desrespeito às relações profissionais.

3. (EXAME 2004)

Os países em desenvolvimento fazem grandes esforços para promover a inclusão digital, ou seja, o acesso, por parte de seus cidadãos, às tecnologias da era da informação. Um dos indicadores empregados é o número de hosts, ou seja, número de computadores que estão conectados à Internet. A tabela e o gráfico abaixo mostram a evolução do número de hosts nos três países que lideram o setor na América Latina.

Numero de *hosts*

	2000	2001	2002	2003	2004
Brasil	446444	876596	1644575	2237527	3163349
México	404873	559165	918288	1107795	1333406
Argentina	142470	270275	465359	495920	742358

Fonte: Internet Systems Consortium, 2004

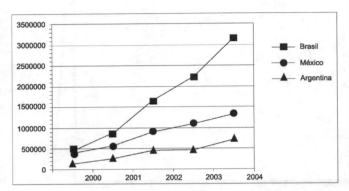

Fonte: Internet Systems Consortium, 2004

Dos três países, os que apresentaram, respectivamente, o maior e o menor crescimento percentual no número de hosts no período 2000-2004 foram:

(A) Brasil e México.
(B) Brasil e Argentina.
(C) Argentina e México.
(D) Argentina e Brasil.
(E) México e Argentina.

4. (EXAME 2005)

As ações terroristas cada vez mais se propagam pelo mundo, havendo ataques em várias cidades, em todos os continentes.

Nesse contexto, analise a seguinte notícia:

> No dia 10 de março de 2005, o Presidente de Governo da Espanha José Luis Rodriguez Zapatero em conferência sobre o terrorismo, ocorrida em Madri para lembrar os atentados do dia 11 de março de 2004, "assinalou que os espanhóis encheram as ruas em sinal de dor e solidariedade e dois dias depois encheram as urnas, mostrando assim o único caminho para derrotar o terrorismo: a democracia. Também proclamou que não existe álibi para o assassinato indiscriminado. Zapatero afirmou que não há política, nem ideologia, resistência ou luta no terror, só há o vazio da futilidade, a infâmia e a barbárie. Também defendeu a comunidade islâmica, lembrando que não se deve vincular esse fenômeno com nenhuma civilização, cultura ou religião. Por esse motivo apostou na criação pelas Nações Unidas de uma aliança de civilizações para que não se continue ignorando a pobreza extrema, a exclusão social ou os Estados falidos, que constituem, segundo ele, um terreno fértil para o terrorismo".

(MANCEBO, Isabel. Madri fecha conferência sobre terrorismo e relembra os mortos de 11-M. (Adaptado).
Disponível em: http://www2.rnw.nl/rnw/pt/atualidade/europa/ at050311_onzedemarco?Acesso em Set. 2005)

A principal razão, indicada pelo governante espanhol, para que haja tais iniciativas do terror está explicitada na seguinte afirmação:

(A) O desejo de vingança desencadeia atos de barbárie dos terroristas.
(B) A democracia permite que as organizações terroristas se desenvolvam.
(C) A desigualdade social existente em alguns países alimenta o terrorismo.
(D) O choque de civilizações aprofunda os abismos culturais entre os países.
(E) A intolerância gera medo e insegurança criando condições para o terrorismo.

5. (EXAME 2005)

(Laerte. *O condomínio*)

(Laerte. O condomínio)

(Disponível em: http://www2.uol.com.br/laerte/tiras/index-condomínio.html)

As duas charges de Laerte são críticas a dois problemas atuais da sociedade brasileira, que podem ser identificados pela crise

(A) na saúde e na segurança pública.
(B) na assistência social e na habitação.
(C) na educação básica e na comunicação.
(D) na previdência social e pelo desemprego.
(E) nos hospitais e pelas epidemias urbanas.

6. (EXAME 2005)

(La Vanguardia, 04 dez. 2004)

O referendo popular é uma prática democrática que vem sendo exercida em alguns países, como exemplificado, na charge, pelo caso espanhol, por ocasião da votação sobre a aprovação ou não da Constituição Européia. Na charge, pergunta-se com destaque:

"Você aprova o tratado da Constituição Européia?", sendo apresentadas várias opções, além de haver a possibilidade de dupla marcação.

A **crítica** contida na charge indica que a prática do referendo deve

(A) ser recomendada nas situações em que o plebiscito já tenha ocorrido.
(B) apresentar uma vasta gama de opções para garantir seu caráter democrático.
(C) ser precedida de um amplo debate prévio para o esclarecimento da população.
(D) significar um tipo de consulta que possa inviabilizar os rumos políticos de uma nação.
(E) ser entendida como uma estratégia dos governos para manter o exercício da soberania.

7. (EXAME 2006)

Jornal do Brasil, 3 ago. 2005.

Tendo em vista a construção da idéia de nação no Brasil, o argumento da personagem expressa

(A) a afirmação da identidade regional.
(B) a fragilização do multiculturalismo global.
(C) o ressurgimento do fundamentalismo local.
(D) o esfacelamento da unidade do território nacional.
(E) o fortalecimento do separatismo estadual.

8. (EXAME 2006)

A formação da consciência ética, baseada na promoção dos valores éticos, envolve a identificação de alguns conceitos como: "consciência moral", "senso moral", "juízo de fato" e "juízo de valor". A esse respeito, leia os quadros a seguir.

Quadro I - Situação
Helena está na fila de um banco, quando, de repente, um indivíduo, atrás na fila, se sente mal. Devido à experiência com seu marido cardíaco, tem a impressão de que o homem está tendo um enfarto. Em sua bolsa há uma cartela com medicamento que poderia evitar o perigo de acontecer o pior. Helena pensa: "Não sou médica – devo ou não devo medicar o doente? Caso não seja problema cardíaco – o que acho difícil –, ele poderia piorar? Piorando, alguém poderá dizer que foi por minha causa – uma curiosa que tem a pretensão de agir como médica. Dou ou não dou o remédio? O que fazer?"

Quadro II - Afirmativas
1 - O "senso moral" relaciona-se à maneira como avaliamos nossa situação e a de nossos semelhantes, nosso comportamento, a conduta e a ação de outras pessoas segundo idéias como as de justiça e injustiça, certo e errado.
2 - A "consciência moral" refere-se a avaliações de conduta que nos levam a tomar decisões por nós mesmos, a agir em conformidade com elas e a responder por elas perante os outros.

Qual afirmativa e respectiva razão fazem uma associação mais adequada com a situação apresentada?

(A) Afirmativa 1- porque o "senso moral" se manifesta como conseqüência da "consciência moral", que revela sentimentos associados às situações da vida.
(B) Afirmativa 1- porque o "senso moral" pressupõe um "juízo de fato", que é um ato normativo enunciador de normas segundo critérios de correto e incorreto.
(C) Afirmativa 1- porque o "senso moral" revela a indignação diante de fatos que julgamos ter feito errado provocando sofrimento alheio.
(D) Afirmativa 2- porque a "consciência moral" se manifesta na capacidade de deliberar diante de alternativas possíveis que são avaliadas segundo valores éticos.
(E) Afirmativa 2- porque a "consciência moral" indica um "juízo de valor" que define o que as coisas são, como são e por que são.

9. (EXAME 2006)

A legislação de trânsito brasileira considera que o condutor de um veículo está dirigindo alcoolizado quando o teor alcoólico de seu sangue excede 0,6 gramas de álcool por litro de sangue. O gráfico abaixo mostra o processo de absorção e eliminação do álcool quando um indivíduo bebe, em um curto espaço de tempo, de 1 a 4 latas de cerveja.

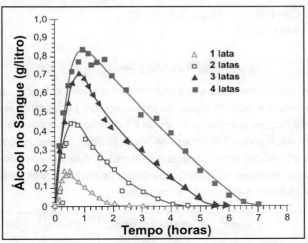

(Fonte: National Health Institute, Estados Unidos)

Considere as afirmativas a seguir.

I. O álcool é absorvido pelo organismo muito mais lentamente do que é eliminado.
II. Uma pessoa que vá dirigir imediatamente após a ingestão da bebida pode consumir, no máximo, duas latas de cerveja.
III. Se uma pessoa toma rapidamente quatro latas de cerveja, o álcool contido na bebida só é completamente eliminado após se passarem cerca de 7 horas da ingestão.

Está(ão) correta(s) a(s) afirmativa(s)

(A) II, apenas.
(B) I e II, apenas.
(C) I e III, apenas.
(D) II e III, apenas.
(E) I, II e III.

10. (EXAME 2006)

A tabela abaixo mostra como se distribui o tipo de ocupação dos jovens de 16 a 24 anos que trabalham em 5 Regiões Metropolitanas e no Distrito Federal.

Distribuição dos jovens ocupados, de 16 a 24 anos, segundo posição na ocupação
Regiões Metropolitanas e Distrito Federal - 2005 (em porcentagem)

Regiões Metropolitanas e Distrito Federal	Assalariados Total	Setor privado Total	Com carteira assinada	Sem carteira assinada	Setor público	Autônomos Total	Trabalha para o público	Trabalha para empresas	Empregado Doméstico	Outros
Belo Horizonte	79,0	72,9	53,2	19,7	6,1	12,5	7,9	4,6	7,4	(1)
Distrito Federal	80,0	69,8	49,0	20,8	10,2	9,8	5,2	4,6	7,1	(1)
Porto Alegre	86,0	78,0	58,4	19,6	8,0	7,7	4,5	3,2	3,0	(1)
Recife	69,8	61,2	36,9	24,3	8,6	17,5	8,4	9,1	7,1	(1)
Salvador	71,6	64,5	39,8	24,7	7,1	18,6	14,3	4,3	7,2	(1)
São Paulo	80,4	76,9	49,3	27,6	3,5	11,3	4,0	7,4	5,3	(1)

(Fonte: Convênio DIEESE / Seade, MTE / FAT e convênios regionais.
PED - Pesquisa de Emprego e Desemprego Elaboração: DIEESE)
Nota: (1) A amostra não comporta a desagregação para esta categoria.

Das regiões estudadas, aquela que apresenta o maior percentual de jovens sem carteira assinada, dentre os jovens que são assalariados do setor privado, é

(A) Belo Horizonte.
(B) Distrito Federal.
(C) Recife.
(D) Salvador.
(E) São Paulo.

11. (EXAME 2007)

Os países em desenvolvimento fazem grandes esforços para promover a inclusão digital, ou seja, o acesso, por parte de seus cidadãos, às tecnologias da era da informação. Um dos indicadores empregados é o número de *hosts*, isto é, o número de computadores que estão conectados à Internet. A tabela e o gráfico abaixo mostram a evolução do número de *hosts* nos três países que lideram o setor na América do Sul.

	2003	2004	2005	2006	2007
Brasil	2.237.527	3.163.349	3.934.577	5.094.730	7.422.440
Argentina	495.920	742.358	1.050.639	1.464.719	1.837.050
Colômbia	55.626	115.158	324.889	440.585	721.114

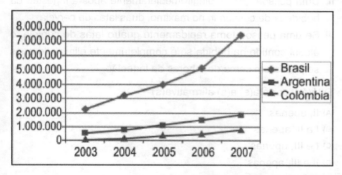

Fonte: IBGE (Network Wizards, 2007)

Dos três países, os que apresentaram, respectivamente, o maior e o menor crescimento percentual no número de *hosts*, no período 2003 – 2007, foram

(A) Brasil e Colômbia.
(B) Brasil e Argentina.
(C) Argentina e Brasil.
(D) Colômbia e Brasil.
(E) Colômbia e Argentina.

12. (EXAME 2008)

CIDADÃS DE SEGUNDA CLASSE?

As melhores leis a favor das mulheres de cada país-membro da União Européia estão sendo reunidas por especialistas.

O objetivo é compor uma legislação continental capaz de contemplar temas que vão da contracepção à eqüidade salarial, da prostituição à aposentadoria. Contudo, uma legislação que assegure a inclusão social das cidadãs deve contemplar outros temas, além dos citados.

São dois os temas mais específicos para essa legislação:

(A) aborto e violência doméstica.
(B) cotas raciais e assédio moral.
(C) educação moral e trabalho.
(D) estupro e imigração clandestina.
(E) liberdade de expressão e divórcio.

13. (EXAME 2008)

A foto a seguir, da americana Margaret Bourke-White (1904-71), apresenta desempregados na fila de alimentos durante a Grande Depressão, que se iniciou em 1929.

STRICKLAND, Carol; BOSWELL, John. **Arte Comentada**: da pré-história ao pós-moderno. Rio de Janeiro: Ediouro [s.d.].

Além da preocupação com a perfeita composição, a artista, nessa foto, revela

(A) a capacidade de organização do operariado.
(B) a esperança de um futuro melhor para negros.
(C) a possibilidade de ascensão social universal.
(D) as contradições da sociedade capitalista.
(E) o consumismo de determinadas classes sociais.

14. (EXAME 2008)

CENTROS URBANOS MEMBROS DO GRUPO "ENERGIA-CIDADES"

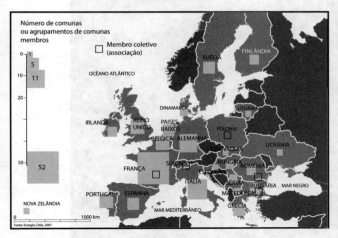

LE MONDE Diplomatique Brasil. **Atlas do Meio Ambiente**, 2008. p. 82.

No mapa, registra-se uma prática exemplar para que as cidades se tornem sustentáveis de fato, favorecendo as trocas horizontais, ou seja, associando e conectando territórios entre si, evitando desperdícios no uso de energia.

Essa prática exemplar apóia-se, fundamentalmente, na

(A) centralização de decisões políticas.
(B) atuação estratégica em rede.
(C) fragmentação de iniciativas institucionais.
(D) hierarquização de autonomias locais.
(E) unificação regional de impostos.

15. (EXAME 2008)

Disponível em: http://www.ipea.gov.br/sites/000/2/livros/desigualdaderendanobrasil/cap_04_avaliandoasignificancia.pdf

Apesar do progresso verificado nos últimos anos, o Brasil continua sendo um país em que há uma grande desigualdade de renda entre os cidadãos. Uma forma de se constatar este fato é por meio da Curva de Lorenz, que fornece, para cada valor de x entre 0 e 100, o percentual da renda total do País auferido pelos x% de brasileiros de menor renda. Por exemplo, na Curva de Lorenz para 2004, apresentada ao lado, constata-se que a renda total dos 60% de menor renda representou apenas 20% da renda total.

De acordo com o mesmo gráfico, o percentual da renda total correspondente aos 20% de **maior** renda foi, aproximadamente, igual a

(A) 20%
(B) 40%
(C) 50%
(D) 60%
(E) 80%

16. (EXAME 2009)

Leia o trecho:

> **O sertão vai a Veneza**
>
> Festival de Veneza exibe "Viajo Porque Preciso, Volto Porque Te Amo", de Karim Aïnouz e Marcelo Gomes, feito a partir de uma longa viagem pelo sertão nordestino. [...] Rodaram 13 mil quilômetros, a partir de Juazeiro do Norte, no Ceará, passando por Pernambuco, Paraíba, Sergipe e Alagoas, improvisando dia a dia os locais de filmagem. "Estávamos à procura de tudo que encetava e causava estranhamento. Queríamos romper com a ideia de lugar isolado, intacto, esquecido, arraigado numa religiosidade intransponível. Eu até evito usar a palavra 'sertão' para ter um novo olhar sobre esse lugar", conta Karim.
>
> A ideia era afastar-se da imagem histórica da região na cultura brasileira. "Encontramos um universo plural que tem desde uma feira de equipamentos eletrônicos a locais de total desolação", completa Marcelo.

CRUZ, Leonardo. Folha de S. Paulo, p. E1, 05/09/2009.

A partir da leitura desse trecho, é INCORRETO afirmar que

(A) a feira de equipamentos eletrônicos, símbolo da modernidade e da tecnologia sofisticada, é representativa do contrário do que se pensa sobre o sertão nordestino.
(B) as expressões isolamento, esquecimento e religiosidade, utilizadas pelos cineastas, são consideradas adequadas para expressar a atual realidade sertaneja.
(C) o termo "sertão" tem conotação pejorativa, por implicar atraso e pobreza; por isso, seu uso deve ser cuidadoso.
(D) os entrevistados manifestam o desejo de contribuir para a desmitificação da imagem do sertão nordestino, congelada no imaginário de parte dos brasileiros.
(E) revela o estranhamento que é comum entre pessoas mal informadas e simplificadoras, que veem o sertão como uma região homogênea.

17. (EXAME 2009)

Leia o planisfério, em que é mostrada uma imagem noturna da superfície terrestre, obtida a partir de imagens de satélite:

http://antwrp.gsfc.nasa.gov/apod/image/0011/earthlights_dmsp_big.jpg (Acessado em 21 set. 2009).

Com base na leitura desse planisfério, é CORRETO afirmar que as regiões continentais em que se verifica luminosidade noturna mais intensa

(A) abrigam os espaços de economia mais dinâmica do mundo contemporâneo, onde se localizam os principais centros de decisão que comandam a atual ordem mundial.

(B) expressam a divisão do Planeta em dois hemisférios – o Leste e o Oeste – que, apesar de integrados à economia-mundo, revelam indicadores sociais discrepantes.

(C) comprovam que o Planeta pode abrigar o dobro de seu atual contingente populacional, desde que mantido o padrão de consumo praticado pela sociedade contemporânea.

(D) registram fluxos reduzidos de informação, de pessoas, de mercadorias e de capitais, tendo em vista a saturação de suas redes de circulação, alcançada no início do século XXI.

(E) substituíram suas tradicionais fontes de energia não renováveis, historicamente empregadas na geração de eletricidade, por alternativas limpas e não poluentes.

18. (EXAME 2010)

A charge acima representa um grupo de cidadãos pensando e agindo de modo diferenciado, frente a uma decisão cujo caminho exige um percurso ético. Considerando a imagem e as ideias que ela transmite, avalie as afirmativas que se seguem.

I. A ética não se impõe imperativamente nem universalmente a cada cidadão; cada um terá que escolher por si mesmo os seus valores e ideias, isto é, praticar a autoética.

II. A ética política supõe o sujeito responsável por suas ações e pelo seu modo de agir na sociedade.

III. A ética pode se reduzir ao político, do mesmo modo que o político pode se reduzir à ética, em um processo a serviço do sujeito responsável.

IV. A ética prescinde de condições históricas e sociais, pois é no homem que se situa a decisão ética, quando ele escolhe os seus valores e as suas finalidades.

V. A ética se dá de fora para dentro, como compreensão do mundo, na perspectiva do fortalecimento dos valores pessoais.

É correto apenas o que se afirma em

(A) I e II.
(B) I e V.
c). II e IV.
(D) III e IV.
(E) III e V.

19. (EXAME 2010)

De agosto de 2008 a *janeiro* de 2009, o desmatamento na Amazônia Legal concentrou-se em regiões específicas. Do ponto de vista fundiário, a maior parte do desmatamento (cerca de 80%) aconteceu em áreas privadas ou em diversos estágios de posse. O restante do desmatamento ocorreu em assentamentos promovidos pelo INCRA, conforme a política de Reforma Agrária (8%), unidades de conservação (5%) e em terras indígenas (7%).

Disponível em: <WWW.imazon.org.br>.
Acesso em: 26 ago. 2010. (com adaptações).

Infere-se do texto que, sob o ponto de vista fundiário, o problema do desmatamento na Amazônia Legal está centrado

(A) nos grupos engajados na política de proteção ambiental, pois eles não aprofundaram o debate acerca da questão fundiária.
(B) nos povos indígenas, pois eles desmataram a área que ocupavam mais do que a comunidade dos assentados pelo INCRA.
(C) nos posseiros irregulares e proprietários regularizados, que desmataram mais, pois muitos ainda não estão integrados aos planos de manejo sustentável da terra.
(D) nas unidades de conservação, que costumam burlar leis fundiárias; nelas, o desmatamento foi maior que o realizado pelos assentados pelo INCRA.
(E) nos assentamentos regulamentados pelo INCRA, nos quais o desmatamento foi maior que o realizado pelos donos de áreas privadas da Amazônia Legal.

20. (EXAME 2010)

Levantamento feito pelo jornal Folha de S. Paulo e publicado em 11 de abril de 2009, com base em dados de 2008, revela que o índice de homicídios por 100 mil habitantes no Brasil varia de 10,6 a 66,2. O levantamento inclui dados de 23 estados e do Distrito Federal. De acordo com a Organização Mundial da Saúde (OMS), áreas com índices superiores a 10 assassinatos por 100 mil habitantes são consideradas zonas epidêmicas de homicídios.

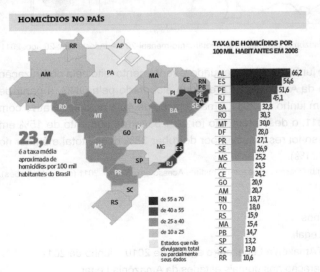

Análise da mortalidade por homicídios no Brasil. Disponível em:
<http://www1.folha.uol.com.br/folha/cotidiano/ult95u549196.shtml>.
Acesso em: 22 ago. 2010.

A partir das informações do texto e do gráfico acima, conclui-se que

(A) o número total de homicídios em 2008 no estado da Paraíba é inferior ao do estado de São Paulo.
(B) os estados que não divulgaram os seus dados de homicídios encontram-se na região Centro-Oeste.
(C) a média aritmética das taxas de homicídios por 100 mil habitantes da região Sul é superior à taxa média aproximada do Brasil.
(D) a taxa de homicídios por 100 mil habitantes do estado da Bahia, em 2008, supera a do Rio Grande do Norte em mais de 100%.
(E) Roraima é o estado com menor taxa de homicídios por 100 mil habitantes, não se caracterizando como zona epidêmica de homicídios.

21. (EXAME 2011)

Retrato de uma princesa desconhecida

Para que ela tivesse um pescoço tão fino
Para que os seus pulsos tivessem um quebrar de caule
Para que os seus olhos fossem tão frontais e limpos
Para que a sua espinha fosse tão direita
E ela usasse a cabeça tão erguida
Com uma tão simples claridade sobre a testa
Foram necessárias sucessivas gerações de escravos
De corpo dobrado e grossas mãos pacientes
Servindo sucessivas gerações de príncipes
Ainda um pouco toscos e grosseiros
Ávidos cruéis e fraudulentos
Foi um imenso desperdiçar de gente
Para que ela fosse aquela perfeição
Solitária exilada sem destino

ANDRESEN, S. M. B. Dual. Lisboa: Caminho, 2004. p. 73.

No poema, a autora sugere que

(A) os príncipes e as princesas são naturalmente belos.
(B) os príncipes generosos cultivavam a beleza da princesa.
(C) a beleza da princesa é desperdiçada pela miscigenação racial.
(D) o trabalho compulsório de escravos proporcionou privilégios aos príncipes.
(E) o exílio e a solidão são os responsáveis pela manutenção do corpo esbelto da princesa.

22. (EXAME 2011)

A cibercultura pode ser vista como herdeira legítima (embora distante) do projeto progressista dos filósofos do século XVII. De fato, ela valoriza a participação das pessoas em comunidades de debate e argumentação. Na linha reta das morais da igualdade, ela incentiva uma forma de reciprocidade essencial nas relações humanas. Desenvolveu-se a partir de uma prática assídua de trocas de informações e conhecimentos, coisa que os filósofos do Iluminismo viam como principal motor do progresso. (...) A cibercultura não seria pós-moderna, mas estaria inserida perfeitamente na continuidade dos ideais revolucionários e republicanos de liberdade, igualdade e fraternidade. A diferença é apenas que, na cibercultura, esses "valores" se encarnam em dispositivos técnicos concretos. Na era das mídias eletrônicas, a igualdade se concretiza na possibilidade de cada um transmitir a todos; a liberdade toma forma nos *softwares* de codificação e no acesso a múltiplas comunidades virtuais, atravessando fronteiras, enquanto a fraternidade, finalmente, se traduz em interconexão mundial.

LEVY, P. Revolução virtual. Folha de S. Paulo.
Caderno Mais, 16 ago. 1998, p.3 (adaptado).

O desenvolvimento de redes de relacionamento por meio de computadores e a expansão da Internet abriram novas perspectivas para a cultura, a comunicação e a educação.

De acordo com as ideias do texto acima, a cibercultura

(A) representa uma modalidade de cultura pós-moderna de liberdade de comunicação e ação.
(B) constituiu negação dos valores progressistas defendidos pelos filósofos do Iluminismo.
(C) banalizou a ciência ao disseminar o conhecimento nas redes sociais.
(D) valorizou o isolamento dos indivíduos pela produção de *softwares* de codificação.
(E) incorpora valores do Iluminismo ao favorecer o compartilhamento de informações e conhecimentos.

23. (EXAME 2011)

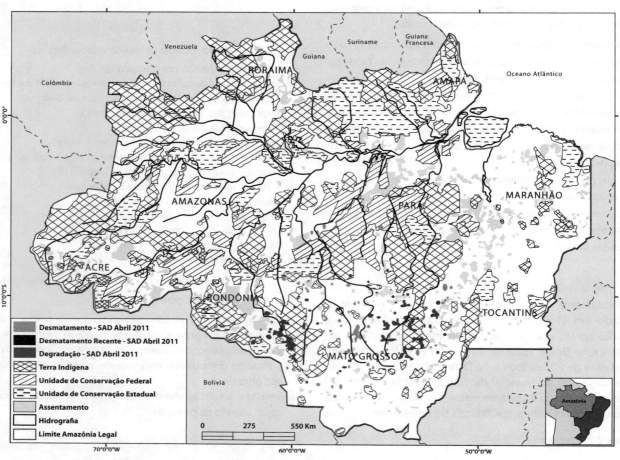

Desmatamento na Amazônia Legal. Disponível em: <www.imazon.org.br/mapas/desmatamento-mensal-2011>. Acesso em: 20 ago. 2011.

O ritmo de desmatamento na Amazônia Legal diminuiu no mês de junho de 2011, segundo levantamento feito pela organização ambiental brasileira Imazon (Instituto do Homem e Meio Ambiente da Amazônia). O relatório elaborado pela ONG, a partir de imagens de satélite, apontou desmatamento de 99 km² no bioma em junho de 2011, uma redução de 42% no comparativo com junho de 2010. No acumulado entre agosto de 2010 e junho de 2011, o desmatamento foi de 1 534 km², aumento de 15% em relação a agosto de 2009 e junho de 2010. O estado de Mato Grosso foi responsável por derrubar 38% desse total e é líder no *ranking* do desmatamento, seguido do Pará (25%) e de Rondônia (21%).

Disponível em: <http://www.imazon.org.br/imprensa/imazon-na-midia>. Acesso em: 20 ago. 2011 (com adaptações).

De acordo com as informações do mapa e do texto,

(A) foram desmatados 1 534 km² na Amazônia Legal nos últimos dois anos.
(B) não houve aumento do desmatamento no último ano na Amazônia Legal.
(C) três estados brasileiros responderam por 84% do desmatamento na Amazônia Legal entre agosto de 2010 e junho de 2011.
(D) o estado do Amapá apresenta alta taxa de desmatamento em comparação aos demais estados da Amazônia Legal.
(E) o desmatamento na Amazônia Legal, em junho de 2010, foi de 140 km2, comparando-se o índice de junho de 2011 ao índice de junho de 2010.

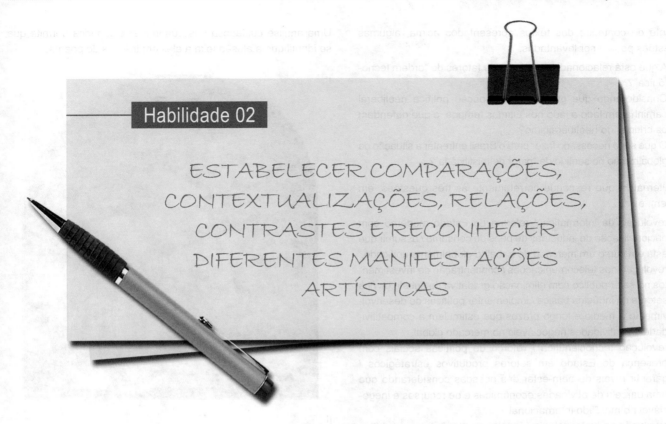

Habilidade 02

ESTABELECER COMPARAÇÕES, CONTEXTUALIZAÇÕES, RELAÇÕES, CONTRASTES E RECONHECER DIFERENTES MANIFESTAÇÕES ARTÍSTICAS

TEXTO I

"O homem se tornou lobo para o homem, porque a meta do desenvolvimento industrial está concentrada num objeto e não no ser humano. A tecnologia e a própria ciência não respeitaram os valores éticos e, por isso, não tiveram respeito algum para o humanismo. Para a convivência. Para o sentido mesmo da existência.

Na própria política, o que contou no pós-guerra foi o êxito econômico e, muito pouco, a justiça social e o cultivo da verdadeira imagem do homem. Fomos vítimas da ganância e da máquina. Das cifras. E, assim, perdemos o sentido autêntico da confiança, da fé, do amor. As máquinas andaram por cima da plantinha sempre tenra da esperança. E foi o caos."

ARNS, Paulo Evaristo. **Em favor do homem.** Rio de Janeiro: Avenir, s/d. p.10.

TEXTO II

Millôr e a ética do nosso tempo

1. (EXAME 2004)

A charge de Millôr e o texto de Dom Paulo Evaristo Arns tratam, em comum,

(A) do total desrespeito às tradições religiosas e éticas.
(B) da defesa das convicções morais diante da corrupção.
(C) da ênfase no êxito econômico acima de qualquer coisa.
(D) da perda dos valores éticos nos tempos modernos.
(E) da perda da fé e da esperança num mundo globalizado.

2. (EXAME 2004)

"Os determinantes da globalização podem ser agrupados em três conjuntos de fatores: tecnológicos, institucionais e sistêmicos."

GONÇALVES, Reinaldo. **Globalização e Desnacionalização.** São Paulo: Paz e Terra, 1999.

"A ortodoxia neoliberal não se verifica apenas no campo econômico. Infelizmente, no campo social, tanto no âmbito das idéias como no terreno das políticas, o neoliberalismo fez estragos (...)."

SOARES, Laura T. **O Desastre Social.** Rio de Janeiro: Record, 2003.

"Junto com a globalização do grande capital, ocorre a fragmentação do mundo do trabalho, a exclusão de grupos humanos, o abandono de continentes e regiões, a concentração da riqueza em certas empresas e países, a fragilização da maioria dos Estados, e assim por diante (...). O primeiro passo para que o Brasil possa enfrentar esta situação é parar de mistificá-la."

BENJAMIM, Cesar & outros. **A Opção Brasileira.** Rio de Janeiro: Contraponto, 1998.

Diante do conteúdo dos textos apresentados acima, algumas questões podem ser levantadas.

1. A que está relacionado o conjunto de fatores de "ordem tecnológica"?
2. Considerando que globalização e opção política neoliberal caminharam lado a lado nos últimos tempos, o que defendem os críticos do neoliberalismo?
3. O que seria necessário fazer para o Brasil enfrentar a situação da globalização no sentido de "parar de mistificá-la"?

A alternativa que responde corretamente às três questões, em ordem, é:

(A) revolução da informática / reforma do Estado moderno com nacionalização de indústrias de bens de consumo / assumir que está em curso um mercado de trabalho globalmente unificado.
(B) revolução nas telecomunicações / concentração de investimentos no setor público com eliminação gradativa de subsídios nos setores da indústria básica / implementar políticas de desenvolvimento a médio e longo prazos que estimulem a competitividade das atividades negociáveis no mercado global.
(C) revolução tecnocientífica / reforço de políticas sociais com presença do Estado em setores produtivos estratégicos / garantir níveis de bem-estar das pessoas considerando que uma parcela de atividades econômicas e de recursos é inegociável no mercado internacional.
(D) revolução da biotecnologia / fortalecimento da base produtiva com subsídios à pesquisa tecnocientífica nas transnacionais / considerar que o aumento das barreiras ao deslocamento de pessoas, o mundo do trabalho e a questão social estão circunscritos aos espaços regionais.
(E) Terceira Revolução Industrial / auxílio do FMI com impulso para atração de investimentos estrangeiros / compreender que o desempenho de empresas brasileiras que não operam no mercado internacional não é decisivo para definir o grau de utilização do potencial produtivo, o volume de produção a ser alcançado, o nível de emprego e a oferta de produtos essenciais.

3. (EXAME 2004)

A leitura do poema de Carlos Drummond de Andrade traz à lembrança alguns quadros de Cândido *Portinari*.

Portinari

De um baú de folhas-de-flandres no caminho da roça
um baú que os pintores desprezaram
mas que anjos vêm cobrir de flores namoradeiras
salta João Cândido trajado de arco-íris
saltam garimpeiros, mártires da liberdade, São João da Cruz
salta o galo escarlate bicando o pranto de Jeremias
saltam cavalos-marinhos em fila azul e ritmada
saltam orquídeas humanas, seringais, poetas de e sem óculos, transfigurados
saltam caprichos do nordeste – nosso tempo
(nele estamos crucificados e nossos olhos dão testemunho)
salta uma angústia purificada na alegria do volume justo e da cor autêntica
salta o mundo de Portinari que fica lá no fundo maginando novas surpresas.

ANDRADE, Carlos Drummond de. **Obra completa.** Rio de Janeiro: Companhia Editora Aguilar, 1964. p.380-381.

Uma análise cuidadosa dos quadros selecionados permite que se identifique a alusão feita a eles em trechos do poema.

I

II

III

IV

V

Podem ser relacionados ao poema de Drummond os seguintes quadros de Portinari:

(A) I, II, III e IV.
(B) I, II, III e V.
(C) I, II, IV e V.
(D) I, III, IV e V.
(E) II, III, IV e V.

4. (EXAME 2005)

Leia e relacione os textos a seguir

> O Governo Federal deve promover a inclusão digital, pois a falta de acesso às tecnologias digitais acaba por excluir socialmente o cidadão, em especial a juventude.

(Projeto Casa Brasil de inclusão digital começa em 2004.
In: MAZZA, Mariana. *JB online*.)

Comparando a proposta acima com a charge, pode-se concluir que

(A) o conhecimento da tecnologia digital está democratizado no Brasil.
(B) a preocupação social é preparar quadros para o domínio da informática.
(C) o apelo à inclusão digital atrai os jovens para o universo da computação.
(D) o acesso à tecnologia digital está perdido para as comunidades carentes.
(E) a dificuldade de acesso ao mundo digital torna o cidadão um excluído social.

5. (EXAME 2005)

Leia trechos da carta-resposta de um cacique indígena à sugestão, feita pelo Governo do Estado da Virgínia (EUA), de que uma tribo de índios enviasse alguns jovens para estudar nas escolas dos brancos.

> "(...) Nós estamos convencidos, portanto, de que os senhores desejam o nosso bem e agradecemos de todo o coração. Mas aqueles que são sábios reconhecem que diferentes nações têm concepções diferentes das coisas e, sendo assim, os senhores não ficarão ofendidos ao saber que a vossa idéia de educação não é a mesma que a nossa. (...) Muitos dos nossos bravos guerreiros foram formados nas escolas do Norte e aprenderam toda a vossa ciência. Mas, quando eles voltaram para nós, eram maus corredores, ignorantes da vida da floresta e incapazes de suportar o frio e a fome. Não sabiam caçar o veado, matar o inimigo ou construir uma cabana e falavam nossa língua muito mal. Eles eram, portanto, inúteis. (...) Ficamos extremamente agradecidos pela vossa oferta e, embora não possamos aceitá-la, para mostrar a nossa gratidão concordamos que os nobres senhores de Virgínia nos enviem alguns de seus jovens, que lhes ensinaremos tudo que sabemos e faremos deles homens."

(BRANDÃO, Carlos Rodrigues. *O que é educação*. São Paulo: Brasiliense, 1984)

A relação entre os dois principais temas do texto da carta e a forma de abordagem da educação privilegiada pelo cacique está representada por:

(A) sabedoria e política / educação difusa.

(B) identidade e história / educação formal.

(C) ideologia e filosofia / educação superior.

(D) ciência e escolaridade / educação técnica.

(E) educação e cultura / educação assistemática.

6. (EXAME 2005)

(Colecção Roberto Marinho. Seis décadas da arte moderna brasileira. Lisboa: Fundação Calouste Gulbenkian, 1989. p.53.)

A "cidade" retratada na pintura de Alberto da Veiga Guignard está tematizada nos versos

(A) Por entre o Beberibe, e o oceano
Em uma areia sáfia, e lagadiça
Jaz o Recife povoação mestiça,
Que o belga edificou ímpio tirano.

(MATOS, Gregório de. Obra poética. Ed. James Amado. Rio de Janeiro: Record, 1990. Vol. II, p. 1191.)

(B) Repousemos na pedra de Ouro Preto,
Repousemos no centro de Ouro Preto:
São Francisco de Assis! igreja ilustre, acolhe,
À tua sombra irmã, meus membros lassos.

(MENDES, Murilo. Poesia completa e prosa. Org. Luciana Stegagno Picchio. Rio de Janeiro: Nova Aguilar, 1994. p. 460.)

(C) Bembelelém
Viva Belém!
Belém do Pará porto moderno integrado na equatorial
Beleza eterna da paisagem
Bembelelém
Viva Belém!

(BANDEIRA, Manuel. Poesia e prosa. Rio de Janeiro: Aguilar, 1958. Vol. I, p. 196.)

(D) Bahia, ao invés de arranha-céus, cruzes e cruzes
De braços estendidos para os céus,
E na entrada do porto,
Antes do Farol da Barra,
O primeiro Cristo Redentor do Brasil!

(LIMA, Jorge de. Poesia completa. Org. Alexei Bueno. Rio de Janeiro: Nova Aguilar, 1997. p. 211.)

(E) No cimento de Brasília se resguardam
maneiras de casa antiga de fazenda,
de copiar, de casa-grande de engenho,
enfim, das casaronas de alma fêmea.

(MELO NETO, João Cabral. Obra completa. Rio de Janeiro: Nova Aguilar, 1994. p. 343.)

7. (EXAME 2006)

INDICADORES DE FRACASSO ESCOLAR NO BRASIL

ATÉ OS ANOS 90	DADOS DE 2002
Mais da metade (52%) dos que iniciavam não conseguiam concluir o Ensino Fundamental na idade correta.	Já está em 60% a taxa dos que concluem o Ensino Fundamental na idade certa.
Quando conseguiam, o tempo médio era de 12 anos.	Tempo médio atual é de 9.7 anos.
Por isso não iam para o Ensino Médio, iam direto para o mercado de trabalho.	Ensino Médio - 1 milhão de novos alunos por ano e idade média de ingresso caiu de 17 para 15, indicador indireto de que os concluintes do Fundamental estão indo para o Médio.
A escolaridade média da força de trabalho era de 5.3 anos.	A escolaridade média da força de trabalho subiu para 6.4 anos.
No Ensino Médio, o atendimento à população na série correta (35%) era metade do observado em países de desenvolvimento semelhante, como Argentina, Chile e México.	No Ensino Médio, o atendimento à população na série correta é de 45%.

(Disponível em http://revistaescola.abril.com.br/edicoes/0173/aberto/fala_exclusivo.pdf)

Observando os dados fornecidos no quadro, percebe-se

(A) um avanço nos índices gerais da educação no País, graças ao investimento aplicado nas escolas.

(B) um crescimento do Ensino Médio, com índices superiores aos de países com desenvolvimento semelhante.

(C) um aumento da evasão escolar, devido à necessidade de inserção profissional no mercado de trabalho.

(D) um incremento do tempo médio de formação, sustentado pelo índice de aprovação no Ensino Fundamental.

(E) uma melhoria na qualificação da força de trabalho, incentivada pelo aumento da escolaridade média.

8. (EXAME 2006)

José Pancetti

O tema que domina os fragmentos poéticos abaixo é o mar. Identifique, entre eles, aquele que mais se aproxima do quadro de Pancetti.

(A) Os homens e as mulheres
adormecidos na praia
que nuvens procuram
agarrar?

(MELO NETO, João Cabral de. Marinha. **Os melhores poemas**. São Paulo: Global, 1985. p. 14.)

(B) Um barco singra o peito
rosado do mar.
A manhã sacode as ondas
e os coqueiros.

(ESPÍNOLA, Adriano. Pesca. **Beira-sol**. Rio de Janeiro: TopBooks, 1997. p. 13.)

(C) Na melancolia de teus olhos
Eu sinto a noite se inclinar
E ouço as cantigas antigas
Do mar.

(MORAES, Vinícius de. Mar. **Antologia poética**. 25 ed. Rio de Janeiro: José Olympio, 1984. p. 93.)

(D) E olhamos a ilha assinalada
pelo gosto de abril que o mar trazia
e galgamos nosso sono sobre a areia
num barco só de vento e maresia.

(SECCHIN, Antônio Carlos. A ilha. **Todos os ventos**. Rio de Janeiro: Nova Fronteira, 2002. p. 148.)

(E) As ondas vêm deitar-se no estertor da praia larga...
No vento a vir do mar ouvem-se avisos naufragados...
Cabeças coroadas de algas magras e de estrados...
Gargantas engolindo grossos goles de água amarga...

(BUENO, Alexei. Maresia. **Poesia reunida**. Rio de Janeiro: Nova Fronteira, 2003. p. 19.)

9. (EXAME 2006)

Observe as composições a seguir.

(CAULOS. **Só dói quando eu respiro**. Porto Alegre: L & PM, 2001.)

QUESTÃO DE PONTUAÇÃO

Todo mundo aceita que ao homem
cabe pontuar a própria vida:
que viva em ponto de exclamação
(dizem: tem alma dionisíaca);

viva em ponto de interrogação
(foi filosofia, ora é poesia);
viva equilibrando-se entre vírgulas
e sem pontuação (na política):

o homem só não aceita do homem
que use a só pontuação fatal:
que use, na frase que ele vive
o inevitável ponto final.

(MELO NETO, João Cabral de. **Museu de tudo e depois**. Rio de Janeiro: Nova Fronteira, 1988.)

Os dois textos acima relacionam a vida a sinais de pontuação, utilizando estes como metáforas do comportamento do ser humano e das suas atitudes.

A exata correspondência entre a estrofe da poesia e o quadro do texto "Uma Biografia" é

(A) a primeira estrofe e o quarto quadro.
(B) a segunda estrofe e o terceiro quadro.
(C) a segunda estrofe e o quarto quadro.
(D) a segunda estrofe e o quinto quadro.
(E) a terceira estrofe e o quinto quadro.

10. (EXAME 2007)

Cidadezinha qualquer

Casas entre bananeiras
mulheres entre laranjeiras
pomar amor cantar.

Um homem vai devagar.
Um cachorro vai devagar.
Um burro vai devagar.
Devagar... as janelas olham.

Eta vida besta, meu Deus.

ANDRADE, Carlos Drummond de. Alguma poesia. In: **Poesia completa**. Rio de Janeiro: Nova Aguilar, 2002, p. 23.

Cidadezinha cheia de graça...
Tão pequenina que até causa dó!
Com seus burricos a pastar na praça...
Sua igrejinha de uma torre só...

Nuvens que venham, nuvens e asas,
Não param nunca nem num segundo...
E fica a torre, sobre as velhas casas,
Fica cismando como é vasto o mundo!...

Eu que de longe venho perdido,
Sem pouso fixo (a triste sina!)
Ah, quem me dera ter lá nascido!

Lá toda a vida poder morar!
Cidadezinha... Tão pequenina
Que toda cabe num só olhar...

QUINTANA, Mário. A rua dos cataventos In: **Poesia completa**. Org. Tânia Franco Carvalhal. Rio de Janeiro: Nova Aguilar, 2006, p. 107.

Ao se escolher uma ilustração para esses poemas, qual das obras, abaixo, estaria de acordo com o tema neles dominante?

(A)

Di Cavalcanti

(B)

Tarsila do Amaral

(C)

Taunay

(D)

Manezinho Araújo

(E)

Guignard

11. (EXAME 2007)

Vamos supor que você recebeu de um amigo de infância e seu colega de escola um pedido, por escrito, vazado nos seguintes termos:

> "Venho mui respeitosamente solicitar-lhe o empréstimo do seu livro de Redação para Concurso, para fins de consulta escolar."

Essa solicitação em tudo se assemelha à atitude de uma pessoa que

(A) comparece a um evento solene vestindo *smoking* completo e cartola.
(B) vai a um piquenique engravatado, vestindo terno completo, calçando sapatos de verniz.
(C) vai a uma cerimônia de posse usando um terno completo e calçando botas.
(D) freqüenta um estádio de futebol usando sandálias de couro e bermudas de algodão.
(E) veste terno completo e usa gravata para proferir um conferência internacional.

12. (EXAME 2008)

O escritor Machado de Assis (1839-1908), cujo centenário de morte está sendo celebrado no presente ano, retratou na sua obra de ficção as grandes transformações políticas que aconteceram no Brasil nas últimas décadas do século XIX.

O fragmento do romance *Esaú e Jacó*, a seguir transcrito, reflete o clima político-social vivido naquela época.

> Podia ter sido mais turbulento. Conspiração houve, decerto, mas uma barricada não faria mal. Seja como for, venceu-se a campanha. (...)
>
> Deodoro é uma bela figura. (...)
>
> Enquanto a cabeça de Paulo ia formulando essas idéias, a de Pedro ia pensando o contrário; chamava o movimento um crime.
>
> — Um crime e um disparate, além de ingratidão; o imperador devia ter pegado os principais cabeças e mandá-los executar.
>
> ASSIS, Machado de. Esaú e Jacó. In:___. **Obra completa**. Rio de Janeiro: Nova Aguilar, 1979. v. 1, cap. LXVII (Fragmento).

Os personagens a seguir estão presentes no imaginário brasileiro, como símbolos da Pátria.

I

Disponível em: http://www.morcegolivre.vet.br/tiradentes_lj.html

II

ERMAKOFF, George. Rio de Janeiro, 1840- **1900**: Uma crônica fotográfica. Rio de Janeiro: G. Ermakoff Casa Editorial, 2006. p.189.

III

ERMAKOFF, George. Rio de Janeiro, 1840-1900: Uma crônica fotográfica. Rio de Janeiro: G. Ermakoff Casa Editorial, 2006. p.38.

IV

LAGO, Pedro Corrêa do; BANDEIRA, Júlio. Debret e o Brasil: Obra Completa 1816-1831. Rio de Janeiro: Capivara, 2007. p. 78.

V

LAGO, Pedro Corrêa do; BANDEIRA, Julio. Debret e o Brasil: Obra Completa 1816-1831. Rio de Janeiro: Capivara, 2007. p. 93.

Das imagens acima, as figuras referidas no fragmento do romance *Esaú e Jacó* são

(A) I e III
(B) I e V
(C) II e III
(D) II e IV
(E) II e V

13. (EXAME 2008)

Quando o homem não trata bem a natureza, a natureza não trata bem o homem.

Essa afirmativa reitera a necessária interação das diferentes espécies, representadas na imagem a seguir.

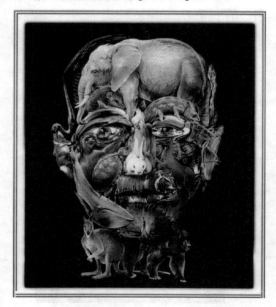

Disponível em: http://curiosidades.spaceblog.com.br.
Acesso em: 10 out. 2008.

Depreende-se dessa imagem a

(A) atuação do homem na clonagem de animais pré-históricos.
(B) exclusão do homem na ameaça efetiva à sobrevivência do planeta.
(C) ingerência do homem na reprodução de espécies em cativeiro.
(D) mutação das espécies pela ação predatória do homem.
(E) responsabilidade do homem na manutenção da biodiversidade.

14. (EXAME 2008)

O filósofo alemão Friedrich Nietzsche(1844-1900), talvez o pensador moderno mais incômodo e provocativo, influenciou várias gerações e movimentos artísticos. O Expressionismo, que teve forte influência desse filósofo, contribuiu para o pensamento contrário ao racionalismo moderno e ao trabalho mecânico, através do embate entre a razão e a fantasia.

As obras desse movimento deixam de priorizar o padrão de beleza tradicional para enfocar a instabilidade da vida, marcada por angústia, dor, inadequação do artista diante da realidade. Das obras a seguir, a que reflete esse enfoque artístico é

(A)

Homem idoso na poltrona Rembrandt van Rijn - Louvre, Paris Disponível em: http://www.allposters.com/ gallery.asp?startat=/ getposter. aspx?APNum=1350898

(B)

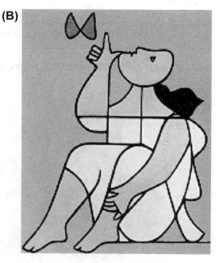

Figura e borboleta Milton Dacosta Disponível em:
http://www.unesp.br/ouvidoria/ publicacoes/ed_0805.php

(C)

O grito - Edvard Munch - Museu Munch, Oslo Disponível em: http://members.cox.net/ claregerber2/The%20Scream2.jpg

(D)

Menino mordido por um lagarto Michelangelo Merisi (Caravaggio) – National Gallery, Londres Disponível em: http://vr.theatre.ntu.edu.tw/artsfile/ artists/images/Caravaggio/Caravaggio024/File1.jpg

(E)

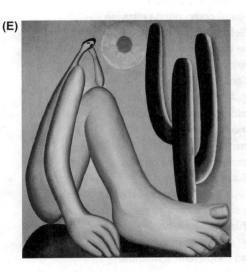

Abaporu - Tarsila do Amaral Disponível em: http://tarsiladoamaral.com.br/index_frame.htm

15. (EXAME 2009)

A urbanização no Brasil registrou marco histórico na década de 1970, quando o número de pessoas que viviam nas cidades ultrapassou o número daquelas que viviam no campo. No início deste século, em 2000, segundo dados do IBGE, mais de 80% da população brasileira já era urbana.

Considerando essas informações, estabeleça a relação entre as charges:

PORQUE

BARALDI, Márcio. http://www.marciobaraldi.com.br/baraldi2/component/joomgallery/?func=detail&id=178. (Acessado em 5 out. 2009)

Com base nas informações dadas e na relação proposta entre essas charges, é CORRETO afirmar que

(A) a primeira charge é falsa, e a segunda é verdadeira.

(B) a primeira charge é verdadeira, e a segunda é falsa.

(C) as duas charges são falsas.

(D) as duas charges são verdadeiras, e a segunda explica a primeira.

(E) as duas charges são verdadeiras, mas a segunda não explica a primeira.

16. (EXAME 2009)

Leia o gráfico, em que é mostrada a evolução do número de trabalhadores de 10 a 14 anos, em algumas regiões metropolitanas brasileiras, em dado período:

http://www1.folha.uol.com.br/folha/cotidiano/ult95u85799.shtml, acessado em 2 out. 2009. (Adaptado)

Leia a charge:

www.charges.com.br, acessado em 15 set. 2009.

Há relação entre o que é mostrado no gráfico e na charge?

(A) Não, pois a faixa etária acima dos 18 anos é aquela responsável pela disseminação da violência urbana nas grandes cidades brasileiras.
(B) Não, pois o crescimento do número de crianças e adolescentes que trabalham diminui o risco de sua exposição aos perigos da rua.
(C) Sim, pois ambos se associam ao mesmo contexto de problemas socioeconômicos e culturais vigentes no país.
(D) Sim, pois o crescimento do trabalho infantil no Brasil faz crescer o número de crianças envolvidas com o crime organizado.
(E) Ambos abordam temas diferentes e não é possível se estabelecer relação mesmo que indireta entre eles.

17. (EXAME 2010)

Painel da série Retirantes, de Cândido Portinari.
Disponível em: <http://3.bp.blogspot.com>. Acesso em 24 ago. 2010.

Morte e Vida Severina
(trecho)

Aí ficarás para sempre,
livre do sol e da chuva,
criando tuas saúvas.
— Agora trabalharás
só para ti, não a meias,
como antes em terra alheia.
— Trabalharás uma terra
da qual, além de senhor,
serás homem de eito e trator.
— Trabalhando nessa terra,
tu sozinho tudo empreitas:
serás semente, adubo, colheita.
— Trabalharás numa terra
que também te abriga e te veste:
embora com o brim do Nordeste.
— Será de terra
tua derradeira camisa:
te veste, como nunca em vida.
— Será de terra
e tua melhor camisa:
te veste e ninguém cobiça.
— Terás de terra
completo agora o teu fato:
e pela primeira vez, sapato.
Como és homem,
a terra te dará chapéu:
fosses mulher, xale ou véu.
— Tua roupa melhor
será de terra e não de fazenda:
não se rasga nem se remenda.
— Tua roupa melhor
e te ficará bem cingida:
como roupa feita à medida.

João Cabral de Meio Neto. **Morte e Vida Severina.**
Rio de Janeiro: Objetiva. 2008.

Analisando o painel de Portinari apresentado e o trecho destacado de Morte e Vida Severina, conclui-se que

(A) ambos revelam o trabalho dos homens na terra, com destaque para os produtos que nela podem ser cultivados.

(B) ambos mostram as possibilidades de desenvolvimento do homem que trabalha a terra, com destaque para um dos personagens.

(C) ambos mostram, figurativamente, o destino do sujeito sucumbido pela seca, com a diferença de que a cena de Portinari destaca o sofrimento dos que ficam.

(D) o poema revela a esperança, por meio de versos livres, assim como a cena de Portinari traz uma perspectiva próspera de futuro, por meio do gesto.

(E) o poema mostra um cenário próspero com elementos da natureza, como sol, chuva, insetos, e, por isso, mantém uma relação de oposição com a cena de Portinari.

18. (EXAME 2010)

Para preservar a língua, é preciso o cuidado de falar de acordo com a norma padrão. Uma dica para o bom desempenho linguístico é seguir o modelo de escrita dos clássicos. Isso não significa negar o papel da gramática normativa; trata-se apenas de ilustrar o modelo dado por ela. A escola é um lugar privilegiado de limpeza dos vícios de fala, pois oferece inúmeros recursos para o domínio da norma padrão e consequente distância da não padrão. Esse domínio é o que levará o sujeito a desempenhar competentemente as práticas sociais; trata-se do legado mais importante da humanidade.

PORQUE

A linguagem dá ao homem uma possibilidade de criar mundos, de criar realidades, de evocar realidades não presentes. E a língua é uma forma particular dessa faculdade [a linguagem] de criar mundos. A língua, nesse sentido, é a concretização de uma experiência histórica. Ela está radicalmente presa à sociedade.

XAVIER, A. C. & CORTEZ. s. (orgs.). Conversas com Linguistas: virtudes e controvérsias da Linguística. Rio de Janeiro: Parábola Editorial, p.72-73. 2005 (com adaptações).

Analisando a relação proposta entre as duas asserções acima, assinale a opção correta.

(A) As duas asserções são proposições verdadeiras, e a segunda é uma justificativa correta da primeira.

(B) As duas asserções são proposições verdadeiras, mas a segunda não é uma justificativa correta da primeira.

(C) A primeira asserção é uma proposição verdadeira, e a segunda é uma proposição falsa.

(D) A primeira asserção é uma proposição falsa, a segunda é uma proposição verdadeira.

(E) As duas asserções são proposições falsas.

19. (EXAME 2011)

Com o advento da República, a discussão sobre a questão educacional torna-se pauta significativa nas esferas dos Poderes Executivo e Legislativo, tanto no âmbito Federal quanto no Estadual. Já na Primeira República, a expansão da demanda social se propaga com o movimento da escolar-novista; no período getulista, encontram-se as reformas de Francisco Campos e Gustavo Capanema; no momento de crítica e balanço do pós-1946, ocorre a promulgação da primeira Lei de Diretrizes e Bases da Educação Nacional, em 1961. É somente com a Constituição de 1988, no entanto, que os brasileiros têm assegurada a educação de forma universal, como um direito de todos, tendo em vista o pleno desenvolvimento da pessoa no que se refere a sua preparação para o exercício da cidadania e sua qualificação para o trabalho. O artigo 208 do texto constitucional prevê como dever do Estado a oferta da educação tanto a crianças como àqueles que não tiveram acesso ao ensino em idade própria à escolarização cabida.

Nesse contexto, avalie as seguintes asserções e a relação proposta entre elas.

A relação entre educação e cidadania se estabelece na busca da universalização da educação como uma das condições necessárias para a consolidação da democracia no Brasil.

PORQUE

Por meio da atuação de seus representantes nos Poderes Executivos e Legislativo, no decorrer do século XX, passou a ser garantido no Brasil o direito de acesso à educação, inclusive aos jovens e adultos que já estavam fora da idade escolar.

A respeito dessas asserções, assinale a opção correta.

(A) As duas são proposições verdadeiras, e a segunda é uma justificativa correta da primeira.

(B) As duas são proposições verdadeiras, mas a segunda não é uma justificativa correta da primeira.

(C) A primeira é uma proposição verdadeira, e a segunda, falsa.

(D) A primeira é uma proposição falsa, e a segunda, verdadeira.

(E) Tanto a primeira quanto a segunda asserções são proposições falsas.

20. (EXAME 2011)

A definição de desenvolvimento sustentável mais usualmente utilizada é a que procura atender às necessidades atuais sem comprometer a capacidade das gerações futuras. O mundo assiste a um questionamento crescente de paradigmas estabelecidos na economia e também na cultura política. A crise ambiental no planeta, quando traduzida na mudança climática, é uma ameaça real ao pleno desenvolvimento das potencialidades dos países.

O Brasil está em uma posição privilegiada para enfrentar os enormes desafios que se acumulam. Abriga elementos fundamentais para o desenvolvimento: parte significativa da biodiversidade e da água doce existentes no planeta; grande extensão de terras cultiváveis; diversidade étnica e cultural e rica variedade de reservas naturais.

O campo do desenvolvimento sustentável pode ser conceitualmente dividido em três componentes: sustentabilidade ambiental, sustentabilidade econômica e sustentabilidade sociopolítica.

Nesse contexto, o desenvolvimento sustentável pressupõe

(A) a preservação do equilíbrio global e do valor das reservas de capital natural, o que não justifica a desaceleração do desenvolvimento econômico e político de uma sociedade.

(B) a redefinição de critérios e instrumentos de avaliação de custo-benefício que reflitam os efeitos socioeconômicos e os valores reais do consumo e da preservação.

(C) o reconhecimento de que, apesar de os recursos naturais serem ilimitados, deve ser traçado um novo modelo de desenvolvimento econômico para a humanidade.

(D) a redução do consumo das reservas naturais com a consequente estagnação do desenvolvimento econômico e tecnológico.

(E) a distribuição homogênea das reservas naturais entre as nações e as regiões em nível global e regional.

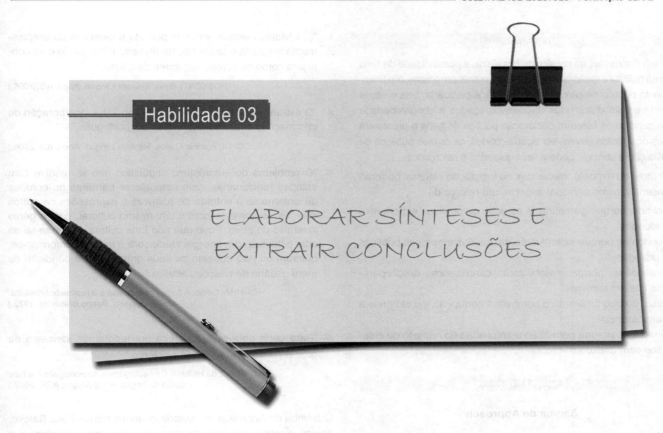

Habilidade 03

ELABORAR SÍNTESES E EXTRAIR CONCLUSÕES

1. (EXAME 2004)

"Crime contra Índio Pataxó comove o país

(...) Em mais um triste "Dia do Índio", Galdino saiu à noite com outros indígenas para uma confraternização na Funai. Ao voltar, perdeu-se nas ruas de Brasília (...). Cansado, sentou-se num banco de parada de ônibus e adormeceu. Às 5 horas da manhã, Galdino acordou ardendo numa grande labareda de fogo. Um grupo "insuspeito" de cinco jovens de classe média alta, entre eles um menor de idade, (...) parou o veículo na avenida W/2 Sul e, enquanto um manteve-se ao volante, os outros quatro dirigiram-se até a avenida W/3 Sul, local onde se encontrava a vítima. Logo após jogar combustível, atearam fogo no corpo. Foram flagrados por outros jovens corajosos, ocupantes de veículos que passavam no local e prestaram socorro à vítima. Os criminosos foram presos e conduzidos à 1ª Delegacia de Polícia do DF onde confessaram o ato monstruoso. Aí, a estupefação: 'os jovens queriam apenas se divertir' e 'pensavam tratar-se de um mendigo, não de um índio,' o homem a quem incendiaram. Levado ainda consciente para o Hospital Regional da Asa Norte – HRAN, Galdino, com 95% do corpo com queimaduras de 3º grau, faleceu às 2 horas da madrugada de hoje."

Conselho Indigenista Missionário - Cimi, Brasília-DF, 21 abr. 1997.

A notícia sobre o crime contra o índio Galdino leva a reflexões a respeito dos diferentes aspectos da formação dos jovens.

Com relação às questões éticas, pode-se afirmar que elas devem:

(A) manifestar os ideais de diversas classes econômicas.
(B) seguir as atividades permitidas aos grupos sociais.
(C) fornecer soluções por meio de força e autoridade.
(D) expressar os interesses particulares da juventude.
(E) estabelecer os rumos norteadores de comportamento.

2. (EXAME 2004)

Muitos países enfrentam sérios problemas com seu elevado crescimento populacional.

Em alguns destes países, foi proposta (e por vezes colocada em efeito) a proibição de as famílias terem mais de um filho.

Algumas vezes, no entanto, esta política teve conseqüências trágicas (por exemplo, em alguns países houve registros de famílias de camponeses abandonarem suas filhas recém-nascidas para terem uma outra chance de ter um filho do sexo masculino). Por essa razão, outras leis menos restritivas foram consideradas. Uma delas foi: as famílias teriam o direito a um segundo (e último) filho, caso o primeiro fosse do sexo feminino.

Suponha que esta última regra fosse seguida por todas as famílias de um certo país (isto é, sempre que o primeiro filho fosse do sexo feminino, fariam uma segunda e última tentativa para ter um menino). Suponha ainda que, em cada nascimento, sejam iguais as chances de nascer menino ou menina.

Examinando os registros de nascimento, após alguns anos de a política ter sido colocada em prática, seria esperado que:

(A) o número de nascimentos de meninos fosse aproximadamente o dobro do de meninas.
(B) em média, cada família tivesse 1,25 filhos.
(C) aproximadamente 25% das famílias não tivessem filhos do sexo masculino.
(D) aproximadamente 50% dos meninos fossem filhos únicos.
(E) aproximadamente 50% das famílias tivessem um filho de cada sexo.

3. (EXAME 2005)

Está em discussão, na sociedade brasileira, a possibilidade de uma reforma política e eleitoral. Fala-se, entre outras propostas, em financiamento público de campanhas, fidelidade partidária, lista eleitoral fechada e voto distrital. Os dispositivos ligados à obrigatoriedade de os candidatos fazerem declaração pública de bens e prestarem contas dos gastos devem ser aperfeiçoados, os órgãos públicos de fiscalização e controle podem ser equipados e reforçados.

Com base no exposto, mudanças na legislação eleitoral poderão representar, como principal aspecto, um reforço da

(A) política, porque garantirão a seleção de políticos experientes e idôneos.
(B) economia, porque incentivarão gastos das empresas públicas e privadas.
(C) moralidade, porque inviabilizarão candidaturas despreparadas intelectualmente.
(D) ética, porque facilitarão o combate à corrupção e o estímulo à transparência.
(E) cidadania, porque permitirão a ampliação do número de cidadãos com direito ao voto.

4. (EXAME 2006)

Samba do Approach

Venha provar meu brunch
Saiba que eu tenho approach
Na hora do lunch
Eu ando de ferryboat

Eu tenho savoir-faire
Meu temperamento é light
Minha casa é hi-tech
Toda hora rola um insight
Já fui fã do Jethro Tull
Hoje me amarro no Slash
Minha vida agora é cool
Meu passado é que foi trash

Fica ligada no link
Que eu vou confessar, my love
Depois do décimo drink
Só um bom e velho engov
Eu tirei o meu green card
E fui pra Miami Beach
Posso não ser pop star
Mas já sou um nouveau riche

Eu tenho sex-appeal
Saca só meu background
Veloz como Damon Hill
Tenaz como Fittipaldi
Não dispenso um happy end
Quero jogar no dream team
De dia um macho man
E de noite uma drag queen.

(Zeca Baleiro)

I. "(...) Assim, nenhum verbo importado é defectivo ou simplesmente irregular, e todos são da primeira conjugação e se conjugam como os verbos regulares da classe."

(POSSENTI, Sírio. **Revista Língua**. Ano I, n.3, 2006.)

II. "O estrangeirismo lexical é válido quando há incorporação de informação nova, que não existia em português."

(SECCHIN, Antonio Carlos. **Revista Língua**, Ano I, n.3, 2006.)

III. "O problema do empréstimo lingüístico não se resolve com atitudes reacionárias, com estabelecer barreiras ou cordões de isolamento à entrada de palavras e expressões de outros idiomas. Resolve-se com o dinamismo cultural, com o gênio inventivo do povo. Povo que não forja cultura dispensa-se de criar palavras com energia irradiadora e tem de conformar-se, queiram ou não queiram os seus gramáticos, à condição de mero usuário de criações alheias."

(CUNHA, Celso. A língua portuguesa e a realidade brasileira. Rio de Janeiro: Tempo Brasileiro, 1972.)

IV. "Para cada palavra estrangeira que adotamos, deixa-se de criar ou desaparece uma já existente."

(PILLA, Éda Heloisa. Os neologismos do português e a face social da língua. Porto Alegre: AGE, 2002.)

O Samba do Approach, de autoria do maranhense Zeca Baleiro, ironiza a mania brasileira de ter especial apego a palavras e a modismos estrangeiros. As assertivas que se confirmam na letra da música são, apenas,

(A) I e II.
(B) I e III.
(C) II e III.
(D) II e IV.
(E) III e IV.

5. (EXAME 2007)

Revista **Isto É Independente**. São Paulo: Ed. Três [s.d.]

O alerta que a gravura acima pretende transmitir refere-se a uma situação que

(A) atinge circunstancialmente os habitantes da área rural do País.
(B) atinge, por sua gravidade, principalmente as crianças da área rural.
(C) preocupa no presente, com graves conseqüências para o futuro.
(D) preocupa no presente, sem possibilidade de ter conseqüências no futuro.
(E) preocupa, por sua gravidade, especialmente os que têm filhos.

6. (EXAME 2007)

Os ingredientes principais dos fertilizantes agrícolas são nitrogênio, fósforo e potássio (os dois últimos sob a forma dos óxidos P_2O_5 e K_2O, respectivamente). As percentagens das três substâncias estão geralmente presentes nos rótulos dos fertilizantes, sempre na ordem acima. Assim, um fertilizante que tem em seu rótulo a indicação 10-20-20 possui, em sua composição, 10% de nitrogênio, 20% de óxido de fósforo e 20% de óxido de potássio. Misturando-se 50 kg de um fertilizante 10-20-10 com 50 kg de um fertilizante 20-10-10, obtém-se um fertilizante cuja composição é

(A) 7,5-7,5-5.
(B) 10-10-10.
(C) 15-15-10.
(D) 20-20-15.
(E) 30-30-20.

7. (EXAME 2007)

Leia o esquema abaixo.

1. Coleta de plantas nativas, animais silvestres, microorganismos e fungos da floresta Amazônica.
2. Saída da mercadoria do país, por portos e aeroportos, camuflada na bagagem de pessoas que se disfarçam de turistas, pesquisadores ou religiosos.
3. Venda dos produtos para laboratórios ou colecionadores que patenteiam as substâncias provenientes das plantas e dos animais.
4. Ausência de patente sobre esses recursos, o que deixa as comunidades indígenas e as populações tradicionais sem os benefícios dos royalties.
5. Prejuízo para o Brasil!

Com base na análise das informações acima, uma campanha publicitária contra a prática do conjunto de ações apresentadas no esquema poderia utilizar a seguinte chamada:

(A) Indústria farmacêutica internacional, fora!
(B) Mais respeito às comunidades indígenas!
(C) Pagamento de royalties é suficiente!
(D) Diga não à biopirataria, já!
(E) Biodiversidade, um mau negócio?

8. (EXAME 2007)

Entre 1508 e 1512, Michelangelo pintou o teto da Capela Sistina no Vaticano, um marco da civilização ocidental. Revolucionária, a obra chocou os mais conservadores, pela quantidade de corpos nus, possivelmente, resultado de seus secretos estudos de anatomia, uma vez que, no seu tempo, era necessária a autorização da Igreja para a dissecação de cadáveres.

Recentemente, perceberam-se algumas peças anatômicas camufladas entre as cenas que compõem o teto. Alguns pesquisadores conseguiram identificar uma grande quantidade de estruturas internas da anatomia humana, que teria sido a forma velada de como o artista "imortalizou a comunhão da arte com o conhecimento".

Uma das cenas mais conhecidas é "A criação de Adão". Para esses pesquisadores ela representaria o cérebro num corte sagital, como se pode observar nas figuras a seguir.

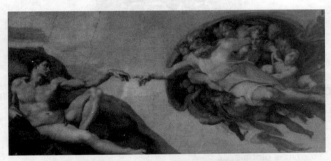

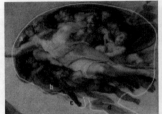 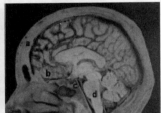

BARRETO, Gilson e OLIVEIRA, Marcelo G. de. **A arte secreta de Michelangelo - Uma lição de anatomia na Capela Sistina.** ARX.

Considerando essa hipótese, uma ampliação interpretativa dessa obra-prima de Michelangelo expressaria

(A) o Criador dando a consciência ao ser humano, manifestada pela função do cérebro.
(B) a separação entre o bem e o mal, apresentada em cada seção do cérebro.
(C) a evolução do cérebro humano, apoiada na teoria darwinista.
(D) a esperança no futuro da humanidade, revelada pelo conhecimento da mente.
(E) a diversidade humana, representada pelo cérebro e pela medula.

9. (EXAME 2008)

A exposição aos raios ultravioleta tipo B (UVB) causa queimaduras na pele, que podem ocasionar lesões graves ao longo do tempo. Por essa razão, recomenda-se a utilização de filtros solares, que deixam passar apenas uma certa fração desses raios, indicada pelo Fator de Proteção Solar (FPS).

Por exemplo, um protetor com FPS igual a 10 deixa passar apenas 1/10 (ou seja, retém 90%) dos raios UVB. Um protetor que retenha 95% dos raios UVB possui um FPS igual a

(A) 95   (B) 90   (C) 50   (D) 20   (E) 5

10. (EXAME 2009)

O Ministério do Meio Ambiente, em junho de 2009, lançou campanha para o consumo consciente de sacolas plásticas, que já atingem, aproximadamente, o número alarmante de 12 bilhões por ano no Brasil.

Veja o *slogan* dessa campanha:

O possível êxito dessa campanha ocorrerá porque

I. se cumpriu a meta de emissão zero de gás carbônico estabelecida pelo Programa das Nações Unidas para o Meio Ambiente, revertendo o atual quadro de elevação das médias térmicas globais.
II. deixaram de ser empregados, na confecção de sacolas plásticas, materiais oxibiodegradáveis e os chamados bioplásticos que, sob certas condições de luz e de calor, se fragmentam.
III. foram adotadas, por parcela da sociedade brasileira, ações comprometidas com mudanças em seu modo de produção e de consumo, atendendo aos objetivos preconizados pela sustentabilidade.
IV. houve redução tanto no quantitativo de sacolas plásticas descartadas indiscriminadamente no ambiente, como também no tempo de decomposição de resíduos acumulados em lixões e aterros sanitários.

Estão CORRETAS somente as afirmativas

(A) I e II.
(B) I e III.
(C) II e III.
(D) II e IV.
(E) III e IV.

11. (EXAME 2009)

Leia o trecho:

> O movimento antiglobalização apresenta-se, na virada deste novo milênio, como uma das principais novidades na arena política e no cenário da sociedade civil, dada a sua forma de articulação/atuação em redes com extensão global. Ele tem elaborado uma *nova gramática no repertório das demandas e dos conflitos sociais*, trazendo novamente as lutas sociais para o palco da cena pública, e a política para a dimensão, tanto na forma de operar, nas ruas, como no conteúdo do debate que trouxe à tona: o modo de vida capitalista ocidental moderno e seus efeitos destrutivos sobre a natureza (humana, animal e vegetal).

GOHN, 2003.

É INCORRETO afirmar que o movimento antiglobalização referido nesse trecho

(A) cria uma rede de resistência, expressa em atos de desobediência civil e propostas alternativas à forma atual da globalização, considerada como o principal fator da exclusão social existente.
(B) defende um outro tipo de globalização, baseado na solidariedade e no respeito às culturas, voltado para um novo tipo de modelo civilizatório, com desenvolvimento econômico, mas também com justiça e igualdade social.
(C) é composto por atores sociais tradicionais, veteranos nas lutas políticas, acostumados com o repertório de protestos políticos, envolvendo, especialmente, os trabalhadores sindicalizados e suas respectivas centrais sindicais.
(D) recusa as imposições de um mercado global, uno, voraz, além de contestar os valores impulsionadores da sociedade capitalista, alicerçada no lucro e no consumo de mercadorias supérfluas.
(E) utiliza-se de mídias, tradicionais e novas, de modo relevante para suas ações com o propósito de dar visibilidade e legitimidade mundiais ao divulgar a variedade de movimentos de sua agenda.

12. (EXAME 2009)

O Brasil tem assistido a um debate que coloca, frente a frente, como polos opostos, o desenvolvimento econômico e a conservação ambiental. Algumas iniciativas merecem considerações, porque podem agravar ou desencadear problemas ambientais de diferentes ordens de grandeza.

Entre essas iniciativas e suas consequências, é INCORRETO afirmar que

(A) a construção de obras previstas pelo PAC (Programa de Aceleração do Crescimento) tem levado à redução dos prazos necessários aos estudos de impacto ambiental, o que pode interferir na sustentabilidade do projeto.
(B) a construção de grandes centrais hidrelétricas nas bacias do Sudeste e do Sul gera mais impactos ambientais do que nos grandes rios da Amazônia, nos quais o volume de água, o relevo e a baixa densidade demográfica reduzem os custos da obra e o passivo ambiental.
(C) a exploração do petróleo encontrado na plataforma submarina pelo Brasil terá, ao lado dos impactos positivos na economia e na política, consequências ambientais negativas, se persistir o modelo atual de consumo de combustíveis fósseis.
(D) a preocupação mais voltada para a floresta e os povos amazônicos coloca em alerta os ambientalistas, ao deixar em segundo plano as ameaças aos demais biomas.
(E) os incentivos ao consumo, sobretudo aquele relacionado ao mercado automobilístico, para que o Brasil pudesse se livrar com mais rapidez da crise econômica, agravarão a poluição do ar e o intenso fluxo de veículos nas grandes cidades.

13. (EXAME 2010)

Conquistar um diploma de curso superior não garante às mulheres a equiparação salarial com os homens, como mostra o estudo "Mulher no mercado de trabalho: perguntas e respostas", divulgado pelo Instituto Brasileiro de Geografia e Estatística (IBGE), nesta segunda-feira, quando se comemora o Dia Internacional da Mulher.

Segundo o trabalho, embasado na Pesquisa Mensal de Emprego de 2009, nos diversos grupamentos de atividade econômica, a escolaridade de nível superior não aproxima os rendimentos recebidos por homens e mulheres. Pelo contrário, a diferença acentua-se. No caso do comércio, por exemplo, a diferença de rendimento para profissionais com escolaridade de onze anos ou mais de estudo é de R$ 616,80 a mais para os homens. Quando a comparação é feita para o nível superior, a diferença é de R$ 1.653,70 para eles.

Disponível em: <http://oglobo.globo.com/economia/boachance/mat/2010/03/08>. Acesso em: 19 out. 2010 (com adaptações).

Considerando o tema abordado acima, analise as afirmações seguintes.

I. Quanto maior o nível de análise dos indicadores de gêneros, maior será a possibilidade de identificação da realidade vivida pelas mulheres no mundo do trabalho e da busca por uma política igualitária capaz de superar os desafios das representações de gênero.

II. Conhecer direitos e deveres, no local de trabalho e na vida cotidiana, é suficiente para garantir a alteração dos padrões de inserção das mulheres no mercado de trabalho.

III. No Brasil, a desigualdade social das minorias étnicas, de gênero e de idade não está apenas circunscrita pelas relações econômicas, mas abrange fatores de caráter histórico-cultural.

IV. Desde a aprovação da Constituição de 1988, tem havido incremento dos movimentos gerados no âmbito da sociedade para diminuir ou minimizar a violência e o preconceito contra a mulher, a criança, o idoso e o negro.

É correto apenas o que se afirma em

(A) I e II.
(B) II e IV.
(C) III e IV.
(D) I, II e III.
(E) I, II e IV.

14. (EXAME 2010)

O mapa abaixo representa as áreas populacionais sem acesso ao saneamento básico.

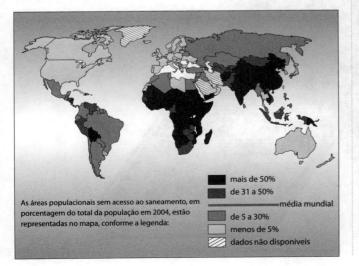

Considerando o mapa apresentado, analise as afirmações que se seguem.

I. A globalização é fenômeno que ocorre de maneira desigual entre os países, e o progresso social independe dos avanços econômicos.

II. Existe relação direta entre o crescimento da ocupação humana e o maior acesso ao saneamento básico.

III. Brasil, Rússia, Índia e China, países pertencentes ao bloco dos emergentes, possuem percentual da população com acesso ao saneamento básico abaixo da média mundial.

IV. O maior acesso ao saneamento básico ocorre, em geral, em países desenvolvidos.

V. Para se analisar o índice de desenvolvimento humano (IDH) de um país, deve-se diagnosticar suas condições básicas de infraestrutura, seu PIB per capita, a saúde e a educação.

É correto apenas o que se afirma em

(A) I e II.
(B) I e III.
(C) II e V.
(D) III e IV.
(E) IV e V.

15. (EXAME 2010)

Isótopos radioativos estão ajudando a diagnosticar as causas da poluição atmosférica. Podemos, com essa tecnologia, por exemplo, analisar o ar de uma região e determinar se um poluente vem da queima do petróleo ou da vegetação.

Outra utilização dos isótopos radioativos que pode, no futuro, diminuir a área de desmatamento para uso da agricultura é a irradiação nos alimentos. A técnica consiste em irradiar com isótopos radioativos para combater os micro-organismos que causam o apodrecimento dos vegetais e aumentar a longevidade dos alimentos, diminuindo o desperdício. A irradiação de produtos alimentícios já é uma realidade, pois grandes indústrias que vendem frutas ou suco utilizam essa técnica.

Na área médica, as soluções nucleares estão em ferramentas de diagnóstico, como a tomografia e a ressonância magnética, que conseguem apontar, sem intervenção cirúrgica, mudanças metabólicas em áreas do corpo. Os exames conseguem, inclusive, detectar tumores que ainda não causam sintomas, possibilitando um tratamento precoce do câncer e maior possibilidade de cura.

A notícia acima

(A) comenta os malefícios do uso de isótopos radioativos, relacionando-os às causas da poluição atmosférica.

(B) elenca possibilidades de uso de isótopos radioativos, evidenciando, assim, benefícios do avanço tecnológico.

(C) destaca os perigos da radiação para a saúde, alertando sobre os cuidados que devem ter a medicina e a agroindústria.

(D) propõe soluções nucleares como ferramentas de diagnóstico em doenças de animais, alertando para os malefícios que podem causar ao ser humano.

(E) explica cientificamente as várias técnicas de tratamento em que se utilizam isótopos radioativos para matar os micro-organismos que causam o apodrecimento dos vegetais.

16. (EXAME 2011)

Exclusão digital é um conceito que diz respeito às extensas camadas sociais que ficaram à margem do fenômeno da sociedade da informação e da extensão das redes digitais. O problema da exclusão digital se apresenta como um dos maiores desafios dos dias de hoje, com implicações diretas e indiretas sobre os mais variados aspectos da sociedade contemporânea.

Nessa nova sociedade, o conhecimento é essencial para aumentar a produtividade e a competição global. É fundamental para a invenção, para a inovação e para a geração de riqueza. As tecnologias de informação e comunicação (TICs) proveem uma fundação para a construção e aplicação do conhecimento nos setores públicos e privados. É nesse contexto que se aplica o termo exclusão digital, referente à falta de acesso às vantagens e aos benefícios trazidos por essas novas tecnologias, por motivos sociais, econômicos, políticos ou culturais.

Considerando as ideias do texto acima, avalie as afirmações a seguir.

I. Um mapeamento da exclusão digital no Brasil permite aos gestores de políticas públicas escolherem o públicoalvo de possíveis ações de inclusão digital.

II. O uso das TICs pode cumprir um papel social, ao prover informações àqueles que tiveram esse direito negado ou negligenciado e, portanto, permitir maiores graus de mobilidade social e econômica.

III. O direito à informação diferencia-se dos direitos sociais, uma vez que esses estão focados nas relações entre os indivíduos e, aqueles, na relação entre o indivíduo e o conhecimento.

IV. O maior problema de acesso digital no Brasil está na deficitária tecnologia existente em território nacional, muito aquém da disponível na maior parte dos países do primeiro mundo.

É correto apenas o que se afirma em

(A) I e II.
(B) II e IV.
(C) III e IV.
(D) I, II e III.
(E) I, III e IV.

17. (EXAME 2011)

A educação é o Xis da questão

Desemprego — Aqui se vê que a taxa de desemprego é menor para quem fica mais tempo na escola

13,05% — Até 10 anos de estudo
7,91% — 12 a 14 anos de estudo
3,83% — 15 a 17 anos de estudo
2,66% — Mais de 17 anos de estudo

Salário — Aqui se vê que os salários aumentam conforme os anos de estudo (em reais)

18 500 — Salário de quem tem doutorado ou MBA
8 600 — Salário de quem tem curso superior e fala uma língua estrangeira
1 800 — Salário de quem conclui o ensino médio

Fontes: Manager Assessoria em Recursos Humanos e IBGE

Disponível em: <http://ead.uepb.edu.br/noticias,82>. Acesso em: 24 ago. 2011.

A expressão "o Xis da questão" usada no título do infográfico diz respeito

(A) à quantidade de anos de estudos necessários para garantir um emprego estável com salário digno.
(B) às oportunidades de melhoria salarial que surgem à medida que aumenta o nível de escolaridade dos indivíduos.
(C) à influência que o ensino de língua estrangeira nas escolas tem exercido na vida profissional dos indivíduos.
(D) aos questionamentos que são feitos acerca da quantidade mínima de anos de estudo que os indivíduos precisam para ter boa educação.
(E) à redução da taxa de desemprego em razão da política atual de controle da evasão escolar e de aprovação automática de ano de acordo com a idade.

18. (EXAME 2011)

Em reportagem, Owen Jones, autor do livro **Chavs: a difamação da classe trabalhadora**, publicado no Reino Unido, comenta as recentes manifestações de rua em Londres e em outras principais cidades inglesas.

Jones prefere chamar atenção para as camadas sociais mais desfavorecidas do país, que desde o início dos distúrbios, ficaram conhecidas no mundo todo pelo apelido *chavs*, usado pelos britânicos para escarnecer dos hábitos de consumo da classe trabalhadora. Jones denuncia um sistemático abandono governamental dessa parcela da população: "Os políticos insistem em culpar os indivíduos pela desigualdade", diz. (...) "você não vai ver alguém assumir ser um *chav*, pois se trata de um insulto criado como forma de generalizar o comportamento das classes mais baixas. Meu medo não é o preconceito e, sim, a cortina de fumaça que ele oferece. Os distúrbios estão servindo como o argumento ideal para que se faça valer a ideologia de que os problemas sociais são resultados de defeitos individuais, não de falhas maiores. Trata-se de uma filosofia que tomou conta da sociedade britânica com a chegada de Margaret Thatcher ao poder, em 1979, e que basicamente funciona assim: você é culpado pela falta de oportunidades. (...) Os políticos insistem em culpar os indivíduos pela desigualdade".

Suplemento Prosa & Verso, O Globo, Rio de Janeiro, 20 ago. 2011, p. 6 (adaptado).

Considerando as ideias do texto, avalie as afirmações a seguir.

I. *Chavs* é um apelido que exalta hábitos de consumo de parcela da população britânica.
II. Os distúrbios ocorridos na Inglaterra serviram para atribuir deslizes de comportamento individual como causas de problemas sociais.
III. Indivíduos da classe trabalhadora britânica são responsabilizados pela falta de oportunidades decorrente da ausência de políticas públicas.
IV. As manifestações de rua na Inglaterra reivindicavam formas de inclusão nos padrões de consumo vigente.

É correto apenas o que se afirma em

(A) I e II.
(B) I e IV.
(C) II e III.
(D) I, III e IV.
(E) II, III e IV.

QUESTÕES DISCURSIVA

1. (EXAME 2004) DISCURSIVA

Leia o e-mail de Elisa enviado para sua prima que mora na Itália e observe o gráfico.

Vivi durante anos alimentando os sonhos sobre o que faria após minha aposentadoria que deveria acontecer ainda este ano.

Um deles era aceitar o convite de passar uns meses aí com vocês, visto que os custos da viagem ficariam amenizados com a hospedagem oferecida e poderíamos aproveitar para conviver por um período mais longo.

Carla, imagine que completei os trinta anos de trabalho e não posso me aposentar porque não tenho a idade mínima para a aposentadoria. Desta forma, teremos, infelizmente, que adiar a idéia de nos encontrar no próximo ano.

Um grande abraço, Elisa.

Fonte: Brasil em números 1999. Rio de Janeiro. IBGE, 2000.

Ainda que mudanças na dinâmica demográfica não expliquem todos os problemas dos sistemas de previdência social, apresente:

a) uma explicação sobre a relação existente entre o envelhecimento populacional de um país e a questão da previdência social;
b) uma situação, além da elevação da expectativa de vida, que possivelmente contribuiu para as mudanças nas regras de aposentadoria do Brasil nos últimos anos.

2. (EXAME 2005) DISCURSIVA

Nos dias atuais, as novas tecnologias se desenvolvem de forma acelerada e a Internet ganha papel importante na dinâmica do cotidiano das pessoas e da economia mundial. No entanto, as conquistas tecnológicas, ainda que representem avanços, promovem conseqüências ameaçadoras.

Leia os gráficos e a situação-problema expressa através de um diálogo entre uma mulher desempregada, à procura de uma vaga no mercado de trabalho, e um empregador.

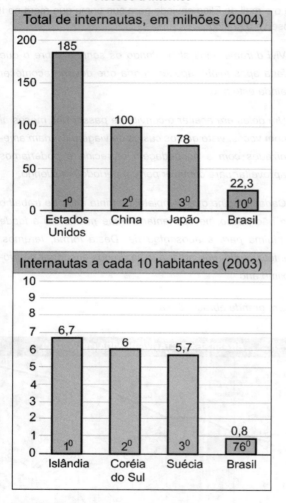

Acesso à Internet

Situação-problema

- **mulher:**
– Tenho 43 anos, não tenho curso superior completo, mas tenho certificado de conclusão de secretariado e de estenografia.

- **empregador:**
– Qual a abrangência de seu conhecimento sobre o uso de computadores? Quais as linguagens que você domina? Você sabe fazer uso da Internet?

- **mulher:**
– Não sei direito usar o computador. Sou de família pobre e, como preciso participar ativamente da despesa familiar, com dois filhos e uma mãe doente, não sobra dinheiro para comprar um.

- **empregador:**
– Muito bem, posso, quando houver uma vaga, oferecer um trabalho de recepcionista. Para trabalho imediato, posso oferecer uma vaga de copeira para servir cafezinho aos funcionários mais graduados.

Apresente uma conclusão que pode ser extraída da análise

a) dos dois gráficos;

b) da situação-problema, em relação aos gráficos.

3. (EXAME 2006) DISCURSIVA

Sobre a implantação de "políticas afirmativas" relacionadas à adoção de "sistemas de cotas" por meio de Projetos de Lei em tramitação no Congresso Nacional, leia os dois textos a seguir.

Texto I

"Representantes do Movimento Negro Socialista entregaram ontem no Congresso um manifesto contra a votação dos projetos que propõem o estabelecimento de cotas para negros em Universidades Federais e a criação do Estatuto de Igualdade Racial.

As duas propostas estão prontas para serem votadas na Câmara, mas o movimento quer que os projetos sejam retirados da pauta. (...) Entre os integrantes do movimento estava a professora titular de Antropologia da Universidade Federal do Rio de Janeiro, Yvonne Maggie. 'É preciso fazer o debate. Por isso ter vindo aqui já foi um avanço', disse."

(Folha de S.Paulo – Cotidiano, 30 jun. 2006 com adaptação.)

Texto II

"Desde a última quinta-feira, quando um grupo de intelectuais entregou ao Congresso Nacional um manifesto contrário à adoção de cotas raciais no Brasil, a polêmica foi reacesa. (...) O diretor executivo da Educação e Cidadania de Afrodescendentes e Carentes (Educafro), frei David Raimundo dos Santos, acredita que hoje o quadro do país é injusto com os negros e defende a adoção do sistema de cotas."

(Agência Estado-Brasil, 03 jul. 2006.)

Ampliando ainda mais o debate sobre todas essas políticas afirmativas, há também os que adotam a posição de que o critério para cotas nas Universidades Públicas não deva ser restritivo, mas que considere também a condição social dos candidatos ao ingresso.

Analisando a polêmica sobre o sistema de cotas "raciais", identifique, no atual debate social,

a) um argumento coerente utilizado por aqueles que o criticam;

b) um argumento coerente utilizado por aqueles que o defendem.

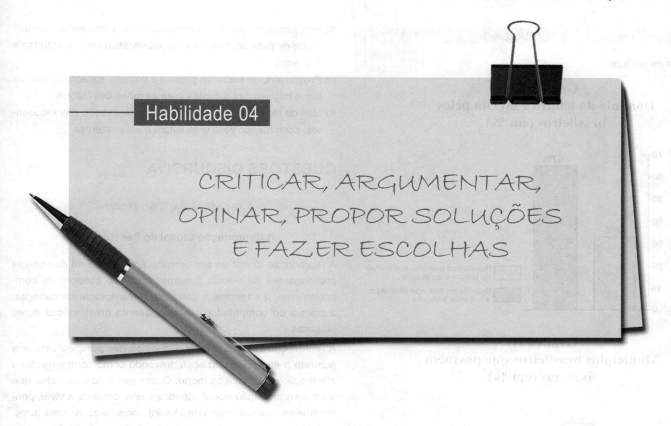

Habilidade 04

CRITICAR, ARGUMENTAR, OPINAR, PROPOR SOLUÇÕES E FAZER ESCOLHAS

1. (EXAME 2007)

Desnutrição entre crianças quilombolas

"Cerca de três mil meninos e meninas com até 5 anos de idade, que vivem em 60 comunidades quilombolas em 22 Estados brasileiros, foram pesados e medidos. O objetivo era conhecer a situação nutricional dessas crianças.(...)

De acordo com o estudo, 11,6% dos meninos e meninas que vivem nessas comunidades estão mais baixos do que deveriam, considerando-se a sua idade, índice que mede a desnutrição. No Brasil, estima-se uma população de 2 milhões de quilombolas.

A escolaridade materna influencia diretamente o índice de desnutrição. Segundo a pesquisa, 8,8% dos filhos de mães com mais de quatro anos de estudo estão desnutridos. Esse indicador sobe para 13,7% entre as crianças de mães com escolaridade menor que quatro anos.

A condição econômica também é determinante. Entre as crianças que vivem em famílias da classe E (57,5% das avaliadas), a desnutrição chega a 15,6%; e cai para 5,6% no grupo que vive na classe D, na qual estão 33,4% do total das pesquisadas.

Os resultados serão incorporados à política de nutrição do País. O Ministério de Desenvolvimento Social prevê ainda um estudo semelhante para as crianças indígenas."

BAVARESCO, Rafael. UNICEF/BRZ. Boletim, ano 3, n. 8, jun. 2007.

O boletim da UNICEF mostra a relação da desnutrição com o nível de escolaridade materna e a condição econômica da família. Para resolver essa grave questão de subnutrição infantil, algumas iniciativas são propostas:

I. distribuição de cestas básicas para as famílias com crianças em risco;
II. programas de educação que atendam a crianças e também a jovens e adultos;
III. hortas comunitárias, que ofereçam não só alimentação de qualidade, mas também renda para as famílias.

Das iniciativas propostas, pode-se afirmar que

(A) somente I é solução dos problemas a médio e longo prazo.
(B) somente II é solução dos problemas a curto prazo.
(C) somente III é solução dos problemas a curto prazo.
(D) I e II são soluções dos problemas a curto prazo.
(E) II e III são soluções dos problemas a médio e longo prazo.

2. (EXAME 2009)

Leia os gráficos:

Gráfico I:
Domínio da leitura e escrita pelos brasileiros (em %)

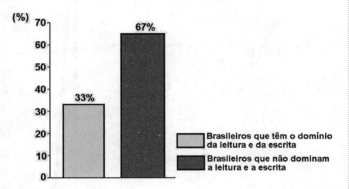

Gráfico II:
Municípios brasileiros que possuem livrarias (em %)

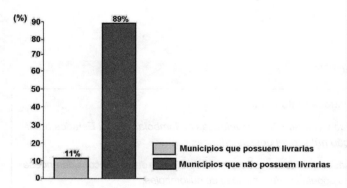

Indicador Nacional de Alfabetismo Funcional - INAF, 2005.

Relacione esses gráficos às seguintes informações:

O Ministério da Cultura divulgou, em 2008, que o Brasil não só produz mais da metade dos livros do continente americano, como também tem parque gráfico atualizado, excelente nível de produção editorial e grande quantidade de papel. Estima-se que 73% dos livros do país estejam nas mãos de 16% da população.

Para melhorar essa situação, é necessário que o Brasil adote políticas públicas capazes de conduzir o país à formação de uma sociedade leitora.

Qual das seguintes ações NÃO contribui para a formação de uma sociedade leitora?

(A) Desaceleração da distribuição de livros didáticos para os estudantes das escolas públicas, pelo MEC, porque isso enriquece editoras e livreiros.

(B) Exigência de acervo mínimo de livros, impressos e eletrônicos, com gêneros diversificados, para as bibliotecas escolares e comunitárias.

(C) Programas de formação continuada de professores, capacitando-os para criar um vínculo significativo entre o estudante e o texto.

(D) Programas, de iniciativa pública e privada, garantindo que os livros migrem das estantes para as mãos dos leitores.

(E) Uso da literatura como estratégia de motivação dos estudantes, contribuindo para uma leitura mais prazerosa.

QUESTÕES DISCURSIVA

1. (EXAME 2004) DISCURSIVAS

A Reprodução Clonal do Ser Humano

A reprodução clonal do ser humano acha-se no rol das coisas preocupantes da ciência juntamente com o controle do comportamento, a engenharia genética, o transplante de cabeças, a poesia de computador e o crescimento irrestrito das flores plásticas.

A reprodução clonal é a mais espantosa das perspectivas, pois acarreta a eliminação do sexo, trazendo como compensação a eliminação metafórica da morte. Quase não é consolo saber que a nossa reprodução clonal, idêntica a nós, continua a viver, principalmente quando essa vida incluirá, mais cedo ou mais tarde, o afastamento provável do eu real, então idoso. É difícil imaginar algo parecido à afeição ou ao respeito filial por um único e solteiro núcleo; mais difícil ainda é considerar o nosso novo eu autogerado como algo que não seja senão um total e desolado órfão. E isso para não mencionar o complexo relacionamento interpessoal inerente à auto-educação desde a infância, ao ensino da linguagem, ao estabelecimento da disciplina e das maneiras etc. Como se sentiria você caso se tornasse, por procuração, um incorrigível delinquente juvenil na idade de 55 anos?

As questões públicas são óbvias. Quem será selecionado e de acordo com que qualificações? Como enfrentar os riscos da tecnologia erroneamente usada, tais como uma reprodução clonal autodeterminada pelos ricos e poderosos, mas socialmente indesejáveis, ou a reprodução feita pelo Governo de massas dóceis e idiotas para realizarem o trabalho do mundo? Qual será, sobre os não-reproduzidos clonalmente, o efeito de toda essa mesmice humana? Afinal, nós nos habituamos, no decorrer de milênios, ao permanente estímulo da singularidade; cada um de nós é totalmente diverso, em sentido fundamental, de todos os bilhões. A individualidade é um fato essencial da vida. A idéia da ausência de um eu humano, a mesmice, é aterrorizante quando a gente se põe a pensar no assunto.

(...)

Para fazer tudo bem direitinho, com esperanças de terminar com genuína duplicata de uma só pessoa, não há outra escolha. É preciso clonar o mundo inteiro, nada menos.

THOMAS, Lewis. **A medusa e a lesma.**
Rio de Janeiro: Nova Fronteira, 1980. p.59.

Em no máximo dez linhas, expresse a sua opinião em relação a uma – e somente uma – das questões propostas no terceiro parágrafo do texto.

A partir da leitura dos textos motivadores, redija uma proposta, fundamentada em dois argumentos, sobre o seguinte tema:

EM DEFESA DO MEIO AMBIENTE

Procure utilizar os conhecimentos adquiridos, ao longo de sua formação, sobre o tema proposto.

Observações

- Seu texto deve ser dissertativo-argumentativo (não deve, portanto, ser escrito em forma de poema ou de narração).
- A sua proposta deve estar apoiada em, pelo menos, dois argumentos.
- O texto deve ter entre 8 e 12 linhas.
- O texto deve ser redigido na modalidade escrita padrão da Língua Portuguesa.
- Os textos motivadores não devem ser copiados.

6. (EXAME 2007) DISCURSIVA

Sobre o papel desempenhado pela mídia nas sociedades de regime democrático, há várias tendências de avaliação com posições distintas. Vejamos duas delas:

Posição I: A mídia é encarada como um mecanismo em que grupos ou classes dominantes são capazes de difundir idéias que promovem seus próprios interesses e que servem, assim, para manter o *status quo*. Desta forma, os contornos ideológicos da ordem hegemônica são fixados, e se reduzem os espaços de circulação de idéias alternativas e contestadoras.

Posição II: A mídia vem cumprindo seu papel de guardiã da ética, protetora do decoro e do Estado de Direito. Assim, os órgãos midiáticos vêm prestando um grande serviço às sociedades, com neutralidade ideológica, com fidelidade à verdade factual, com espírito crítico e com fiscalização do poder onde quer que ele se manifeste.

Leia o texto a seguir, sobre o papel da mídia nas sociedades democráticas da atualidade - exemplo do jornalismo.

> "Quando os jornalistas são questionados, eles respondem de fato: 'nenhuma pressão é feita sobre mim, escrevo o que quero'. E isso é verdade. Apenas deveríamos acrescentar que, se eles assumissem posições contrárias às normas dominantes, não escreveriam mais seus editoriais. Não se trata de uma regra absoluta, é claro. Eu mesmo sou publicado na mídia norte-americana. Os Estados Unidos não são um país totalitário. (...) Com certo exagero, nos países totalitários, o Estado decide a linha a ser seguida e todos devem-se conformar. As sociedades democráticas funcionam de outra forma: a linha jamais é anunciada como tal; ela é subliminar. Realizamos, de certa forma, uma "lavagem cerebral em liberdade". Na grande mídia, mesmo os debates mais apaixonados se situam na esfera dos parâmetros implicitamente consentidos – o que mantém na marginalidade muitos pontos de vista contrários."

Revista Le Monde Diplomatique Brasil,
ago. 2007 - texto de entrevista com Noam Chomsky.

Sobre o papel desempenhado pela mídia na atualidade, faça, em no máximo, 6 linhas, o que se pede:

a) escolha entre as posições I e II a que apresenta o ponto de vista mais próximo do pensamento de Noam Chomsky e explique a relação entre o texto e a posição escolhida;

b) apresente uma argumentação coerente para defender seu posicionamento pessoal quanto ao fato de a mídia ser ou não livre.

7. (EXAME 2008) DISCURSIVA

DIREITOS HUMANOS EM QUESTÃO

O caráter universalizante dos direitos do homem (...) não é da ordem do saber teórico, mas do operatório ou prático: eles são invocados para agir, desde o princípio, em qualquer situação dada.

François JULIEN, filósofo e sociólogo.

Neste ano, em que são comemorados os 60 anos da Declaração Universal dos Direitos Humanos, novas perspectivas e concepções incorporam-se à agenda pública brasileira. Uma das novas perspectivas em foco é a visão mais integrada dos direitos econômicos, sociais, civis, políticos e, mais recentemente, ambientais, ou seja, trata-se da integralidade ou indivisibilidade dos direitos humanos. Dentre as novas concepções de direitos, destacam-se:

- a habitação como **moradia digna** e não apenas como necessidade de abrigo e proteção;
- a segurança como **bem-estar** e não apenas como necessidade de vigilância e punição;
- o trabalho como **ação para a vida** e não apenas como necessidade de emprego e renda.

Tendo em vista o exposto acima, selecione **uma** das concepções destacadas e esclareça por que ela representa um avanço para o exercício pleno da cidadania, na perspectiva da integralidade dos direitos humanos.

Seu texto deve ter entre **8** e **10** linhas.

LE MONDE Diplomatique Brasil. Ano 2, n. 7, fev. 2008, p. 31.

8. (EXAME 2008) DISCURSIVA

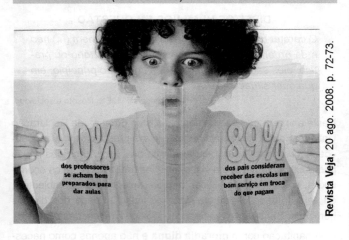

Revista Veja, 20 ago. 2008. p. 72-73.

Alunos dão nota 7,1 para ensino médio

Apesar das várias avaliações que mostram que o ensino médio está muito aquém do desejado, os alunos, ao analisarem a formação que receberam, têm outro diagnóstico. No questionário socioeconômico que responderam no Enem (Exame Nacional do Ensino Médio) do ano passado, eles deram para seus colégios nota média 7,1. Essa boa avaliação varia pouco conforme o desempenho do aluno. Entre os que foram mal no exame, a média é de 7,2; entre aqueles que foram bem, ela fica em 7,1.

GOIS, Antonio. **Folha de S.Paulo**, 11 jun. 2008 (Fragmento).

Entre os piores também em matemática e leitura

O Brasil teve o quarto pior desempenho, entre 57 países e territórios, no maior teste mundial de matemática, o Programa Internacional de Avaliação de Alunos (Pisa) de 2006. Os estudantes brasileiros de escolas públicas e particulares ficaram na 54ª posição, à frente apenas de Tunísia, Qatar e Quirguistão. Na prova de leitura, que mede a compreensão de textos, o país foi o oitavo pior, entre 56 nações.

Os resultados completos do Pisa 2006, que avalia jovens de 15 anos, foram anunciados ontem pela Organização para a Cooperação e o Desenvolvimento (OCDE), entidade que reúne países adeptos da economia de mercado, a maioria do mundo desenvolvido.

WEBER, Demétrio. Jornal **O Globo**, 5 dez. 2007, p. 14 (Fragmento).

Ensino fundamental atinge meta de 2009

O aumento das médias dos alunos, especialmente em matemática, e a diminuição da reprovação fizeram com que, de 2005 para 2007, o país melhorasse os indicadores de qualidade da educação. O avanço foi mais visível no ensino fundamental. No ensino médio, praticamente não houve melhoria. Numa escala de zero a dez, o ensino fundamental em seus anos iniciais (da primeira à quarta série) teve nota 4,2 em 2007. Em 2005, a nota fora 3,8. Nos anos finais (quinta a oitava), a alta foi de 3,5 para 3,8. No ensino médio, de 3,4 para 3,5. Embora tenha comemorado o aumento da nota, ela ainda foi considerada "pior do que regular" pelo ministro da Educação, Fernando Haddad.

GOIS, Antonio e PINHO, Angela. **Folha de S.Paulo**, 12 jun. 2008 (Fragmento).

A partir da leitura dos fragmentos motivadores reproduzidos, redija um texto dissertativo (fundamentado em pelo menos **dois** argumentos), sobre o seguinte tema:

A CONTRADIÇÃO ENTRE OS RESULTADOS DE AVALIAÇÕES OFICIAIS E A OPINIÃO EMITIDA PELOS PROFESSORES, PAIS E ALUNOS SOBRE A EDUCAÇÃO BRASILEIRA.

No desenvolvimento do tema proposto, utilize os conhecimentos adquiridos ao longo de sua formação.

Observações

- Seu texto deve ser de cunho dissertativo-argumentativo (não deve, portanto, ser escrito em forma de poema, de narração etc.).
- Seu ponto de vista deve estar apoiado em pelo menos **dois** argumentos.
- O texto deve ter entre **8** e **10** linhas.
- O texto deve ser redigido na modalidade padrão da Língua Portuguesa.
- Seu texto não deve conter fragmentos dos textos motivadores.

9. (EXAME 2009) DISCURSIVA

O Ministério da Educação (MEC) criou o Índice Geral de Cursos – IGC, que é o resultado das notas atribuídas a cada instituição de Ensino Superior pelo MEC, considerando-se a qualidade dos cursos de graduação de cada uma delas. O IGC tem como função orientar o público sobre a qualidade do ensino oferecido em cada instituição.

Segundo o sítio do Ministério da Educação, as instituições recebem uma nota de 1 a 5, considerando:

I. o resultado dos estudantes no Enade; e
II. variáveis de insumo, tais como:
- corpo docente (formação acadêmica, jornada e condições de trabalho);
- infraestrutura da instituição (instalações físicas, biblioteca, salas de aula, laboratórios);
- programa pedagógico.

Com base nessas informações, considere a situação a seguir e faça o que se pede:

Um universitário que frequenta um curso de graduação em uma escola Y consulta o sítio do MEC e verifica que seu curso recebeu IGC 2,0. No mesmo endereço, ele consulta os critérios empregados pelo Ministério para o cálculo desse índice.

a) Leia esta afirmativa: (Valor: 4 pontos)

O critério corpo docente é o que contribuiu de forma determinante para a obtenção do IGC 2,0, da escola Y.

Assinale com um X, no espaço indicado, se você concorda ou não com essa afirmativa.

☐ Sim, concordo.   ☐ Não concordo.

Apresente dois argumentos que deem suporte à sua resposta.

Argumento 1: _____

Argumento 2: _____

b) Proponha duas ações para que os atores envolvidos no curso de graduação da escola Y devem empreender com vistas à melhoria da qualidade de ensino e consequente elevação do IGC na próxima avaliação a ser realizada pelo MEC. (Valor: 6 pontos)

10. (EXAME 2009) DISCURSIVA

Leia o trecho:

> Quais as possibilidades, no Brasil atual, de a cidadania se enraizar nas práticas sociais? Essa é uma questão que supõe discutir as possibilidades, os impasses e os dilemas da construção da cidadania, tendo como foco a dinâmica da sociedade. Antes de mais nada, é preciso dizer que tomar a sociedade como foco de discussão significa um modo determinado de problematizar a questão dos direitos. Os direitos são aqui tomados como práticas, discursos e valores que afetam o modo como as desigualdades e diferenças são figuradas no cenário público, como interesses se expressam e os conflitos se realizam.

TELLES, 2006. (Adaptado)

Na abordagem salientada nesse trecho, qual direito social você destacaria para diminuir as desigualdades de renda familiar no Brasil? Apresente dois argumentos que deem suporte à sua resposta.

11. (EXAME 2010) DISCURSIVA

As seguintes acepções dos termos democracia e ética foram extraídas do Dicionário Houaiss da Língua Portuguesa.

democracia. POL. **1** governo do povo; governo em que o povo exerce a soberania **2** sistema político cujas ações atendem aos interesses populares **3** governo no qual o povo toma as decisões importantes a respeito das políticas públicas, não de forma ocasional ou circunstancial, mas segundo princípios permanentes de legalidade **4** sistema político comprometido com a igualdade ou com a distribuição equitativa de poder entre todos os cidadãos **5** governo que acata a vontade da maioria da população, embora respeitando os direitos e a livre expressão das minorias

ética. **1** parte da filosofia responsável pela investigação dos princípios que motivam, distorcem, disciplinam ou orientam o comportamento humano, refletindo esp. a respeito da essência das normas, valores, prescrições e exortações presentes em qualquer realidade social **2** p.ext. conjunto de regras e preceitos de ordem valorativa e moral de um indivíduo, de um grupo social ou de uma sociedade

Dicionário Houaiss da Língua Portuguesa.
Rio de Janeiro: Objetiva, 2001.

Considerando as acepções acima, elabore um texto dissertativo, com até 15 linhas, acerca do seguinte tema:

COMPORTAMENTO ÉTICO NAS SOCIEDADES DEMOCRÁTICAS.

Em seu texto, aborde os seguintes aspectos:

a) conceito de sociedade democrática; (valor: 4,0 pontos)
b) evidências de um comportamento não ético de um indivíduo; (valor: 3,0 pontos)
c) exemplo de um comportamento ético de um futuro profissional comprometido com a cidadania (valor: 3,0 pontos)

12. (EXAME 2010) DISCURSIVA

Para a versão atual do Plano Nacional de Educação (PNE), em vigor desde 2001 e com encerramento previsto para 2010, a esmagadora maioria dos municípios e estados não aprovou uma legislação que garantisse recursos para cumprir suas metas. A seguir, apresentam-se alguns indicativos do PNE 2001.

Entre 2001 e 2007, 10,9 milhões de pessoas fizeram parte de turmas de Educação de Jovens e Adultos (EJA). Parece muito, mas representa apenas um terço dos mais de 29 milhões de pessoas que não chegaram à 4ª série e seriam o público-alvo dessa faixa de ensino. A inclusão da EJA no Fundo de Manutenção e Desenvolvimento da Educação Básica e de Valorização dos Profissionais da Educação (FUNDEB) representou uma fonte de recursos para ampliar a oferta, mas não atacou a evasão, hoje em alarmantes 43%.

Disponível em: <http://revistaescola.abril.com.br/politicas-publicas>.
Acesso em: 31 ago. 2010 (com adaptações).

Com base nos dados do texto acima e tendo em vista que novas diretrizes darão origem ao PNE de 2011 - documento que organiza prioridades e propõe metas a serem alcançadas nos dez anos seguintes -, redija um único texto argumentativo em, no máximo, 15 linhas, acerca da seguinte assertiva:

O DESAFIO, HOJE, NÃO É SÓ MATRICULAR, MAS MANTER OS ALUNOS DA EDUCAÇÃO DE JOVENS E ADULTOS NA ESCOLA, DIMINUINDO A REPETÊNCIA E O ABANDONO.

Em seu texto, contemple os seguintes aspectos:

a) a associação entre escola e trabalho na vida dos estudantes da EJA; (valor: 5,0 pontos)
b) uma proposta de ação que garanta a qualidade do ensino e da aprendizagem e diminua a repetência e a evasão. (valor: 5,0 pontos)

13. (EXAME 2011) DISCURSIVA

A Educação a Distância (EaD) é a modalidade de ensino que permite que a comunicação e a construção do conhecimento entre os usuários envolvidos possam acontecer em locais e tempos distintos. São necessárias tecnologias cada vez mais sofisticadas para essa modalidade de ensino não presencial, com vistas à crescente necessidade de uma pedagogia que se desenvolva por meio de novas relações de ensino-aprendizagem.

O Censo da Educação Superior de 2009, realizado pelo MEC/INEP, aponta para o aumento expressivo do número de matrículas nessa modalidade. Entre 2004 e 2009, a participação da EaD na Educação Superior passou de 1,4% para 14,1%, totalizando 838 mil matrículas, das quais 50% em cursos de licenciatura. Levantamentos apontam ainda que 37% dos estudantes de EaD estão na pós-graduação e que 42% estão fora do seu estado de origem.

Considerando as informações acima, enumere três vantagens de um curso a distância, justificando brevemente cada uma delas.

14. (EXAME 2011) DISCURSIVA

A Síntese de Indicadores Sociais (SIS 2010) utiliza-se da Pesquisa Nacional por Amostra de Domicílios (PNAD) para apresentar sucinta análise das condições de vida no Brasil. Quanto ao analfabetismo, a SIS 2010 mostra que os maiores índices se concentram na população idosa, em camadas de menores rendimentos e predominantemente na região Nordeste, conforme dados do texto a seguir.

A taxa de analfabetismo referente a pessoas de 15 anos ou mais de idade baixou de 13,3% em 1999 para 9,7% em 2009. Em números absolutos, o contingente era de 14,1 milhões de pessoas analfabetas. Dessas, 42,6% tinham mais de 60 anos, 52,2% residiam no Nordeste e 16,4% viviam com ½ salário-mínimo de renda familiar *per capita*. Os maiores decréscimos no analfabetismo por grupos etários entre 1999 a 2009 ocorreram na faixa dos 15 a 24 anos. Nesse grupo, as mulheres eram mais alfabetizadas, mas a população masculina apresentou queda um pouco mais acentuada dos índices de analfabetismo, que passou de 13,5% para 6,3%, contra 6,9% para 3,0% para as mulheres.

SIS 2010: Mulheres mais escolarizadas são mães mais tarde e têm menos filhos. Disponível em: <www.ibge.gov.br/home/presidencia/noticias>. Acesso em: 25 ago. 2011 (adaptado).

População analfabeta com idade superior a 15 anos	
ano	porcentagem
2000	13,6
2001	12,4
2002	11,8
2003	11,6
2004	11,2
2005	10,7
2006	10,2
2007	9,9
2008	10,0
2009	9,7

Fonte: IBGE

Com base nos dados apresentados, redija um texto dissertativo acerca da importância de políticas e programas educacionais para a erradicação do analfabetismo e para a empregabilidade, considerando as disparidades sociais e as dificuldades de obtenção de emprego provocadas pelo analfabetismo. Em seu texto, apresente uma proposta para a superação do analfabetismo e para o aumento da empregabilidade.

ANEXO I
GABARITO E PADRÃO DE RESPOSTA

HABILIDADE 1 – INTERPRETAR, COMPREENDER E ANALISAR TEXTOS, CHARGES, FIGURAS, FOTOS, GRÁFICOS E TABELAS			
1. E	9. D	17. A	
2. A	10. C	18. A	
3. A	11. D	19. C	
4. C	12. A	20. A	
5. A	13. D	21. D	
6. C	14. B	22. E	
7. A	15. D	23. C	
8. D	16. B		

HABILIDADE 2 – ESTABELECER COMPARAÇÕES, CONTEXTUALIZAÇÕES, RELAÇÕES, CONTRASTES E RECONHECER DIFERENTES MANIFESTAÇÕES ARTÍSTICAS		
1. D	8. B	15. E
2. C	9. E	16. C
3. B	10. E	17. C
4. E	11. B	18. D
5. E	12. C	19. A
6. B	13. E	20. B
7. E	14. C	

HABILIDADE 3 – ELABORAR SÍNTESES E EXTRAIR CONCLUSÕES		
1. E	7. D	13. E
2. C	8. A	14. E
3. D	9. D	15. B
4. C	10. E	16. A
5. C	11. C	17. B
6. C	12. B	18. E

QUESTÕES DISCURSIVA

1. DISCURSIVA

ANÁLISE OFICIAL – PADRÃO DE RESPOSTA

a) O envelhecimento da população, resultado de um processo de aumento da participação dos idosos no conjunto total da população, se, por um lado, é um dado positivo porque expressa o aumento da expectativa de vida das pessoas, por outro, implica um ônus maior para os sistemas previdenciários e de saúde, pois os governos têm que pagar por mais tempo os benefícios/direitos de aposentadoria e arcar com assistência médica e hospitalar de um número maior de idosos (a elevação da expectativa de vida do brasileiro prolonga o tempo de recebimento dos benefícios da aposentadoria). Isso implica a necessidade de medidas eficazes por parte da previdência social que possam garantir aposentadoria e assistência médica satisfatória.

b) Pode ser apresentada uma das seguintes situações:

- a redução das taxas de fecundidade deverá provocar, a médio e longo prazos, a diminuição de contribuintes ao sistema previdenciário;
- ao contrário dos países desenvolvidos que primeiro acumularam riquezas e depois envelheceram, o Brasil entra num processo de envelhecimento da população com questões econômicas e sociais não resolvidas;
- grande parcela de trabalhadores no Brasil não é contribuinte do sistema previdenciário;
- o sistema previdenciário, ao longo do tempo, permitiu a coexistência de milhares de aposentadorias extremamente elevadas ao lado de milhões de aposentadorias miseráveis;
- fraudes no sistema previdenciário, inclusive com formação de quadrilhas;
- o alargamento de benefícios a outras camadas da população que não pagaram a previdência pelo tempo regular;
- a opção política neoliberal, com a proposta de redução do papel do Estado, estimulou a previdência privada;
- a metodologia que anteriormente era adotada no cálculo da previdência social.

2. DISCURSIVA

ANÁLISE OFICIAL – PADRÃO DE RESPOSTA

a) Poderá ser apresentada uma das conclusões:

- O Brasil, que é uma das nações mais populosas do mundo, tem um número absoluto de internautas alto, correspondendo a 22,3 milhões em 2004, o que coloca o país na 10ª posição no *ranking* mundial. Porém, isso representa uma pequena parcela da população, pois, para cada 10 habitantes, em 2003, havia menos de 1 internauta.
- O Brasil reflete um panorama global de desigualdade no acesso às novas tecnologias de informática, como o uso da internet, o que caracteriza um índice considerável de exclusão digital: em números absolutos somos o 10º país com maior quantidade de internautas, mas em números relativos o quadro muda, visto que mais de 80% dos brasileiros ainda não têm acesso à Internet.
- leitura comparativa dos países que aparecem no gráfico, levando em conta os valores absolutos e relativo/tamanho da população.

b) Poderá ser apresentada uma das conclusões:

- Com a introdução das novas tecnologias de informática, o desemprego estrutural é uma realidade no Brasil e no mundo, reduzindo os postos de trabalho e de tarefas no mundo do trabalho e exigindo pessoas preparadas para o uso dessas novas tecnologias.
- A pequena oferta de trabalho pelo desemprego estrutural gera o deslocamento de pessoas com bom nível de educação formal, mas sem preparo para o uso das novas tecnologias de informática, para atividades que exigem baixa qualificação profissional.

- No mundo atual, a camada mais pobre da população precisa, além de outros fatores, se preocupar com mais um obstáculo para ter uma vida digna: a exclusão digital. Não possuir acesso à rede mundial na área de informática significa mais dificuldade para conseguir emprego e perda em aspectos primordiais da cidadania. Assim, dominar recursos básicos de informática torna-se exigência para quem quer ingressar no mercado de trabalho. Na atualidade, além da exigência de qualificação para o uso das novas tecnologias de informática, a discriminação da mulher no mercado de trabalho, com o aumento dodesemprego estrutural, é facilitada, colocando-a numa situação subalterna, mesmo quando ela tem bom nível de educação formal.

3. DISCURSIVA

ANÁLISE OFICIAL – PADRÃO DE RESPOSTA

Tema – Políticas Públicas / Políticas Afirmativas / Sistema de Cotas "raciais

a) O aluno deverá apresentar, num texto coerente e coeso, a essência de um dos argumentos a seguir contra o sistema de cotas.

- Diversos dispositivos dos projetos (Lei de cotas e Estatuto da Igualdade Racial) ferem o princípio constitucional da igualdade política e jurídica, visto que todos são iguais perante a lei. Para se tratar desigualmente os desiguais, é preciso um fundamento razoável e um fim legítimo e não um fundamento que envolve a diferença baseada, somente, na cor da pele.
- Implantar uma classificação racial oficial dos cidadãos brasileiros, estabelecer cotas raciais no serviço público e criar privilégios nas relações comerciais entre poder público e empresas privadas que utilizem cotas raciais na contratação de funcionários é um equívoco. Sendo aprovado tal estatuto, o País passará a definir os direitos das pessoas com base na tonalidade da pele e a História já condenou veementemente essas tentativas.
- Políticas dirigidas a grupos "raciais estanques em nome da justiça social não eliminam o racismo e podem produzir efeito contrário; dando-se respaldo legal ao conceito de "raça, no sentido proposto, é possível o acirramento da intolerância.
- A adoção de identidades étnicas e culturais não deve ser imposta pelo Estado. A autorização da inclusão de dados referentes ao quesito raça/cor em instrumentos de coleta de dados em fichas de instituições de ensino e nas de atendimento em hospitais, por exemplo, pode gerar ainda mais preconceito.
- O sistema de cotas valorizaria excessivamente a raça, e o que existe, na verdade, é a raça humana. Além disso, há dificuldade para definir quem é negro porque no País domina a miscigenação.
- O acesso à Universidade deve basear-se em um único critério: o de mérito. Não sendo assim, a qualidade acadêmica pode ficar ameaçada por alunos despreparados. Nesse sentido, a principal luta é a de reivindicar propostas que incluam maiores investimentos na educação básica.
- O acesso à Universidade Pública que não esteja unicamente vinculado ao mérito acadêmico pode provocar a falência do ensino público e gratuito, favorecendo as faculdades da rede privada de ensino superior.

b) O aluno deverá apresentar, num texto coerente e coeso, a essência de um dos argumentos a seguir a favor do sistema de cotas.

– É preciso avaliar sobre que "igualdade se está tratando quando se diz que ela está ameaçada com os projetos em questão. Há necessidade de diferenciar a igualdade formal (do ordenamento jurídico e da estrutura estatal) da igualdade material (igualdade de fato na vida econômica). Ao longo da História, manteve-se a centralização política e a exclusão de grande parte da população brasileira na maioria dos direitos, perpetuando-se o mando sobre uma enorme massa de população.
É preciso, então, fazer uma reparação.

– Não se pode ocultar a diversidade e as especificidades sociopolíticas e culturais do povo brasileiro.

– O princípio da igualdade assume hoje um significado complexo que deve envolver o princípio da igualdade na lei, perante a lei e em suas dimensões formais e materiais. A cota não tira direitos, mas rediscute a distribuição dos bens escassos da nação até que a distribuição igualitária dos serviços públicos seja alcançada.

– Não se pode negar a dimensão racial como uma categoria de análise das relações sociais brasileiras. A acusação de que a defesa do sistema de cotas promove a criação de grupos sociais estanques não procede; é injusta e equivocada. Admitir as diferenças não significa utilizá-las para inferiorizar um povo, uma pessoa pertencente a um determinado grupo social.

– A utilização das expressões "raça e "racismo pelos que defendem o sistema de cotas está relacionada ao entendimento informal, e nunca como purismo biológico; trata-se de um conceito político aplicado ao processo social construído sobre diferenças humanas, portanto, um construto em que grupos sociais se identificam e são identificados.

– Na luta por ações afirmativas e pelo Estatuto da Igualdade Racial se defende muito mais do que o aumento de vagas para o trabalho e o ensino; defende-se um projeto político contra a opressão e a favor do respeito às diferenças.

– Dizer que é difícil definir quem é negro é uma hipocrisia, pois não faltam agentes sociais versados em identificar negros e discriminá-los.

– As Universidades Públicas no Brasil sempre operaram num velado sistema de cotas para brancos afortunados, visto que a metodologia dos vestibulares acaba por beneficiar os alunos egressos das escolas particulares e dos cursinhos caros.

– Pesquisas revelam que, para as Universidades que já adotaram o sistema de cotas, não há diferenças de rendimento entre alunos cotistas e não-cotistas; os números revelam, inclusive, que no quesito freqüência os cotistas estão em vantagem (são mais assíduos).

HABILIDADE 4 – CRITICAR, ARGUMENTAR, OPINAR, PROPOR SOLUÇÕES E FAZER ESCOLHAS

1. E
2. A

QUESTÕES DISCURSIVA

1. DISCURSIVA

ANÁLISE OFICIAL – PADRÃO DE RESPOSTA

O estudante poderá focalizar uma das seguintes questões:

- qualificação para o processo de seleção clonal;
- autodeterminação pelos ricos e poderosos da reprodução de indivíduos socialmente indesejáveis;
- riscos de tecnologia, erroneamente usada pelo Governo, de massas dóceis e idiotas para realizar trabalhos do mundo;
- efeito de toda a mesmice humana sobre os não-reproduzidos clonalmente;
- estímulo à singularidade que acompanha o homem há milênios;
- individualidade como fato essencial da vida;
- aterrorizante ausência de um eu-humano, a mesmice.

Na análise das respostas, serão considerados os seguintes aspectos:

- adequação ao tema
- coerência
- coesão textual
- correção gramatical do texto

2. DISCURSIVA

ANÁLISE OFICIAL – PADRÃO DE RESPOSTA

O candidato deverá, em no máximo 10 linhas, apresentar uma proposta de preservação da Floresta Amazônica, fundamentada em dois argumentos coerentes com a proposta e coerentes entre si, no padrão formal culto da língua.

O aluno poderá utilizar os textos apresentados, articulando-os para elaborar sua resposta, ou utilizá-los como estímulo para responder à questão.

No desenvolvimento do tema o candidato deverá fornecer uma proposta que garanta, pelo menos uma das três possibilidades: a proteção, ou a recuperação, ou a sustentabilidade da Floresta Amazônica.

Algumas possibilidades de encaminhamento do tema:

1) Articulação entre o aspecto ecológico e econômico da preservação da Amazônia.

2) A Amazônia é uma das nossas principais riquezas naturais. Os países ricos acabaram com as suas florestas e agora querem preservar a nossa a qualquer custo. Internacionalizar a Floresta Amazônica é romper com a soberania nacional, uma vez que ela é parte integrante do território brasileiro.

3) A Floresta Amazônica é tão importante para o Brasil quanto para o mundo e, como o nosso país não tem conseguido preservá-la, a internacionalização tornou-se uma necessidade.

4) Para preservar a floresta amazônica deve-se adotar uma política de auto-sustentabilidade que valorize, ao mesmo tempo a produção para a sobrevivência e a geração de riquezas sem destruir as árvores.

5) Na política de valorização da Amazônia, deve-se reflorestar o que tiver sido destruído, sobretudo a vegetação dos mananciais hídricos.

6) Criar condições para que a população da floresta possa sobreviver dignamente com os recursos oferecidos pela região.

7) Propor políticas ambientais, numa parceria público-privada, para aproveitar o potencial da região.

8) Despertar a consciência ecológica na população local, para ela aprender a defender o seu próprio patrimônio/desenvolver o turismo ecológico.

9) Promover, em todo o País, campanhas em defesa da Floresta Amazônica.

10) Criar incentivos financeiros para aqueles que cumprirem a legislação ambiental.

3. DISCURSIVA

ANÁLISE OFICIAL – PADRÃO DE RESPOSTA

Uma sugestão que pode ser feita é a repressão ao desmatamento, especialmente àquele feito através das queimadas, garantindo que as florestas mantenham ou ampliem suas dimensões atuais para restabelecer a emissão de oxigênio na atmosfera e garantir o equilíbrio do regime de chuvas.

A outra é o controle da emissão de gases poluentes de automóveis e indústrias, especialmente os de origem fóssil, com o objetivo de minimizar o efeito estufa, um dos fatores que contribuem para o aquecimento global.

4. DISCURSIVA

ANÁLISE OFICIAL – PADRÃO DE RESPOSTA

O aluno deverá apresentar proposta de como o País poderá enfrentar a violência social e a violência no trânsito, sobretudo nos grandes centros urbanos, responsáveis pela morte de milhares de jovens. O texto, desenvolvido entre oito e doze linhas, deve estar fundamentado em argumentos e ser redigido na modalidade escrita padrão da Língua Portuguesa.

Conteúdo informativo dos dois textos:

Texto 1 "Por quê?: O número de brasileiros, sobretudo de jovens, assassinados anualmente é superior ao de vários países em guerra, pouco sendo feito, na prática, para impedir essa tragédia.

Texto 2 "Fique vivo: O que a sociedade pode fazer para evitar que jovens morram de acidentes de trânsito? Ela deve oferecer leis que os protejam, campanhas que os alertem através do diálogo para criar noção de responsabilidade.

Para o desenvolvimento do tema, poderão ser consideradas as abordagens a seguir.

1) A **violência social,** responsável pela morte de muitos jovens, é fruto de vários fatores: a miséria, o desnível econômico numa sociedade de consumo, a baixa escolaridade, a desorganização familiar, a ausência do poder público em comunidades que carecem de projetos que valorizem a cidadania através de atividades esportivas, culturais e educativas.

Aspectos que podem ser focalizados no encaminhamento do tema:

- investimento na educação de tempo integral em que à atividade educativa se agregue a esportiva/cultural;

- acesso dos jovens das periferias das grandes cidades ao mercado de trabalho através de projetos de redução do desnível socioeconômico;

- combate à violência e repressão ao crime organizado com investimento financeiro na formação, no salário e no aparelhamento das polícias;

- rigor no cumprimento da legislação contra o crime com o controle externo do Judiciário.

2) A **violência no trânsito,** responsável pela morte de muitos jovens, é, em grande parte, conseqüência tanto do consumo excessivo do álcool quanto da alta velocidade. A glamorização de bebidas alcoólicas e de carros velozes tem levado adolescentes a dirigirem embriagados e em excesso de velocidade. A legislação vigente deve ser revista para que as penas sejam mais rigorosas. Além disso, é necessário promover campanhas educativas, melhorar a fiscalização do trânsito, e conscientizar a todos da tragédia que é a morte dos jovens que transformam a bebida e o automóvel em armas contra a própria vida.

Aspectos que podem ser focalizados no encaminhamento do tema:

- proibição de propaganda de bebida alcoólica nos veículos de comunicação;

- obrigatoriedade de os fabricantes de veículos divulgarem os perigos da alta velocidade nos carros mais potentes;

- inserção, nos critérios para tirar carteira de motorista, de leitura de material educativo sobre as graves conseqüências de dirigir alcoolizado;

- campanhas conjuntas dos governos e da sociedade civil que alertem os jovens para dirigir com responsabilidade;

- legislação mais rigorosa sobre os crimes de dirigir embriagado e em alta velocidade.

5. DISCURSIVA

ANÁLISE OFICIAL – PADRÃO DE RESPOSTA

O estudante deverá apresentar uma proposta de defesa do meio ambiente, fundamentada em dois argumentos. O texto, desenvolvido entre oito e doze linhas, deve ser redigido na modalidade escrita padrão da Língua Portuguesa. Conteúdo informativo dos textos:

1) Desmatamento cai e tem baixa recorde Análise de imagens vem comprovando a redução do desmatamento no Brasil. Com isso, o país protege a sua biodiversidade, adequando-se às metas do Protocolo de Kyoto.

2) Soja ameaça a tendência de queda, diz ONG A confirmação da tendência de queda no desmatamento depende dos dados referentes a 2008. A elevação do preço da soja no mercado internacional pode comprometer a consolidação da tendência de queda do desmatamento. Os produtores de soja compreendem que a redução do desmatamento pode levar à valorização do seu produto.

Possibilidades de encaminhamento do tema:

1) Medidas governamentais para a redução do desmatamento.
2) Contribuição do Brasil em defesa da biodiversidade.
3) Cumprimento das metas do Protocolo que Kyoto.
4) Tomada de consciência da necessidade de preservação do meio ambiente.
5) Implementação de ações individuais e coletivas visando à salvação do meio ambiente.
6) Participação da sociedade em movimentos ecológicos.
7) Estimulo à educação ambiental promovida pela sociedade civil e pelos governos.
8) Elaboração de programas em defesa do meio ambiente veiculados pela mídia.
9) Preservação do meio ambiente compatível com o progresso econômico e social.
10) Necessidade de conscientização dos grandes produtores rurais de que a preservação do meio ambiente favorece o agronegócio.

6. DISCURSIVA

ANÁLISE OFICIAL – PADRÃO DE RESPOSTA

a) Posição I

Explicação – O estudante deverá, no seu texto (com o máximo de 6 linhas, de forma coerente, com boa organização textual e com pertinência ao tema e coesão), elaborar uma explicação envolvendo, do ponto de vista do conteúdo, a relação entre os elementos da coluna da esquerda (posição I) com os elementos da coluna da direita (texto de Noam Chomsky).

b) Resposta mais livre do estudante com a elaboração de um texto (com o máximo de 6 linhas, de forma coerente, com boa organização textual e com pertinência ao tema) que expresse seu posicionamento quanto ao fato de a mídia ser ou não livre e que apresente argumentos para caracterizar a dependência ou a independência da produção midiática.

7. DISCURSIVA

ANÁLISE OFICIAL – PADRÃO DE RESPOSTA QUESTÃO 9

A concepção que foi destacada nos três itens corresponde à ultrapassagem da mera noção de necessidade humana básica para aquela de direito humano, como um princípio de ação, na medida em que não se trata de reconhecer apenas uma carência a ser suprida, mas a possibilidade de exigência da dignidade e qualidade de vida, através da efetivação do direito (à habitação/à segurança/ ao trabalho). Assim, o trabalho como ação qualificada está em correspondência com a possibilidade de uma moradia adequada, dentro de uma ambiência de bem-estar cidadão, numa perspectiva integrada, isto é, remetendo-se esses direitos uns aos outros.

8. DISCURSIVA

ANÁLISE OFICIAL – PADRÃO DE RESPOSTA

Com base nos dados veiculados pelos textos motivadores versando sobre o fraco desempenho dos alunos nas avaliações internacionais (PISA) e a opinião favorável dos professores quanto à sua preparação para o desempenho docente, dos pais em relação ao que auferem das escolas onde seus filhos estudam e dos próprios discentes que consideram o ensino recebido como de boa qualidade, espera-se que seja apontada a contradição existente entre esses pontos de vista e os dados oficiais.

Assim, o estudante deve produzir um texto dissertativo, fundamentado em argumentos (texto opinativo), no padrão escrito formal da Língua Portuguesa, sobre a contradição aludida (opinião dos pais, professores e alunos *vs* dados oficiais) e as suas causas.

9. DISCURSIVA

ANULADA

10. DISCURSIVA

ANÁLISE OFICIAL – PADRÃO DE RESPOSTA

O estudante poderá propor:

- **Acesso à educação pública, gratuita e de qualidade**, o que favorece ao cidadão ocupar postos de trabalho que exigem maior qualificação e, consequentemente, maior remuneração;

- **Permanência do estudante na escola, em todos os níveis escolares – da educação infantil a educação superior –** o que possibilita o cidadão se qualificar profissionalmente e ter acesso a melhores condições de trabalho e remuneração e, consequentemente, de vida;

- **Condições dignas de trabalho, com remuneração que garanta qualidade de vida do indivíduo**, fruto de reivindicação daquele que tem condições de trabalhar com qualidade, como consequência de seu preparo cultural e profissional;

- **Assistência à saúde, em seu contexto mais amplo**, o que favorece uma renda familiar não comprometida com a suspensão de enfermidades e, até mesmo, caracterizada pela redução de gastos com portadores de necessidades especiais;

- **Ser proprietário do imóvel em que se reside**, o que se reduz os gastos com aluguel e promove o equilíbrio financeiro familiar.

11. DISCURSIVA

ANÁLISE OFICIAL – PADRÃO DE RESPOSTA

O aluno deverá explicitar as características de uma sociedade democrática: representatividade do povo no poder, regulação por meio de leis, igualdade de direitos e de deveres. (Valor: 4,0 pontos)

O aluno deverá caracterizar comportamento não ético como aquele que fere a igualdade de direitos e de deveres, buscando apenas o benefício pessoal em detrimento dos objetivos da sociedade como um todo. (Valor: 3,0 pontos)

O aluno deverá ilustrar sua argumentação com dois exemplos de comportamentos éticos. (Valor: 3,0 pontos)

12. DISCURSIVA

ANÁLISE OFICIAL – PADRÃO DE RESPOSTA

Espera-se que a resposta a essa questão seja um único texto, contendo os aspectos solicitados.

O estudante deverá comentar o texto-base, que mostra os números da evasão escolar na EJA.

Ele deverá considerar, em seu texto, a responsabilidade dos governos em relação à educação de jovens e adultos, que precisam conciliar o estudo e o trabalho em seu dia a dia.

Por fim, espera-se que o texto apresente alguma sugestão de ação para garantir a qualidade do ensino e a aprendizagem desses alunos, mantendo-os na escola e diminuindo, portanto, o índice de evasão nesse nível de ensino.

13. DISCURSIVA

ANÁLISE OFICIAL – PADRÃO DE RESPOSTA

O estudante deve ser capaz de apontar algumas vantagens dentre as seguintes, quanto à modalidade EaD:

(i) flexibilidade de horário e de local, pois o aluno estabelece o seu ritmo de estudo;

(ii) valor do curso, em geral, é mais baixo que do ensino presencial;

(iii) capilaridade ou possibilidade de acesso em locais não atendidos pelo ensino presencial;

(iv) democratização de acesso à educação, pois atende a um público maior e mais variado que os cursos presenciais; além de contribuir para o desenvolvimento local e regional;

(v) troca de experiência e conhecimento entre os participantes, sobretudo quando dificilmente de forma presencial isso seria possível (exemplo, de pontos geográficos longínquos);

(vi) incentivo à educação permanente em virtude da significativa diversidade de cursos e de níveis de ensino;

(vii) inclusão digital,permitindo a familiarização com as mais diversas tecnologias;

(viii) aperfeiçoamento/formação pessoal e profissional de pessoas que, por distintos motivos, não poderiam frequentar as escolas regulares;

(ix) formação/qualificação/habilitação de professores, suprindo demandas em vastas áreas do país;

(x) inclusão de pessoas com comprometimento motor reduzindo os deslocamentos diários.

14. DISCURSIVA

ANÁLISE OFICIAL – PADRÃO DE RESPOSTA

O estudante deve abordar em seu texto:

- identificação e análise das desigualdades sociais acentuadas pelo analfabetismo, demonstrando capacidade de examinar e interpretar criticamente o quadro atual da educação com ênfase no analfabetismo;

- abordagem do analfabetismo numa perspectiva crítica, participativa, apontando agentes sociais e alternativas que viabilizem a realização de esforços parasua superação, estabelecendo relação entre o analfabetismo e a dificuldade para a obtenção de emprego;

- indicação de avanços e deficiências de políticas e de programas de erradicação do analfabetismo, assinalando iniciativas realizadas ao longo do período tratado e seus resultados, expressando que estas ações, embora importantes para a eliminação do analfabetismo, ainda se mostram insuficientes.

Capítulo III
Questões de Componentes Específicos de Psicologia

1) Conteúdos e Habilidades objetos de perguntas nas questões de Componente Específico.

As questões de Componente Específico são criadas de acordo com o curso de graduação do estudante.

Essas questões, que representam ¾ (três quartos) da prova e são em número de 30, podem trazer, em Psicologia, dentre outros, os seguintes **Conteúdos**:

a) Fundamentos epistemológicos, teórico-metodológicos e históricos das principais vertentes do pensamento em psicologia.

b) Fundamentos, métodos e técnicas de coleta e análise de informações para investigações científicas e avaliação de fenômenos psicológicos.

c) Fenômenos, processos e construtos psicológicos, entre os quais, processos básicos (cognição, emoção, motivação e aprendizagem), processos do desenvolvimento, interações sociais, saúde psicológica e psicopatologia, personalidade e inteligência.

d) Interfaces com campos afins do conhecimento (neurociências, sociologia, antropologia, filosofia).

e) Práticas profissionais nos principais domínios de atuação do Psicólogo priorizando as intervenções nos processos educativos, de gestão, de promoção de saúde, clínicos e de avaliação.

f) Princípios e normas éticas para a pesquisa e para a prática profissional.

O objetivo aqui é avaliar junto ao estudante a compreensão dos conteúdos programáticos mínimos a serem vistos no curso de graduação, de forma avançada. Também é avaliado o nível de atualização com relação à realidade brasileira e mundial.

Avalia-se aqui também *competências* e *habilidades*. A ideia é verificar se o estudante desenvolveu as principais **Habilidades** para o profissional de Psicologia, que são as seguintes:

Competências profissionais:

a) Analisar o campo de atuação profissional e seus desafios contemporâneos;

b) Analisar o contexto em que atua profissionalmente em suas dimensões institucional e organizacional, explicitando a dinâmica das interações entre os seus agentes sociais;

c) Identificar e analisar necessidades de natureza psicológica, diagnosticar, elaborar projetos, planejar e agir de forma coerente com referenciais teóricos e características da população-alvo;

d) Identificar, definir e formular questões de investigação científica no campo da Psicologia, vinculando-as a decisões metodológicas quanto à escolha, coleta, e análise de dados em projetos de pesquisa;

e) Escolher e utilizar adequadamente e com pertinência instrumentos e procedimentos de coleta de dados em Psicologia;

f) Avaliar fenômenos humanos de ordem cognitiva, comportamental e afetiva, em diferentes contextos;

g) Realizar diagnóstico e avaliação de processos psicológicos de indivíduos, de grupos e de organizações;

h) Coordenar e manejar processos grupais, considerando as diferenças individuais e sócio-culturais dos seus membros;

i) Atuar inter e multiprofissionalmente, sempre que a compreensão dos processos e fenômenos envolvidos assim o recomendar;

j) Atuar profissionalmente, em diferentes níveis de ação (promocionais, preventivos e terapêuticos), considerando as características das situações e dos problemas específicos com os quais se depara;

k) Realizar orientação, aconselhamento psicológico e psicoterapia;

l) Elaborar relatos científicos, pareceres técnicos, laudos e outras comunicações profissionais, inclusive materiais de divulgação.

Habilidades acadêmicas:

a) Levantar informação bibliográfica em indexadores, periódicos, livros, manuais técnicos e outras fontes especializadas por meios convencionais e eletrônicos;

b) Ler e interpretar comunicações científicas e relatórios na área da Psicologia;

c) Dominar e utilizar os fundamentos lógicos dos diferentes métodos de investigação científica;

d) Planejar e realizar várias formas de entrevistas com diferentes finalidades e em diferentes contextos;

e) Analisar, descrever e interpretar relações entre contextos e processos psicológicos e comportamentais;

f) Descrever, analisar e interpretar manifestações verbais e não verbais como fontes primárias de acesso a estados subjetivos;

g) Utilizar os recursos da matemática, da estatística e da informática para a análise e apresentação de dados e para a preparação das atividades profissionais em Psicologia.

Vejamos agora as questões de Componente Específico de Psicologia.

2) Questões de Componente Específico.

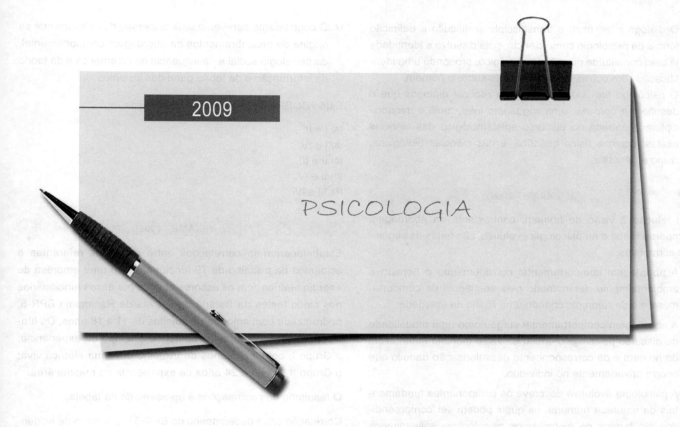

1. (EXAME - 2009)

Leia o texto:

> No Brasil, o início das atividades psicológicas aplicadas deu-se posteriormente aos países desenvolvidos. Surgiram em período de mudanças econômicas, sociais e políticas, desencadeadas pela revolução de 1930, a qual inicia o processo de industrialização, absorvendo certas ideias em voga nos países desenvolvidos, e que tinham na organização racional do trabalho uma de suas principais bandeiras. A psicologia no Brasil, na década de 1930, ocupa-se em selecionar e a recrutar os trabalhadores para diferentes cargos, no serviço público, nas indústrias e no comércio. Nesse contexto, entendia-se que a avaliação objetiva das aptidões e das habilidades, como um critério racional de alocação dos sujeitos no trabalho, promoveria, ao lado do aperfeiçoamento técnico, uma adaptação mais harmoniosa e produtiva aos cargos e funções.

MANCEBO, D., 2008. (Adaptado)

Qual é a relação entre a demanda econômica do período e o início das práticas psicológicas no Brasil?

(A) A atividade econômica fomentou o desenvolvimento da psicologia de forma que fosse possível identificar os indivíduos proativos adequados ao exercício dos cargos.
(B) A contribuição da psicanálise para o recrutamento e para a seleção foi significativa, por ser capaz de identificar características dos sujeitos compatíveis com as demandas organizacionais.
(C) A psicologia começou a se constituir no Brasil, nesse período, como campo de atuação, a partir do surgimento de centros de estudo e de aplicação, voltados para a seleção de pessoal.
(D) O aspecto econômico demandou do psicólogo uma posição crítica quanto ao uso, pelo capitalismo, dos seus instrumentos de avaliação psicológica.
(E) O início da profissão do psicólogo no Brasil ocorreu em 1962; portanto, tais práticas devem ser consideradas como atividade de administração de empresa.

2. (EXAME - 2009)

A psicologia, ao participar do desafio contemporâneo do diálogo inter, multi e transdisciplinar, tem sua definição precária de identidade dissolvida, revelando seu potencial de olhar para a complexidade de seu objeto. Tal situação tem o potencial de propiciar a construção de novas formas e práticas de se pensar o saber psicológico. Todavia, convida à realização de atividades cada vez mais em sintonia com outros saberes. Assim, uma dupla tarefa impõe-se: dialogar, ultrapassando fronteiras antes demarcadas, e sustentar um discurso construtor de uma identidade específica do saber psicológico.

Considerando-se o texto, assinale a afirmação CORRETA.

(A) A identidade emergente da psicologia contemporânea supera as suas dicotomias epistemológicas, ao dialogar com outros saberes, referendando-se neles, pois esses saberes possuem uma maior segurança metodológica.
(B) A psicologia como ciência foi marcada pela tensão dos projetos de sua constituição, estabelecendo uma epistemologia única que se expressa em múltiplos métodos, que podem dialogar com outros saberes.
(C) A psicologia, ao participar do diálogo inter, multi e transdisciplinar, tem reconstruído as fronteiras de sua identidade, pois, no contato com saberes diversos, revela sua característica: a complexidade epistemológica e metodológica.

(D) O diálogo inter, multi e transdisciplinar dificulta a definição formal da psicologia como ciência, pois dissolve a identidade já bem constituída do saber psicológico, propondo uma identificação com outras formas do saber sobre o homem.

(E) O psicólogo tem sido convidado a realizar diálogos que o desafiam a construir uma linguagem inter, multi e transdisciplinar, centrada no discurso epistemológico das ciências exatas, como a física quântica, e das ciências biológicas, como a genética.

3. (EXAME - 2009)

Em relação à visão de homem, contrastante na abordagem comportamental e na psicologia evolutiva, são feitas as seguintes afirmativas:

I. A abordagem comportamental considera que o homem é ambientalmente determinado pela sequência de comportamentos e de reforços, criando uma ilusão de liberdade.

II. A abordagem comportamental surge como uma modalidade de discurso psicológico crítico da visão monista materialista de homem e da correspondente desvalorização daquilo que ocorre privadamente no indivíduo.

III. A psicologia evolutiva descreve os componentes fundamentais da natureza humana, os quais podem ser compreendidos em termos de mecanismos psicológicos selecionados pelo indivíduo como úteis para a evolução pessoal.

IV. A psicologia evolutiva sustenta que o comportamento humano depende de mecanismos psicológicos que foram modelados pela seleção natural no ambiente anterior de adaptação.

Estão CORRETAS somente as afirmativas

(A) I e II.
(B) I e IV.
(C) II e III.
(D) II e IV.
(E) III e IV.

4. (EXAME - 2009)

A psicologia como ciência caracteriza-se pela tensão entre recortes epistemológicos e pressupostos ontológicos sobre seu objeto, criando, ao longo de sua história, uma diversidade de abordagens, tal como o cognitivismo e a psicologia fenomenológica.

Em relação à concepção da psicologia como ciência nessas duas abordagens, são feitas as seguintes afirmativas:

I. Ambas preconizam uma visão de ciência centrada na concepção de descrição precisa e objetiva dos dados da experiência.

II. O cognitivismo contrapõe-se à psicologia fenomenológica, por considerar que a abordagem científica adequada será do processamento da informação como dado objetivo.

III. Para a psicologia fenomenológica, a experiência é irredutível a uma análise descontextualizada da subjetividade do sujeito; portanto, os métodos experimentais são adequados.

IV. O cognitivismo apresenta uma dispersão de métodos que se origina de desdobramentos da abordagem comportamental, da psicologia social e da influência da cibernética e da teoria da informação e da teoria geral dos sistemas.

Estão CORRETAS somente as afirmativas

(A) I e II.
(B) I e IV.
(C) II e III.
(D) II e IV.
(E) III e IV.

5. (EXAME - 2009)

Estabeleceram-se correlações entre os dados referentes a acidentes de trabalho de 79 funcionários de uma empresa de energia elétrica com os escores obtidos por esses funcionários nos cinco testes da Bateria de Provas de Raciocínio BPR-5, padronizada com amostra de sujeitos de 11 a 18 anos. Os funcionários foram agrupados conforme o tempo de experiência: o Grupo I, com 1 a 5 anos de trabalho em linha elétrica viva; o Grupo II, com 6 a 24 anos de experiência na mesma área.

O resultado das correlações é apresentado na tabela:

Correlação entre desempenho no BPR-5 e o número de acidentes de trabalho

BPR-5 Total Geral	Total Geral	Acidentes Grupo 1	Acidentes Grupo 2
RA= Raciocínio Abstrato	-0,065	-0,0398*	0,144
RV= Raciocínio Verbal	-0,241*	-0,371*	0,059
RM= Raciocínio Mecânico	-0,077	-0,297	0,109
RE= Raciocínio Espacial	-0,161	-0,421*	0,087
RN= Raciocínio Numérico	0,068	-0,123	-0,013

Observação: * $p < 0,05$.
BAUMGARTL & PRIMI, 2006 (Adaptado).

As análises correlacionais indicam evidências de validade do instrumento em relação à maior e à menor probabilidade de ocorrerem acidentes de trabalho.

O teste mais válido na correlação com os acidentes de trabalho é o de

(A) Raciocínio Abstrato.
(B) Raciocínio Verbal.
(C) Raciocínio Mecânico.
(D) Raciocínio Espacial.
(E) Raciocínio Numérico.

6. (EXAME - 2009)

A análise de prontuários de crianças e de adolescentes que apresentam dificuldades no processo de escolarização encaminhadas aos serviços indica que a psicanálise é o referencial hegemônico dos psicodiagnósticos e as questões escolares estão pouco presentes nos roteiros de entrevistas psicológicas.

PORQUE

Os testes são os instrumentos principais de avaliação psicológica, e os encaminhamentos desconsideram ações no campo educacional. Tais dados indicam a necessidade de se repensarem as práticas psicológicas frente aos encaminhamentos por problemas escolares.

SOUZA, M. P. R, 2005. (Adaptado)

Com base na leitura dessas frases, é CORRETO afirmar que

(A) a primeira afirmação é falsa, e a segunda é verdadeira.

(B) a primeira afirmação é verdadeira, e a segunda é falsa.

(C) as duas afirmações são falsas.

(D) as duas afirmações são verdadeiras, e a segunda é uma justificativa correta da primeira.

(E) as duas afirmações são verdadeiras, mas a segunda não é uma justificativa correta da primeira.

7. (EXAME - 2009)

Ao se investigar como a "deficiência" é tratada no mundo organizacional, Freitas, em 2007, fez uso de metodologias qualitativas e quantitativas. A partir de uma análise dos usos do construto "deficiência" na história, criou uma tipificação das concepções dos padrões de "deficiência" a ser utilizada em pesquisas empíricas. Além disso, foram construídos e validados inventários de concepção de deficiência e de ações de adequação das condições de trabalho. Foi constatada a potencialidade do modelo heurístico proposto e dos instrumentos de análise utilizados para a pesquisa.

Em relação à metodologia de investigação usada nessa pesquisa, são feitas as seguintes afirmações:

I. É um modelo heurístico que procura superar uma dicotomia, presente no campo da psicologia, entre métodos qualitativos e quantitativos, favorecendo o diálogo metodológico.

II. A validade desse estudo é corroborada pela tipificação e pela categorização dos dados utilizada, pela relação estabelecida entre as observações da organização empresarial e pelos resultados dos inventários.

III. O uso de estudo histórico, de caráter qualitativo, oferece a base para a elaboração dos instrumentos objetivos utilizados no estudo quantitativo.

IV. A categorização dos dados baseia-se na orientação teórica da pesquisa e modifica-se ao longo do processo de investigação, pelo cotejo incessante entre teoria e material empírico.

É CORRETO o que se afirma em

(A) I e III.

(B) I e IV.

(C) II e III.

(D) II e IV.

(E) III e IV.

8. (EXAME - 2009)

Um hospital oferece serviço de assistência psicológica e decide avaliar a satisfação dos pacientes atendidos. Há duas diferentes orientações profissionais entre os psicólogos do hospital: X e Y.

Para saber qual das duas orientações resulta em maior satisfação dos pacientes, são propostos três delineamentos de pesquisa, utilizando escalas de satisfação com o atendimento psicológico realizado:

I. No primeiro delineamento, os pacientes são atendidos nas orientações X e Y, e, após o atendimento, são avaliados por meio das escalas.

II. No segundo, os pacientes são designados aleatoriamente para serem atendidos nas orientações X ou Y, e, após o atendimento, são avaliados por meio das escalas.

III. No terceiro, os pacientes escolhem livremente ser atendidos na orientação X ou Y, e, após o atendimento, são avaliados por meio das escalas.

Considerando-se que os três delineamentos de pesquisa oferecem distintas condições de certeza quanto à diferença de satisfação dos pacientes entre os atendimentos X e Y, qual das alternativas ordena os delineamentos da maior para a menor certeza?

(A) I, II e III.

(B) II, I e III.

(C) I, III e II.

(D) III, I e II.

(E) III, II e I.

9. (EXAME - 2009)

Leia o trecho:

> O estudo das falsas memórias é útil à expansão do conhecimento da memória em contextos laboratoriais, à psicologia clínica e a diversas áreas do saber que lidam com ela.
>
> As recentes investigações denotam que sugerir informações e forçar as pessoas a evocá-las pode aumentar a magnitude dos efeitos das falsas memórias.

ALVES, C.M. 2007 (adaptado)

Com base na leitura desse texto, considere as seguintes afirmativas:

I. A memória é parte do complexo funcionamento do processo cognitivo e mostra-se mais que simples registro, revelando uma relação entre o recordar e a situação de interação.

II. A recordação pode ser falseada quanto ao conteúdo pelo engajamento emocional com o entrevistador, que pode sugerir involuntariamente elementos facilitadores da lembrança reconstruída.

III. O processo terapêutico pode evitar o surgimento de falsas memórias, pois o ambiente seguro garante a expressão emocional consistente do indivíduo, incluindo suas lembranças.

IV. A repetição da recordação de um episódio aumenta a fidedignidade da recordação, pois a experiência emocional permite afirmar que uma recordação é mais profunda e segura de que sua validade objetiva.

Estão CORRETAS somente as afirmativas

(A) I e II.
(B) I e IV.
(C) II e III.
(D) II e IV.
(E) III e IV.

10. (EXAME - 2009)

A discussão sobre o envelhecimento tem sido retomada a partir do aumento da expectativa de vida, demandando políticas públicas que orientem e articulem os diferentes segmentos de atendimento a esses grupos, seja na família, na escola, no trabalho, nos serviços médicos ou assistenciais.

Quanto às contribuições da psicologia do envelhecimento, são feitas as seguintes afirmativas:

I. A teoria psicológica dispõe de conceitos e de modelos explicativos adequados para tratar do processo de envelhecimento na contemporaneidade.

II. Uma abordagem renovadora implica compreender o envelhecimento como etapa final do ciclo de vida, incorporando contribuições de outras ciências.

III. O estudo do envelhecimento deve incorporar as novas dimensões tecnológicas que incrementam a qualidade de vida e a longevidade.

IV. A pesquisa em psicologia deve ampliar os estudos sobre a memória, já que é uma das funções que sofre maior desgaste durante o envelhecer.

Estão CORRETAS somente as afirmativas

(A) I e II.
(B) I e III.
(C) II e III.
(D) II e IV.
(E) III e IV.

11. (EXAME - 2009)

Em um estudo de crianças da zona rural brasileira, Leite (2002) observou que grande parte dos brinquedos disponíveis (bonecas, peteca, casinha, bola) era feita pelas próprias crianças ou havia reapropriação de instrumentos: paus, carrinhos de mão, cabos de vassoura e latas. Elas brincam ao puxar lata, rodar pneu, colher fruta, andar na bicicleta dos pais, catar capim na horta, recolher o gado, cuidar do bebê, amarrar a cabra no pasto, brincar de bola, de comprar na venda, de correr. O trabalhar e o brincar da criança também aparecem em tarefas cotidianas diversas, dando a essas atividades um caráter lúdico e singular.

Em uma pesquisa sobre o brincar da criança indígena brasileira, Oliveira e Menandro (2002) observaram brinquedos dos mais variados tipos e naturezas. Eram brinquedos artesanais, como o estilingue, o pião, a zarabatana ou chocalhos. Os autores identificaram uma diversidade de vivências lúdicas que transformam objetos em brinquedos, com base na experimentação e na fantasia. Essas pesquisas estão sintetizadas na afirmativa

(A) A apropriação de objetos e sua transformação em brinquedo caracterizam a experiência lúdica nos dois grupos, embora sejam brinquedos impregnados pelo contexto cultural.

(B) A perspectiva acerca da infância e da criança nos estudos culturais é baseada num ideal de pureza e de ingenuidade, que deve ser submetido a estudos experimentais.

(C) A perspectiva sobre a natureza infantil é homogênea, adotando um modelo que busca enquadrar a criança num universo sociocultural já constituído e marcado pela diversidade.

(D) As diferenças na vivência da infância aparecem nas pesquisas, pois tanto as crianças da zona rural quanto as indígenas transformam objetos em brinquedos.

(E) As transformações nos modos de viver o lúdico na infância mostram a importância dos brinquedos nos centros urbanos das grandes cidades.

12. (EXAME - 2009)

Uma paciente de 20 anos de idade, em uma entrevista inicial, relata um quadro diagnosticado como Transtorno de Pânico Sem Agorafobia (DSM IV 300.01):

"Doutora, não sei o que eu tenho... estava na minha casa sozinha. Quando fui à cozinha, comecei a sentir mal! Senti como se algo horrível fosse acontecer. Senti como se estivesse morrendo... Minhas mãos começaram a formigar. Meu coração disparou, mal conseguia respirar. Nada estava acontecendo e eu não sabia o que me acontecia. Achei que meu coração ia parar! Comecei a chorar! O médico me disse que eu não tinha nada. Me receitou um ansiolítico e me mandou para casa. Isso foi há um ano. Isso ocorreu mais de uma vez e sempre de repente! Às vezes, quando menos espero. Eu estou apavorada! Não sei o que acontece, nem quando vai acontecer! Tenho medo de enlouquecer ou de ter um ataque cardíaco! E eu sou atleta! Sei que não tem nada a ver! Nunca tive nada disso! Nunca usei drogas! E o médico me disse que minha saúde está bem. Meus pais estão bem! Minha relação com eles é boa! Tenho namorado! Agora não consigo nem ir à aula na faculdade sem ter medo! Mesmo em casa fico preocupada! O que é que eu tenho? Tem tratamento?"

Considerando-se a diversidade de abordagens em psicologia para compreender os quadros psicopatológicos e seu diagnóstico, são feitas as seguintes afirmativas:

I. Para a psicanálise, os sintomas relatados são reveladores de complexos inconscientes relacionados à repressão cultural do corpo e do gênero, levando a um estado regressivo, cujo principal mecanismo de defesa é a projeção; portanto, a psicanálise tem validada sua descrição da psicopatologia no DSM IV.

II. A abordagem comportamental procura, por meio da análise funcional, descrever, neste caso, as relações complexas entre os comportamentos, seus reforçamentos e condicionamentos, considerando que descrições de categorias nosológicas não são úteis, pois não revelam as relações entre variáveis de controle do comportamento.

III. Na perspectiva da abordagem sistêmica, a complexidade dos quadros psicológicos não pode ser reduzida a classificações nosológicas, pois elas ocultam a relação complementar entre o sistema e o sintoma; logo, uma descrição centrada na psicopatologia não revela aspectos de recursividade e de circularidade sistêmicas.

IV. Em uma perspectiva fenomenológica existencial, a classificação de quadros psicopatológicos elucida as vivências subjetivas, pois a classificação explica o sintoma e valida o relato do paciente. Assim, a descrição das vivências da paciente é objetivada.

Estão CORRETAS somente as afirmativas

(A) I e II.
(B) I e III.
(C) II e III.
(D) II e IV.
(E) III e IV.

13. (EXAME - 2009)

Leia o trexo:

> Mesmo pacientes que seriam considerados psiquiatricamente bastante comprometidos pela ciência acadêmica vigente podem viver num clima de liberdade, de autonomia e de consideração mútua, dependendo apenas de que se lhes respeite a condição de *seres humanos*. Não se trata absolutamente de tingir a loucura com cores românticas: sem dúvida, são pessoas que vivem experiências difíceis, doloridas, dilacerantes, experiências que, na maior parte das vezes, não encontram uma alocação possível na esfera gregária do sujeito e que resistem às formas de comunicação pelos códigos partilhados. Mas que, nem por isso, são menos humanas, menos passíveis de reconhecimento e de solidariedade.

NAFFAH, Neto Alfredo. O estigma da loucura e a perda da autonomia. (s/d)

Essa concepção de saúde e de doença mental é identificada em qual abordagem?

(A) Em uma abordagem analítica, deve-se promover um trabalho de denúncia da ideologia, ligada ao tratamento da loucura e sua manifestação na família em todos os fóruns sociais, dentro e fora do contexto territorial em que a estigmatização do paciente ocorre.

(B) Em uma abordagem que defenda o fim do internamento do paciente, o qual rompe com as jaulas farmacológicas e terapêuticas que acorrentaram os doentes mentais na história; logo, o fim do uso de psicofármacos e a liberdade sem restrições estão postos para o século XXI.

(C) Na perspectiva biopsicossocial, em que o sofrimento mental é compreendido como instância produtora de novos sentidos, recupera-se a experiência do portador como um dado de crítica social e aspectos neuropsicológicos.

(D) Naquela em que o tratamento moral deve ceder pouco a pouco seu lugar para as terapêuticas medicamentosas e psicoterápicas, pois a abordagem deve ser por etapas e acompanhada por diferentes instrumentos de avaliação.

(E) Naquela em que se deve trabalhar com a tensão entre um conceito de saúde, como o bem-estar biopsicossocial e as suas possibilidades efetivas de realização nas condições concretas dos indivíduos e dos grupos sociais, na busca de garantir a humanidade e a dignidade das pessoas em condição de sofrimento psíquico, apostando na potencialidade humana do paciente.

14. (EXAME - 2009)

Leia as afirmativas

A contemporaneidade é o cenário no qual novos elementos despontam e convocam posicionamentos subjetivos. É nesse palco que a homossexualidade e a homofobia devem ser vistas e focalizadas, tanto teórica quanto pragmaticamente.

PORQUE

Autores como Bauman (1998) e Jameson (1997) voltam-se para as transformações sociais como deflagradoras de mudanças subjetivas: fragmentação, superficialidade, heterogeneidade discursiva e espacialização do tempo e fim da unidade e da centralidade típicos da organização subjetiva da modernidade.

CREMASCO *et al.*, 2009. (Adaptado)

Analisando-se essas afirmações, é CORRETO afirmar que

(A) a primeira afirmação é falsa, e a segunda é verdadeira.
(B) a primeira afirmação é verdadeira, e a segunda é falsa.
(C) as duas afirmações são falsas.
(D) as duas afirmações são verdadeiras, e a segunda é uma justificativa correta da primeira.
(E) as duas afirmações são verdadeiras, mas a segunda não é uma justificativa correta da primeira.

15. (EXAME - 2009)

Estudos sobre um construto chegaram às seguintes conclusões:

I. A fragmentação do núcleo familiar, o baixo grau de instrução e o prévio histórico de internação psiquiátrica são preditores de estresse pós-traumático.

II. A ousadia protege, na exposição ao estresse extremo, e tem três dimensões: a motivação para encontrar sentido no cotidiano; a crença em poder influenciar o entorno e os resultados dos eventos; e a crença em poder aprender e a crescer a partir das experiências.

III. A caracterização de um evento como traumático não depende somente do estímulo estressor, mas, entre outros fatores, da tendência do processamento perceptual do indivíduo.

IV. Eventos traumáticos em si não são determinantes isolados ou exclusivos do desenvolvimento de transtornos psiquiátricos.

Tais descobertas relacionam-se a estudos sobre

(A) agressividade.

(B) processos cognitivos.

(C) processos grupais.

(D) resiliência.

(E) dissonância cognitiva.

16. (EXAME - 2009)

A conceituação de personalidade retrata a complexidade do campo do saber psicológico. A personalidade pode ser definida como o conjunto das características da pessoa que explicam padrões consistentes de sentimentos, de pensamentos e de comportamentos. As teorias de personalidade são estudadas em uma perspectiva pluralista.

Sobre as teorias de personalidade, as seguintes afirmativas são feitas:

I. As teorias cognitivas reforçam a visão da personalidade como um sistema ativo de processamento de informações sobre si e sobre o mundo, uma vez que não é possível abordar cognitivamente as emoções.

II. As teorias psicodinâmicas descrevem a personalidade como um sistema energético marcado por forças conscientes e inconscientes, que, em conflito não resolvido, podem levar aos sintomas psicopatológicos.

III. As teorias humanistas colocam em relevo as características emergentes e irredutíveis do homem, propondo o foco na experiência psicossocial e na cultural, como fontes determinantes da constituição da pessoa.

IV. A psicologia evolutiva descreve a personalidade como uma função biopsicológica, com traços geneticamente herdados, cujas características foram selecionadas pela interação com o ambiente evolutivo de adaptação.

Estão CORRETAS somente as afirmativas

(A) I e II.

(B) I e IV.

(C) II e III.

(D) II e IV.

(E) III e IV.

17. (EXAME - 2009)

Um professor corrige a tarefa escolar feita por seus alunos. Eles estão sentados individualmente em carteiras enfileiradas e são chamados um a um para levar o caderno até a mesa do professor. Este age batendo um carimbo que associa uma figura com uma expressão elogiosa como "muito bem", "ótimo" ou "excelente". E não usa figura alguma, caso não tenha feito a tarefa. Em seguida, registra quem fez e quem não fez a tarefa, dizendo que o aluno que cumprir todas as tarefas sem erro receberá um ponto na média final bimestral. Depois, fala à classe que quem não realizou a tarefa deverá fazer durante o horário do recreio.

A conduta desse professor é corretamente interpretada pela abordagem

(A) comportamental, que preconiza a modelagem do comportamento da criança pelo reforço positivo dos comportamentos adequados pela extinção dos inadequados.

(B) gestáltica, a qual destaca a correção do erro e o controle do comportamento como necessários para que o aluno estabeleça a distinção figura e fundo, criando a boa forma, favorecendo *insights* (introvisão) e raciocínios específicos sobre os problemas dados na tarefa.

(C) piagetiana, que preconiza a aprendizagem como envolvendo processos de assimilação e acomodação de novos conteúdos à estrutura cognitiva do aluno, tornada possível, enfatizando o erro cometido.

(D) rogeriana, a qual compreende a conduta do professor como um convite à heteronomia do aluno como pessoa humana, pois a punição do erro deve acontecer num clima de afetividade e empatia.

(E) sócio-histórica, que enfatiza o papel do parceiro mais experiente como muito valorizado para a aprendizagem, o que faz com que a correção do erro pelo professor favoreça a zona de desenvolvimento proximal.

18. (EXAME - 2009)

O trânsito é um fenômeno coletivo que explicita o conflito entre desejos individuais e prescrições sociais de condutas. O resultado das ações dos indivíduos tem sido considerado pela Organização Mundial da Saúde como um problema de saúde pública. Há mortos parcialmente contabilizados, mutilados desconhecidos e sofrimento numa dimensão gigantesca. Constitui-se em fenômenos evitáveis, a partir das ações do indivíduo que toma as decisões. Para a tomada de decisões, concorrem diversos fatores conhecidos da psicologia, entre eles, a percepção de risco, que se constitui a partir de fatores sociais, grupais e ideológicos, de fatores intrapessoais e de fatores interpessoais.

Qual das afirmativas articula a tensão entre o indivíduo e a sociedade expressa no trânsito?

(A) As perspectivas individualistas devem incorporar a dimensão coletiva do comportamento individual, e as perspectivas sociais devem considerar o indivíduo como ator.

(B) As práticas sociais no trânsito interferem nas relações entre classes, demarcando grupos expostos a riscos.

(C) O aspecto da desigualdade social da relação de gênero determina a interação dos fatores individuais e sociais que se expressam em conflitos no trânsito.

(D) O estudo do papel social do motorista revela a interação característica do principal ator do trânsito, permitindo intervir na regulação do sistema, a partir do acordo social.

(E) Perspectivas individualistas focalizam características pessoais que seriam determinantes na harmonia do sistema, subsidiando novos instrumentos de avaliação psicológica.

19. (EXAME - 2009)

A psicologia cultural e a abordagem intercultural estudam a relação entre indivíduo e cultura de diferentes perspectivas.

Considere as seguintes afirmativas:

I. Estudar as características de personalidade, considerando-se as produções culturais de um dado período histórico, é uma característica da abordagem intercultural.

II. Considerar os processos políticos sociais, ao estudar as diferenças entre características de gênero, é um procedimento da abordagem da psicologia cultural.

III. A abordagem intercultural afirma que o estudo das diferenças individuais não pode ser realizado entre indivíduos de culturas diferentes.

IV. Os métodos psicométricos são considerados, pela psicologia cultural, produtos dos valores da nossa própria cultura, que contextualiza nossa personalidade.

Estão CORRETAS somente as afirmativas

(A) I e II.
(B) I e III.
(C) II e III.
(D) II e IV.
(E) III e IV.

20. (EXAME - 2009)

Leia o seguinte texto:

> Evidências de pesquisas com neuroimagem identificam dois sistemas neurais responsáveis pelas diferentes etapas da geração e controle de estados afetivos. O *sistema ventral* é composto por circuitos envolvendo amídala, ínsula, corpo estriado ventral, regiões ventrais do cíngulo anterior e córtex órbito-frontal. Tal sistema estaria relacionado às etapas de identificação do significado emocional de estímulos e de produção dos estados afetivos específicos. O *sistema dorsal* é composto pelo hipocampo, regiões dorsais do cíngulo anterior e pelo córtex pré-frontal. Tal sistema estaria relacionado à regulação dos estados afetivos, eliciando respostas comportamentais contextualmente apropriadas. O sistema ventral recebe aferências de áreas sensoriais primárias e de associação, e o dorsal ionado a mecanismos cognitivos, como memória e atenção.

BUSATTO, G. *et al.*, 2006. (Adaptado)

Considerando-se a descrição desses mecanismos, é CORRETO afirmar que

(A) a autonomia do processamento neural ocorre em cada nível, pois as conexões sensoriais se dão a partir do sistema sensorial aferente.

(B) a complexidade da rede de interconexões entre os sistemas dorsal e ventral possibilita a modulação recíproca entre ativação emocional e contextualização da resposta comportamental.

(C) existe domínio dos aspectos cognitivos sobre os emocionais, uma vez que o sistema ventral pode modular o sistema dorsal.

(D) há independência entre os circuitos neurais da emoção e do processamento cognitivo, já que as conexões aferentes ocorrem primariamente no sistema ventral.

(E) o sistema dorsal controla o comportamento por meio de suas conexões com as aferências sensoriais, enquanto o sistema ventral suporta sua atividade.

21. (EXAME - 2009)

> Embora as estimativas variem, a taxa de concordância para esquizofrenia em gêmeos idênticos é ao redor de 50% e, para gêmeos dizigóticos, é da ordem de 12%, sendo significativamente maior que o 1% de risco da população geral.

BARBOSA DA SILVA, R. C. 2006. (Adaptado)

Considerando-se esses dados da pesquisa sobre a etiologia genética da esquizofrenia, é CORRETO afirmar que

(A) a esquizofrenia se deve ao acaso, já que a chance de um irmão monozigótico desenvolver o transtorno é de 50%, se o outro for portador.

(B) o ambiente pode proteger o indivíduo do desenvolvimento desse transtorno, uma vez que apenas 1% da população o desenvolve.

(C) o componente genético existe, mas também ocorre a participação do componente ambiental na esquizofrenia, pois 50% dos gêmeos monozigóticos desenvolvem o transtorno, se o outro for portador.

(D) o fato de 12% dos gêmeos dizigóticos desenvolverem igualmente o transtorno demonstra o peso dos fatores psicológicos familiares no transtorno.

(E) os resultados, ao variar em 50% para gêmeos monozigóticos, 12% para gêmeos dizigóticos e apenas 1% para a população em geral, demonstram a ausência de relação entre o ambiente e os fatores genéticos.

22. (EXAME - 2009)

Um psicólogo escolar é chamado pelo diretor de uma escola pública, devido às seguintes queixas: uma das turmas do ensino médio tem se manifestado de forma violenta com colegas e professores, destruindo o patrimônio da escola. Embora as estimativas variem, a taxa de concordância para esquizofrenia em gêmeos idênticos é ao redor de 50% e, para gêmeos dizigóticos, é da ordem de 12%, sendo significativamente maior que o 1% de risco da população geral.

Qual afirmativa descreve a atuação apropriada do psicólogo?

(A) Analisar o processo de constituição da queixa escolar, referenciando-se em estudo diagnóstico que contemple as práticas dos sujeitos em suas relações com as dimensões social, organizacional e pedagógica que participam do fenômeno da violência escolar.

(B) Encaminhar os alunos indisciplinados para atendimento num Centro de Atendimento Psicossocial ou num Núcleo de Atendimento Psicossocial, para intervenção medicamentosa do comportamento agressivo.

(C) Indicar psicoterapia individual e grupal, dentro ou fora do ambiente escolar, pois as pesquisas indicam que é a intervenção mais bem-sucedida para lidar com a violência na escola.

(D) Realizar reuniões com familiares, com os jovens envolvidos em atos de violência, em conjunto com o Conselho Tutelar, caso seja necessário intervir juridicamente sobre o caso.

(E) Realizar um diagnóstico das dimensões social, organizacional, pedagógica, individual, em uma perspectiva dialógica da psicologia jurídica, que oriente o planejamento, a intervenção e avaliação dos resultados.

23. (EXAME - 2009)

Leia o trecho:

O conceito de teoria implícita de organização reporta-se ao conjunto de ideias, crenças e valores sustentados pelos atores acerca de como devem ser as relações envolvidas nos contratos entre indivíduos e organização. A exaustão do sistema clássico de administração de recursos humanos e a ascensão de um modelo de gestão de pessoas, apoiados em novos valores, coincidem com a expansão dos estudos na área da ciência da cognição. O modelo *Agency-Community* articula duas concepções, tradicionalmente opostas acerca dos processos de gestão de pessoas nas organizações. A noção de *Agency* defende a habilidade de os atores tomarem decisões e agirem de acordo com seus interesses, tendo no empreendedor autônomo o seu protótipo; já a noção de *Community* enfatiza uma maior participação e interdependência dos atores.

BASTOS, A.V.B. *et al.*, 2007. (Adaptado)

Qual é a contribuição desse modelo para o campo da psicologia organizacional?

(A) Aborda perspectivas individuais e sociais, em uma visão de gestão de pessoas que orienta a distinção entre o público e o privado.

(B) Combina reatividade e proatividade de atores que estão no comando ou na execução da tarefa como competidores.

(C) Inova na compreensão de aspectos considerados antagônicos, por enfatizar o papel do líder como dialeticamente articulado às demandas do mercado.

(D) Pretende demonstrar a possibilidade de se conciliarem modelos de gestão caracterizados como opostos, irredutíveis e inarticuláveis.

(E) Renova olhar sobre a psicologia organizacional, após a exaustão das práticas tradicionais pelo modelo taylorista da gestão do trabalho.

24. (EXAME - 2009)

Uma empresa de Tecnologia da Informação identifica que os casos de Doenças Osteomusculares Relacionadas ao Trabalho (DORT) estão gerando afastamentos de funcionários, o que compromete o gerenciamento organizacional.

Qual intervenção deve ser realizada pelo psicólogo nessa organização?

(A) Identificar os funcionários afastados, realizar entrevistas individuais com foco na execução do trabalho, analisar e informar os aspectos prioritários para intervenção.

(B) Investigar, com funcionários afastados, os fatores organizacionais e pessoais envolvidos, buscando diferenciar problemas psicológicos individuais de problemas organizacionais, orientando a intervenção.

(C) Planejar a composição interdisciplinar da equipe para o diagnóstico, focalizando informações sobre número de funcionários envolvidos por atividades, por áreas de atuação, por grupos de trabalho, e caracterizar o problema.

(D) Planejar o encaminhamento dos casos para acompanhamento psicológico, propor e acompanhar intervenções de ergonomia no ambiente de trabalho, prevenindo futuros afastamentos.

(E) Realizar o diagnóstico, identificando variáveis contextuais, organizacionais, grupais e individuais; gerar dados e informações que orientem o planejamento e a avaliação da intervenção.

25. (EXAME - 2009)

A psicologia jurídica tem tratado questões que envolvem a família no contexto das demandas legais. Mudanças na construção metodológica do parecer técnico incorporaram a dinâmica familiar e o potencial das famílias no encaminhamento de resolução dos conflitos. Tais mudanças oferecem subsídios para audiências conjuntas com o juiz e o técnico psicossocial. Assim, tem-se adotado na elaboração de um laudo uma ênfase maior na dimensão compreensiva do conflito do que na disputa entre querelantes. Por outro lado, a resolução CFP 07 de 2003 determina o que um laudo psicológico deve possuir como elementos mínimos.

Com base na leitura desse texto, é CORRETO afirmar que

(A) o processo psicodiagnóstico produz um documento que responde às determinações formais da resolução do CFP, focalizando as questões jurídicas familiares.

(B) a realização do processo psicodiagnóstico na situação familiar implica a flexibilização da apresentação formal de um laudo, pois prejudicaria o processo de intervenção familiar, orientada pelo juiz.

(C) a avaliação psicológica inclui a identificação, o levantamento da demanda e o uso de instrumentos psicológicos, organizando a análise de resultados a qual deve subsidiar decisões judiciais em relação à dinâmica do caso.

(D) o laudo psicológico se caracteriza pelo uso de entrevistas e da opinião da família, pois as demais técnicas de avaliação não se prestam à compreensão do vivido pela família, e podem distorcer a decisão judicial.

(E) a resolução do CFP obriga o profissional a relatar todos os aspectos psicológicos levantados durante a entrevista, pois revelam dados jurídicos aparentemente desconexos, mas importantes para a demanda judicial.

26. (EXAME - 2009)

O psicólogo que trabalha com grupos atendidos pelo Programa de Atenção Integral à Família (PAIF), do Centro de Referência e Assistência Social (CRAS), atua no atendimento à população em situação de vulnerabilidade social. Os objetivos do PAIF são: a prevenção e o enfrentamento de situações de risco social; fortalecimento dos vínculos familiares e comunitários; promoção de aquisições sociais e materiais às famílias, visando fortalecer o protagonismo e a autonomia das famílias e de comunidades.

É CORRETO afirmar que, nesse programa, cabe ao psicólogo a análise

(A) da demanda; caracterização do grupo; planejamento conjunto das atividades; escolha de técnicas de dinâmica de grupo que estimulem a participação; acompanhamento e avaliação das atividades grupais; e avaliação do programa social.

(B) da integração regional das ações, no campo do micro e macrossistema de atendimento às populações em situação de vulnerabilidade, compatibilizando ações no campo da psicologia social e intervenções econômicas.

(C) da normatização das atividades de atendimento às populações em situação de vulnerabilidade social e das contribuições dos movimentos sociais, identificando alternativas psicológicas de intervenção.

(D) de políticas públicas dirigidas para o setor, conhecimento das características do bairro para definir o público-alvo; análise do cronograma de desembolso financeiro dos órgãos de fomento e definição de proposta avaliativa.

(E) dos trabalhos desenvolvidos nos ambulatórios que dão suporte para a saúde da população atendida, bem como sua articulação com o planejamento de atividades.

27. (EXAME - 2009)

Estudos de caracterização da clientela e de motivos para abandonos de tratamentos psicoterápicos em serviços comunitários em saúde mental identificaram a incidência acumulada de 39,2%. Outros trabalhos citam o índice de 25% a 50% referente a pacientes que desistem do atendimento, havendo menor abandono na clínica privada do que nos serviços comunitários de saúde mental. Assim, são necessárias ações que possam auxiliar a redução dessa alta incidência de abandono de tratamento por meio de abordagem e ações especiais, implementadas enquanto políticas públicas.

BENETTI S.P.C *et al.* 2008 (Adaptado)

Em relação à leitura feita, é CORRETO afirmar que

(A) a atividade psicoterapêutica é mais adequada para o tratamento de pacientes de maior poder aquisitivo, pois ela é muito longa e gera desistência.

(B) o atendimento nas clínicas privadas, por ser multidisciplinar, gera maior adesão e menor desistência dos pacientes em psicoterapia.

(C) a desistência dos pacientes sugere a ausência de fundamento nas teorias psicoterapêuticas que articulem setores público e privado.

(D) os modelos psicoterapêuticos atuais são adequados. O abandono dos pacientes é devido à preferência pelo atendimento privado.

(E) os modelos terapêuticos, mesmo sendo eficazes, demandam investigação de sua adequação à população atendida.

28. (EXAME - 2009) DISCURSIVA

Dados sobre acidentes de trabalho no Brasil indicam aumento dos registros de "episódios depressivos" (CID F32) e "reações ao *stress* grave e transtornos de adaptação" (CID F43).

A tabela apresenta os seguintes dados:

Ano	Total de acidentes	CID 10
2006	389	F32
2007	3560	F32
2006	3037	F43
2007	5170	F43

Anuário Estatístico de Acidentes do Trabalho: AEAT 2007 (Adaptado).

Responda:

(A) Que problema de pesquisa psicológica esta tabela propõe? **(VALOR: 5 PONTOS)**

(B) Apresente o plano de pesquisa adequado para responder este problema. **(VALOR: 5 PONTOS)**

29. (EXAME - 2009) DISCURSIVA

Problemas relacionados com absenteísmo (falta ao trabalho) afetam as atividades de diversas organizações, entre elas, escolas e indústrias. A ausência ao trabalho resulta na necessidade de se providenciarem substitutos, nem sempre treinados para o exercício das atividades. Tarefa:

Escolha entre um dos tipos de organização: escola ou indústria.

E, em seguida

(A) identifique duas outras profissões que possam contribuir para a intervenção no absenteísmo na organização escolhida, descrevendo características específicas do trabalho do psicólogo. **(VALOR: 5 PONTOS)**

(B) analise os aspectos éticos envolvidos no trabalho do psicólogo, em relação ao absenteísmo na organização escolhida. **(VALOR: 5 PONTOS)**

30. (EXAME - 2009) DISCURSIVA

Uma paciente apresenta-se em uma clínica de atendimento particular, declarando ter medo de viajar de avião e buscando um tratamento psicológico que fosse mais rápido e solucionasse seu problema de imediato. Tem 32 anos, sexo feminino, separada (em processo de divórcio), e com um filho de um ano e meio, terceiro grau completo (pedagoga), nível socioeconômico médio-alto. É a filha mais velha de família com três filhos.

Mantém um bom relacionamento com a família, visitando frequentemente pais e irmão. No trabalho, apresenta um bom desempenho, tendo sido promovida recentemente a gerente de recursos humanos. Não usa drogas ou medicamentos e bebe socialmente.

Relatou que, devido à sua recente promoção, está tendo que realizar viagens de avião a São Paulo. Tal promoção não a deixou satisfeita, pois não era o que ela desejava. Diz que sente medo ao viajar de avião, se sente ansiosa, passa mal, uma vez chorou ao embarcar. Disse preocupar-se mais quando o avião *balança*, quando tem turbulência. O grau de ansiedade/mal-estar na decolagem ou no momento de turbulência é maior. Nota o coração bater mais forte, suor nas mãos, suor frio. O início dos sintomas ocorreu há mais ou menos dois anos, quando se separou.

Suas maiores preocupações atualmente são: o seu filho e sua educação, deixar de aproveitar a vida, perder o controle, ter que se sujeitar aos outros.

De acordo com uma das abordagens psicoterapêuticas, psicanálise, comportamental, cognitivo, Gestalt, ou fenomenológica, responda às seguintes questões:

(A) Qual a hipótese diagnóstica inicial para este caso? **(VALOR: 5 PONTOS)**

(B) Qual o objetivo terapêutico, de acordo com a orientação teórica de sua escolha? **(VALOR: 5 PONTOS)**

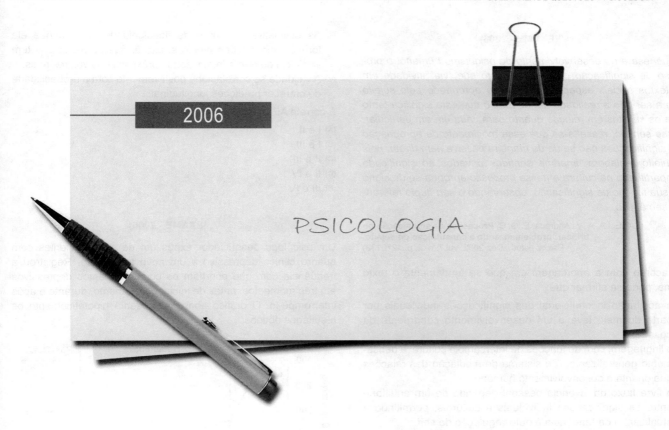

1. (EXAME - 2006)

O nascimento da Psicologia científica na Europa e no Brasil deu-se

(A) na primeira metade do século XVII, quando da publicação do *Novum Organum* de Bacon.
(B) na segunda metade do século XVIII, quando da publicação do *Discurso do Método* de Descartes.
(C) na primeira metade do século XIX, quando da criação do primeiro laboratório de Psicologia Experimental por Wundt.
(D) na segunda metade do século XIX, quando da criação da primeira escala métrica de inteligência na França e sua introdução por Binet no Brasil.
(E) na segunda metade do século XIX lá e na primeira metade do século XX aqui, quando se criou o primeiro laboratório de psicologia experimental.

2. (EXAME - 2006)

O conhecimento produzido pela Psicologia na atualidade originou:

I. uma extensão dos campos e dos métodos de atuação do psicólogo que o está levando a uma perda da identidade profissional.
II. alternativas psicoterapêuticas que estão levando o psicólogo de volta a seu lugar ideal de trabalho: o consultório.
III. novos conhecimentos sobre grupos e instituições que ampliam as possibilidades de ação do psicólogo para além da clínica.

É correto APENAS o que se afirma em

(A) I.
(B) II.
(C) III.
(D) I e II.
(E) II e III.

3. (EXAME - 2006)

Na perspectiva epistemológica histórico-crítica, a epistemologia positivista

(A) identifica o objeto de estudo das Ciências Humanas com o objeto de estudo das Ciências Naturais, sem fazer a mesma identificação do método de estudo.
(B) identifica o método de estudo das Ciências Humanas com o método de estudo das Ciências Naturais, sem realizar a mesma identificação do objeto de estudo.
(C) introduz o estudo dos seres humanos numa história natural evolucionista que o isenta de posições político-ideológicas.
(D) identifica o objeto e o método de estudo das Ciências Humanas com o objeto e o método das Ciências Naturais.
(E) introduz o estudo dos seres humanos em moldes experimentais que o distancia de concepções filosóficas vagas.

4. (EXAME - 2006)

Na gênese e no desenvolvimento do psiquismo humano, o processo de significação destaca-se posto que, via atividade em contextos sociais específicos, o que é apropriado pelo sujeito vem a ser não a realidade em si, mas o que esta significa tanto para os sujeitos em relação quanto para cada um em particular. Nesse sentido, ressalta-se que esse movimento de apropriação das significações não se dá de maneira passiva nem direta, pois o sujeito reelabora, imprime sentidos privados ao significado compartilhado na cultura e nesse processo apropria-se do signo em sua função de significação, observando o seu duplo referencial semântico.

(ZANELLA, A. V.; Andrada, E. G. C. **Processos de significação no brincar: problematizando a constituição do sujeito**. Psicol. estud., Dez 2002, vol.7, n. 2, p. 1270133)

De acordo com a abordagem em que se fundamenta o texto acima, pode-se afirmar que:

(A) a aceitação incondicional das significações individuais por parte do meio leva a um desenvolvimento congruente da pessoa.
(B) a linguagem, com as funções de intercâmbio cultural e pensamento generalizante, é o sistema de mediação das relações que orienta o desenvolvimento humano.
(C) o livre fluxo da vivência pessoal depende de um equilíbrio entre as significações individuais e culturais, permitindo a atualização da tendência à auto-regulação do self.
(D) a empatia é mais significativa do que a atividade em contextos culturais específicos para a incorporação individual de significações culturais por meio de um processo de elaboração.
(E) significações oriundas de contextos culturais específicos podem solapar a apropriação da realidade em si por parte de sujeitos.

5. (EXAME - 2006)

São feitas duas afirmações abaixo. Resultados de pesquisa, baseados em procedimentos de observação e mensuração mais precisos, mostram que a visão tradicionalmente mantida pelo senso comum subestima o bebê recém-nascido.

PORQUE

Este demonstra estar preparado para a vinculação afetiva e interação social, o que evidencia na imitação de expressões faciais.

Pode-se afirmar que

(A) as duas afirmações são verdadeiras e a segunda justifica a primeira.
(B) as duas afirmações são verdadeiras e a segunda não justifica a primeira.
(C) a primeira afirmação é verdadeira e a segunda é falsa.
(D) a primeira afirmação é falsa e a segunda é verdadeira.
(E) as duas afirmações são falsas.

6. (EXAME - 2006)

O rigor psicométrico de um instrumento de medida é avaliado por alguns destes critérios:

I. Profissionais treinados apresentam grau de concordância satisfatório quanto à pontuação de suas variáveis.
II. Os dados normativos de uma determinada população podem ser extrapolados a outras populações, utilizando-se coeficientes representativos.
III. As estimativas do grau de fidedignidade indicam que ele fornece informações precisas, isto é, que os resultados têm variância de erro mínima, sendo próximos dos valores reais.
IV. A validade se correlaciona positivamente com a probabilidade de oferecer predições longitudinais.

É correto APENAS o que se afirma em:

(A) I e II.
(B) I e III.
(C) II e III.
(D) II e IV.
(E) III e IV.

7. (EXAME - 2006)

Um psicólogo pesquisador expôs um de seus pacientes com quadro clínico depressivo a um novo tratamento. Registrou a freqüência com que ocorriam os comportamentos depressivos em três momentos: antes de iniciar o tratamento, durante e após interrompê-lo. O gráfico abaixo representa hipoteticamente os resultados obtidos.

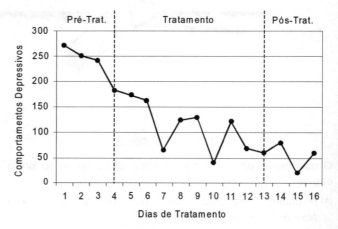

A partir desses resultados, o tratamento aplicado mostra-se:

I. seguramente eficaz, pois a redução constante dos comportamentos depressivos ao longo do tratamento é clara e inequívoca.
II. possivelmente eficaz, pois a redução dos comportamentos depressivos já ocorria antes mesmo do seu início.
III. provavelmente eficaz, pois os comportamentos depressivos reduziram-se durante o tratamento.
IV. certamente eficaz, pois os comportamentos mantiveram-se baixos mesmo após a sua interrupção.

É correto APENAS o que se afirma em:

(A) I.
(B) III.
(C) I e IV.
(D) II e III.
(E) II e IV.

8. (EXAME - 2006)

Considerando-se dados da literatura que mostram correlações positivas entre obesidade infantil e aspectos psicológicos, tais como depressão, ansiedade e déficits de competência social, é correto afirmar:

(A) obesidade infantil em alto grau pode predizer elevados graus de depressão ou ansiedade.

(B) depressão, ansiedade e déficits de competência social são aspectos psicológicos de natureza semelhante.

(C) competência social desenvolve-se apenas após a infância, quando passa a caracterizar o obeso adulto.

(D) ansiedade é a causa da obesidade infantil porque a ingestão de alimentos, nesse caso, deixa de ser determinada pela saciedade.

(E) quadros depressivos acompanhados de falta de apetite diminuem a obesidade infantil.

9. (EXAME - 2006)

A memória e as emoções são estudadas tanto por técnicas psicológicas como através da neurociência. A partir de estudos realizados nos últimos anos e relatados em revistas científicas especializadas, pode-se concluir que:

(A) eventos desagradáveis são melhor lembrados do que eventos agradáveis, pois representam traumas rememorados obsessivamente.

(B) as lembranças de intensa emocionalidade, agradáveis ou desagradáveis, são melhor lembradas do que lembranças neutras.

(C) a emoção e a memória não se relacionam, pois são controladas por regiões diferentes do cérebro.

(D) eventos desagradáveis levam à formação de falsas memórias.

(E) a memória depende mais da repetição dos eventos, ou da freqüência de sua evocação, do que de seu conteúdo afetivo.

10. (EXAME - 2006)

Estudos antropológicos indicaram que em alguns grupos culturais não ocorre o período da adolescência. Isto significa que

(A) também não ocorre a puberdade, que é necessariamente um fenômeno cultural.

(B) os indivíduos desse grupo estão em atraso em relação aos de outros grupos culturais, já que a adolescência é um fenômeno universal.

(C) os critérios de definição da adolescência podem variar em função do grupo cultural, gerando distintas transições da infância para a vida adulta.

(D) os diferentes hábitos culturais interferem na adolescência, mais do que na puberdade.

(E) nos grupos em que não ocorre o período da adolescência, os indivíduos não ultrapassam a infância.

11. (EXAME - 2006)

De acordo com a perspectiva construtivista, o desenvolvimento cognitivo da criança está ligado à interação social e aos afetos, desde o nascimento até a vida adulta. Considerando a afirmação acima, pode-se concluir que

(A) a pobreza cognitiva leva a dificuldades de interação social e impede a construção de esquemas afetivos.

(B) o desenvolvimento cognitivo segue junto com o desenvolvimento social e afetivo, em relações de correspondência ou alternância.

(C) a qualidade cognitiva é conseqüência do tipo de interação social e das emoções, que não a afetam retroativamente.

(D) a qualidade do desenvolvimento cognitivo na infância será transformada na idade adulta, nada restando no adulto do que foi adquirido na infância.

(E) o desenvolvimento cognitivo na idade adulta faz com que o indivíduo fique impermeável à interferência do mundo social e das emoções.

12. (EXAME - 2006)

Paulo, bancário, 21 anos, procura um serviço de saúde mental, encaminhado pelo médico do banco. Na entrevista de triagem, relata que, em seu trabalho, os colegas estão sempre olhando para ele, fazendo comentários jocosos a seu respeito, o que ele percebe pelo jeito como eles olham e dão risadas às vezes. Não sabe o porquê desta atitude deles, pois antes eram amigos e até costumavam sair todos juntos. Suspeita que, talvez, tenha sido pelas mensagens que andou recebendo pelos jornais e pelo rádio. Eram mensagens cifradas a respeito de sua pessoa que só ele conseguia entender. Outro dia, no banco, estava tentando ouvir a notícia no rádio, mas ninguém conseguia ouvir nada. Aí foi levado ao médico do banco que achou que ele estaria estressado e o encaminhou para este hospital.

Se você estivesse fazendo essa entrevista de triagem, qual seria a hipótese diagnóstica e o encaminhamento mais coerente, de acordo com os critérios propostos pelo DSM–IV?

(A) Transtorno de personalidade *borderline* e psicoterapia individual.

(B) Transtorno depressivo maior recorrente e internação psiquiátrica.

(C) Transtorno obsessivo-compulsivo e psicanálise.

(D) Transtorno psicótico e avaliação psiquiátrica.

(E) Transtorno narcisista de personalidade e psicoterapia em grupo.

13. (EXAME - 2006)

Caracterizado por quadros de agitação, impulsividade e dificuldade de concentração, o transtorno do déficit de atenção, nos últimos dez anos, ganhou maior atenção de médicos, psicólogos e pedagogos porque se passou a creditar a esse distúrbio boa parte dos casos de mau desempenho escolar... Pais acusam escolas de rotular suas crianças de hiperativas indiscriminadamente, antes mesmo de obter um diagnóstico médico, por falta de paciência dos professores para lidar com crianças irrequietas.

(Revista Veja, outubro 2004).

O texto permite afirmar que:

(A) com o desenvolvimento das pesquisas novos transtornos têm sido identificados, o que permite refinamento nos diagnósticos.

(B) a descoberta de novos diagnósticos estimula a pesquisa de medicamentos mais eficazes.

(C) os professores têm sido treinados para realizar diagnóstico precoce do transtorno do déficit de atenção, o que pode trazer muitos benefícios para os alunos.

(D) o mau desempenho escolar é causado pelo transtorno do déficit de atenção.

(E) observa-se uma ênfase na medicalização da educação, ao se classificarem como patologia aspectos da singularidade do indivíduo.

14. (EXAME - 2006)

Uma das dimensões atuais da realidade brasileira é a questão da inclusão no mercado de trabalho de pessoas com deficiência, segundo a lei nº 8.213/91 (Decreto Lei nº 3298/99) que tem trazido à tona situações de convívio com a diferença, bem como episódios de violência e segregação contra aqueles percebidos como diferentes.

A partir do texto são feitas duas afirmações:

O mecanismo de ação do preconceito estabelece uma diferenciação e uma desvalorização social entre as pessoas, e os estereótipos tendem a homogeneizar os grupos percebidos como diferentes.

PORQUE

O estabelecimento de cotas para pessoas com deficiência pode reforçar a discriminação.

Pode-se afirmar que

(A) as duas afirmações são verdadeiras e a segunda justifica a primeira.
(B) as duas afirmações são verdadeiras e a segunda não justifica a primeira.
(C) a primeira afirmação é verdadeira e a segunda é falsa.
(D) a primeira afirmação é falsa e a segunda é verdadeira.
(E) as duas afirmações são falsas.

15. (EXAME - 2006)

Segundo o psicólogo social e sociólogo francês Sergei Moscovici, a representação social é uma produção coletiva que tem como uma de suas dimensões a atitude ou orientação geral de grupos em relação ao objeto da representação. O historiador inglês Eric Hobsbawm, por sua vez, afirma: "o racismo, além de conveniente enquanto legitimação da dominação do branco sobre indivíduos de cor e de ricos sobre pobres, é um mecanismo através do qual uma sociedade fundamentalmente desigual, mas baseada numa ideologia fundamentalmente igualitária, racionaliza as suas desigualdades. Para isso, a ciência, o trunfo do liberalismo, veio para provar que os homens não são iguais." Nesse contexto, o preconceito racial e a violência que o acompanha

(A) são predominantemente manifestação da lógica que rege as relações sociais em sociedades profundamente desiguais e hierarquizadas.
(B) são manifestações de uma natural divisão social do trabalho em sociedades complexas, que requer a classificação das pessoas segundo suas aptidões naturais.
(C) são inevitáveis, pois a espécie humana é biologicamente agressiva e sempre haverá grupos violentos em relação a algum objeto de representação coletiva.
(D) não pertencem ao âmbito das representações sociais, pois decorrem de uma reação natural da espécie humana de medo diante do que é diferente.
(E) não pertencem ao âmbito das relações de poder, pois são desencadeados pelos próprios negros, que se encontram em estágios pouco evoluídos de civilização e cultura.

16. (EXAME - 2006)

A psicanálise não tem nenhum motivo para ter medo do formidável avanço atual da neurociência. Ela o espera com impaciência, na medida em que esses novos dados nos servirão como novas portas de entrada em nosso modelo – necessariamente multifatorial – de qualquer situação psicopatológica.

(Serge Lebovici)

I. Do ponto de vista da neurociência, a frase de Lebovici não é verdadeira, na medida em que a psicopatologia não é multifatorial, mas determinada exclusivamente pela biologia.

II. Do ponto de vista da psicanálise, a frase de Lebovici não é verdadeira, porque o avanço da neurociência poderá provocar o fim da psicanálise.

III. Na atualidade, há psicanalistas e neurocientistas trabalhando em conjunto por acreditarem na colaboração das pesquisas nessas áreas.

IV. Do ponto de vista da psicanálise, não há convergência possível entre a pesquisa psicanalítica e a da neurociência porque ambas partem de pressupostos teórico-epistemológicos absolutamente diversos.

É correto APENAS o que se afirma em:

(A) I e II.
(B) I e IV.
(C) III.
(D) IV.
(E) III e IV.

17. (EXAME - 2006)

Considere o gráfico e as afirmações abaixo.

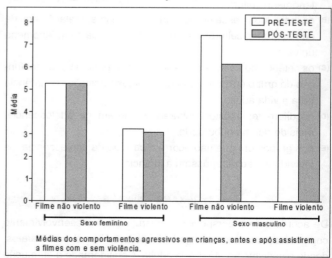

Adaptado de: Gomide, P.I.C. (2000). A Influência de filmes violentos em comportamento agressivo de crianças e adolescentes. *Psicologia: Reflexão e Crítica.* 13,1,127-141

Os dados do gráfico permitem afirmar que

I. de acordo com a perspectiva cognitivo-comportamental, a observação de comportamentos agressivos em filmes violentos não propiciou a aprendizagem vicariante para as meninas porque elas não têm repertório comportamental de confronto.

II. de acordo com a perspectiva cognitivista, ocorreu aprendizagem de comportamentos agressivos, pois as crianças estudadas formaram um esquema apropriado à situação a partir da observação do filme.

III. existe uma correlação negativa, estatisticamente significativa, no comportamento agressivo de crianças do sexo masculino, em função de assistirem a filmes violentos.

IV. as condições necessárias para a ocorrência da aprendizagem vicariante estão presentes quando a criança observa o modelo se comportando e percebe as conseqüências que o ambiente fornece para aquele comportamento.

É correto APENAS o que se afirma em:

(A) I e II.
(B) I e III.
(C) I e IV.
(D) II e III.
(E) II e IV.

18. (EXAME - 2006)

Um profissional é contratado por uma organização para trabalhar em sua área de formação, mas a gestão da mesma demite alguns funcionários das mais variadas especialidades para redução de custos e não faz substituições. Em várias situações, esse profissional se vê obrigado a realizar atividades, muitas das quais extremamente específicas e que requisitam competências técnicas muito particulares, para as quais não está preparado. Embora discorde dessa situação, não reclama porque, apesar de sofrer com a possibilidade de erros e falhas cruciais para o funcionamento e para a produção organizacional, necessita do emprego e vê valorizado o discurso da multifuncionalidade pela gestão organizacional.

Como podemos explicar a situação acima descrita?

(A) A necessidade do aumento da produtividade nas organizações gerou a flexibilização do trabalho, rompendo com as identidades e papéis profissionais definidos.
(B) Cada vez mais a sociedade exige uma formação profissional generalista e uma construção identitária híbrida, reforçando a criatividade humana.
(C) A flexibilização do trabalho possibilitou uma evolução psicossocial significativa ao romper com as identidades profissionais definidas extremamente estruturantes para os indivíduos.
(D) As fronteiras profissionais estão cada vez mais tênues, assim como os países não têm mais identidade nacional própria, em função do processo homogeneizante da globalização, o que é desestruturante para os indivíduos.
(E) A globalização produz processos de socialização geradores de personalidades e identidades simultâneas múltiplas, que são uma evolução psicossocial significativa.

19. (EXAME - 2006)

Em relação à loucura, considere as afirmações abaixo.

I. A concepção da loucura é universal, mesmo em contextos culturais diversos como no sul da África ou no Norte dos Estados Unidos, o que é mais uma prova da universalidade explicativa dos fenômenos psicológicos.

II. A loucura não seria necessariamente uma entidade passível de ser definida em si mesma, pois a marca da cultura atravessa qualquer fenômeno humano.

III. Loucura, psicose e doença mental são concepções coincidentes, apenas advindas de campos do saber distintos.

IV. Para afirmar sobre pessoas oriundas de contextos distintos, a Psicologia deve privilegiar estudos interculturais acerca da loucura.

É correto APENAS o que se afirma em:

(A) I e II.
(B) I e III.
(C) II e III.
(D) II e IV.
(E) III e IV.

20. (EXAME - 2006)

Um paciente é portador de rara doença autossômica recessiva denominada Urbach-Wiethe. A amígdala dele encontra-se largamente danificada em cada um dos hemisférios cerebrais, mas não há lesões detectáveis no hipocampo ou no neocórtex temporal. Não demonstra deficiências motora ou sensorial significativas, déficits de inteligência, memória ou linguagem. No entanto, exposto à situação em que deve escolher uma dentre uma série de fotografias de expressões faciais de emoção, é capaz de identificar tristeza, desgosto e felicidade, mas não medo.

Com base nas informações acima, é correto afirmar que este caso

(A) demonstra que o hipocampo, mas não a amígdala, exerce papel relevante para a experiência do medo em humanos.
(B) sugere o importante papel das emoções em funções complexas do encéfalo, tais como reconhecimento, identificação e decisão.
(C) torna claro que o sistema límbico é responsável pelas funções cognitivas superiores que envolvem processos de escolha.
(D) constitui a base para a classificação das emoções em níveis que se correlacionam com diferentes mecanismos neurofisiológicos.
(E) comprova que a emoção exerce grande influência sobre as faculdades cognitivas ligadas à memória, mas não à linguagem.

21. (EXAME - 2006)

A busca de compreensão dos determinantes do comportamento instiga, há anos, os psicólogos e alimenta um antigo debate em torno da questão inato vs. aprendido (nature vs. nurture). Com relação a esse debate, estudos que relacionam medidas de inteligência em gêmeos mostram que os coeficientes de correlação entre gêmeos monozigóticos são claramente mais elevados do que entre os gêmeos dizigóticos, sobretudo na vida adulta. Esses resultados são coerentes com a afirmação:

(A) o ambiente neutraliza o papel da hereditariedade na determinação da inteligência.
(B) as medidas de inteligência em gêmeos monozigóticos distanciam-se na vida adulta.
(C) a determinação genética desvincula-se da história de vida, ao tratar de inteligência.

(D) as medidas de inteligência em gêmeos dizigóticos mantêm-se próximas na vida adulta.

(E) a determinação genética exerce um evidente e mensurável papel na inteligência.

22. (EXAME - 2006)

Foi realizado na Secretaria Municipal de Saúde de Ribeirão Preto (SP), um levantamento preliminar dos psicólogos que atuavam tanto em Centros de Saúde como em outros serviços públicos, oferecidos à comunidade dessa cidade. O levantamento dos casos de crianças e adolescentes encaminhados aos psicólogos permitiu verificar que a maior parte deles apresenta queixas relacionadas a questões escolares (69%), confirmando que a atuação dos psicólogos nos serviços públicos de saúde está voltada para a resolução de problemas enfrentados na área da educação.

A tabela detalha as principais queixas escolares que motivaram os encaminhamentos, relatadas pelos psicólogos.

Freqüência e porcentagem das queixas escolares que motivam o encaminhamento de crianças ao atendimento psicológico

Queixas escolares que motivam o encaminhamento das crianças	N*	%**
Problemas de aprendizagem – crianças que não acompanham o ritmo da sala de aula, não aprendem, têm lentidão para aprender, dificuldade na alfabetização, falta de atenção e de concentração, problemas psicomotores	20	31
Problemas de comportamentos – indisciplina, agressividade ou hiperatividade	19	30
Problemas emocionais – inadaptação, fobia escolar, experiências negativas na escola, problemas de relacionamento com a professora ou com outras crianças, insegurança ou timidez	11	18
Outros relacionados a questões escolares – problema de fala, gagueira, problemas familiares, separação dos pais, drogas em casa ou doenças dos pais	8	13
Deficiência Mental	3	5
Encaminhamento para a classe especial	2	3
Total	63	100

* Número de vezes que cada queixa é apontada pelos psicólogos.
** Porcentagem sobre o total das queixas mencionadas pelo grupo.

A partir dos dados apresentados e do seu conhecimento sobre Psicologia, conclui-se que:

(A) a escola recorre com muita freqüência ao psicólogo com queixas referentes a situações que lá ocorrem e as causas atribuídas por este profissional às dificuldades escolares corrobora a idéia de que o problema está no aluno.

(B) a função político-social da escola é referida como tendo muita importância nas queixas escolares que motivam encaminhamento de criança para atendimento psicológico.

(C) problemas emocionais são sub-valorizados nos encaminhamentos para atendimento psicológico e estão na base de problemas de aprendizagem e de comportamento.

(D) a capacitação do corpo docente é sub-valorizada pelos psicólogos e é o fator mais importante na superação dos problemas de aprendizagem e comportamento.

(E) Psicoterapia com orientação aos pais é a maneira mais indicada de tratamento a queixas escolares, uma vez que enfoca a dinâmica mental e familiar do aluno, maiores causas dos seus problemas.

23. (EXAME - 2006)

A Psicologia Organizacional e do Trabalho, com seus mais de 100 anos de atuação, tem procurado se desenvolver e acompanhar as transformações do mundo social, do mundo do trabalho, das organizações e da própria Psicologia, mas tem enfrentado, principalmente, problemas éticos e políticos, que se misturam e se interpenetram, impossibilitando, muitas vezes, o exercício pleno das atividades do psicólogo organizacional e do trabalho.

Esse exercício fica prejudicado pela

(A) tentativa inadequada de transformar o campo das estratégias e políticas organizacionais, antes exclusivas da cúpula diretiva, em uma área de análise e intervenção da Psicologia Organizacional e do Trabalho.

(B) falta de desenvolvimento técnico e de neutralidade científica na atuação do psicólogo organizacional e do trabalho.

(C) utilização indiscriminada de pesquisa como instrumento de ação do psicólogo organizacional e do trabalho.

(D) dificuldade em auxiliar no aumento da produtividade das organizações através de suas ações sobre os funcionários.

(E) falta de reconhecimento das implicações políticas do papel do psicólogo organizacional e do trabalho, aceitação dessa tarefa e desenvolvimento de estratégias que levem em conta essa situação.

24. (EXAME - 2006)

Ações voltadas para a promoção de saúde têm sido fundamentadas em estratégias que enfatizam a transformação das condições de vida e de trabalho subjacentes aos problemas de saúde. São consideradas essenciais, portanto, ações e políticas intersetoriais que envolvam educação, habitação, saneamento, transporte, lazer, etc. Nesse contexto de implementação de políticas públicas de saúde, a psicologia vê-se diante de exigências como:

I. a constituição de uma área técnico-normativa que pode contribuir para o aperfeiçoamento do novo modelo biomédico.

II. a constituição de uma especialidade que vai integrar uma equipe multiprofissional que busca, fundamentalmente, conhecer melhor o funcionamento das doenças e encontrar mecanismos para o controle das mesmas.

III. um campo teórico e prático que trata das questões psicológicas com enfoque mais social e coletivo e que exige a incorporação de outros saberes para compor a produção do cuidado com a saúde.

IV. um campo teórico e prático que se volta para a filiação histórica das idéias e para o confronto de interesses que integram políticas, projetos e saberes, inclusive os da própria psicologia.

É correto APENAS o que se afirma em

(A) I e II.

(B) II e III.

(C) III e IV.

(D) II e IV.

(E) I, III e IV.

25. (EXAME - 2006)

Situação: casal recém-divorciado não consegue entrar em acordo com relação à guarda dos filhos, um menino de 5 anos e uma menina de 3 anos. A mãe quer permanecer com os dois filhos com visitas e fins de semana alternados com o pai, mas este quer a guarda das crianças, com o mesmo sistema de visitas e fins de semana alternados, pois julga a mãe negligente com relação às crianças. Esta acredita que isto se deva ao ressentimento dele por ela ter solicitado a separação. Várias conversas foram tentadas e não foi possível chegar a um acordo. O juiz solicita a intervenção de um psicólogo.

O psicodiagnóstico que incluísse entrevistas e métodos projetivos poderia ser mais útil, neste caso, para

(A) traçar um perfil de personalidade da mãe das crianças que permitisse confirmar ou descartar sua negligência.

(B) avaliar a capacidade dos pais de lidar com fatores de sobrecarga emocional.

(C) traçar um perfil de personalidade do pai mostrando a possibilidade ou o impedimento para cuidar de crianças.

(D) definir presença de transtornos depressivos, associados aos comportamentos descritos.

(E) relacionar a influência de distúrbios do pensamento sobre a percepção da realidade.

26. (EXAME - 2006)

As estratégias grupais têm sido amplamente utilizadas na prática profissional do psicólogo nas mais variadas áreas e contextos de atuação (educação, saúde e trabalho), nem sempre acompanhadas de uma teoria que sustente a prática. São condições indispensáveis para o trabalho grupal:

(A) a avaliação da compatibilidade entre as metas e a estratégia utilizada, independentemente do contexto.

(B) a avaliação da compatibilidade entre as metas, a estratégia utilizada e as condições de sua utilização, independentemente do contexto.

(C) a análise do contexto, a estratégia utilizada e a necessidade dos coordenadores.

(D) a verificação da compatibilidade entre os objetivos da estratégia utilizada, as necessidades dos participantes do grupo e as condições do contexto no qual ela está ocorrendo.

(E) a verificação da compatibilidade entre os objetivos da estratégia utilizada, as necessidades dos coordenadores do grupo e as condições do contexto no qual ela está ocorrendo.

27. (EXAME - 2006) DISCURSIVA

Situação: Psicólogo é indicado pelo juiz da Vara de Família para realizar perícia psicológica, a fim de trazer elementos que contribuam para a decisão do juiz, no seguinte caso:

Trata-se de um casal, ambos profissionais de nível superior, a mãe com 34 anos e o pai com 38, divorciados há três anos e atualmente em litígio. O pai solicita mudança da guarda da filha de 9 anos, atualmente com a mãe, pois queixa-se de que a filha não tem comparecido às visitas quinzenais de fins de semana e que ele quer acompanhar o desenvolvimento da filha e ter a chance de contribuir em sua educação e formação. Acredita que a menina não compareça às visitas por influência da mãe, que pretende afastá-lo do convívio com sua filha. Acha que uma criança de 9 anos é muito pequena para decidir sobre isso e solicita intervenção da justiça.

A mãe relata que seu ex-marido sempre foi violento, que a filha tem muito medo do pai e não manifesta vontade em vê-lo nas visitas quinzenais. Acredita que o pai solicite a guarda neste momento apenas movido por interesses financeiros, para não ter que pagar pensão alimentícia e também por querer atormentá-la. Pede à justiça que a vontade da filha seja respeitada.

a) O que seria esperado da atuação do psicólogo? **(valor: 5,0 pontos)**

b) Relacione pontos que você considera importantes, explicitando os aspectos éticos envolvidos. **(valor: 5,0 pontos)**

28. (EXAME - 2006) DISCURSIVA

Segundo dados das Nações Unidas (2003), as distribuições percentuais da população brasileira ao longo dos anos, por diferentes faixas etárias, seriam:

Faixa Etária (anos)	1950	1975	2000	2025	2050
0-14	41,6	40,3	28,8	22,3	19,9
15-59	53,6	53,7	63,4	62,5	56,5
60+	4,9	6,0	7,8	15,2	23,6

A partir dos dados apresentados na tabela acima:

a) apresente um problema de pesquisa que se justifique e que tenha como foco os aspectos psicológicos ligados ao processo de envelhecimento. Na sua resposta, identifique claramente os fatores a serem estudados. **(valor: 6,0 pontos)**

b) explicite o tipo de pesquisa proposto, justificando-o. **(valor: 2,0 pontos)**

c) apresente, em linhas gerais, o planejamento metodológico da sua pesquisa. **(valor: 2,0 pontos)**

29. (EXAME - 2006) DISCURSIVA

Considere a seguinte situação:

Você é um psicólogo que trabalha em um organização não-governamental que lhe dá liberdade para propor diversas formas de atuação psicológica. Essa instituição conta com recursos para a montagem de uma equipe com profissionais de outras especialidades.

Dada a carência de recursos dos dispositivos de saúde da região, diversas famílias são encaminhadas para a ONG em questão, com queixas referentes ao abuso de ingestão de bebidas alcoólicas por parte dos pais e queixas escolares relacionadas aos filhos. Uma parcela significativa desses pais trabalha em uma grande empresa, que apresenta problemas de produtividade. Um alto percentual das crianças freqüenta a mesma escola.

Escolha o âmbito organizacional ou o âmbito educacional para planejar sua intervenção.

a) Explicite e justifique seu planejamento. **(valor: 3,0 pontos)**
b) Mencione a quais profissionais você recorreria para a montagem da sua equipe e respectivas funções. **(valor: 3,0 pontos)**
c) Destaque a especificidade do seu trabalho como psicólogo. **(valor: 3,0 pontos)**

30. (EXAME - 2006) DISCURSIVA

Os pais de Ana procuram um psicólogo clínico com a seguinte queixa: Ana tem 10 anos de idade, é muito tímida e retraída, principalmente na escola e no clube onde faz esportes; não consegue ter amigos e evita as situações de maior exposição na classe, bem como as competições no clube. Em casa é extremamente cordata, boazinha, não dá trabalho, a não ser o fato de que em algumas noites acorda e diz ter pesadelos. A mãe por vezes acha que Ana tem muito medo do pai, que é uma pessoa muito rígida. Na escola é boa aluna, faz todas as lições, tira boas notas, mas participa pouco em classe.

Ana foi adotada com 10 dias de vida. O casal não podia ter filhos e procurou uma associação religiosa para ajudá-los e a adoção seguiu todos os trâmites legais. O outro filho, de 9 anos, também foi adotado. Ambas as crianças sabem que foram adotadas.

Nas entrevistas, a mãe deixa claro que se preocupa muito com Ana, principalmente porque agora já está ficando mais mocinha e notou que em seu último aniversário, quando indagada sobre que presente gostaria de ganhar, Ana respondeu que não queria nada, pois seus pais já faziam muito por ela. Além disso, observa que Ana evita tomar sol e insiste em usar filtro solar 30. Conversando com Ana sobre o porquê desta necessidade, percebeu que esta se considera muito morena em relação aos pais (são loiros e o irmão é loiro) e por esta razão também gostaria de que Ana fosse ajudada. O pai compareceu às entrevistas embora tenha deixado claro não acreditar em psicoterapia, mas aceita que seja feita uma avaliação em função das preocupações da mãe.

De acordo com a sua abordagem preferencial (Comportamental, Psicodinâmica ou Existencial-humanista), responda às seguintes questões, levando em conta a constelação familiar, além da condição de adoção, que possam estar relacionadas com o desenvolvimento de Ana.

a) É necessário que Ana seja atendida por um psicólogo?
   (valor: 2,5 pontos)
b) Que hipóteses diagnósticas podem ser levantadas?
   (valor: 2,5 pontos)
c) Qual a proposta de avaliação e/ou tratamento?
   (valor: 2,5 pontos)
d) Abordar aspectos pertinentes à situação
   (valor: 2,5 pontos)

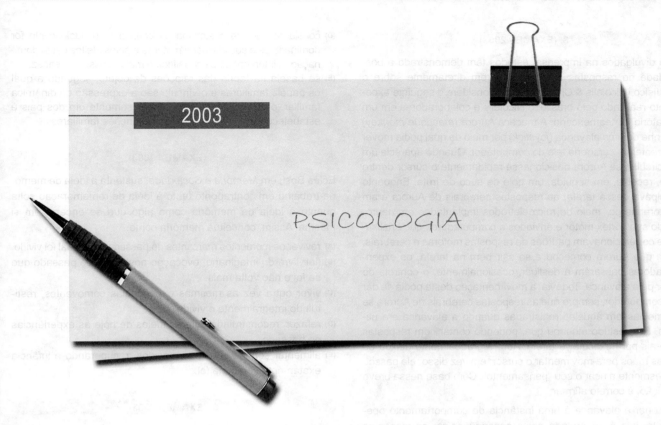

1. (EXAME - 2003)

"É dever da família, da comunidade, da sociedade e do Poder Público assegurar, com absoluta prioridade, a efetivação dos direitos referentes à vida, à saúde, à alimentação, à educação, ao esporte, ao lazer, à profissionalização, à cultura, à dignidade, ao respeito, à liberdade e à convivência familiar e comunitária".

(Art. nº 4 do Estatuto da Criança e do Adolescente – ECA – Lei nº 8.069 de 1990)

Assinale a alternativa que contém concepções e práticas a respeito da criança e do adolescente coerentes com o paradigma norteador do ECA.

(A) As famílias, locus de produção de identidade da criança, devem ser entendidas como grupos cada vez menos hierarquizados, fundados na afeição mútua, sendo respeitadas suas diferenças étnicoculturais.
(B) As famílias que não tenham condições de criar seus filhos, devido à pobreza, devem contar com abrigos e "lares", capazes de promover o desenvolvimento social e pessoal dos mesmos até a maioridade.
(C) O trabalho infantil, ainda que possa trazer, em muitos casos, prejuízos à integridade física, moral e psicológica da criança, deve ser uma prática tolerada sempre que contribuir para o sustento da família.
(D) Os índices de aprendizagem no ensino público brasileiro são significativamente baixos. As principais causas desta situação são a desnutrição, a falta de estimulação das crianças e a desestruturação familiar.
(E) A delinqüência juvenil é uma patologia resultante da conjunção de inúmeros fatores, tais como a carga genética, a disfunção familiar e o ambiente sociocultural, e deve ser alvo de intervenções psicológicas e/ou psiquiátricas correcionais.

2. (EXAME - 2003)

Com os recentes avanços e transformações na área da historiografia da Psicologia reviram-se alguns dos pressupostos que regiam a História das Idéias Psicológicas no Brasil. Nesse âmbito, não são raros os pesquisadores que têm concebido a história do saber psicológico como uma história da reflexão do ser humano sobre si mesmo.

Considerando este contexto é correto afirmar que

(A) as Idéias Psicológicas no Brasil são, exclusivamente, resultado de concepções importadas da Europa e dos Estados Unidos.
(B) só é possível estabelecer uma História das Idéias Psicológicas no Brasil a partir de 1962, ano em que a Psicologia foi reconhecida legalmente como profissão.
(C) as Idéias Psicológicas surgiram pela primeira vez no Brasil apenas com o médico Durval Marcondes e sua iniciativa de fundar a Sociedade Brasileira de Psicanálise, em 1927.
(D) as Idéias Psicológicas só surgem efetivamente no Brasil com a instalação, em 1906, do primeiro Laboratório Brasileiro de Psicologia, fundado pelo médico Manuel José do Bonfim (1868-1932).
(E) é possível reconhecer no Brasil o desenvolvimento de Idéias Psicológicas no âmbito da filosofia, da medicina e dos estudos religiosos ao menos desde o século XVIII.

3. (EXAME - 2003)

Muito divulgados na imprensa, estudos têm demonstrado a possibilidade de respostas cerebrais atuarem diretamente sobre o meio físico (Nicolelis & Chapin, 2002). Considere o seguinte experimento realizado pelo brasileiro Nicolelis e colaboradores em um laboratório norteamericano: A macaca Aurora (*macaque monkey*) dispunha de uma alavanca (*joystick*) por meio da qual podia mover livremente um cursor na tela do computador. Quando aparecia um alvo circular, se Aurora posicionasse rapidamente o cursor dentro deste, recebia, em seguida, um gole de suco de fruta. Enquanto participava dessa tarefa, as respostas cerebrais de Aurora eram monitoradas por meio de microeletrodos implantados em neurônios do seu córtex motor e enviados a computadores que analisavam e correlacionavam padrões de respostas motoras e cerebrais. Assim que Aurora começou a se sair bem na tarefa, os experimentadores passaram a desligar, ocasionalmente, o controle do cursor pela alavanca. Todavia, a movimentação deste podia se dar pelo computador, sempre que as respostas cerebrais de Aurora se assemelhassem àquelas registradas quando a alavanca era utilizada. Este estudo mostrou que, podendo contar com respostas cerebrais para executar a tarefa, Aurora gradualmente deixou de usar as mãos para movimentar o cursor; em vez disso, ela passou simplesmente a usar o seu "pensamento". Com base nessa breve descrição, é correto afirmar:

(A) acionar a alavanca é uma instância de comportamento operante, isto é, controlado pelas conseqüências; as respostas cerebrais, por envolverem associações internas ao organismo, são instâncias de comportamento respondente.

(B) as apresentações do alvo na tela do computador exerceram funções discriminativas sobre as respostas de movimentar a alavanca, mas não sobre as respostas cerebrais, para as quais as funções eram eliciadoras.

(C) a conseqüência reforçadora de acionar a alavanca era o suco de fruta; se esta conseqüência deixasse de ocorrer, acionamentos da alavanca, mas não as respostas cerebrais correspondentes, tenderiam à extinção.

(D) a movimentação do cursor na tela do computador era uma das conseqüências das respostas de acionar a alavanca, bem como das respostas cerebrais correspondentes; para ambas, exerceu função reforçadora.

(E) as respostas cerebrais passaram a predominar sobre os acionamentos da alavanca; relativamente, as primeiras envolviam um custo menor e uma taxa de reforçamento em geral mais elevada.

4. (EXAME - 2003)

A atenção ao discurso da família sobre a criança e/ou adolescente, no diagnóstico e intervenção clínicos, em Psicanálise, é expressão de uma concepção de sintoma e psicopatologia que

(A) retira o caráter patológico do paciente identificado para apontar a patologia dos outros membros da família, o que exige atendimento familiar e não individual.

(B) destaca como o modo de funcionamento da dinâmica familiar torna um dos filhos depositário das angústias da família, o que significa que, quando os pais não compareçam ao atendimento, não há possibilidade de tratamento.

(C) considera o sintoma da criança e/ou adolescente determinado pela estrutura desejante familiar e alerta para a importância da transmissão de um desejo que não seja anônimo.

(D) considera que, se o sintoma da criança e/ou adolescente for dominado pela subjetividade materna e pelos efeitos desta dominação, a intervenção psicanalítica é mais acessível e eficaz.

(E) se baseia na teoria das relações de objeto, segundo a qual os papéis familiares e o vínculo são a expressão da dinâmica familiar, o que significa que atender somente um dos pais é estabelecer uma aliança com as disfunções familiares.

5. (EXAME - 2003)

Ecléa Bosi, em *Memória e Sociedade*, sustenta a idéia de memória-trabalho em contraponto tanto à idéia de rememoração solta quanto à idéia de memória como algo que se encerra em si mesma. Assim, conceitua memória como:

(A) reviver os momentos marcantes do passado, tal e qual foi vivido.

(B) fluir livre do imaginário, evocação nostálgica do passado que se foi e não volta mais.

(C) viver outra vez as mesmas experiências comoventes, restituindo integralmente o vivido.

(D) refazer, reconstruindo com as idéias de hoje as experiências do passado.

(E) alimentar sonhos quase esquecidos, recuperando a infância exatamente como ela foi.

6. (EXAME - 2003)

Um psicólogo pesquisador recebe uma jovem com um quadro multifóbico (fobia de estar sozinha, morder alimentos duros e aproximar-se de cães). Recorre a práticas analítico-comportamentais e decide empregar técnicas de dessensibilização sistemática (relaxamento e imaginação gradual de elementos fóbicos). Para acompanhar a efetividade de sua intervenção, o psicólogo utiliza um delineamento de linha de base múltipla, no qual a intervenção é aplicada em diferentes momentos a uma única fobia de cada vez. Ao longo das 12 primeiras semanas de intervenção, os seguintes resultados foram obtidos:

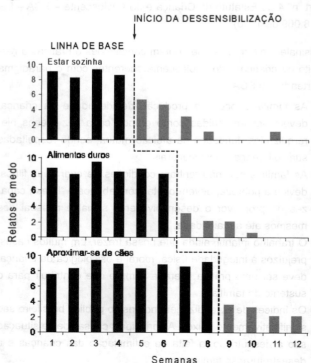

Com base na figura acima, o psicólogo

(A) encontra-se impossibilitado de tirar conclusões acerca dos efeitos das técnicas utilizadas, uma vez que estas tratam de forma isolada fobias claramente interdependentes.

(B) verifica a ineficiência das técnicas utilizadas, uma vez que os dados referem-se a apenas uma pessoa e a um período de mensuração relativamente curto.

(C) observa a eficiência das técnicas utilizadas, pois estas reduzem os relatos de medo, pontual e sistematicamente a cada fobia tratada.

(D) confirma a ineficiência das técnicas utilizadas, pois estas não eliminam definitivamente os relatos de medo.

(E) atesta a ampla eficiência das técnicas utilizadas,uma vez que, ao serem aplicadas a uma fobia, afetam todas as outras indistintamente.

7. (EXAME - 2003)

A pesquisa qualitativa apresenta opções e procedimentos quando:

(A) há distanciamento entre entrevistador e entrevistado; há necessidade de amostra estatisticamente representativa; a qualidade de pesquisa está ligada àquantificação dos dados no estudo das entrevistas.

(B) há proximidade entre entrevistador e entrevistado;não há necessidade de representatividade estatística; a qualidade das entrevistas está diretamente ligada à formulação de perguntas abertas pertinentes, que não direcionem as respostas.

(C) não há distanciamento e tampouco proximidade entre entrevistador e entrevistado; a amostra deve se aproximar da representatividade; a qualidade é dada pela maturidade intelectual do pesquisador, capaz de fazer perguntas abertas não direcionadas.

(D) proximidade ou distanciamento entre entrevistador e entrevistado não interferem; a amostra deve ser representativa; a qualidade está em quantificar os dados, mesmo nas entrevistas em que haja perguntas fechadas pertinentes.

(E) há relativo distanciamento entre entrevistador e entrevistado; é indiferente se a amostra é ou não representativa; é irrelevante se não há perguntas abertas ou fechadas, mas algumas devem ser direcionadas.

8. (EXAME - 2003)

As relações entre pensamento e linguagem são um tema dominante no âmbito dos trabalhos de L.S. Vygotski. De acordo com sua perspectiva teórica, é correto afirmar que

(A) o desenvolvimento do pensamento processa-se por uma gradual socialização dos estados mentais mais íntimos, sendo o discurso egocêntrico anterior ao discurso social.

(B) o discurso egocêntrico diminui conforme a criança constrói o pensamento lógico, já que é uma expressão do pensamento egocêntrico anterior.

(C) o movimento evolutivo inicia-se pelo desenvolvimento do pensamento e da fala egocêntrica para chegar, apenas posteriormente, à fala social.

(D) as funções primordiais da linguagem são a comunicação e o contato social, sendo que a fala mais primitiva das crianças é uma fala essencialmente social.

(E) a fala socializada expressa o desenvolvimento do pensamento lógico e não é a causa desse desenvolvimento.

9. (EXAME - 2003)

Ao trabalhar o espaço social, Lewin destaca que "o clima em que a criança vive é, para ela, tão importante quanto o ar que respira. O grupo a que pertence é o solo em que pisa. Sua relação com esse e sua posição nele constituem os fatores mais importantes do seu sentimento de segurança ou insegurança. Não admira que o grupo de que a pessoa faz parte, e a cultura em que vive, determinem em grande parte seu comportamento e caráter". Considerando estas idéias, a concepção que o autor confere a grupo é a de um conjunto de pessoas

(A) configurando uma soma de indivíduos, formando um todo com interdependência entre as partes.

(B) tidas como agradáveis, gente que às vezes soma e às vezes divide e que, por isso mesmo, são independentes.

(C) com quem nos entendemos facilmente, totalizando uma soma de indivíduos que são independentes uns dos outros.

(D) com quem temos afinidade, formando um conjunto de indivíduos que são como uma família.

(E) que ultrapassa a mera soma de indivíduos, constituindo um todo em que há interdependência entre as partes.

10. (EXAME - 2003)

O Complexo de Édipo é referência clínica e conceitual das teorias psicanalíticas para abordar os quadros psicopatológicos e diagnósticos. Segundo esta perspectiva teórica, é correto afirmar que

(A) o sujeito pode ter ou não ter o Complexo de Édipo; em caso afirmativo, está fixado nos sentimentos infantis de amor/ódio aos pais.

(B) o Complexo de Édipo descreve a estruturação do sujeito organizada em modos diversos de articulação do desejo e da lei.

(C) a relação com o falo, significante da falta, caracteriza- se pela dialética de *ter* o falo nas relações duais ou *ser* o falo nas relações regradas pela lei.

(D) o sujeito perverso se caracteriza por não se sujeitar às regras sociais impostas pelo pai e por estabelecer alianças com a mãe.

(E) o sujeito psicótico estabelece, predominantemente, relações triangulares, isto é, prefere ficar na posição de *ser* o falo do outro.

11. (EXAME - 2003)

A abordagem comportamental, ao se preocupar com a mecânica básica da aprendizagem, tem sua origem no

(A) Materialismo dialético.

(B) Idealismo.

(C) Kantianismo.

(D) Empirismo.

(E) Hegelianismo.

12. (EXAME - 2003)

Episódios de violência protagonizados por crianças fazem parte de uma realidade complexa e preocupante. Na busca de subsídios que ajudem a compreendê-la, um pesquisador planeja identificar fatores que apontem para um eventual aumento da agressividade em decorrência de crianças assistirem a filmes com cenas de violência. Com tal objetivo o delineamento mais robusto, dentre os apresentados abaixo, é entrevistar:

(A) dois grupos de crianças, escolhidas aleatoriamente, na saída de um cinema, imediatamente após terem assistido a um filme com cenas de violência.

(B) um mesmo grupo de crianças, escolhidas aleatoriamente, imediatamente antes e logo após terem assistido a um filme com cenas de violência.

(C) dois grupos de crianças, randomicamente constituídos e conduzidos ao cinema; um teria assistido a um filme com cenas de violência, e outro teria assistido a um filme sem cenas de violência.

(D) dois grupos de crianças, na saída de dois cinemas, um teria assistido a um filme com cenas de violência, e outro teria assistido a um filme sem cenas de violência.

(E) um mesmo grupo de crianças, escolhidas aleatoriamente, imediatamente antes e quatro semanas após terem assistido a um filme com cenas de violência.

13. (EXAME - 2003)

Segundo Goffman, as instituições totais são aquelas em que todos os aspectos da vida – repouso, trabalho e recreação – são realizados num mesmo local, com cada participante realizando as mesmas atividades que os demais, sob um esquema rígido e predeterminado de horários e regras, estipulado para atender aos objetivos da instituição. Dadas as instituições:

I. que cuidam de pessoas consideradas impossibilitadas de se bastarem a si próprias, tais como cegos, velhos, órfãos e indigentes;

II. que abrigam pessoas incapacitadas de cuidar de si mesmas e que representam, embora não intencionalmente, uma ameaça à sociedade, a exemplo de doentes mentais, tuberculosos e leprosos;

III. que existem para proteger a sociedade contra perigos intencionais, como cadeias, penitenciárias, campos de concentração;

IV. que se destinam a realizar um determinado tipo de trabalho sob condições específicas de treinamento, como quartéis e internatos;

V. que se colocam como refúgio do mundo ou como locais de formação religiosa, como conventos, mosteiros e abadias.

Classificam-se como instituições totais

(A) I, II, III, IV e V.
(B) I, II e III, apenas.
(C) II, III e IV, apenas.
(D) III e IV, apenas.
(E) IV e V, apenas.

14. (EXAME - 2003)

A distinção epistemológica das teorias psicológicas em molares (ênfase no enfoque globalizante e antielementarista) e moleculares (ênfase no enfoque associacionista e elementarista) permite que se afirme que são predominantemente molares e moleculares, respectivamente:

(A) Psicanálise e Teorias Fenomenológico-existenciais.
(B) Psicologia da Gestalt e Estruturalismo de Titchener.

(C) Funcionalismo e Teorias Humanistas.
(D) Behaviorismo e Teorias Sócio-históricas.
(E) Psicologia Cognitiva e Psicologia Analítica de Jung.

15. (EXAME - 2003)

Bertrand Russel e Paul Lafargue defenderam, por caminhos e orientações distintos, que o progresso tecnológico criou condições para uma jornada de trabalho reduzida pela metade. Assim sendo, aumentariam as oportunidades de colocação, o desemprego tenderia a índices mínimos e a livre escolha de lazeres poderia animar a vida dos homens. Idéias desta natureza encontraram muitas resistências que permanecem até hoje, algumas das quais mostram claramente atitudes preconceituosas e estereotipadas, dentre elas:

(A) efetivamente, os avanços tecnológicos permitem maior produtividade em jornadas reduzidas, mas isso nem sempre se traduz na melhoria da condição cultural dos trabalhadores mais pobres, pois não sabem o que fazer no tempo que sobra.

(B) se com o progresso tecnológico produz-se mais em menos tempo, isso nem sempre se reflete, ponto por ponto, na geração de mais empregos, pois muitas profissões e habilidades simplesmente desaparecem.

(C) definitivamente, o progresso tecnológico não alcançou todos os países e todas as regiões de modo uniforme, sendo que muitos ainda preservam modos considerados ultrapassados de produção, que demandam jornadas mais extensas.

(D) de pouco adianta o progresso tecnológico ajudar a produzir muito mais, em tempos cada vez menores,se não houver demanda no mercado capaz de absorver estes produtos em escala compatível com a capacidade produtiva.

(E) ao contrário do que se pensa habitualmente, seria praticamente inútil elevar os índices de produtividade se não houver capacidade de absorção do mercado em relação às mercadorias, que podem ser geradas na cadeia produtiva.

16. (EXAME - 2003)

Em relação à organização de um serviço de saúde e, com base nos pressupostos da Psicologia Institucional e Comunitária, considere as afirmações abaixo.

I. Num serviço de saúde, as formas de interação da equipe de profissionais com os usuários constitui e modula a própria demanda pelo serviço, favorecendo ou não a adesão dos últimos.

II. Não cabe ao profissional da saúde considerar as representações dos usuários sobre a saúde e a doença porque elas são, em geral, desprovidas de cientificidade e só revelam sua carência cultural.

III. A demanda pelo serviço independe da forma como este se organiza e se apresenta à comunidade, dependendo exclusivamente dos processos de adoecimento, resultantes de uma etiologia própria, externa e independente do serviço.

IV. O enquadramento grupal é um instrumento bastante adequado para responder às demandas dos clientes de serviços públicos de saúde, pois permite mais facilmente respeitar as particularidades socioculturais dos usuários, atenuando as distâncias que separam terapeutas e clientela.

V. O imaginário social sobre a doença é um importante componente da forma do adoecer e, conseqüentemente, a dimensão educativa – alterar os modos de pensar, agir e sentir em relação à doença – devem fazer parte dos objetivos de um serviço de saúde.

Estão corretas APENAS as afirmações
(A) I, II e IV
(B) I, III e V
(C) I, IV e V
(D) II, III e IV
(E) III, IV e V

17. (EXAME - 2003)

Segundo Skinner (1957), comportamento verbal é um comportamento operante que, em contraste a comportamentos não verbais, é estabelecido e mantido por um ouvinte, por intermédio do qual as consequências reforçadoras são liberadas.
Considere as situações abaixo. Tratam-se todas de exemplos de episódios verbais,

EXCETO:

(A) Luís definiu o plano de expansão internacional da empresa por videoconferência.
(B) Márcia, deficiente auditiva, usa a Língua Brasileira de Sinais (Libras) para transmitir um recado.
(C) Valéria pisca para o rapaz que, mais do que depressa, caminha em sua direção.
(D) Silvia segura Jorge pelo braço que, imediatamente, retruca.
(E) Thiago, publicitário *hi-tech*, aciona os faróis do carro por comando de voz.

18. (EXAME - 2003)

O estudo do paciente HM, feito por Brenda Milner e colaboradores, deu uma importante contribuição para o entendimento das bases neurais dos processos mnemônicos. Após procedimento neurocirúrgico para tratamento de Epilepsia, o paciente HM começou a apresentar um severo quadro de amnésia, podendo se recordar razoavelmente bem apenas de fatos ocorridos antes da cirurgia. Sua capacidade intelectual e memória verbal imediata pareciam normais. O déficit mnemônico relatado está associado à remoção do sítio neural:

(A) cerebelo.
(B) hipocampo.
(C) núcleo pulvinar do tálamo.
(D) substância negra.
(E) corpo caloso.

19. (EXAME - 2003)

O gráfico abaixo traz as médias de desempenho no SAEB/2001, em Língua Portuguesa, da 4a série do Ensino Fundamental, para o Brasil, Regiões e Unidades da Federação, com os respectivos intervalos de confiança.

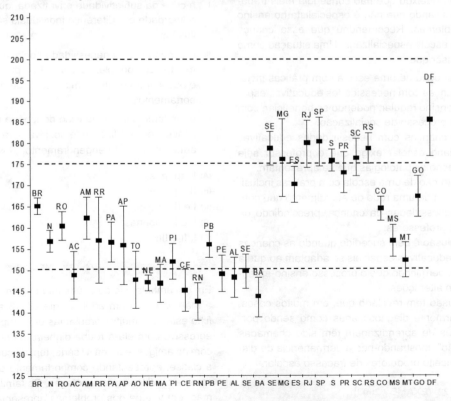

(Relatório SAEB/2001; Língua Portuguesa. INEP)

A análise dos dados permite afirmar que

(A) há diferenças significativas entre as médias das regiões Sul e Sudeste.
(B) no mesmo nível da média do Brasil, encontram-se as regiões Centro-Oeste, Sudeste e Sul.
(C) a diferença entre a média do Brasil e da região Nordeste é inferior a dez pontos.
(D) há diferenças significativas entre as médias das regiões Centro-Oeste e Norte.
(E) abaixo da média do Brasil estão as médias das regiões Centro-Oeste, Norte e Nordeste.

20. (EXAME - 2003)

Habituação, fenômeno perceptual muito estudado nos sistemas reflexos simples de vertebrados e invertebrados, pode ser tratada como uma instância de memória não-declarativa. Sob esta perspectiva, oferece condições de um organismo reconhecer, bem como ignorar, estímulos do ambiente de acordo com a sua relevância. Das situações abaixo, NÃO se trata de um exemplo de habituação:

(A) muitas pessoas estudam com a televisão ligada, sem comprometer o seu desempenho nas tarefas escolares.
(B) logo que a família se mudou para as proximidades do aeroporto, todos sentiam os batimentos do coração se acelerarem sempre que um avião decolava.
(C) o gerente já não fica mais ofegante quando é chamado pelo diretor da empresa para justificar as más vendas.
(D) o cão policial continua imóvel a despeito do som do disparo da arma do bandido.
(E) Joana comprimentou Roberta com um forte abraço; durante o resto do dia, ela continuou sentindo o odor do seu perfume.

21. (EXAME - 2003)

Uma menina, com 8 anos de idade, apresentando comprometimentos graves (diagnosticada como tendo distúrbios gerais do desenvolvimento), foi matriculada em uma escola pública e passou a freqüentar a primeira série. Depois de duas semanas de aula, sua professora se queixou que não conseguia mais trabalhar com a classe, justificando que não é especialista no ensino de crianças com problemas. Recomendou que essa criança deveria ir para alguma escola especializada. Uma situação como essa nos remete a pensar que

(A) o processo de construção de uma escola com práticas inclusivas visa a que crianças com necessidades educativas especiais freqüentem o ensino regular, podendo se beneficiar, com isso, apenas de um processo de socialização.
(B) a permanência de crianças com necessi dades educativas especiais no cotidiano escolar exige que o professor seja especialista em relação às patologias que se apresentam.
(C) o processo de construção de uma escola com práticas inclusivas exige a montagem de uma rede de atendimento que contemple as várias necessidades da criança, prescindindo de um trabalho com os professores.
(D) um processo de inclusão é bem sucedido quando as crianças com necessidades educativas especiais se adaptam ao que a escola lhes oferece, permitindo que o processo ensino-aprendizagem ocorra sem alterações.
(E) o processo de inclusão tem revelado que, em muitos casos, as crianças anteriormente diagnosticadas como sendo portadoras de distúrbios de aprendizagem têm sido chamadas "crianças de inclusão", mostrando-nos a permanência de discriminação e preconceito produtores de fracasso escolar.

22. (EXAME - 2003)

Uma entrevista, para efeitos de seleção, deve respeitar algumas etapas que contribuirão para a posterior elaboração do laudo psicológico. De forma sucinta, podemos ordenar estas etapas da seguinte maneira:

(A) preparação do entrevistador, criação de um clima de comunicação, intercâmbio de informações, término da entrevista, avaliação e registro final.

(B) quebra-gelo inicial, análise dos testes de inteligência aplicados, análise dos testes de personalidade aplicados, indicação do requisito profissiográfico e quebra-gelo final.
(C) ambientação do entrevistado às práticas de recursos humanos da empresa, análise do exame médico epsicológico, informação sobre vagas ainda não abertas, apreciação do mercado de trabalho e encerramento.
(D) quebra-gelo inicial, análise dos testes aplicados, análise do exame médico, apreciação do mercado de trabalho e encerramento.
(E) comparação dos dados indicados no currículo com os de outros empregadores, ambientação às práticas de recursos humanos aplicadas pela empresa, avaliação do conhecimento do candidato sobre a cultura e valores da empresa, análise dos testes aplicados e encerramento.

23. (EXAME - 2003)

A emergência da experiência de uma subjetividade privatizada (em que nos reconhecemos como livres, diferentes, capazes de ter desejos e pensar independentemente), a partir do advento da Idade Moderna, é considerada uma condição necessária, porém não suficiente, para o surgimento da Psicologia como área independente de conhecimento e atuação profissional. São condições que podem também ser consideradas necessárias para o surgimento da Psicologia:

I. a crise da subjetividade privatizada, quando se descobre que a liberdade e a diferença individuais são, fundamentalmente, ilusões.

II. o surgimento da necessidade social de construção de instrumentos de controle, fiscalização e previsão de características e ações individuais, com a finalidade de corrigir desvios comportamentais.

III. a fundamental contribuição do ideário romântico, viabilizando concepções de liberdade positiva, através de experiências de autonomia e auto-engendramento.

(A) I, apenas.
(B) II, apenas.
(C) I e II, apenas.
(D) II e III, apenas.
(E) I, II e III.

24. (EXAME - 2003)

Em um ambulatório de saúde mental comparece ao atendimento a mãe, viúva, e um adolescente de 13 anos. Ela relata que o filho está com muitos problemas de comportamento: em casa, é agressivo com ela e rouba dinheiro da sua carteira para gastar com os amigos; está na 4ª série, tem dificuldades de acompanhar a classe, apresentando comportamento desafiador com professores e conflitos com os colegas. Os familiares romperam com a mãe, em virtude dos problemas apresentados pelo filho. A mãe diz que desistiu de educar o menino e quer entregá-lo para o Juiz. Em etapa preliminar do procedimento, o psicólogo deve

(A) iniciar uma psicoterapia com o adolescente para trabalhar a delinqüência e a agressividade, dado o quadro psicopático.
(B) encaminhar a mãe para a Vara de Infância e Juventude para solicitar o abrigamento do adolescente em instituição de apoio.

(C) atender a mãe, focalizando sua alegada impossibilidade de cuidar do filho, e atender o adolescente para formular uma avaliação do caso.

(D) acionar o Conselho Tutelar para uma assistência do caso e, já que se trata de situação de risco, também solicitar o apoio da equipe multidisciplinar para visitas domiciliares.

(E) iniciar a terapia familiar, já que se trata de uma situação típica de falta de limites e conflito com autoridade, presentes em adolescentes cujas famílias são desorganizadas pela falta da figura paterna.

25. (EXAME - 2003)

Na segunda metade do século XX, operaram-se importantes desenvolvimentos no tocante à assistência à enfermidade mental. Apoiados em experiências concretas realizadas em diversos países (como as comunidades terapêuticas na Inglaterra, a psicoterapia institucional na França, a psiquiatria democrática na Itália, entre outros), tais desenvolvimentos promoveram a substituição das práticas de assistência psiquiátrica tradicional, gerando a fundação do campo da "saúde mental" e dos paradigmas "antimanicomial" ou da "desinstitucionalização da doença mental". Em relação a este novo paradigma, o conjunto de princípios e procedimentos de intervenção que melhor representa é:

(A) compreensão da enfermidade mental em seu contexto sócio-político-cultural; crítica à hegemonia do modelo médico-psiquiátrico; transformação das relações de poder entre instituição e os sujeitos; fomentação da sociabilidade de grupo e da inclusão social; importância do trabalho interdisciplinar.

(B) desospitalização e redução do período de internação psiquiátrica; crescente psiquiatrização dos problemas sociais; extensão e modernização da psiquiatria; expansão da ação medicalizante; importância do trabalho interdisciplinar.

(C) crítica ao arcaísmo do hospital psiquiátrico; instrumentalização e tecnicização das relações humanas; melhoria das condições materiais do hospital psiquiátrico, atenuação da ruptura hospital-mundo exterior; racionalização administrativa e financeira dos equipamentos de saúde.

(D) atenuação da ruptura hospital-mundo exterior; racionalização administrativa e financeiras dos equipamentos de saúde; instrumentalização e tecnicização das relações humanas; redução dos problemas subjetivos à sua causalidade social; especialização das técnicas de intervenção.

(E) complementaridade entre os serviços extra-hospitalares e o hospital; difusão, especialização e hierarquização dos serviços psiquiátricos na comunidade; expansão da ação medicalizante; difusão capilar dos mecanismos de controle social na comunidade; importância do trabalho interdisciplinar.

26. (EXAME-2003)

Salomon Asch afirma que a interação psicológica envolve processos interativos entre pessoas, assentados numa base

(A) comum, em que um se volta para o outro, com ações que se interpenetram reciprocamente e estabelecem pontos de referência reguladores.

(B) variável conforme o contexto, em que um se volta para o outro, com ações que só se influenciam quando não estabelecem uma função reguladora.

(C) mais ou menos variável conforme o contexto, em que um se volta para o outro com ações capazes de exercer supremacia, criando uma regulação.

(D) particular a cada qual, que varia conforme o contexto, com ações que se influenciam reciprocamentesem que se estabeleçam funções reguladoras.

(E) variável com ações que influenciam pessoas e animais(não os objetos), criando funções reguladoras.

27. (EXAME - 2003)

Com o objetivo de oferecer apoio às chefias de uma empresa, no acompanhamento da performance dos seus funcionários, um grupo de psicólogos desenvolveu um sistema de avaliação de desempenho que incluía, em uma de suas etapas de implantação, a avaliação dos funcionários por meio do seguinte formulário de avaliação:

MODELO DO FORMULÁRIO DE AVALIAÇÃO DE DESEMPENHO

Nome do Funcionário:

Cargo:

Local de Trabalho:

I - DESEMPENHO NO CARGO PRODUTIVIDADE				
PRODUTIVIDADE Quantidade de trabalho executado	insatisfatório	regular	bom	excelente
QUALIDADE Exatidão e ordem no trabalho	insatisfatório	regular	bom	excelente
CUMPRIMENTO DE METAS Grau de atendimento no alcance das metas estabelecidas.	insatisfatório	regular	bom	excelente
II - CARACTERÍSTICAS INDIVIDUAIS				
RELACIONAMENTO HUMANO Capacidade de se relacionar com pessoas.	insatisfatório	regular	bom	excelente
CRIATIVIDADE Capacidade de criar idéias próprias	insatisfatório	regular	bom	excelente
DINAMISMO Capacidade de responder com rapidez às situações do trabalho	insatisfatório	regular	bom	excelente

Este formulário de avaliação de desempenho foi elaborado, utilizando-se o método de avaliação do desempenho denominado

(A) escolha forçada.

(B) incidentes críticos.

(C) escala gráfica.

(D) comparação entre pares.

(E) responsabilidade difusa.

28. (EXAME - 2003)

Leandro tem 9 anos e está cursando a 4ª série de uma escola pública. Neste período de quatro anos de escolarização não aprendeu a ler e a escrever, permanecendo analfabeto. Sua professora contou que este aluno se recusa a fazer as lições, bate nos colegas e é agressivo. Os professores da escola acreditam que a causa desses problemas se deva à falta de estrutura familiar, pois ele fica sozinho durante o dia, seu pai está desempregado e é alcoolista. Leandro foi encaminhado para um psicólogo de um Posto de Saúde. O psicólogo, atento às novas concepções de fracasso escolar, deve priorizar

(A) o atendimento da criança, buscando diagnosticar sua personalidade, que é a causa dos comportamentos inadequados produtores do fracasso escolar.

(B) o atendimento da família, visando a que a mesma amplie sua capacidade de cuidar dos filhos e educálos.

(C) a orientação da professora, na medida em que sua atuação está produzindo o fracasso escolar de Leandro.

(D) a análise das práticas institucionais, buscando formas de intervir no cotidiano escolar responsável pela produção do fracasso escolar.

(E) a orientação da escola, pois a criança não tem problema, é a escola que deve melhorar o trabalho que faz em relação a um aluno.

29. (EXAME - 2003)

Emoções são experiências complexas, para a compreensão das quais estão envolvidos aspectos biológicos, cognitivos, perceptuais, culturais. Sobre emoção, é correto afirmar:

(A) algumas expressões faciais de emoção tal como ira, tristeza, felicidade, entre outras, são consideradas básicas e, portanto, o seu reconhecimento dá-se apenas intraculturalmente.

(B) expressões de emoção podem favorecer a comunicação entre as pessoas desde que os seus aspectos culturais anulem os seus aspectos biológicos.

(C) a existência de palavras culturalmente determinadas para designar um estado emocional particular atesta a independência entre os processos cognitivos e emocionais.

(D) especificidades culturais nas expressões de emoção demonstram a existência de mecanismos fisiológicos transculturais.

(E) uma possibilidade de aprendermos a identificar as nossas próprias emoções é observar as manifestações de emoção no outro.

30. (EXAME - 2003)

As afasias são distúrbios de linguagem causados por danos em regiões específicas do encéfalo. Para um indivíduo destro, a área cortical lesada e o distúrbio de linguagem associado à lesão do lobo frontal inferior esquerdo pode ocasionar

(A) déficit proeminente na compreensão da fala (Afasia de Broca).

(B) dificuldade na expressão da fala com compreensão preservada (Afasia de Broca).

(C) dificuldade na expressão da fala com compreensão preservada (Afasia de Wernicke).

(D) dificuldade na expressão e compreensão da fala (Afasia de Condução).

(E) dificuldade na expressão e compreensão da fala (Afasia de Wernicke).

31. (EXAME - 2003)

O estudo do fenômeno da consciência tem sido dominado pelo debate entre teorias que tendem a reduzir os estados conscientes a suas bases neurológicas ou físicas, enfatizando o aspecto funcional, e outras teorias que recusam uma abordagem centrada nos aspectos funcionais da experiência consciente. Considerando o desenvolvimento da noção de consciência na história da psicologia e as contribuições contemporâneas da ciência cognitiva, das neurociências e da psicologia filosófica, analise as afirmações abaixo.

I. Estudos recentes da ciência cognitiva e das neurociências estabeleceram correlatos neurais dos processos conscientes e, também, que a consciência não seria uma propriedade exclusiva de um módulo único do sistema nervoso, mas fruto do funcionamento sincrônico de diferentes módulos.

II. Para a concepção behaviorista radical, a noção de consciência refere-se tanto à capacidade humana de descrever, de forma verbal, o que se está fazendo, quanto à capacidade de aprender por meio de instruções.

III. A partir da repartição da consciência proposta originalmente por Tolman (1951), é possível conceber a distinção entre uma consciência – imediata (aparte individual e presente) e uma consciência – mediata (a parte restante).

IV. Nos estudos fenomenológicos, desde as concepções filosóficas de Husserl e Merleau-Ponty, a consciência, enquanto consciência sempre intencional, é concebida como uma instância subjetiva vazia e desconectada dos objetos por ela visados.

Está correto o que se afirma APENAS em

(A) I e II

(B) II, III e IV

(C) I e III

(D) I, II e IV

(E) I, II e III

32. (EXAME - 2003)

Considerando a epistemologia genética de Jean Piaget, são critérios para definir os estágios da inteligência:

(A) as estruturas de conjunto são, em cada nível, a soma das estruturas dos níveis anteriores. As estruturas de nível inferior não participam da estrutura de conjunto do nível seguinte.

(B) as novas estruturas recém-construídas para cada estágio substituem as do nível anterior. A estrutura de conjunto do novo estágio é responsável apenas pelas novas construções e não tem relação com as estruturas anteriores.

(C) as estruturas de conjunto dependem exclusivamente do equilíbrio entre assimilação e acomodação, somente no estágio mais avançado. A nova estrutura de conjunto substitui a estrutura de conjunto do estágio anterior.

(D) há uma estrutura de conjunto em cada estágio, responsável pela organização da atividade e do conhecimento do sujeito. A relação entre uma estrutura de nível superior e as de nível inferior é de integração.

(E) as novas estruturas no novo estágio não necessitam das estruturas dos níveis anteriores para funcionar. A estrutura de conjunto organiza, no novo nível, somente as novas construções efetuadas pelo sujeito.

33. (EXAME - 2003)

"Para avaliar quão bem um teste realiza seu propósito, devemos indagar não apenas se as consequências sociais, reais ou potenciais da interpretação e do uso do teste dão apoio exclusivamente àquilo que foi planejado como seu objetivo, mas, ao mesmo tempo, devemos indagar se a interpretação e uso são consistentes com outros valores sociais". (Messick, S. 1989).

A afirmativa coloca em destaque o conceito de validade

(A) aparente.
(B) consequencial.
(C) preditiva.
(D) de conteúdo.
(E) cognitiva.

34. (EXAME - 2003)

O conceito de pulsão é central na formulação freudiana sobre o desenvolvimento da sexualidade humana. É correto afirmar que, para Freud

(A) o conceito de pulsão (Trieb) não se distingue do conceito de instinto (Instinkt).
(B) é irrelevante a distinção entre fonte, objeto, alvo e pressão da pulsão.
(C) o objeto da pulsão é variável, contingente e escolhido em função das vicissitudes da história do indivíduo.
(D) o objeto da pulsão permanece invariável no decorrer da história do indivíduo.
(E) a fonte somática da pulsão, expressa-se apenas pela zona genital, o que articula inevitavelmente a sexualidade à realização do coito.

35. (EXAME - 2003)

Uma mulher de 35 anos comparece a um serviço de atendimento psicológico acompanhada da mãe. Não exerce qualquer atividade fora de casa e teme sair desacompanhada. Relata ter visões, insônia e estranhas sensações corporais na hora de dormir, tais como: sensação de enrugamento da pele e das mãos, sensação do teto desabando e aperto na garganta. As visões são lembranças de uma queimadura com óleo, aos quatro anos de idade, à qual se refere como sendo uma experiência traumática. Segundo o referencial psicanalítico, o atendimento deve considerar as hipóteses diagnósticas de

(A) paranóia ou transtorno bipolar.
(B) quadro psicossomático ou quadro neurológico.
(C) fobia ou quadro neurológico.
(D) neurose obsessiva ou psicose.
(E) histeria ou psicose.

Atenção: Para responder às questões de números 36 e 37 considere o enunciado abaixo.

Participam de um programa de incentivo à alfabetização sessenta municípios de várias regiões do Brasil. Esses municípios não têm as mesmas características, mas todos têm, em menor ou maior número, crianças e adultos analfabetos ou com problemas para alfabetizar-se. Numa reunião realizada para discutir com os prefeitos como melhorar as condições que favoreçam a aprendizagem dos alunos, um pesquisador examinou, entre outros dados, os coeficientes de correlação linear entre índice de pobreza (IP) e índice de escolaridade (IE) (_0,85) e índice de pobreza (IP) e de alfabetização (IA) (_0,90).

36. (EXAME - 2003)

O pesquisador apresentou os dados, mostrando que, quanto melhor for a condição da população, revelada pelo índice de pobreza, maior será o nível de escolaridade alcançado; de forma inversa, quando maior a pobreza, menor o nível de escolaridade alcançado pela população. O gráfico que representa a relação entre essas duas variáveis é:

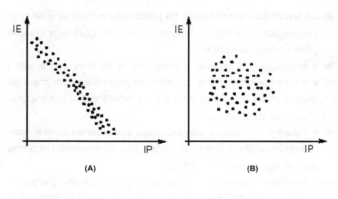

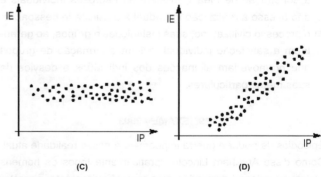

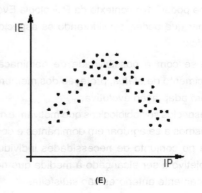

37. (EXAME - 2003)

O pesquisador deve interpretar: 1) a correlação entre o índice de pobreza e o índice de alfabetização; 2) a correlação linear entre o índice de pobreza e o índice de escolaridade.

Pode-se afirmar que as interpretações são:

(A) diferentes, porque os coeficientes de correlação têm valores praticamente iguais.
(B) semelhantes, porque os coeficientes de correlação têm valores diferentes.
(C) semelhantes, porque as correlações são muito próximas.
(D) diferentes, porque os coeficientes de correlação têm valores diferentes.
(E) referentes a variáveis independentes pois não há correlação entre elas.

38. (EXAME - 2003)

Os modos de funcionamento de *grupos* e *instituições* apontados por Freud nas obras em que tematiza sobre as questões culturais e sociais indicam que

(A) os processos encontrados na psicologia individual e os processos subjacentes ao funcionamento de grupos e instituições sociais se opõem.
(B) a estrutura dos grupos, a constituição do líder e a relação entre os membros do grupo são compreendidos por meio de mecanismos identificatórios e pela referência a um mesmo objeto no ideal do ego.
(C) a ilusão e as crenças são aspectos secundários para a análise do indivíduo e dos processos sociais presentes tanto nos grupos como nas instituições.
(D) o processo civilizatório, suas instituições e grupos permitem a construção de ideais, mitigam as neuroses individuais e dão acesso à realização individual e à felicidade pessoal.
(E) o processo civilizatório, suas instituições e grupos, ao garantirem a satisfação individual, evitam a formação de grupos que promoveriam alienações dos indivíduos e desvios de suas metas particulares.

39. (EXAME - 2003)

Episódios de poder e guerra impõem-se à nossa realidade atual. Como disse Abraham Lincoln, "praticamente todos os homens podem suportar adversidades, mas se você quiser testar o caráter de um, dê-lhe poder". No contexto da Psicologia Evolucionista, é correto afirmar que poder, considerando os aspectos motivacionais envolvidos:

(A) relaciona-se com a possibilidade de dominação de rivais, estabelecimento de *status*, proteção dos membros do grupo, enfim, com adaptação evolutiva.
(B) envolve aspectos sociobiológicos que motivam extrinsicamente os organismos a se agrupar em dominantes e dominados.
(C) insere-se no conjunto de necessidades individuais e torna-se um objetivo a ser alcançado à medida que necessidades hierarquicamente anteriores são satisfeitas.

(D) trata-se de uma característica exclusivamente humana que se desenvolveu ontogeneticamente porque estabelece relações propensas à perpetuação da espécie.
(E) decorre de impulsos (*drives*) agressivos que foram selecionados no processo evolutivo com a finalidade de romper o equilíbrio homeostático do organismo.

40. (EXAME - 2003)

No filme "Tempos Modernos" (Charles Chaplin, 1936), a famosa cena da produção na fábrica mostra a personagem central e seu obstinado trabalho de ajuste em cada uma das peças, que deslizam ininterruptamente pela esteira. A velocidade de produção é controlada à distância pelo diretor, através de imagens em sua sala confortável. Num dado momento, sentindo que algumas peças lhe escapavam, o operário se lança desesperado no interior do mecanismo da máquina. Pouco depois, mesmo estando fora da linha de produção, permanece com o instrumento de trabalho a ajustar tudo o que vê pela frente. Mais adiante, o filme mostra este mesmo trabalhador em outra condição, a de dançarino e cantor em fino restaurante. Ao realizar um movimento com o braço, a letra da música anotada no punho é, sem querer, arremessada para longe. Impossibilitado de parar a execução ao meio, improvisa a letra, arrancando aplausos dos presentes. Um único e mesmo homem vive situações completamente distintas. Poderíamos entendê-las, respectivamente, como expressões de

(A) inabilidade para o trabalho e aptidão para a diversão.
(B) loucura no trabalho e insanidade no lazer.
(C) timidez entre os colegas e extroversão ao estar sozinho.
(D) redução do homem a objeto e identidade com o que se faz.
(E) inadequação à velocidade e introversão ao cantar.

Atenção: Dentre as questões 41 e 42 você deverá responder apenas uma.

41. (EXAME - 2003) DISCURSIVA

João, 28 anos, descobriu que está com AIDS. Vê-se, subitamente, diante de uma situação de absoluto desespero. Não se imagina podendo suportar o preconceito com o qual sempre viu serem tratados os indivíduos portadores de AIDS. Também não consegue suportar o que considera ser a maior das injustiças, já que acabou de passar em um difícil processo de seleção para um cargo profissional que almejava há anos. Sabe que terá que passar por um exame médico, que inclui um exame de HIV, para assumir o cargo. Inconformado com a sua situação de vida, decide que vai transmitir a doença para o maior número possível de pessoas. Ele acredita que esta seria a melhor forma de reação contra um mundo que permitiu que algo assim viesse a acontecer com ele. Apresenta seu drama ao melhor amigo em quem busca apoio nesse momento de profundo desespero. O amigo, diante do impacto, exige que João procure um psicólogo. Você será esse psicólogo.

a. A partir de um referencial teórico-clínico de sua escolha, faça uma análise da decisão de João de transmitir a doença para o maior número possível de pessoas.
b. Discuta a questão ética envolvida nesta situação.**(30 pontos)**

42. (EXAME - 2003) DISCURSIVA

Uma criança de 7 anos é levada pela bisavó a um ambulatório de Saúde Mental, em virtude de uma queixa da escola relativa à lentidão na aprendizagem e desinteresse pelas atividades escolares.

É a mais velha de duas filhas, ambas de pais desconhecidos. A família perdeu contato com a mãe, envolvida com drogas desde a adolescência. A avó, que mora há um ano com um companheiro acusado pela vizinhança de abusar sexualmente de uma menina de 10 anos, recusa-se a comparecer ao atendimento, pois não o considera necessário.

A criança estabelece bom vínculo com a psicóloga e mostra-se cooperativa, embora apresente oscilação no decorrer das entrevistas, das atividades gráficas e das atividades lúdicas. Às vezes está concentrada, é criativa nas tarefas desenvolvidas e produz de modo condizente à sua faixa etária; em outros momentos, apresenta ansiedade aguda, agitação, alterações na organização do pensamento e produção caótica. Estas manifestações são desencadeadas especialmente quando há temas que se referem à família.

a. Indique os dados relevantes do caso acima, utilizando-os para formular uma hipótese diagnóstica para este caso clínico. Justifique esta hipótese segundo um referencial teórico-clínico de sua escolha.

b. Escolha e justifique o(s) encaminhamento(s) que considera necessário(s) para este caso. **(30 pontos)**

Atenção: Dentre as questões 43 e 44 você deverá responder apenas uma.

43. (EXAME - 2003) DISCURSIVA

Uma psicóloga trabalha em um Posto de Saúde. Ela atende crianças e diariamente realiza cerca de 6 atendimentos. Foi feito um levantamento dos problemas/sintomas que são relatados pelos pais, mães ou responsáveis dessas crianças que as levam ao Posto de Saúde. Constatou-se que 85% dos casos são encaminhados por profissionais das escolas: as queixas mais frequentes se referem a crianças que não estão aprendendo e que se comportam agressivamente, apresentando problemas de indisciplina. Muitos desses atendimentos são abandonados durante os seis primeiros meses.

a. Formule hipóteses, fundamentando-as teoricamente, relativas aos seguintes dados:

a.1. 85% das crianças atendidas são encaminhadas pelas escolas.

a.2. muitos desses atendimentos são abandonados.

b. A partir das hipóteses formuladas, que objetivo e procedimento devem ser estabelecidos em um projeto de atendimento para essa demanda? **(40 pontos)**

44. (EXAME - 2003) DISCURSIVA

No Brasil atual, diante do crescimento do desemprego em níveis cada vez mais alarmantes, muitas iniciativas têm surgido, com o apoio do poder público, para desenvolver alternativas de trabalho e geração de renda. No interior da economia solidária, uma destas manifestações está na formação de cooperativas. Geralmente, os interessados se inscrevem movidos pela necessidade ou então para não deixar escapar as raras oportunidades que lhe são oferecidas, mas sem entender com clareza do que realmente se trata. À medida em que se envolvem, descobrem que o interesse individual não é suficiente. Para que uma cooperativa se forme, é preciso haver adesão coletiva.

Como psicólogo(a) social, você é convidado a participar de uma equipe multidisciplinar encarregada de planejar uma intervenção em determinado bairro periférico de uma cidade grande. Nessa condição, proponha procedimentos fundamentais para que a adesão coletiva venha a se constituir na formação de cooperativas, explicitando o referencial teórico-metodológico de seu plano. **(40 pontos)**

45. (EXAME - 2003) DISCURSIVA

A tabela abaixo mostra a proporção de pessoas alfabetizadas nos domicílios brasileiros, por sexo e grupos de idade, segundo dados do Censo Demográfico 2000.

Grupos de Idade	Proporção de Pessoas Alfabetizadas (%)	
	Homens	Mulheres
10 a 14 anos	90,9	94,7
15 a 19 anos	93,5	96,5
20 a 24 anos	91,7	94,9
25 a 29 anos	90,3	93,6
30 a 39 anos	88,5	91,0
40 a 49 anos	86,1	86,1
50 a 59 anos	78,9	76,0
60 a 69 anos	71,8	66,8
70 anos ou mais	62,0	57,2

Fonte: IBGE, Censo Demográfico 2000

Os dados acima mostram importantes mudanças que há algumas décadas vêm marcando o cenário social brasileiro. São um convite para a Psicologia procurar compreender os seus reflexos sobre a dinâmica atual das relações humanas.

a. Levante uma hipótese que relacione como as mudanças na escolaridade entre homens e mulheres poderiam afetar as pessoas em suas relações familiares.

b. Planeje uma pesquisa, no âmbito da Psicologia, que pudesse investigar sua hipótese. Para isso:

b.1. Especifique um problema a ser investigado;

b.2. Descreva as principais fases metodológicas a serem executadas. **(30 pontos)**

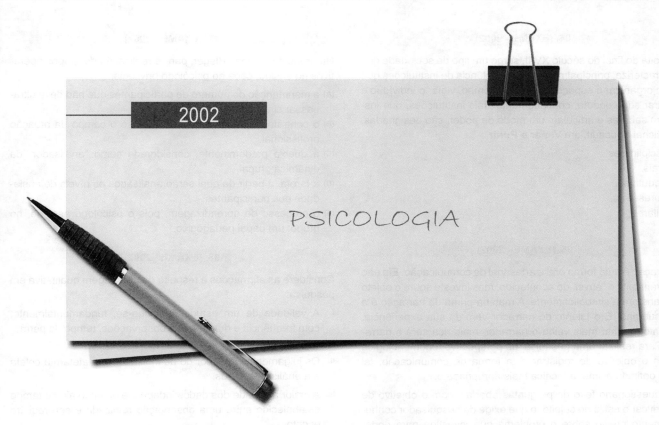

01. (EXAME - 2002)

Segundo Jean Piaget, o sujeito epistêmico é

(A) o sujeito em si, independente do objeto.
(B) determinado pelo objeto, no decorrer do desenvolvimento.
(C) o que é comum a todos os sujeitos do conhecimento.
(D) idêntico ao sujeito transcendental kantiano.
(E) cada sujeito do conhecimento, tomado individualmente.

02. (EXAME - 2002)

Segundo Winnicott, o "cuidado parental satisfatório" pode ser classificado segundo estágios que se sobrepõem. Tais estágios são:

(A) convivência de mãe e bebê; convivência de pai e mãe; convivência de pai, mãe e bebê.
(B) holding; convivência de pai e mãe; convivência de pai, mãe e bebê.
(C) espaço transicional; convivência de pai e mãe; convivência de pai, mãe e bebê.
(D) holding; espaço transicional; convivência de pai e mãe.
(E) holding; convivência de mãe e bebê; convivência de pai, mãe e bebê.

03. (EXAME - 2002)

Um psicólogo planejou um experimento para avaliar os efeitos de uma proposta de intervenção terapêutica sobre a adesão, por parte de pacientes diabéticos, ao tratamento médico prescrito. Para tanto, submeteu cinco desses pacientes a uma condição inicial de linha de base, seguida por uma condição experimental na qual vigoraria a intervenção proposta. Tão logo se encerrou a condição de linha de base, um vírus de computador o fez perder todos os dados até então coletados. A despeito disso, o pesquisador deu início à condição experimental originalmente prevista. Entretanto, sem poder contar com os dados de linha base, o pesquisador se viu impossibilitado de

(A) garantir a efetividade da intervenção terapêutica no que se refere ao rigor da sua realização.
(B) identificar alterações na adesão ao tratamento durante a vigência da intervenção terapêutica.
(C) manipular as variáveis previstas na condição experimental.
(D) estabelecer relações conclusivas entre a intervenção terapêutica e a adesão ao tratamento.
(E) verificar se os pacientes constituíram uma amostra representativa da população.

04. (EXAME - 2002)

Por volta do final do século XVIII, surge um tipo de sociedade que se caracteriza, principalmente, pela existência de instituições que visam organizar o espaço, controlar o tempo, vigiar o indivíduo e registrar sua conduta, continuamente. Tais instituições, que instauram saberes e articulam um modo de poder, são designadas, por Michel Foucault, em **Vigiar e Punir**,

(A) disciplinares.

(B) totais.

(C) produtivas.

(D) repressivas.

(E) asilares.

05. (EXAME - 2002).

A narração é uma forma oral e artesanal de comunicação. Ela não visa transmitir o "em si" do acontecido, mas investe sobre o objeto e o transforma simbolicamente. A matéria-prima da narração é a vida humana. E o talento do narrador vem da sua experiência. Portanto, quanto mais velho o narrador, mais rica será a narrativa. Para realizar uma pesquisa, na perspectiva fenomenológica e com o objetivo de registrar esta forma de comunicação, tal como definida acima, a técnica mais apropriada é:

(A) o questionário feito de perguntas abertas, com o objetivo de verificar o estilo do sujeito, o que exige do pesquisador conhecimento prévio sobre o problema que investiga para poder formular com acuidade e precisão as perguntas.

(B) a entrevista semi-dirigida, em que o pesquisador, de tempos em tempos, efetua uma intervenção para trazer o entrevistado aos assuntos que pretende investigar; o entrevistado dispõe de certo grau de iniciativa, mas quem orienta o diálogo é o pesquisador.

(C) a entrevista não-dirigida, em que o pesquisador, após breve diálogo inicial, limita ao máximo suas intervenções, de tal modo que o entrevistado realiza um monólogo, construindo o roteiro da entrevista.

(D) a entrevista clínica, em que o pesquisador, depois de colocado o problema na sua generalidade, deixa ao entrevistado o direito de tomar os rumos que preferir e focaliza sua atenção no relacionamento que o entrevistado estabelece com o entrevistador.

(E) a entrevista rigorosamente dirigida por perguntas do pesquisador, em que falam alternadamente o pesquisador e o entrevistado, este não tendo liberdade de conduzir a conversa.

06. (EXAME - 2002)

Um menino de 10 anos é encaminhado para tratamento psicológico por apresentar diversos sintomas: não podia tocar em nada, de modo que sua mãe devia vesti-lo e alimentá-lo. Se a mãe tocasse algum objeto com a mão, este deveria ser colocado no mesmo lugar e, em seguida, esta mesma operação deveria ser executada com a outra mão. Antes da doença era um bom aluno e aprendia com facilidade.

O quadro patológico e o mecanismo de defesa subjacente são:

(A) Fobia e Recusa.

(B) Neurose obsessiva e Rejeição.

(C) Psicose e Repressão.

(D) Psicose e Forclusão do nome-do-pai.

(E) Neurose obsessiva e Recalque.

07. (EXAME - 2002)

Na proposta de José Bleger, para a realização de grupos operativos no ensino, cabe ao psicólogo privilegiar

(A) a manutenção do número de participantes que não deve ultrapassar cinco.

(B) o contrato, a partir do qual delimita-se o campo da atuação profissional.

(C) a queixa predominante, considerada como "analisador" da dinâmica grupal.

(D) a tarefa, a partir da qual serão analisados os níveis de ansiedade dos participantes.

(E) o processo de aprendizagem, pois o psicólogo assume, no grupo, um papel pedagógico.

08. (EXAME - 2002)

Considere as afirmações a respeito da abordagem qualitativa em pesquisa:

I. A validade de um estudo relaciona-se, fundamentalmente, com freqüência e duração das observações, tempo de permanência em campo e confiabilidade dos dados.

II. Os julgamentos de valor do pesquisador não afetam a coleta e a análise de dados.

III. A maior acuidade dos dados independe do intervalo de tempo estabelecido entre uma observação realizada e seu registro escrito.

IV. A categorização dos dados parte do arcabouço teórico da pesquisa e modifica-se ao longo do estudo pelo confronto constante entre teoria e material empírico.

É correto o que se afirma APENAS em

(A) I e III

(B) I e IV

(C) II e III

(D) II e IV

(E) III e IV

09. (EXAME - 2002)

O "estádio do espelho", segundo Lacan, é uma operação psíquica na qual predomina o registro do

(A) Real, que se refere a um "resto" impossível de transmitir.

(B) Imaginário, que designa o lugar do Simbólico determinante do sujeito.

(C) Simbólico, segundo o qual o significante é de fato a própria essência da função simbólica.

(D) Imaginário, que se refere a uma relação de indistinção com o outro.

(E) Real, que designa o objeto do desejo do sujeito, que escapa à simbolização.

10. (EXAME - 2002)

Um jovem esquizofrênico, hospitalizado em período agudo, recebe a primeira visita de sua mãe. Num movimento de alegria, corre para ela, abraçando-a. A mãe, constrangida, retém-se. Ao movimento de recuo da mãe, o jovem responde, retirando o braço. A mãe diz: – O que há, você não gosta mais de mim? – Ele cora. A mãe acrescenta: – Meu querido, não é preciso que você se sinta tão embaraçado e nervoso em relação aos seus sentimentos.

Esta seqüência interativa exemplifica o processo que, entre os antipsiquiatras, ficou conhecido como

(A) duplo vínculo.
(B) identificação projetiva.
(C) conflito comportamental.
(D) conformismo pessoal.
(E) situação extrema.

11. (EXAME - 2002)

O conceito de "zona de desenvolvimento proximal", de Vygotsky, traz conseqüências relevantes para a escolarização, permitindo afirmar que o bom ensino

(A) se pospõe ao desenvolvimento e o professor só deve agir quando solicitado pela criança.
(B) se antecipa ao desenvolvimento e o professor tem um papel primordial no auxílio à criança.
(C) é simultâneo ao desenvolvimento e o professor só auxilia a criança a partir de situações-problema.
(D) se pospõe ao desenvolvimento e o auxílio do professor está condicionado a bons resultados em testes de desenvolvimento.
(E) se antecipa ao desenvolvimento e o professor deve atuar quando solicitado pela criança.

12. (EXAME - 2002)

Em psicanálise, uma recordação infantil insignificante, por deslocamento, passa a mascarar uma outra recordação recalcada. Freud designa essa operação psicológica básica:

(A) lembrança encobridora.
(B) reminiscência histérica.
(C) repressão mnésica.
(D) renegação inconsciente.
(E) denegação inconsciente.

13. (EXAME - 2002)

Uma criança e sua mãe chegam para a primeira entrevista com um psicoterapeuta. A criança tem 1 ano e 5 meses, não senta, não segura objetos, não fixa o olhar e a mãe relata que apresenta episódios convulsivos.

O psicoterapeuta deve:

I. atender a mãe e a criança conjuntamente, pois a vida psíquica é conseqüência do processo de maternagem.

II. encaminhar a criança para uma avaliação neurológica.

III. considerar que não se sentar, com esta idade, ainda não é indício de atraso no desenvolvimento.

IV. considerar que "não fixar o olhar" pode ser um indício de funcionamento autista.

Está correto o que se afirma APENAS em

(A) I e II
(B) I, II e III
(C) I, II e IV
(D) II e III
(E) III e IV

14. (EXAME - 2002)

A Escala de Inteligência Weschler para Crianças (WISC), publicada pelo CEPA, em 1964:

I. propõe-se a avaliar a inteligência geral, denominada fator G.
II. permite avaliar traços de personalidade.
III. nessa versão brasileira, baseia-se em estudos normativos americanos.

Está correto o que se afirma APENAS em:

(A) III
(B) I e III
(C) I e II
(D) II e III
(E) II

15. (EXAME - 2002)

"No decorrer do período de latência, são os professores e, geralmente, as pessoas que têm a tarefa de educar, que tomarão para a criança o lugar dos pais, do pai em particular, e que herdarão os sentimentos que a criança dirigia a este último, na ocasião da resolução do complexo de Édipo". Ao fazer essa afirmação, Freud refere-se a um processo fundamental denominado

(A) associação livre.
(B) transferência.
(C) sublimação.
(D) formação reativa.
(E) neurose.

16. (EXAME - 2002)

Bohoslavsky apresenta uma proposta de atendimento de adolescentes interessados na escolha profissional, segundo a qual,

(A) a primeira entrevista deve ser diretiva e explicitar as bases contratuais do trabalho de orientação a ser realizado.
(B) a inclusão de testes psicométricos e projetivos é fundamental para elaboração do diagnóstico.
(C) os critérios para elaboração de um diagnóstico incluem a análise das ansiedades e identificações predominantes do cliente.
(D) o enquadre, na entrevista psicológica, consiste apenas em estabelecer os parâmetros de lugar e de tempo na relação entrevistador-entrevistado.
(E) a informação ocupacional não é necessária, pois o enfoque clínico privilegia a deuteroeleição.

17. (EXAME - 2002)

Nas pesquisas qualitativas e de caráter fenomenológico, em Psicologia Social, o uso do gravador para registro de depoimentos e entrevistas é freqüente. A transcrição das fitas resulta em um tipo de documento

(A) semelhante a qualquer documento escrito e é o primeiro momento da análise.
(B) distinto de qualquer documento escrito e que será posteriormente submetido à análise.
(C) que registra fiel e objetivamente, na forma escrita, a fala dos entrevistados.

(D) cuja relação com a experiência realizada é irrelevante, uma vez que a linguagem altera aquilo que traduz.

(E) que registra a distância, representada pela escrita, entre pesquisador e entrevistado.

18. (EXAME - 2002)

Considere as afirmações abaixo.

I. Evolução é, basicamente, a adaptação de características fenotípicas de um organismo ao seu meio-ambiente.

II. Características genéticas específicas tornam-se mais comuns ao longo do tempo se estiverem em um ambiente tipicamente propenso à variação.

III. Seleção natural é o processo evolutivo pelo qual alguns indivíduos, bem adaptados num determinado ambiente, têm maior probabilidade de sobreviver e reproduzir.

IV. O comportamento exerce um papel central no processo de evolução; a seleção natural ocorre porque os indivíduos interagem com seu ambiente e, em grande parte, essa interação é comportamento.

Com base na teoria da evolução das espécies de Charles Darwin (1809-1882), é correto o que se afirma APENAS em:

(A) I e II

(B) I e III

(C) II e III

(D) II e IV

(E) III e IV

19. (EXAME - 2002)

Segundo Jean Piaget, a "função semiótica" refere-se à capacidade

(A) inata da criança para representar objetos ausentes por meio de símbolos, isto é, significados análogos aos seus significantes.

(B) adquirida pela criança para representar objetos ausentes, por meio de símbolos ou signos, isto é, significados diferenciados de seus significantes.

(C) adquirida pela criança para representar objetos ausentes, por meio de índices, isto é, significados diferenciados de seus significantes.

(D) inata da criança para representar objetos ausentes, por meio de signos, isto é, significados análogos aos seus significantes.

(E) adquirida pela criança para representar objetos ausentes, por meio de sinais presentes no processo imitativo.

20. (EXAME - 2002)

Ao elaborar um plano de pesquisa qualitativa em Psicologia, na perspectiva fenomenológica, o pesquisador deve privilegiar

(A) a distribuição randômica dos sujeitos nos grupos.

(B) as respostas objetivas que serão colhidas na pesquisa de campo.

(C) as técnicas de pesquisa, pois o campo pouco interferirá em seus dados.

(D) os dados estatísticos obtidos no trabalho de campo.

(E) a relação que se estabelece entre o pesquisador e o pesquisado.

21. (EXAME - 2002)

Um psicólogo trabalha em uma clínica de tratamento de dependentes de droga e presta atendimento psicoterápico a Marcos, Fernanda e Tânia. Em relatos ao psicólogo, os pacientes usaram as seguintes expressões para descrever alguns efeitos da droga usada, por cada um deles, sobre o seu comportamento:

– Marcos: sensações de alerta, euforia, aceleração cardíaca.

– Fernanda: diminuição da ansiedade e da tensão, sonolência.

– Tânia: visões, alucinações, distorções da percepção de tempo.

Drogas psicotrópicas que tipicamente produzem efeitos correspondentes aos descritos por Marcos, Fernanda e Tânia, são, respectivamente:

(A) maconha, cafeína e morfina.

(B) anfetamina, barbitúrico e LSD.

(C) barbitúrico, LSD e álcool.

(D) anfetamina, álcool e barbitúrico.

(E) opióide, cafeína e anfetamina.

22. (EXAME - 2002)

Segundo a teoria de campo de Kurt Lewin:

I. "espaço de vida" é definido como a totalidade dos fatos que determinam o comportamento de um indivíduo num certo momento e possui duas regiões, o indivíduo e o meio.

II. o indivíduo e o meio são elementos independentes que formam um conjunto aditivo denominado "espaço de vida".

III. o meio que constitui o "espaço de vida" é o meio geográfico e não o meio fenomenal, segundo a distinção feita por Koffka.

IV. o "campo psicológico" engloba um passado e um futuro psicológicos, de papel tão importante quanto o do presente propriamente dito.

Está correto o que se afirma APENAS em:

(A) III e IV

(B) II e IV

(C) II e III

(D) I e II

(E) I e IV

23. (EXAME - 2002)

No caderno de resumos de um Congresso de Psicologia, consta um relato de pesquisa na qual foi investigada a influência das variáveis sexo (masculino e feminino e nível socioeconômico (alto e baixo) na indicação da profissão que adolescentes de uma determinada região do país gostariam de seguir. Os resultados mostraram diferenças estatisticamente significativas com relação a sexo ($p = 0,038$), mas não com relação ao nível socioeconômico ($p = 0,476$).

Esses resultados permitem afirmar que a diferença entre os

(A) sexos é estatisticamente significativa, porque a probabilidade de esta ocorrer ao acaso é nula.

(B) sexos é estatisticamente significativa, porque a probabilidade de esta ocorrer ao acaso é menor que 1%.

(C) sexos é estatisticamente significativa, porque a probabilidade de esta ocorrer ao acaso é menor que 5%.

(D) níveis socioeconômicos não é estatisticamente significativa, porque a probabilidade de esta ocorrer ao acaso é menor que 5%.

(E) níveis socioeconômicos não é estatisticamente significativa, porque a probabilidade de esta ocorrer ao acaso é menor que 1%.

24. (EXAME - 2002)

O mecanismo que se traduz por fantasias em que o indivíduo introduz a sua própria pessoa totalmente ou em parte no interior do objeto para lesá-lo, para possuí-lo ou para controlá-lo é denominado identificação

(A) projetiva, segundo Freud.

(B) projetiva, segundo Klein.

(C) adesiva, segundo Bion.

(D) adesiva, segundo Winnicott.

(E) simbólica, segundo Lacan.

25. (EXAME - 2002)

Em seu momento histórico inaugural como disciplina científica, a Psicologia, marcada pelas pesquisas em laboratório de Wundt e de Titchener, teve como objeto de estudo e método de investigação:

(A) a experiência emocional e a observação controlada.

(B) o comportamento e a observação naturalista.

(C) a percepção e a observação controlada.

(D) a experiência imediata e a auto-observação sistemática.

(E) a inteligência e a observação sistemática.

26. (EXAME - 2002)

No contexto da atuação do psicólogo junto às varas de família, considere as afirmações abaixo.

I. O laudo pericial decorrente de um psicodiagnóstico visa fornecer subsídios para que o juiz enuncie uma sentença.

II. O laudo pericial pode ser elaborado a partir de quaisquer técnicas da Psicologia.

III. O papel do psicólogo-perito na vara de família pode ser, também, o de um "mediador", transformando a perícia numa relação de ajuda às famílias.

É correto o que se afirma em:

(A) I, II e III.

(B) I e II, apenas.

(C) I e III, apenas.

(D) II e III, apenas.

(E) III, apenas.

27. (EXAME - 2002)

A crítica da abordagem positivista-funcionalista, que predominava na análise do fenômeno organizacional até os anos 60 do século XX, possibilitou a emergência de novos enfoques para análise e manejo dos problemas de gestão empresarial. Estes novos enfoques enfatizam:

(A) a valorização do modelo das ciências exatas e experimentais.

(B) o exame das organizações do ponto de vista dos aspectos subjetivos envolvidos.

(C) a atenção ao desempenho de tarefas e ao estudo dos mecanismos de adaptação.

(D) a investigação das características dos indivíduos, estimulando o campo da psicometria.

(E) mudanças organizacionais centradas em hierarquias de poder visando a produção.

28. (EXAME - 2002)

Faz parte da prática clínica de um terapeuta comportamental:

I. Buscar conhecer os antecedentes e conseqüentes dos quais o comportamento é função.

II. Realizar análises funcionais do comportamento verbal.

III. Estabelecer contingências de reforço.

IV. Identificar unidades de análise, bem como classes de estímulos e de comportamentos.

V. Discriminar comportamentos controlados por regras daqueles controlados por contingências.

Está correto o que se afirma em

(A) I, II, III e IV, apenas.

(B) II, III, IV e V, apenas.

(C) I, III, IV e V, apenas.

(D) I, II, III e V, apenas.

(E) I, II, III, IV e V.

29. (EXAME - 2002)

Considere as afirmações abaixo, relativas à proposta teórico-metodológica de Carl Rogers.

I. O autoconceito é concepção nuclear de sua teoria da personalidade.

II. A auto-realização é concepção nuclear da terapia centrada no cliente.

III. Abordagem centrada na pessoa e terapia centrada no cliente são sinônimos e referem-se à técnica de refletir os sentimentos do cliente.

IV. A percepção tem papel central na formação do autoconceito e a Psicologia da Gestalt foi uma influência fundamental para esta teorização.

Está correto o que se afirma APENAS em:

(A) I e II

(B) II, III e IV

(C) II e IV

(D) I, III e IV

(E) I, II e IV

30. (EXAME - 2002)

Um vendedor especialmente insistente telefona quase que diariamente para a casa de Fátima para oferecer apólices de seguro. Após semanas sob esse incômodo, ela rende-se ao assédio e compra o produto. É um alívio deixar de receber telefonemas daquele vendedor.

Analisando os comportamentos de Fátima e do vendedor, sob quais contingências de reforço estariam os comportamentos de *comprar* e *vender*, respectivamente?

(A) Esquiva e fuga.

(B) Reforço negativo e reforço negativo.

(C) Fuga e reforço negativo.

(D) Reforço negativo e reforço positivo.

(E) Reforço positivo e esquiva.

31. (EXAME - 2002)

Trata-se de uma noção presente no Behaviorismo Radical de B. F. Skinner (1904-1990):

(A) *hedonismo* – a ação humana tem origem no desejo do homem em obter prazer e evitar a dor.

(B) *teleologia* – o comportamento humano depende e se determina por sua finalidade.

(C) *continuidade entre as espécies* – diferentes espécies guardam semelhanças entre si por compartilharem uma história evolutiva comum.

(D) *livre-arbítrio* – a possibilidade de as pessoas fazerem escolhas, independentemente de influências genéticas e ambientais.

(E) *antropomorfismo* – a atribuição de características tipicamente humanas a entidades abstratas.

32. (EXAME - 2002)

Considere as seguintes expressões do sistema nervoso humano:

I. o processamento e a transmissão de informações sensoriais para centros superiores do cérebro.

II. os comportamentos de beber e comer, bem como o comportamento sexual.

III. a memória, bem como os comportamentos emocionais.

IV. a coordenação de movimentos.

Trata-se de funções nas quais atuam, fundamental e respectivamente, as seguintes estruturas do cérebro:

(A) tálamo, hipotálamo, hipocampo e cerebelo.

(B) corpo estriado, tálamo, hipófise e hipocampo.

(C) amígdala, tálamo, córtex e cerebelo.

(D) bulbo, hipotálamo, hipófise e corpo caloso.

(E) tálamo, amígdala, hipocampo e cerebelo.

33. (EXAME - 2002)

A gestação do espaço psicológico no século XIX, quando tem lugar o advento da Psicologia como ciência independente, relaciona-se histórica e culturalmente à articulação conflitiva de formas de pensar e praticar a vida em sociedade. Tais formas se articulam aos seguintes movimentos:

(A) Romantismo e Classicismo.

(B) Regime Disciplinar e Socialismo.

(C) Liberalismo e Socialismo.

(D) Liberalismo, Classicismo e Regime Disciplinar.

(E) Liberalismo, Romantismo e Regime Disciplinar.

34. (EXAME - 2002)

Dentre os elementos que integram o processo de associação-livre na prova de Rorschach, o psicólogo deve observar e registrar, durante a aplicação, a "modalidade da resposta" do sujeito, isto é:

(A) a maneira como ele aborda a predominância da cor sobre a forma.

(B) a maneira como ele aborda a predominância da forma sobre a cor.

(C) o dinamismo psíquico que resulta na exatidão do fator forma.

(D) a maneira como a resposta abrange a prancha, globalmente ou em parte.

(E) a maneira como a resposta expressa o contato com o juízo de realidade da população média.

35. (EXAME - 2002)

As emoções

I. possuem um importante papel nos processos motivacionais e de comunicação entre membros de uma espécie.

II. não causam o comportamento: elas próprias são comportamento, isto é, comportamento emocional.

As características apresentadas nos itens acima inserem-se fundamental e respectivamente nas abordagens:

(A) humanista e behaviorista.

(B) evolucionista e behaviorista.

(C) evolucionista e gestáltica.

(D) sócio-cultural e psicobiológica.

(E) gestáltica e behaviorista.

36. (EXAME - 2002)

Um psicoterapeuta atendeu a quatro crianças que lhe foram encaminhadas com queixa de agressividade. Para cada uma delas, o terapeuta registrou a distribuição percentual dos comportamentos agressivos dirigidos a seus pais, a seus professores e a seus colegas de classe. Isso foi feito nos dias imediatamente anterior e posterior à intervenção terapêutica realizada.

Tabela: Distribuição percentual de comportamentos agressivos, nos dias imediatamente pré e pós intervenção, dirigidos a pais, professores e colegas.

PACIENTE	Agressividade no Dia Pré-Intervenção Terapêutica (%)			Agressividade no Dia Pré-Intervenção Terapêutica (%)		
	PAIS	PROFESSORES	COLEGAS	PAIS	PROFESSORES	COLEGAS
J.S.	8	62	30	17	50	33
R.S.	31	31	38	38	24	38
L.I.	64	32	04	50	50	0
C.G.	28	56	16	11	89	0

A partir da tabela acima, o psicoterapeuta avaliou a intervenção realizada e pôde concluir corretamente que esta

(A) produziu uma diminuição no número de comportamentos agressivos de J.S. dirigidos a seus professores.

(B) produziu um aumento no número de comportamentos agressivos de R.S. dirigidos a seus pais.

(C) foi acompanhada pela eliminação de comportamentos agressivos de L.I. e de C.G. a seus colegas.

(D) diminuiu o número total de comportamentos agressivos de C.G. que, antes, eram dirigidos predominantemente a seus pais.

(E) foi insuficiente para alterar a distribuição percentual dos comportamentos agressivos das quatro crianças.

37. (EXAME - 2002)

Em **Mais além do princípio do prazer**, Freud enuncia um segundo dualismo pulsional, com as definições de "pulsão de vida" e "pulsão de morte". Neste contexto teórico é correto afirmar que:

(A) as pulsões de morte articulam-se à observação clínica da compulsão à repetição.

(B) as pulsões de vida correspondem apenas às pulsões sexuais do primeiro dualismo pulsional.

(C) as pulsões de vida vinculam-se às noções de ambivalência e agressividade.

(D) o conceito de neurastenia foi fundamental para a formulação deste novo dualismo pulsional.

(E) a elaboração do conceito de pulsão de morte foi motivada pelas mortes de pessoas próximas a Freud.

38. (EXAME - 2002)

Uma organização não governamental de atendimento à terceira idade contratou psicólogos para dar suporte aos cuidadores de idosos em regime domiciliar. O procedimento escolhido visava criar condições de escuta e envolveu encontros grupais quinzenais, de duas horas de duração, durante um semestre. Quanto ao referencial teórico – metodológico, é correto afirmar que esta proposta:

(A) não poderia ser realizada segundo a abordagem centrada na pessoa, pois a duração do trabalho é estabelecida previamente.

(B) só poderia ser realizada segundo a abordagem gestáltica para grupos, pois ela permite trabalhos cuja duração é estabelecida previamente.

(C) não poderia ser realizada segundo o referencial psicanalítico, pois este só é adequado para atendimentos semanais e de cunho individual.

(D) poderia ser realizada, tanto segundo a abordagem centrada na pessoa, como segundo a abordagem gestáltica para grupos, pois ambas permitem trabalhos cuja duração é estabelecida previamente.

(E) poderia prescindir de referenciais teórico-metodológicos, pois os encontros grupais seriam pouco freqüentes, não se estabelecendo vínculos transferenciais.

39. (EXAME - 2002)

Nas sociedades urbanas e industriais, a sobrevivência psíquica dos idosos tornou-se cada vez mais difícil. No contexto das pesquisas psicossociais, centradas em histórias de vida de idosos, relaciona-se essa dificuldade

(A) à crescente destruição dos suportes materiais da memória social.

(B) ao conflito de gerações associado ao culto da eterna juventude.

(C) ao fato de a senescência naturalmente impedir o indivíduo de trabalhar.

(D) à degradação dos asilos e a à não-construção de abrigos dignos para a velhice.

(E) ao fato de a senilidade acontecer cada vez mais cedo na vida dos indivíduos.

40. (EXAME - 2002)

Os acontecimentos mundiais a que temos assistido recentemente nos reconvocam a perguntar o porquê da guerra. Considere as afirmações abaixo.

I. Se nos rebelamos contra a guerra é porque ela se constitui na mais óbvia oposição à atitude psíquica que nos foi incutida pelo processo de civilização.

II. Como a sombra é o centro do inconsciente pessoal, núcleo do material que foi reprimido, é necessário informar-se sobre suas qualidades e intenções. Os conflitos só podem ser resolvidos se os suportarmos e o sofrimento é inevitável.

III. A destrutividade que está ligada ao caráter não é nada mais do que raiva da frustração em geral e da recusa de gratificação sexual em particular.

IV. Como o comportamento é devido a reforçamento seletivo, então, o engajamento de tantos homens, apresentando um repertório bélico, é função do meio ambiente que falhou no controle de estímulos.

Trata-se de enunciados, respectivamente, de

(A) Rogers, Jung, Reich e Skinner.

(B) Jung, Freud, Reich e Rogers.

(C) Freud, Jung, Reich e Skinner.

(D) Reich, Freud, Skinner e Jung.

(E) Rogers, Jung, Freud e Skinner.

Atenção: Responda a questão 41 ou a questão 42.

41. (EXAME - 2002) DISCURSIVA

Cristina, 18 anos, filha única, foi encaminhada ao psicólogo pelos pais em função de dificuldades nos estudos e certo retraimento social. Na primeira entrevista, seus problemas escolares foram abordados, problemas que, segundo ela mesma, decorriam de uma grande dificuldade de atenção nas aulas e de concentração nos estudos em casa. Na segunda entrevista, a própria Cristina disse estar sofrendo de um "enrijecimento da cabeça" e ter "muito medo de ficar caolha". E sem qualquer censura relatou ao psicólogo que suas dores de cabeça eram provocadas, com toda certeza, pela "influência" que as pombas tinham sobre ela. As pombas a "inquietavam" após algumas horas de estudo e, sobretudo, quando saía à rua. Às vezes, a excitação era tanta que se tornava impossível estar na companhia de outras pessoas. Nem sequer quando estava na cama, deixavam-na em paz, pois revoavam pelo quarto, fazendo com as asas um barulho perturbador. Mas ela encontrou uma maneira de controlar tal assédio noturno: dormia com um pequeno livro entre as pernas. E continuou falando sem nenhum constrangimento de sua luta contra a masturbação, revelando assim o modo como vivia a relação com o próprio corpo.

Com base nas informações contidas nesta breve vinheta clínica, e supondo que essa jovem tenha sido encaminhada a você para atendimento, responda:

a. Qual sua hipótese diagnóstica?

b. Justifique sua posição, fundamentando-a teoricamente. **(30 pontos)**

42. (EXAME - 2002) DISCURSIVA

Joana chegou para a primeira entrevista com seu filho Fernando, de 15 anos, numa clínica-escola de uma universidade brasileira. A queixa que levou a mãe ao serviço de atendimento era que "o menino estava sem escola". Havia sido expulso da 5ª série por indisciplina. Recusava-se a fazer as lições, embora gostasse particularmente de estudar História.

A mãe, atendida individualmente, em outra sessão, relatou ter-se casado tarde, ser estéril e "ter aceito o recém-nascido que o marido escolheu para adotar". Comentou que, após a adoção, ela e o marido fizeram um "pacto de silêncio": ninguém, inclusive Fernando, saberia que ele fora adotado.

Sendo você o(a) Psicólogo(a) que atendeu esta mãe e partindo da hipótese de que a adoção está na base dos sintomas de Fernando:

a. Qual é a questão central contida nesta vinheta clínica?

b. Descreva o encaminhamento que você daria a esse caso, fundamentando-o teoricamente. **(30 pontos)**

Atenção: Responda a questão 43 ou a questão 44.

43. (EXAME - 2002) DISCURSIVA

Um Posto de Saúde de um município brasileiro recebe um encaminhamento de 30 crianças de uma mesma escola, todas elas cursando a primeira série do Ensino Fundamental. A queixa central dos professores é que "estas crianças não aprendem".

Sendo você o(a) psicólogo(a) desta instituição de saúde:

a. Formule uma hipótese explicativa dessa demanda.

b. A partir desta hipótese descreva o atendimento que você daria a essa demanda, fundamentando-o teoricamente. **(40 pontos)**

44. (EXAME - 2002) DISCURSIVA

Como parte da política de geração de trabalho e renda, a prefeitura de um pequeno município brasileiro pretende implantar um programa de criação de cooperativas populares autogestionárias, oferecendo apoio financeiro e técnico. Tal programa será destinado a pessoas desempregadas e de baixa renda. Um levantamento preliminar identificou que cerca de 300 (trezentas pessoas poderão se beneficiar desse programa.

Como psicólogo(a) contratado(a) pela prefeitura para participar desse programa:

a. Descreva as atividades a serem desenvolvidas.

b. Justifique-as. **(40 pontos)**

45. (EXAME - 2002) DISCURSIVA

"Reality shows" podem ser considerados um fenômeno televisivo internacional. Hipoteticamente, um pesquisador interessado em investigar possíveis fatores associados ao fato de as pessoas assistirem a esses programas realizou um estudo no qual verificou que, na audiência de "reality-shows", predominam pessoas com idade entre 15 e 25 anos. Em vista disso, como psicólogo(a):

a. Aproprie-se de um referencial teórico da Psicologia e apresente uma hipótese que forneça uma possível interpretação do resultado obtido nesse estudo.

b. Para investigar a sua hipótese, planeje uma pesquisa seguindo os passos abaixo:

b.1. Indique o seu problema específico de pesquisa explicitando e definindo os fatores que serão privilegiados para estudo.

b.2. Apresente as etapas do método de pesquisa a ser empregado. **(30 pontos)**

1. (EXAME - 2001)

Um professor diz a seus alunos: "O único jeito de vocês aprenderem é fazendo a lição como está na lousa. Portanto, copiem com precisão."

No discurso do professor, aprendizagem é entendida como

(A) produto das experiências ambientais acumuladas nos primeiros anos de vida da criança.
(B) conjunto de aptidões que a criança apresenta desde seu nascimento e revela em ações sociais.
(C) produto da imitação de modelos possibilitando a aquisição de habilidades motoras e cognitivas.
(D) produto de sucessivos processos de equilibração na apreensão de esquemas conceituais.
(E) processo complexo de interações com o objeto, que tem conseqüências imediatas no desenvolvimento infantil.

2. (EXAME - 2001)

Resultados de um estudo demonstraram que crianças sob tratamento quimioterápico tiveram propensão a desenvolver aversão a um sabor de sorvete específico (Mapletoff), quando este sorvete era consumido antes de cada sessão do tratamento (Bernstein, 1978). Esta aversão foi verificada em uma situação posterior em que as crianças podiam escolher entre tomar sorvete deste mesmo sabor ou brincar com um jogo. Os resultados mostraram que somente 25% das crianças que haviam tomado o sorvete nos dias em que receberam o tratamento escolheram tomar sorvete. Em contrapartida, das crianças que nunca haviam tomado aquele sorvete, ou haviam tomado o sorvete em dias em que não receberam tratamento, 75% preferiram tomar sorvete a brincar. Sobre este estudo e o processo comportamental que envolve, é possível afirmar que

(A) a aversão ao sabor do sorvete é produto de condicionamento operante, pois, durante o condicionamento, tomar sorvete (resposta) foi punido por sensações de náusea induzida pelo tratamento (conseqüência).
(B) a aversão ao sabor do sorvete é produto de condicionamento respondente (ou clássico), pois o sabor do sorvete deve ter sido associado às sensações desagradáveis de náusea induzida pelo tratamento.
(C) a aversão resultante deste processo de condicionamento é irreversível, o que significa que as crianças que a desenvolveram passarão a evitar este sabor de sorvete indefinidamente.
(D) a aversão resultante deste processo de condicionamento certamente tem relação com o sabor específico do sorvete utilizado pelos experimentadores, isto é, Mapletoff.
(E) dada a natureza do condicionamento que se estabeleceu na situação descrita, tentativas de prevenir a sua ocorrência ou de minimizar os seus efeitos são infrutíferas.

3. (EXAME - 2001)

Considere o comportamento de pressionar a barra por um rato, experimentalmente ingênuo, privado de água, submetido a um procedimento de discriminação de estímulos, em uma caixa de condicionamento operante. Neste procedimento, alternam-se aleatoriamente períodos em que a luz da caixa permanece acesa e períodos em que permanece apagada. Na primeira fase deste procedimento, quando a luz está acesa, a probabilidade de que pressionar a barra seja seguida por água é alta (reforçamento). Quando a luz encontra-se apagada, a probabilidade é nula (extinção). Na segunda fase, as luzes são invertidas, isto é, a luz acesa passa a sinalizar extinção e a luz apagada passa a sinalizar reforçamento. O gráfico abaixo mostra o número de pressões à barra na presença da luz (círculos claros) e no escuro (círculos escuros), no decorrer apenas da primeira fase do procedimento.

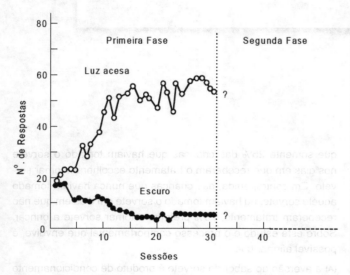

Sobre o comportamento do rato neste procedimento, pode-se afirmar que

(A) há discriminação logo no início do procedimento, pois o número de respostas na presença da luz é próximo ao número de respostas no escuro.

(B) à medida que o rato é exposto às contingências da primeira fase, o número de respostas diminui na presença da luz e aumenta no escuro, o que demonstra a discriminação de estímulos; na segunda fase, esta discriminação deve se manter.

(C) na primeira fase, a curva contendo círculos claros representa os períodos de extinção e a curva contendo círculos escuros representa os períodos de reforçamento.

(D) na segunda fase do procedimento, a inversão das luzes deverá ser acompanhada por uma modificação correspondente no comportamento do rato, isto é, ele passará a pressionar mais freqüentemente a barra quando a luz estiver apagada.

(E) com relação aos estímulos discriminativos, o comportamento do rato na segunda fase do procedimento irá se manter como na primeira, pois, apesar da inversão desses estímulos, as contingências de reforçamento e extinção permanecem inalteradas.

4. (EXAME - 2001)

No filme "Luzes da Cidade", a personagem de Charles Chaplin interage com um milionário. Quando o milionário está bêbado, a personagem de Chaplin é tratada cordialmente; no entanto, sempre que fica sóbrio, o milionário torna-se ríspido e quer expulsá-la de sua casa. Conforme resultados de estudos experimentais, este episódio ilustra a relação que o "lembrar" mantém com o contexto físico onde ocorre e com estados internos ou emocionais da pessoa. Isto significa que

(A) quanto mais semelhante for o contexto físico no qual os fatos ocorrem àquele no qual são recuperados, menor a tendência de que o "lembrar" ocorra.

(B) a memória depende do contexto físico no qual os fatos ocorrem, mas não dos estados internos ou emocionais em que são recuperados.

(C) a memória depende dos estados internos e emocionais, mas não do contexto físico no qual os fatos são recuperados.

(D) quanto mais semelhantes os estados internos em que os fatos ocorrem e são recuperados, menor a tendência a lembrar.

(E) quanto mais semelhança houver entre os estados internos ou emocionais e o contexto físico em que os fatos ocorrem e são recuperados, maior será a tendência a lembrar.

5. (EXAME - 2001)

Para Winnicott a habilidade em fazer amigos e manter a amizade está baseada, prioritariamente,

(A) na capacidade de estar só, pois requer a retenção do outro na mente.

(B) na experiência da mutualidade, pois utiliza-se das identificações cruzadas.

(C) na capacidade para estar com o outro, pois depende do espaço transicional.

(D) nas experiências da desilusão que facilitam a progressiva separação da mãe.

(E) no sentimento de self que se refere à capacidade de ver o conjunto dos objetos.

6. (EXAME - 2001)

Em O mito do amor materno (1980), Elisabeth Badinter considera que, sob uma perspectiva histórica, este amor nem sempre existiu em todas as sociedades e variou também em relação à linha do tempo. A partir do final do século XVIII, houve todo um trabalho na direção de promover o estreitamento dos laços afetivos entre mãe e filho. Considerando a importância deste tema nas teorias de personalidade, pode-se dizer que:

I. Estudos atuais indicam que a continuidade da relação simbiótica mãe-filho faz bem para a saúde psíquica da criança.

II. O amor materno tem como função primordial libidinizar o corpo do filho, ou seja, permitir que o "corpo carne" aceda ao estatuto de "corpo erógeno".

III. O primeiro objeto de amor, tanto dos meninos como das meninas, é a figura materna.

Está correto o que se afirma em

(A) I, II e III.
(B) II e III, somente.
(C) I e III, somente.
(D) I e II, somente.
(E) III, somente.

7. (EXAME - 2001)

Várias teorias de personalidade incluem em seus fundamentos a noção de que há no ser humano uma tendência para o crescimento, para o desenvolvimento, para a realização de potencialidades. Esta noção tem recebido denominações como: auto-realização, auto-regulação e auto-atualização. O autor que NÃO emprega esse postulado na construção de sua abordagem é

(A) Maslow.
(B) Reich.
(C) Freud.
(D) Perls.
(E) Rogers.

8. (EXAME - 2001)

De acordo com a teoria de personalidade elaborada por Jung,

(A) o inconsciente coletivo designa o substrato mais profundo, que contém os fundamentos comuns a todos os homens.
(B) o termo libido é empregado para indicar a energia psíquica de origem sexual.
(C) o processo de individuação refere-se ao mais completo desenvolvimento do individualismo.
(D) os arquétipos são imagens e idéias inatas.
(E) os sonhos expressam idéias e imagens que se referem às experiências recalcadas do indivíduo.

9. (EXAME - 2001)

Na esfera da sexualidade humana, para a posição freudiana, a orientação homossexual

(A) indica um desvio da normalidade, pois o objeto natural da pulsão é heterossexual.
(B) indica um desvio da normalidade, pois o objeto da pulsão possui determinação biológica.
(C) é mais uma orientação possível, pois o objeto da pulsão possui determinação biológica.
(D) é mais uma orientação possível, pois a pulsão não possui objeto pré-determinado.
(E) indica um desvio da normalidade, pois o objeto da pulsão possui determinação histórica e não biológica.

10. (EXAME - 2001)

Vygotski analisa a relação entre aprendizagem e desenvolvimento. O autor considera que a melhor definição para esta relação é:

(A) aprendizagem e desenvolvimento são processos independentes, que ocorrem em paralelo, ou seja, aprendizagem não participa ativamente no processo de desenvolvimento da criança.

(B) aprendizagem e desenvolvimento são processos absolutamente dependentes, isto é, aprendizagem é desenvolvimento.
(C) aprendizagem e desenvolvimento são processos ora dependentes, ora independentes, o que implica uma teoria dualista de desenvolvimento infantil.
(D) o processo de desenvolvimento é posterior ao processo de aprendizagem, não havendo qualquer relação desses processos com a área de desenvolvimento potencial da criança.
(E) o processo de desenvolvimento não coincide com o processo de aprendizagem; o processo de desenvolvimento segue o processo de aprendizagem, criando a área de desenvolvimento potencial.

11. (EXAME - 2001)

Imagine que Cássio esteja chegando a uma festa um tanto peculiar ...

I. Logo na entrada, um homem altivo vai para a sua direção e se apresenta como Napoleão Bonaparte, o grande conquistador. Cássio ouve, faz menção de continuar seu caminho, pensando ser uma brincadeira. Num certo momento, "Napoleão" dá ordens imediatas de invasão, por via marítima, ao seu subordinado. Só ele era capaz de vê-lo e ouvi-lo. Todo o seu relato é da ordem da certeza.

II. Mais adiante, Cássio pensa ter visto e ouvido Sílvia, respira fundo e aproxima-se: dela, só havia um cabelo parecido!

III. Próximo à caixa de som, Cássio encontra Joaquina, chorando e falando que João acabara de lhe dizer adeus! Maria, que não conhecia nenhum dos dois, ao ouvir a conversa, passa a chorar copiosamente.

IV. Foi demais, tudo aquilo era muita loucura! Restou à Cássio tirar, cuidadosamente, do seu fraque, o copo e os talheres para beber e comer algo, sem que germes pudessem contaminá-lo. É claro que ficaria num cantinho da sala, observando a dança, o movimento das pessoas ...

Considerando-se:

M = Neurose obsessivo-compulsiva

N = Neurose histérica

R = Psicose: delírio e alucinações visuais e auditivas

S = Neurose: delírio e alucinações visuais e auditivas

T = Neurose: ilusão visual e auditiva

X = Psicose: ilusão visual e auditiva

Estabeleça a correspondência correta entre sinais sintomáticos e estruturas psicológicas acompanhadas, eventualmente, de correspondentes distúrbios perceptivos.

(A) I-M; II-N; III-S; IV-X
(B) I-X; II-R; III-N; IV-M
(C) I-R; II-T; III-M; IV-N
(D) I-R; II-T; III-N; IV-M
(E) I-X; II-R; III-X; IV-S

12. (EXAME - 2001)

Na literatura e na filmografia contemporâneas, a presença do humano que se revela um robô atesta o reconhecimento de um tipo de personalidade cada vez mais freqüente em nossa cultura. Trata-se de uma pessoa cuja característica principal, segundo Winnicott, é a alienação "do mundo subjetivo e da abordagem criativa dos fatos" e, nos termos de Bion, a produção empobrecida de "elementos alfa" e exagerada de "elementos beta". Esse tipo de personalidade, em Psicopatologia Psicanalítica, é denominada

(A) normótica.

(B) falso-self.

(C) melancólica.

(D) esquizóide.

(E) perversa.

13. (EXAME - 2001)

A técnica de *biofeedback* permite que uma pessoa aprenda a controlar respostas fisiológicas como ondas cerebrais, pressão sangüínea, contrações do esfíncter etc. Sinais fisiológicos captados por meio de eletrodos são amplificados, convertidos em estímulos sonoros ou visuais e, então, apresentados à pessoa como conseqüência da resposta fisiológica que se pretende modificar. Por exemplo, um equipamento de *biofeedback* pode registrar a freqüência cardíaca de uma pessoa e apresentar as mensagens "freqüência cardíaca adequada" e "freqüência cardíaca inadequada" como conseqüência da faixa de freqüência cardíaca mantida.

Utilizando o equipamento de *biofeedback* acima exemplificado, um psicólogo deve estabelecer contingências que ensinem o seu paciente a manter predominantemente baixa a freqüência cardíaca.

Analisando-se as seguintes contingências:

I. apresentar as frases "freqüência cardíaca adequada" e "freqüência cardíaca inadequada", contingentemente à ocorrência de baixas e altas freqüências cardíacas, respectivamente.

II. apresentar somente a frase "freqüência cardíaca inadequada" contingentemente à manutenção de freqüências cardíacas altas; a ocorrência de baixas freqüências cardíacas não tem conseqüência programada.

III. apresentar somente a frase "freqüência cardíaca adequada" contingentemente à manutenção de freqüências cardíacas baixas; a ocorrência de freqüências cardíacas altas não tem conseqüência programada.

Promove os resultados esperados

(A) I, somente.

(B) II, somente.

(C) III, somente.

(D) I e III, somente.

(E) I, II e III.

14. (EXAME - 2001)

Em um atendimento clínico, um ex-usuário de droga diz: "A primeira vez que eu usei maconha foi numa roda de três amigos. Na época, eu tinha 19 anos. Todos os dias nos reuníamos para ouvir música e fumar. Com o passar do tempo, parecia que a erva ia se enfraquecendo, pois eram necessários mais baseados para fazer o mesmo efeito. Cheguei numa época a fumar 5 baseados por noite, geralmente antes de dormir, para relaxar numa boa."

Nesse relato, o paciente descreve que, ao longo de administrações repetidas, os efeitos da droga não se mantêm constantes. Este fato caracteriza, em Psicofarmacologia:

(A) independência da droga.

(B) abuso de droga.

(C) tolerância à droga.

(D) sensibilização à droga.

(E) síndrome de abstinência.

15. (EXAME - 2001)

Face à dor psíquica, o homem é capaz, por exemplo, de criar uma neurose, uma psicose, uma doença psicossomática. Considerando que tais criações expressam uma psique em conflito, do ponto de vista da função defensiva, pode-se afirmar que:

(A) ao contrário das invenções neuróticas e psicóticas, as manifestações psicossomáticas servem à proteção do ego e da vida instintiva.

(B) ao contrário das invenções neuróticas e psicóticas, as manifestações psicossomáticas não servem, nem à proteção do ego, nem a da vida instintiva.

(C) assim como ocorre na neurose, mas não na psicose, nas manifestações psicossomáticas cria-se uma dinâmica de proteção à vida instintiva.

(D) assim como ocorre na psicose, mas não na neurose, nas manifestações psicossomáticas cria-se uma dinâmica de proteção ao ego.

(E) tanto quanto as invenções neuróticas e as criações psicóticas, as manifestações psicossomáticas servem à proteção integral da vida do indivíduo.

16. (EXAME - 2001)

As representações sociais são formas de conhecimento prático que circulam no dia-a-dia e são orientadas para a comunicação, a compreensão e o domínio do ambiente social, material e simbólico. Tendo em vista essa definição, pode-se afirmar que representação social é

(A) conceito fundamental para a compreensão dos modos de significar os saberes psicológicos pelo indivíduo comum.

(B) conceito útil para a psicologia social mas não para a psicologia clínica.

(C) forma de conhecimento que deve ser corrigida pelo conhecimento científico em todas as áreas.

(D) conhecimento que desconsidera o senso comum e enfatiza o saber científico.

(E) conhecimento cujo conteúdo independe das diferenças sócio-culturais.

17. (EXAME - 2001)

O preconceito pode ser caracterizado como

(A) reação natural do indivíduo aos objetos que lhe causam estranheza.

(B) ação racional do indivíduo, destituída de afeto, frente à diversidade dos objetos culturais.

(C) manifestação individual independente do processo de socialização.

(D) resultante das dificuldades do indivíduo em experienciar e refletir sua relação com a cultura.

(E) manifestação da autonomia da consciência do indivíduo em relação à cultura.

18. (EXAME - 2001)

Segundo Pichon-Rivière, grupo operativo é um conjunto de pessoas com uma tarefa comum, a qual se procura abordar operando como equipe. Nesta proposta,

(A) o grau de eficiência da equipe depende de sua capacidade de excluir, na execução da tarefa, aspectos subjetivos de seus integrantes.

(B) parte-se do Esquema Conceitual Referencial e Operativo (ECRO) individual para construir um ECRO grupal, facilitando, assim, a ação coletiva.

(C) os propósitos, os problemas, os recursos e os conflitos do grupo devem ser estudados fora da relação com a tarefa.

(D) os contextos privilegiados para a aplicação de grupos operativos são as organizações de produção de bens de consumo.

(E) busca-se definir e fixar os ECROs (individual egrupal) para uma consecução eficiente da tarefa.

19. (EXAME - 2001)

Considere as afirmações abaixo relativas a grupos e instituições.

I. O trabalho em grupo no qual os indivíduos têm autonomia e controle sobre as tarefas facilita a atividade criativa e os habilita a resolver imprevistos.

II. Os problemas de comunicação em instituições nas quais a estrutura organizacional é piramidal têm relação com a centralização de informação.

III. Conflito interpessoal e competição são fenômenos observados em organizações hierarquizadas, mas não em instituições com gestão democrática e estrutura não piramidal.

SOMENTE está correto o que se afirma em

(A) I

(B) II

(C) III

(D) I e II

(E) II e III

20. (EXAME - 2001)

A inclusão do deficiente na sociedade demanda diferentes ações, destacando-se o sistema de apoio da comunidade à pessoa com deficiência. Segundo Amaral (1995): "esse sistema consiste no planejamento de ações que visem eliminar e redimensionar os obstáculos ao acesso dos deficientes à comunidade social". Fariam parte deste planejamento, portanto, as seguintes ações:

(A) investimento em reabilitação / habilitação, justificação da segregação, práticas assistencialistas, reciclagem profissional e legislação.

(B) legislação, investimento em reabilitação/habilitação, fortalecimento do estigma social, reciclagem profissional e redução da distância física.

(C) eliminação de obstáculos arquitetônicos, construção de novos prédios, abertura de novos postos de trabalho, incentivo à ocupação e oficinas ocupacionais específicas ao deficiente.

(D) enfrentamento de barreiras atitudinais, legislação, práticas assistencialistas, duplicação de postos de trabalho e abertura de espaços abrigados.

(E) legislação, investimento em reabilitação/habilitação, eliminação de obstáculos arquitetônicos, reciclagem profissional e enfrentamento de barreiras atitudinais.

21. (EXAME - 2001)

Historicamente, o Behaviorismo Metodológico proposto por J. B. Watson (1879 – 1958) foi seguido pelo Behaviorismo Radical de B. F. Skinner (1904 – 1990). Sobre o Behaviorismo Metodológico e o Behaviorismo Radical, é INCORRETO afirmar:

(A) o Behaviorismo Radical, nos termos da Psicologia, contrapõe-se ao Behaviorismo Metodológico no que se refere à concepção dualista corpo-mente.

(B) metodologicamente, o Behaviorismo Radical privilegia a análise comportamental de cada organismo individualmente, enquanto que o Behaviorismo Metodológico privilegia as comparações entre diferentes organismos.

(C) para Watson, o comportamento dos organismos deriva de uma infinidade de relações reflexas mecanicamente estabelecidas com o meio ambiente.

(D) o Behaviorismo Radical insiste na verdade por consenso como critério de validade científica e nega o mundo privado do indivíduo tais como sentimentos, pensamentos etc.

(E) para Skinner, o comportamento é produto de contingências estabelecidas nos níveis filogenético, ontogenético e cultural.

22. (EXAME - 2001)

Na história da Psicologia, observam-se muitas correntes ou escolas psicológicas que definiram diferentemente o objeto e o método da Psicologia enquanto ciência. Dentre essas correntes, pode-se dizer que apenas uma abalou a concepção das condições e dos limites de um saber científico, concebendo de uma maneira nova o conhecimento psicológico. Propunha a compreensão das condutas segundo sua lei de organização interna. Tal escola ficou conhecida como

(A) Behaviorismo.

(B) Psicologia da Gestalt.

(C) Funcionalismo.

(D) Estruturalismo.

(E) Psicologia Comparativa.

23. (EXAME - 2001)

Um plano alternativo para o tratamento de indivíduos psiquiatrizados deve considerar que as principais críticas dirigidas à instituição psiquiátrica, desde o fim do século XIX até meados do século XX (isto é, de Bernheim a Laing ou a Basaglia), atingiram radicalmente:

(A) o saber médico e a verdade daquilo que dizia sobre as doenças, mais que o poder disciplinar que tornava os corpos dos internos dóceis politicamente.

(B) a maneira pela qual o poder pessoal do médico estava implicado nas formas de domesticação do doente.

(C) a maneira pela qual a verdade daquilo que o médico dizia sobre a doença estava comprometida pelo asilo no qual se internava o doente.

(D) o poder disciplinar e o efeito que produzia sobre os corpos e mentes dos internos nos asilos, mais ainda que o saber médico sobre as doenças.

(E) a maneira pela qual o poder do médico estava implicado na verdade daquilo que dizia, assim como, a maneira pela qual a verdade podia ser fabricada e comprometida pelo seu poder.

24. (EXAME - 2001)

Jean Piaget elaborou um método de investigação do desenvolvimento infantil denominado método clínico experimental. Este método consiste basicamente em

(A) estudo detalhado e sistemático da personalidade da criança, analisando as etapas de desenvolvimento infantil: período sensório-motor, pré-operatório e operatório.

(B) um estudo preliminar da lógica infantil, possibilitando a divisão do desenvolvimento em etapas, a saber: pré-operatória, operatória concreta e formal.

(C) estudo detalhado e sistemático da percepção e da lógica infantis com especial destaque ao processo de equilibração.

(D) conjunto de provas e testes de mensuração da inteligência infantil, com objetivo de classificar as crianças em diferentes grupos: sensório-motor, préoperatório, operatório concreto e operatório formal.

(E) conjunto de provas classificatórias e operatórias de avaliação de desempenho da criança para atender as demandas educacionais.

25. (EXAME - 2001)

Dois desenhos da figura humana e as respostas do inquérito obtidos em um estudo de caso de uma menina de 9 anos foram enviados a 100 psicólogos clínicos. Solicitou-se a cada profissional uma avaliação da personalidade da menina. As respostas obtidas revelaram que:

I. A avaliação de características isoladas dos desenhos demonstra pouca coerência na interpretação.

II. A avaliação dos traços globais, aliada à análise do inquérito, indicou resultados bastante semelhantes entre os juízes.

III. Numa repetição do procedimento com a menina, após duas semanas, seu material gráfico e as respostas ao inquérito foram semelhantes aos resultados anteriores.

Considerando-se:

M – Baixa Validade dos traços isolados

N – Baixa Precisão dos traços isolados

O – Boa Validade Global

P – Boa Precisão Global

Q – Boa Validade do Instrumento

R – Boa Precisão do Instrumento

Estabeleça a correspondência correta entre os resultados obtidos na pesquisa e os índices de confiabilidade de um teste: validade e precisão.

(A) I-M; II-O; III-R

(B) I-N; II-P; III-R

(C) I-M; II-P; III-R

(D) I-N; II-O; III-Q

(E) I-N; II-O; III-R

26. (EXAME - 2001)

A entrevista psicológica, na abordagem fenomenológico-existencial,

(A) é sinônimo de anamnese como em todas as abordagens clínico-psicológicas.

(B) é concebida como uma situação de encontro pautada pela dialogicidade.

(C) serve ao psicodiagnóstico mas não é apropriada para pesquisa e psicoterapia.

(D) baseia-se em regras e indicações práticas que dispensam a teorização.

(E) prioriza o conteúdo da comunicação verbal do entrevistado em detrimento de suas atitudes, sentimentos e conduta.

27. (EXAME - 2001)

A abordagem fenomenológica, em Psicologia, caracterizase pela:

(A) elaboração de instrumentos e procedimentos cuja finalidade é o conhecimento do ser humano na sua totalidade, convertendo-se em leis e teorias.

(B) elaboração de métodos de intervenção e seus contínuos ajustes para que o sujeito conviva, da melhor maneira possível, com o mal-estar característico do ser humano, cuja erradicação é da ordem do impossível.

(C) concepção de causalidade segundo a qual se busca analisar as multideterminações dos fenômenos psíquicos, de maneira a apostar na eliminação dos focos de sofrimento humano.

(D) busca incessante da apreensão da experiência, seus significados e valores, irredutível a esquemas explicativos formais e generalizantes.

(E) elaboração de instrumentos e procedimentos de observação do comportamento humano, cuja finalidade é o autoconhecimento movido pela esperança do sujeito na sua capacidade estética e criativa.

28. (EXAME - 2001)

Na literatura sobre metodologia de pesquisa qualitativa em Psicologia Social, a entrevista não-diretiva é uma técnica que flexibiliza o relacionamento pesquisador-pesquisado, se considerarmos que incorpora certas contribuições técnicas da Psicanálise, tais como:

(A) princípio da atenção flutuante e interpretação da transferência.

(B) princípio da atenção flutuante e empatia.

(C) regra da livre associação e princípio da atenção flutuante.

(D) regra da livre associação e atenção às identificações projetivas.

(E) regra da livre associação e holding.

29. (EXAME - 2001)

Na pesquisa qualitativa, são modalidades de investigação frequentes:

(A) pesquisa participante, pesquisa-ação, estudo de caso, história de vida.

(B) pesquisa-ação, pesquisa experimental, survey, história de vida.

(C) análise fatorial, estudo de caso, observação participante, questionário.

(D) escala, estudo de caso etnográfico, pesquisa-ação, pesquisa intervenção.

(E) pesquisa colaborativa, pesquisa participante, pesquisa experimental, observação controlada.

30. (EXAME - 2001)

Considerando-se a pesquisa qualitativa em Psicologia Social, pode-se afirmar que:

I. Trata-se de uma modalidade de pesquisa que possibilita apreender os significados atribuídos pelo sujeito à realidade.

II. Pode ser desenvolvida mediante o emprego de entrevista aberta e observação participante.

III. As categorias de análise são construídas a partir do referencial teórico articulado ao material da pesquisa de campo.

Está correto o que se afirma em

(A) I, somente.

(B) III, somente.

(C) I e II, somente.

(D) II e III, somente.

(E) I, II e III.

31. (EXAME - 2001)

Em um estudo hipotético, o pesquisador procurou verificar se há alguma relação sistemática entre o consumo de bebidas alcoólicas por estudantes universitários e o rendimento escolar desses estudantes. Neste estudo, trabalhando com uma amostra representativa de sua população, o pesquisador registrou, para cada participante da pesquisa, a nota média obtida em disciplinas e a quantidade média de doses de álcool consumida semanalmente. Analisando os resultados, o pesquisador identificou a existência de uma clara correlação negativa entre esses dois conjuntos de eventos. O pesquisador pode concluir que:

(A) o aumento no consumo de álcool causou diminuições progressivas correspondentes no rendimento escolar dos estudantes.

(B) a diminuição progressiva do rendimento escolar dos estudantes levou-os ao consumo cada vez maior de álcool.

(C) a extrapolação desses resultados permite predizer que estudantes que consomem menor quantidade de álcool possuem melhor rendimento escolar e vice-versa.

(D) restringindo-se a quantidade de álcool que osestudantes consomem, pode-se predizer que as suas notas irão aumentar.

(E) oferecendo-se aos estudantes condições para que venham a ter notas mais altas, pode-se predizer que o consumo de álcool irá diminuir.

31. (EXAME - 2001)

No âmbito da pesquisa em psicologia deve-se considerar que:

I. as identidades dos participantes devem ser protegidas e a informação obtida não deve causarlhes qualquer transtorno ou prejuízo.

II. os participantes devem ser esclarecidos sobre os objetivos, riscos e benefícios da investigação.

III. o pesquisador deve ser claro e explícito no que diz respeito aos termos do acordo com os participantes da pesquisa.

Trata-se do aspecto

(A) teórico.

(B) psicológico.

(C) conceitual.

(D) ético.

(E) epistemológico.

32. (EXAME - 2001)

Em "O Primo Basílio" (1878), de Eça de Queirós, a personagem Luísa evoca características típicas da histeria. Casada com Jorge, apaixona-se pelo primo Basílio, vivendo um triângulo amoroso, cujo final será trágico. Na clínica psicológica contemporânea, a dinâmica histérica, à semelhança do caso Luísa, continua ocupando um lugar de destaque. Considere as afirmações abaixo.

I. A questão da "falta" é central e insuportável para a histérica, que pode passar a buscar, de maneira privilegiada pela via do amor, um parceiro que a complete.

II. O tema do adultério gira em torno de dois pólos amorosos – no caso, Jorge e Basílio – uma vez que a clivagem é um mecanismo típico da histeria.

III. Descoberto o adultério, "Luísa (...) ao ouvir a voz dele (do marido) desmaiou outra vez. Movimentos convulsivos sacudiam-lhe o corpo (Queirós p.310)". O sintoma conversivo de Luísa foi a maneira possível de exprimir, por via corporal, uma palavra que não havia podido ser dita.

IV. O adultério pode ser uma saída, quase sempre ilusória, frente à insatisfação sintomática da histérica.

V. Luísa, como uma histérica, sentia-se perseguida por Jorge, seu marido, e por isto acabou cometendo o adultério.

Tendo como parâmetro a estrutura clínica da histeria, está correto o que se afirma em

(A) I, II e III, somente.

(B) I, III e IV, somente.

(C) III e IV, somente.

(D) I, II e V, somente.

(E) I, II, III, IV e V.

33. (EXAME - 2001)

O estudo da relação saúde mental e trabalho tem sido desenvolvido a partir de várias perspectivas teórico-metodológicas.

É pertinente ao estudo dessa relação, na perspectiva psicanalítica,

(A) o estudo de processos psíquicos, dentre eles, as defesas coletivas construídas pelos trabalhadores para enfrentar o sofrimento mental decorrente da organização do trabalho.

(B) a avaliação de efeitos neuropsicológicos conseqüentes à exposição a produtos químicos no ambiente de trabalho.

(C) o emprego de escalas para a aferição de níveis de stress em populações de trabalhadores.

(D) o dimensionamento da presença de doenças psicossomáticas (como as alterações cardiovasculares) e de alterações comportamentais em populações específicas de trabalhadores.

(E) observação do ambiente de trabalho para identificar possíveis fatores de risco de ocorrência de acidentes.

35. (EXAME - 2001)

O psicólogo é chamado a uma escola de ensino fundamental, em função de problemas de indisciplina em uma quinta série. A partir desta demanda, baseado em concepções recentes de Psicologia Escolar que consideram como fundamental a análise da constituição da queixa escolar, na sua dimensão institucional, o profissional deverá atuar

(A) de maneira individual, ouvindo cada aluno, avaliando-o particularmente para buscar em aspectos de sua personalidade as causas do comportamento da indisciplina.

(B) como interlocutor qualificado, levantando diferentes versões sobre as questões escolares com pais, educadores e alunos, discutindo com tais protagonistas as possibilidades de intervenção.

(C) de maneira tão somente grupal, reunindo os alunos indisciplinados e realizando sessões terapêuticas em grupo, tendo a indisciplina como tema.

(D) como psicoterapeuta, encaminhando os alunos indisciplinados para atendimento em psicoterapia individual e grupal fora do ambiente escolar.

(E) como educador, organizando um ciclo de pelo menos três palestras com pais e professores sobre indisciplina escolar.

36. (EXAME - 2001)

Na orientação profissional é possível identificar duas grandes modalidades: a estatística e a clínica. Ao compará-las, pode-se afirmar que:

(A) a modalidade estatística entende que a satisfação profissional depende do interesse do indivíduo pela área que escolhe, enquanto que na clínica o vínculo com a ocupação escolhida é explicativo do prazer em relação à profissão.

(B) ambas consideram que cada profissão requer aptidões específicas, definíveis a priori e mensuráveis.

(C) a modalidade estatística pressupõe que aquele que escolhe está em condições de chegar a uma decisão por si mesmo, enquanto que a clínica considera que, mesmo elaborando conflitos e ansiedades, o indivíduo não é capaz de decidir por si mesmo.

(D) ambas consideram que o psicólogo deve desempenhar um papel ativo no processo de orientação profissional, aconselhando o indivíduo a fim de diminuir a ansiedade.

(E) para ambas, os testes psicológicos são instrumentos fundamentais no processo de orientação profissional, sendo que na modalidade clínica acresce-se o emprego da entrevista.

37. (EXAME - 2001)

Paulo Sérgio cursa a 2ª série do Ensino Fundamental e está com dez anos de idade, tendo iniciado sua escolaridade aos sete anos. Segundo a coordenadora pedagógica, o aluno apresenta dificuldades para aprender, escreve lentamente e demonstra desinteresse pelas atividades em sala de aula. Sua família é de baixa renda, os pais são semi-analfabetos e pouco participam da vida escolar do filho.

Vários encaminhamentos seriam possíveis para esse caso, dependendo da abordagem teórico-metodológica adotada. Portanto, é correto afirmar que:

(A) de acordo com uma abordagem psicométrica, devese realizar anamnese com os pais do aluno, pois este é um instrumento suficiente para compreender os problemas de escolarização.

(B) segundo a orientação clínica, deve-se realizar uma intervenção institucional com a finalidade de resolver a problemática existente na escola.

(C) segundo a abordagem psicopedagógica, deve-se realizar uma bateria de testes de medida para diagnosticar as causas da problemática existente na escola.

(D) de acordo com a abordagem psicométrica, deve-se atender o aluno em psicoterapia a fim de solucionar o problema escolar.

(E) segundo uma perspectiva crítica, deve-se considerar a história escolar do aluno, compreendendo os bastidores institucionais que produziram o encaminhamento.

38. (EXAME - 2001)

Um serviço de atendimento psicológico, em forma de plantão,

(A) só é possível se se restringir ao atendimento dos casos mais graves.

(B) prescinde de delimitação de tempo e de espaço sistemáticos para sua ocorrência.

(C) deve se constituir em ponto de referência para algum momento de necessidade da clientela.

(D) prioriza a avaliação da adequação da clientela às modalidades de serviço oferecidas.

(E) só tem condições de ser praticado nas instituições hospitalares.

39. (EXAME - 2001)

O gerente de uma grande rede de supermercados tem os seguintes problemas com os funcionários que trabalham nos caixas: alto grau de insatisfação com o trabalho, queixas de dores nos pulsos, ombros e cotovelos. Além disso, cometem muitos erros no fechamento do caixa. Considerando-se que o contexto organizacional interfere no desempenho e no bem estar dos indivíduos, como psicólogo, você sugeriria:

(A) redefinir, no perfil ocupacional, as características de personalidade adequadas para o exercício da função de caixa.

(B) modificar os procedimentos de recrutamento e as técnicas utilizadas para a seleção de caixas.

(C) promover programas de treinamento técnico para os caixas.

(D) realizar análise da organização do trabalho e da política de recursos humanos.

(E) rever os programas de benefícios e os critérios de progresso na carreira dos caixas na organização.

40. (EXAME - 2001)

Ofélia , uma mulher de 30 anos, solteira, morando com os pais, busca um serviço de atendimento psicológico devido a sua obesidade. Está com 120 kilos, passa o dia assistindo TV e comendo, não tendo vontade de falar com as pessoas. Estas informações foram obtidas com dificuldade pois, no contato com a psicóloga, insistia em permanecer silenciosa. Considerando este caso, é INCORRETO afirmar que:

(A) em uma terapia comportamental, o sintoma da obesidade é tratado como foco do trabalho: cliente e terapeuta, após a compreensão do problema – análise dos padrões de comportamento que levam a obesidade – decidem metas terapêuticas específicas, de modo que possam saber quando ela é atingida.

(B) em uma terapia comportamental, o sintoma da obesidade é tratado com técnicas de condicionamento e reforço, de modo que as representações inconscientes, relacionadas ao seu mundo imaginário, tornem-se conscientes.

(C) em um trabalho psicanalítico, a obesidade é considerada uma metáfora e, enquanto tal, ocupa o lugar de outra verdade que foi banida da consciência.

(D) segundo o referencial psicanalítico freudiano, a fragilidade da relação transferencial de Ofélia com a psicóloga pode ser explicada em termos de uma carga de libido, prioritariamente narcísica.

(E) em uma terapia comportamental, o terapeuta está interessado em ensinar, treinar e estabelecer contingências que efetivamente possam competir com aquelas relacionadas à obesidade de Ofélia.

41. (EXAME - 2001) DISCURSIVA

Você foi convocado a examinar o caso de um paciente internado na divisão de psiquiatria de um hospital. Trata-se de Saulo, um jovem de 15 anos, com inquietações típicas da adolescência, que tentou suicídio, cortando seu braço, do pulso até o cotovelo. Isso aconteceu em seguida a um acontecimento esportivo no novo colégio, quando sentiu ter decepcionado as pessoas com seu desempenho, justamente quando se esforçava para fazer amigos. Depois disso, transformou-se em um "sonhador", mudança aparentemente percebida pelos membros de sua família, embora ninguém tenha falado nada sobre o assunto com ele. Foi então que tentou suicídio e certamente morreria se não tivesse sido encontrado por um de seus irmãos. Depois de semanas internado, parecia melhor. Ficou afeiçoado aos profissionais que se interessaram por ele e que o medicaram com antidepressivos. Sua maneira sonhadora foi considerada um sinal inequívoco de depressão clínica. Depois de um mês teve alta, e logo retornou após outra tentativa séria de suicídio, que o paciente justificava por sentir que tinha envergonhado sua família com a tentativa anterior.

Deve-se notar que o contato com o paciente no hospital foi sempre surpreendente: trata-se de um jovem simpático, atlético, com uma aparência sadia, bem vestido e capaz de se conduzir como se nada fosse anormal em sua história recente, embora tivesse uma terrível cicatriz em seu braço. Era notório que os familiares de Saulo não tinham se empenhado em nenhum trabalho mental para lidar com a angústia dessa situação drástica. Os pais de Saulo eram pessoas afáveis, mas superficiais. A mãe era uma eficiente dona de casa e o pai, um profissional liberal bem sucedido. Estavam numa boa situação financeira. Não eram opressores nem cruéis e passavam bastante tempo com os três filhos, sempre envolvidos com atividades esportivas. No entanto, não eram capazes de sentar com os meninos para expressar seus sentimentos e discutir qualquer de seus problemas. Não eram pessoas dispostas à reflexão. A família, como muitas desse tipo, parecia ideal. Seu lema: "tudo vai se transformar para melhor". Eram considerados por seus amigos e vizinhos pessoas estáveis, com os pés no chão. Para todos eles, o fato de Saulo tentar se matar era inacreditável e fora dos limites do senso comum. Era algo que não poderia ser levado a sério e deveria ser qualificado como um episódio infeliz, que Saulo iria superar, pois "as pessoas fortes deixam as coisas para trás".

1. Como você compreende a crise de Saulo, isto é, quais são suas hipóteses clínicas acerca do que a motivou?

2. Segundo a linha teórico-clínica de sua escolha, qual sua proposta de encaminhamento desse caso? Justifique-a. **(Valor: 30,0 pontos)**

42. (EXAME - 2001) DISCURSIVA

Uma Organização Não Governamental recebe uma verba substancial para implementar um projeto social dirigido a jovens de baixa renda nas áreas de Saúde, Educação e Trabalho. Descrição da Comunidade:

1. a comunidade beneficiada é de aproximadamente 1 500 jovens entre 12 e 22 anos, moradores de uma favela de uma capital brasileira. Grande parte desse grupo encontra-se no Ensino Fundamental. A maioria dos jovens do sexo feminino desenvolve atividades domésticas ou em setores do comércio. Os jovens do sexo masculino trabalham em ocupações que exigem pouca profissionalização (construção civil, auxiliar de produção).

2. Os principais problemas identificados nessa comunidade com relação à faixa etária definida são: dificuldade de ingresso no mercado de trabalho mais qualificado, baixo nível de escolaridade, gravidez indesejada.

3. Equipamentos sociais: a comunidade possui, em um raio de 10 km, duas escolas públicas de Ensino Fundamental e Médio, uma creche e um centro de convivência juvenil mantidos por entidade religiosa, um posto de saúde e a sede da Sociedade de Bairro.

Como Psicólogo(a) pertencente a esta ONG, elabore uma proposta de intervenção em uma das áreas de atuação: Educação, Saúde ou trabalho. Faça-a a partir do referencial teórico de sua escolha e considere os aspectos de natureza ética nela envolvidos.

Para realizar esta tarefa, indique na proposta os seguintes elementos:

a) problema a ser trabalhado.

b) ações que serão realizadas.

c) resultados que se pretende atingir. **(Valor: 40,0 pontos)**

43. (EXAME - 2001) DISCURSIVA

A Prefeitura de uma cidade brasileira vem desenvolvendo um programa de combate à dengue. Neste combate, o controle do vetor, o mosquito *Aedes aegypti*, é feito por meio da pulverização de inseticidas nas regiões afetadas e de ações educativas (visitas domiciliares e informações nos postos de saúde, escolas etc) visando à mudança de práticas da população, tais como deixar água nos pratos de vasos de plantas ou manter descoberta a caixa d'água. Apesar dessas ações, o programa não tem tido sucesso e a prefeitura constatou que este fracasso está relacionado com a manutenção das práticas de risco por parte da população.

Você, psicólogo, é chamado para planejar uma pesquisa a fim de colher subsídios para responder à pergunta: por que não há mudança significativa nas práticas de risco? Que pesquisa você faria para atender a esta demanda? Descreva as suas etapas.

(Valor: 30,0 pontos)

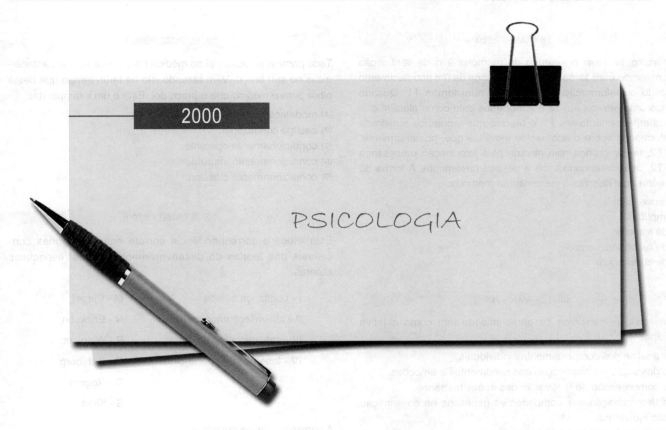

2000
PSICOLOGIA

1. (EXAME - 2000)

Estudos relacionados à metamemória, isto é, ao conhecimento que os indivíduos possuem sobre a memória, sua organização e funcionamento, têm recebido destaque nas pesquisas contemporâneas sobre memória. Qual dos estudos sumarizados abaixo é representativo desta linha de investigação?

(A) Foi comparado o desempenho de crianças de 6 a 9 anos em recordar objetos e cenas.
(B) Foi pedido a crianças de 5 anos que recordassem o nome de uma série de figuras apresentadas.
(C) Foi pedido a um grupo de crianças de 10 anos e a um de adultos que recordassem uma lista de 10 itens e as posições das peças num tabuleiro de xadrez.
(D) Foram mostradas figuras para crianças de 4 anos em duas condições. Na primeira, era dito a elas que deveriam lembrar-se das figuras mais tarde. Na segunda, era pedido apenas que olhassem as figuras.
(E) Foram apresentadas às crianças de classes de educação infantil tiras com uma série de figuras conhecidas para que dissessem qual ou quais das tiras seriam longas demais para elas lembrarem.

2. (EXAME - 2000)

Para Vygotsky as transformações ocorridas ao longo do desenvolvimento cognitivo têm como fundamento a interação social. A natureza sócio-histórica da perspectiva de Vygotsky aparece também na análise feita por ele acerca do desenvolvimento da linguagem e de sua relação com o pensamento. Assim, a respeito da linguagem, este autor afirma que:

(A) é tão-somente um meio de comunicação social.
(B) é sempre racional, tendo como função primeira a organização do pensamento e da ação.
(C) é usada inicialmente como meio de comunicação, tornando-se uma função mental interna por sua conversão em fala interior.
(D) seu aparecimento é posterior ao desenvolvimento do pensamento.
(E) seu desenvolvimento precede e prepara o desenvolvimento do pensamento.

3. (EXAME - 2000)

É fato que a criança não compreende que a relação entre o nome e a coisa a que ele se refere é arbitrária. Denomina-se realismo nominal quando ela atribui ao nome as características da coisa. Qual das situações abaixo é a expressão do realismo nominal na criança?

(A) A professora lê com a criança a frase: Papai chuta a bola. Professora (P): "O que diz aqui (papai)?" Criança (C): "Papai." P: "E aqui (bola)?" C: "Bola." P: "E aqui (a)?" C: "Não diz nada." P: "Por quê?" C: "Tem uma letra só."
(B) A professora apresenta dois cartões à criança. Num está escrito passarinho e no outro, trem. A professora pergunta onde pode estar escrito trem. A criança aponta para o cartão onde está escrito passarinho. A professora pergunta: "Por quê?" A criança: "É que o trem é mais grande."
(C) A professora apresenta um cartão para a criança escrito – AAAAAA – e pergunta: "Dá pra ler este cartão?" Criança: "Não, porque tem tudo a mesma coisa."
(D) A criança escreveu 203 no caderno. A professora pergunta: "O que você escreveu aí?" A criança responde: "Vinte e três."
(E) Passa um cachorro e a criança diz para mãe: "Au-au." A criança vê um gato e diz para a mãe: "Au-au."

04. (EXAME - 2000)

O paradigma usual no estudo da memória é o da verificação algum tempo mais tarde (T2) da lembrança de um acontecimento ocorrido ou informação apresentados num tempo T1. Quando vemos uma pessoa em T2 e lembramos dela como alguém que vimos anteriormente em T1, é preciso que tenhamos registrado a informação sobre o acontecido em T1 e que, posteriormente, em T2, tal lembrança seja ativada pela informação processada em T2, quando encontramos a pessoa novamente. A forma de memória aqui descrita é denominada memória:

(A) processual.
(B) implícita.
(C) de trabalho.
(D) de reconhecimento.
(E) de curto prazo.

05. (EXAME - 2000)

Uma teoria psicanalítica da personalidade tem como objetivo principal

(A) a análise dos comportamentos individuais.
(B) a descrição e classificação dos sentimentos e emoções.
(C) a compreensão da motivação das ações humanas.
(D) a determinação dos componentes genéticos na constituição dos indivíduos.
(E) o estudo dos aspectos psicopatológicos da personalidade.

06. (EXAME - 2000)

A teoria freudiana do desenvolvimento parte do pressuposto que:

(A) o desenvolvimento psicológico resulta da ação dos fatores culturais.
(B) os componentes genéticos são fundamentais no desenvolvimento psicológico.
(C) a hereditariedade determina o desenvolvimento psicológico.
(D) a história de vida e os componentes constitucionais determinam o desenvolvimento psicológico.
(E) as relações familiares e as leis sociais são os principais determinantes do desenvolvimento psicológico.

07. (EXAME - 2000)

As categorias centrais de análise das teorias psicanalíticas da personalidade são

(A) o recalque, o id e a identificação.
(B) o inconsciente, a pulsão e o recalque.
(C) o superego, o pré-consciente e as zonas erógenas.
(D) a personalidade, o ego e o recalque.
(E) a personalidade, o pré-consciente e a sexualidade.

08. (EXAME - 2000)

O enfoque fenomenológico da personalidade trabalha fundamentalmente com as categorias conceituais:

(A) self e desejo.
(B) experiência e self.
(C) experiência e self-ideal.
(D) consciência e defesa.
(E) consciência e self-ideal.

09. (EXAME - 2000)

Toda primavera, João vai ao médico para tomar vacinas antialérgicas no seu braço. Vem fazendo isto há tanto tempo que basta olhar para o médico que o braço dói. Este é um exemplo de:

(A) modelação.
(B) castigo condicional.
(C) condicionamento operante.
(D) condicionamento instrumental.
(E) condicionamento clássico.

10. (EXAME - 2000)

Estabeleça a correspondência correta entre categorias conceituais das teorias do desenvolvimento e seus respectivos autores.

I - confiança básica	M - Piaget
II - assimilação/acomodação	N - Erickson
III - desenvolvimento moral	P - Winnicott
IV - fase esquizo-paranóide	Q - Kohlberg
	R - Rogers
	S - Klein

A correspondência correta é:

(A) I-M; II-N; III-Q; IV-R.
(B) I-N; II-R; III-P; IV-S.
(C) I-N; II-M; III-Q; IV-S.
(D) I-Q; II-S; III-M; IV-P.
(E) I-P; II-M; III-R; IV-N.

11. (EXAME - 2000)

Quando o carro entra no túnel, uma pessoa é tomada pela sensação de estar presa e sem saída, sentindo-se sozinho e sem proteção. Palpitações são percebidas com grande intensidade, a sudorese transborda por todos os poros do corpo, entra em estado de expectativa catastrófica. Esta descrição nos leva a identificar o seguinte transtorno:

(A) crise de ansiedade aguda ou ataque de pânico.
(B) reação emocional intensa ou crise histérica.
(C) distúrbio da afetividade ou neurose de angústia.
(D) síndrome de despersonalização ou dissociação do eu.
(E) alteração da senso-percepção ou desrealização.

12. (EXAME - 2000)

Num discurso coisificado, uma pessoa queixa-se de perda de vontade, diz sentir-se como um trapo, com crises de terror e sem reação. Sente que não é mais o mesmo, que podem ler seus pensamentos, que está alienada de si. Esta descrição retrata:

(A) alteração da percepção com alucinações cenestésicas.
(B) experiência de desdobramento da realidade externa.
(C) vivência de despersonalização do processo esquizofrênico.
(D) transtorno da vontade da crise melancólica.
(E) estado de perplexidade da angústia hipocondríaca.

13. (EXAME - 2000)

Uma pessoa, após um acidente de carro que resultou na vivência traumática do falecimento do filho, e no qual sofreu apenas ferimentos leves no rosto, começa a apresentar um comportamento estranho. Parece outra pessoa, pois se apresenta impulsivo e usa um vocabulário chulo, que antes não utilizava. Está alheio ao mundo, não mais interessado nos programas que gostava de assistir, nem no seu trabalho. Apresenta-se desmotivado para a vida e deprimido. Diante deste quadro, de que podem decorrer as alterações relatadas?

(A) Todas elas, da vivência traumática da perda do filho no acidente.
(B) Todas elas, de lesão ou disfunção de determinadas regiões do cérebro em decorrência do acidente, sem a participação de qualquer vivência traumática.
(C) As cognitivas, de lesão ou disfunção de determinadas regiões do cérebro, e as de personalidade e humor, da vivência traumática.
(D) As de personalidade e humor, de lesão ou disfunção cerebral, e as cognitivas, da vivência traumática.
(E) As de personalidade, de lesão ou disfunção cerebral, e as cognitivas e de humor, da vivência traumática.

14. (EXAME - 2000)

Um pesquisador está interessado em discriminar o efeito de fatores ambientais e de fatores genéticos sobre determinado conjunto de variáveis psicológicas. Um método bastante utilizado em Psicologia para discriminar o efeito destes dois grupos de fatores é investigar o conjunto dessas variáveis psicológicas em pares de _____.

Se houver diferença entre eles em termos de uma variável psicológica, esta é atribuída a fatores _____, enquanto que as semelhanças são atribuídas a fatores _____.

Preenche corretamente as lacunas acima a opção:

(A) gêmeos univitelinos separados desde o nascimento e criados em ambientes diferentes / ambientais / genéticos.
(B) gêmeos univitelinos separados desde o nascimento e criados em ambientes diferentes / genéticos / ambientais.
(C) gêmeos univitelinos criados juntos em um mesmo ambiente / ambientais / genéticos.
(D) irmãos, gêmeos ou não, criados juntos em um mesmo ambiente / genéticos / ambientais.
(E) irmãos, gêmeos ou não, criados separados em ambientes diferentes / genéticos / ambientais.

15. (EXAME - 2000)

Em uma sociedade sempre surgem movimentos que objetivam romper com as regras institucionalizadas, como por exemplo os movimentos hippie, punk, etc.Verifica-se, após algum tempo, que a sociedade incorpora alguns aspectos de tais movimentos. Isto acontece porque, ao institucionalizar essas novas regras, a sociedade

(A) encontra-se identificada com o novo.
(B) procura eliminar a ameaça do novo.
(C) está valorizando o novo.
(D) está idealizando o novo.
(E) está aceitando o novo.

16. (EXAME - 2000)

Há décadas atrás, atividades infantis, tais como as brincadeiras de rua com os pares, tiveram um papel importante na formação da subjetividade infantil. Hoje, a televisão também pode ser considerada como um elemento importante de formação dessa subjetividade. Daí, pode-se afirmar que as crianças de hoje

(A) só podem ser compreendidas a partir da especificidade histórico-cultural da época contemporânea.
(B) são incapazes de se contrapor à influência da televisão.
(C) são mais agressivas que as de antigamente por conta da influência da televisão.
(D) são tão independentes e inteligentes quanto as de 40 anos atrás.
(E) se desenvolvem sob influências mais negativas que as de antigamente.

17. (EXAME - 2000)

Vestuário, ornamentos, calçados e outros itens que compõem a moda jovem apresentam-se como um dispositivo de identificação para adolescentes porque:

(A) dificultam a conjunção entre personalidade e cultura.
(B) traduzem necessidades importantes nos dias de hoje.
(C) mascaram a expressão da singularidade de cada adolescente.
(D) são símbolos através dos quais os adolescentes se inserem numa cultura coletiva.
(E) são aspectos pelos quais os jovens se sentem seduzidos.

18. (EXAME - 2000)

A contribuição de Kurt Lewin para a Psicologia Social expressa uma abordagem particular sobre a dinâmica grupal. A inovação de Lewin, criada nos experimentos com pequenos grupos, caracteriza-se pela utilização

(A) da dissonância cognitiva interferindo na coesão grupal.
(B) da reflexão do espaço grupal na dinâmica do inconsciente.
(C) da dinâmica do espaço topológico e dos sistemas de forças no grupo.
(D) da existência do grupo como mediador necessário entre indivíduo e sociedade.
(E) do grupo como dispositivo socioanalítico.

19. (EXAME - 2000)

A história da Psicologia Social na América Latina nos informa sobre a crise dos paradigmas teóricos no final dos anos 70. No Brasil, psicólogos sociais, fundamentados no materialismo histórico, lançaram críticas contundentes às concepções socioculturais e à neutralidade da ciência defendidas pelos pesquisadores inspirados na Psicologia Social norte-americana. Fazem parte desta proposta crítica:

I. o ideal democrático do humanismo liberal;
II. a concepção do indivíduo concreto como manifestação da totalidade histórico-social;
III. a concepção do indivíduo como produto das determinações econômicas.

Está(ão) correto(s):

(A) I apenas.
(B) I e II apenas.
(C) I e III apenas.
(D) II e III apenas.
(E) I, II e III.

20. (EXAME - 2000)

Nos laudos psicológicos dos chamados "menores infratores" das classes populares, encontramos, com freqüência, no que diz respeito à análise do grupo familiar, a denominação "família desestruturada". Esta avaliação, que concebe a família nuclear burguesa como modelo universal de socialização, contribui para a:

(A) prática de uma postura humanística universal.
(B) conscientização do psicólogo frente às características psicológicas específicas das classes sociais.
(C) patologização do cotidiano das classes populares e a produção de estigmas.
(D) valorização das diferenças naturais de culturas específicas.
(E) desqualificação da família burguesa como espaço de formação ética.

21. (EXAME - 2000)

A História da Psicologia revela uma ampla diversidade de abordagens teóricas que se reflete nas diferentes definições do seu objeto de investigação no interior dos grandes sistemas. A esse respeito, é correto afirmar que:

(A) no surgimento da Psicologia seu objeto de estudo é a consciência, substituído, com o advento do Behaviorismo, pelo comportamento, único objeto na atualidade.
(B) do final do século XIX aos dias de hoje, os processos mentais têm sido o único objeto de estudo da Psicologia, dividindose em consciência e inconsciente.
(C) a abordagem mentalista, característica da Psicologia na ocasião de seu surgimento, cede lugar ao estudo do condicionamento, nas vertentes teóricas do Behaviorismo e do Gestaltismo.
(D) o objeto de estudo da Psicologia é atualmente o comportamento, e o estudo da mente caracteriza apenas a Psicologia do século XIX.
(E) o Behaviorismo opera uma crítica radical da Psicologia da consciência em favor do estudo do comportamento, mantendo- se a importância da investigação dos processos mentais na contemporaneidade.

22. (EXAME - 2000)

O projeto epistemológico da Psicologia realiza-se através da busca de leis gerais e princípios invariantes dos processos psicológicos. No caso do Behaviorismo e do Gestaltismo, são eles, respectivamente:

(A) associação e reforço / boa forma e equilíbrio.
(B) punição e motivação / figura e fundo.
(C) condicionamento / elementarismo.
(D) totalidade / isomorfismo.
(E) hábito / associação.

23. (EXAME - 2000)

A entrevista estruturada se caracteriza fundamentalmente por

(A) ser realizada numa situação estruturada.
(B) ser utilizada como procedimento preferencial na área de recursos humanos.
(C) obedecer a um controle severo do tempo de início e término da entrevista.
(D) supor o estabelecimento prévio de um roteiro com perguntas.
(E) possibilitar que o entrevistado responda às perguntas por escrito.

24. (EXAME - 2000)

A observação exploratória ou naturalística pressupõe que o pesquisador:

(A) programe anteriormente todos os elementos a serem observados.
(B) discrimine os aspectos subjetivos da vivência dos sujeitos.
(C) se insira na situação, procurando apreender os aspectos relevantes nela presentes.
(D) faça um registro contínuo de tudo o que está acontecendo.
(E) estabeleça um gráfico com os aspectos a serem observados.

25. (EXAME - 2000)

O parâmetro básico da qualidade de um teste psicológico se chama validade. Entre as opções apresentadas a seguir, **NÃO** constitui um tipo de validade considerada em testes psicológicos a

(A) concorrente.
(B) recorrente.
(C) preditiva.
(D) de construto.
(E) de conteúdo.

26. (EXAME - 2000)

O questionário constitui uma técnica de coleta de informação de dados psicológicos que

(A) é utilizado sobretudo em pesquisas experimentais.
(B) é mais vantajoso do que a entrevista quando se quer atingir um número pequeno de sujeitos.
(C) consiste em levantar o que as pessoas fazem e pensam.
(D) visa primordialmente a identificar relações causais entre variáveis comportamentais e processos mentais.
(E) evita, ao máximo, as opiniões subjetivas dos respondentes.

27. (EXAME - 2000)

Toda e qualquer pesquisa empírica utiliza a:

(A) experimentação.
(B) observação de eventos.
(C) correlação de variáveis.
(D) manipulação de variáveis.
(E) participação.

28. (EXAME - 2000)

A pesquisa qualitativa busca:

(A) relações de causa e efeito.
(B) leis e explicações gerais.
(C) análise de significados.
(D) verificação de regularidades.
(E) controle dos fenômenos observados.

29. (EXAME - 2000)

O objetivo **fundamental** da pesquisa participante é:

(A) desenvolver laços de identidade entre os membros de uma coletividade.
(B) desenvolver habilidades e aptidões sociais nos membros de uma coletividade.
(C) transmitir conhecimentos qualitativos que ajudem uma coletividade.
(D) elaborar conhecimentos sobre a realidade de uma coletividade redefinindo a relação pesquisador-comunidade.
(E) elaborar projetos de desenvolvimento comunitário.

30. (EXAME - 2000)

O roteiro a ser seguido no processo fundamental de toda e qualquer pesquisa é:

(A) elaborar as hipóteses, estabelecer as estatísticas a serem utilizadas, determinar o nível de significância, coletar os dados e analisá-los.
(B) elaborar as hipóteses, selecionar os sujeitos, utilizar a observação sistematicamente, analisar os dados e elaborar relatórios.
(C) selecionar os sujeitos, criar condições favoráveis para as entrevistas, obter as respostas mais espontâneas, descrevê-las sem distorções e elaborar o relatório.
(D) determinar a amostra, definir as variáveis a serem estudadas e os instrumentos que vão medi-las, aplicar os instrumentos, analisar os dados e escrever o relatório.
(E) delimitar o tema a ser estudado, levantar as questões, determinar os passos a seguir para responder às questões, coletar as informações, analisá-las e elaborar as conclusões.

31. (EXAME - 2000)

Em relação à análise de conteúdo, afirma-se que:

I. permite um tratamento quantitativo, especialmente quando são utilizadas categorias a priori para o leque possível de respostas;

II. permite, a partir de um discurso, apreender o significado da totalidade da fala do sujeito, contextualizando-a em relação às variáveis importantes do fenômeno psicológico investigado;

III. exige o estabelecimento de categorias de respostas coerentes com os objetivos da pesquisa, as quais funcionam como eixos temáticos a serem investigados.

Está(ão) correta(s) a(s) afirmação(ões):

(A) II apenas.
(B) I e II apenas.
(C) I e III apenas.
(D) II e III apenas.
(E) I, II e III.

32. (EXAME - 2000)

Dentro de certa perspectiva psicológica, a subjetividade é considerada contraditória, fragmentada, processual e historicamente contingente. Na pesquisa onde o objeto de estudo psicológico é assim concebido, a visão metodológica mais adequada

(A) é basicamente interpretativa, construindo discursivamente o real.
(B) procura fazer uma abordagem restrita do homem.
(C) preconiza um conjunto unitário e universal de procedimentos.
(D) valoriza a objetividade e a neutralidade do conhecimento.
(E) recomenda a utilização de técnicas projetivas.

33. (EXAME - 2000)

Os critérios para a definição das técnicas usadas na Seleção de Pessoal fundamentam-se

(A) na análise e especificação do cargo.
(B) na determinação das chefias.
(C) na competência dos selecionadores.
(D) nas tendências do mercado de trabalho.
(E) nas características dos candidatos.

34. (EXAME - 2000)

No âmbito de atuação do psicólogo escolar na realidade brasileira, quando se pretende que sua prática leve em conta a complexidade dos processos políticos e socioculturais que incidem no espaço escolar, deve ser adotada a perspectiva:

(A) médico-sanitária, segundo a qual o comportamento é determinado basicamente por fatores internos ao indivíduo.
(B) interdisciplinar, que enfatiza o desenvolvimento da capacidade analítica e instrumental do psicólogo para promover a saúde mental no contexto escolar.
(C) terapêutica, que visa a diagnosticar e praticar o atendimento exclusivo de crianças-problema no contexto escolar.
(D) instrumental, baseada no uso de testes psicológicos para a avaliação de competências individuais em crianças no contexto escolar.
(E) psicométrica, relacionada com as diferenças individuais e o desenvolvimento da inteligência e da personalidade.

35. (EXAME - 2000)

Ocorrem sinais de doença organizacional quando:

I. os conflitos são encobertos;
II. evita-se o feedback;
III. valorizam-se idéias que não impliquem mudança;
IV. os chefes se omitem frente às crises;
V. os funcionários dizem abertamente o que sentem.

Estão corretos:

(A) I, II e III apenas.
(B) I, IV e V apenas.
(C) II, IV e V apenas.
(D) I, II, III e IV apenas.
(E) II, III, IV e V apenas.

36. (EXAME - 2000)

O psicólogo da área de saúde que trabalha com pacientes hospitalizados está envolvido na realização de uma série de tarefas, entre as quais **NÃO** se inclui a de:

(A) avaliar os efeitos dos medicamentos na vida do hospitalizado.
(B) posicionar-se com uma atitude de acolhimento.
(C) trabalhar as emoções, medos e fantasias do paciente.
(D) ajudar o paciente a encarar o significado da doença e dimensionar a questão da morte.
(E) construir uma relação interpessoal.

37. (EXAME - 2000)

A paciente, ao 13 anos, sofreu atropelamento, batendo seriamente com a cabeça. A partir daí, abandonou os estudos e foi segregada, pela família, do convívio com os demais. Aos 33 anos, passou a apresentar-se agressiva e chorosa, sendo então levada para atendimento. No processo psicodiagnóstico foi-lhe aplicado o Rorschach, no qual apresentou boa disposição para a prova, consciência de interpretação débil, um número de respostas menor que 15, tempo de reação alargado, nenhuma K+, designação de cor, F+% < 70, V% < 25, perseveração, tipo vivencial extratensivo, confabulações e formulações verbais estereotipadas. De acordo com Rorschach, isto, em geral, é próprio do paciente:

(A) psicótico.
(B) neurótico.
(C) maníaco.
(D) orgânico.
(E) depressivo.

38. (EXAME - 2000)

Distintos tipos de pessoas podem provocar reações contratransferenciais típicas no entrevistador, que deve permanentemente observá-las e resolvê-las para poder utilizá-las como informação e instrumento no decorrer da própria entrevista. Quanto mais psicopata for o paciente, mais favorecerá no entrevistador a vivência de:

(A) regressão.
(B) atuação.
(C) recalcamento.
(D) confusão.
(E) compreensão.

39. (EXAME - 2000)

Você é um(A) psicólogo(A) comprometido(A) com ações psicossociais voltadas para o incremento de relações de mútua ajuda no contexto comunitário. Entre os encaminhamentos metodológicos a seguir, qual NÃO está adequado a uma proposta de transformação psicossocial?

(A) Descrever os grupos existentes em termos de composição, finalidade, dinâmica e significado social de suas ações, empregando observação naturalística e/ou diários de campo e/ou entrevistas coletivas não estruturadas.
(B) Descrever as relações intragrupo e intergrupo para identificar possibilidades de trabalhos conjuntos.
(C) Detectar e descrever os processos psicossociais presentes, como consciência e identidade grupal.
(D) Identificar e descrever os problemas enfrentados na perspectiva individual e grupal para propor alternativas de ações a serem implementadas coletivamente.
(E) Determinar as características de personalidade dos membros dos grupos, que permitam avaliar o sucesso ou o insucesso da ação a ser proposta.

40. (EXAME - 2000)

Uma mulher, após o término de seu casamento, tenta suicídio por overdose de comprimidos. Encaminhada ao psicólogo, alega ter cometido tal ato em função de antigas, freqüentes e fortes dores de cabeça. A conduta inicial do psicólogo deve ser:

(A) encaminhar a paciente para um médico neurologista.
(B) adiar o início do tratamento psicoterápico até que se tenha o resultado de uma avaliação neurológica.
(C) iniciar psicoterapia e aplicar testes para uma avaliação psicológica.
(D) iniciar atendimento psicoterápico e, em paralelo, solicitar avaliação neurológica.
(E) solicitar que o ex-marido compareça a uma sessão para que se possa indicar uma psicoterapia de casal.

41. (EXAME - 2000) DISCURSIVA

A perspectiva sócio-histórica entende o ser humano como produto e produtor da realidade social. Ela propõe que o fenômeno psicológico seja entendido a partir de uma abordagem dialética caracterizada por um análise processual, explicativa e histórica. Explique o significado desta visão e proponha uma situação em que a atividade profissional do psicólogo contribua para transformações na realidade. **(valor: 20,0 pontos)**

42. (EXAME - 2000) DISCURSIVA

No Brasil, os testes psicológicos vêm sendo utilizados maciçamente, sobretudo no contexto chamado de Psicotécnico, isto é, em seleção. O uso dos testes neste contexto tem sido asperamente criticado pela sociedade e grande número de processos judiciais tem surgido contra tal uso. Do ponto de vista de um psicólogo atuante na área, como você responderia a esta crítica, fundamentado no conhecimento de aspectos técnicos da instrumentação psicológica? **(valor: 20,0 pontos)**

43. (EXAME - 2000) DISCURSIVA

Você está interessado(A) em estudar o tema da violência em grupos de jovens da classe média urbana. Sua questão específica referese à influência da cultura televisiva sobre a constituição psíquica desses jovens, especialmente no que diz respeito às manifestações de violência. Escolha uma metodologia apropriada para a realização de uma pesquisa de campo sobre essa questão e descreva as etapas da pesquisa. Justifique sua decisão e metodologia. **(valor: 20,0 pontos)**

44. (EXAME - 2000) DISCURSIVA

Uma das atividades do psicólogo clínico é o atendimento terapêutico, que pode ser realizado a partir de diferentes referenciais teóricos. Considerando a predominância das abordagens humanista-existencial, psicanalítica e comportamental, escolha uma delas, defina a finalidade do tratamento e indique procedimentos que levariam a bom termo o trabalho clínico. **(valor: 20,0 pontos)**

45. (EXAME - 2000) DISCURSIVA

Em uma pequena cidade, próxima a uma rodovia federal, vive uma população cuja subsistência está ligada a uma pequena agricultura e à extração de madeira. Há alguns meses, três jovens desta cidade foram abordados por turistas que se interessaram pela atividade que eles estavam praticando: sem objetivos definidos, entalhavam, aleatoriamente, um pequeno tronco de madeira. Os turistas prometeram voltar à cidade, dois meses mais tarde, para comprar ou levar às feiras de artesanato as peças que os jovens, naquele momento, se comprometeram a preparar. Na volta para suas casas, os três rapazes conversaram com os amigos e, rapidamente, vários jovens passaram a esculpir peças de madeira. Os adultos ajudaram transformando um galpão em local para o trabalho coletivo desses(as) meninos(as). Estes passaram a ser conhecidos como os "Pequenos Artesãos". Reuniam-se todos os dias de segunda a sexta-feira. Estabeleceram uma escala semanal em que diferentes meninos(as) abriam e fechavam o galpão. Cada um deles deveria providenciar suas próprias ferramentas e permanecer pelo menos três horas por dia entalhando. Estabeleceu-se, também, por pressão dos pais, um acordo de que não poderiam deixar de ir à escola para ir ao galpão e nem se envolver nas brigas das galeras da cidade. Estreitaram-se os laços entre eles para outras situações, conversando entre si mesmos, sobre suas vidas, planos para o futuro, dificuldades que viviam na escola e na família. Dispunham-se a ajudar algum(A) amigo(A) que enfrentasse algum problema. Estes jovens passaram a conversar antes de tomar decisões na vida. Hoje, quando reconhecidos por alguém na comunidade, são valorizados por fazer parte desse grupo dos pequenos artesãos.

Descreva os elementos, na situação apresentada, que caracterizam os "Pequenos Artesãos" como um grupo psicológico, identificando os aspectos relativos aos comportamentos/ações dos membros do grupo que permitem justificar sua resposta e relacionando esses aspectos aos conceitos teóricos (processos psicossociais) diretamente ligados. **(valor: 20,0 pontos)**

Capítulo IV
Questões de Componentes Específicos de Comunicação Social

1) Conteúdos e Habilidades objetos de perguntas nas questões de Componente Específico.

As questões de Componente Específico são criadas de acordo com o curso de graduação do estudante.

Essas questões, podem trazer, dentre outros, os seguintes **Conteúdos**:

Geral:

a) História da Comunicação;

b) Teorias da Comunicação;

c) Tecnologias em Comunicação;

d) Linguagem e Expressão em Som e Imagem;

e) Políticas de Comunicação;

f) Sistemas de Comunicação;

g) Produtos Midiáticos;

h) Deontologia em Comunicação;

i) Estética na Comunicação;

j) Sociologia da Comunicação;

k) Mercado Midiático;

l) Crítica de Mídia;

m) Formação da Opinião Pública;

n) Pesquisa em Comunicação.

em Publicidade e Propaganda:

a) Marketing;

b) Criação e Redação Publicitária;

c) Legislação e Ética Profissional;

d) Comunicação Visual;

e) Comunicação Digital;

f) Direção de Arte;

g) História da Arte;

h) Produção Gráfica;

i) Computação Gráfica;

j) Produção Audiovisual;

k) Pesquisa de Mercado e Pesquisa Científica;

l) Teorias da Imagem;

m) Teorias da Publicidade;

n) Cibercultura;

o) Comportamento do consumidor;

p) Gestão de Marca;

q) Planejamento Estratégico e de Comunicação;

r) Planejamento de Mídia;

s) Gestão de Negócios;

t) Comunicação Integrada;

u) Métodos Quantitativos.

em Editoração:

a) História do Livro;
b) Marketing Editorial;
c) Linguagem Gráfica;
d) Linguagens Digitais;
e) História da Arte;
f) Design Gráfico;
g) Processos Gráficos;
h) Computação Gráfica;
i) Processamento de Som e Imagem;
j) Produção Audiovisual;
k) Leiaute Editorial;
l) Edição de Livros;
m) Editoração Gráfica e Digital;
n) Técnicas de Impressão;
o) Planejamento Editorial;
p) Direito Autoral;
q) Legislação e Ética em Produção Editorial.

em Relações Públicas:

a) Teoria das Relações Públicas;
b) Marketing e Relações Públicas;
c) Teoria e Pesquisa de Opinião Pública;
d) Planejamento e Produção de Eventos;
e) Relações Públicas e Mídia;
f) Comunicação Pública e Institucional;
g) Cultura e Cenários Organizacionais;
h) Relações Públicas nas Organizações;
i) Responsabilidade Social nas Organizações;
j) Relações Públicas e Comunicação Interna;
k) Legislação e Ética em Relações Públicas;
l) Assessoria de Comunicação;
m) Marketing Político e Eleitoral;
n) Relações Públicas e Redes Sociais;
o) Relações Públicas para o Terceiro Setor;
p) Cerimonial e Protocolo.

em Radialismo:

a) Planejamento e Produção em Rádio e TV;
b) Gestão em Rádio e TV;
c) Teorias do Rádio;
d) Teorias da Imagem;
e) Legislação e Ética Profissional;
f) Roteiro em Rádio e Televisão;
g) Projetos Audiovisuais;
h) Edição em Rádio e Televisão;
i) Publicidade e Propaganda em Rádio e Televisão;

j) Radiodifusão Comunitária;

k) Radiodifusão Educativa;

l) Linguagens e Expressão de Som e Imagem;

m) Direito Autoral;

n) Técnicas de Áudio;

o) Cenografia e Iluminação;

p) Direção de Arte;

q) Videografismo;

r) Tecnologias em Rádio e Televisão;

s) Tecnologias Digitais.

em Jornalismo:

a) Teorias do Jornalismo;

b) História do Jornalismo;

c) Ética em Jornalismo;

d) Metodologias de pesquisa em Jornalismo;

e) Legislação em Jornalismo;

f) Gêneros jornalísticos;

g) Reportagem, entrevista e apuração jornalística;

h) Redação jornalística;

i) Edição em Jornalismo;

j) Fotojornalismo;

k) Planejamento visual em Jornalismo;

l) Radiojornalismo;

m) Telejornalismo;

n) Ciberjornalismo (jornalismo online, jornalismo digital, webjornalismo);

o) Jornalismo impresso;

p) Assessoria de Comunicação;

q) Planejamento de cobertura jornalística;

r) Gestão de organizações jornalísticas;

s) Tecnologias da comunicação, informação e multimídia aplicados à produção jornalística.

em Cinema (ou Cinema e Vídeo):

a) Estudo da história das imagens em movimento

b) História do Cinema

c) Indústria cinematográfica, o cinema independente e o vídeo contemporâneo

d) Teorias da Imagem

e) Linguagem cinematográfica

f) Teorias e técnicas de produção em mídia eletrônica

g) Conceituação e prática em mídias digitais

h) Fotografia

i) Iluminação

j) Direção de arte

k) Direção de filmes

l) Direção de produção

m) Roteiro em Cinema e TV

n) Estética

o) Edição de som e de imagens

m) Legislação e ética profissional

p) Crítica e análise fílmica

q) Técnicas de gravação, iluminação, produção, roteirização, edição e finalização em audiovisual

r) Cibercultura e contemporaneidade

s) Documentário

t) Cenografia

u) Literatura e dramaturgia

v) Assistência de direção e continuidade

x) Computação gráfica

O objetivo aqui é avaliar junto ao estudante a compreensão dos conteúdos programáticos mínimos a serem vistos no curso de graduação, de forma avançada. Também é avaliado o nível de atualização com relação à realidade brasileira e mundial.

Avalia-se aqui também *competências* e *habilidades*. A ideia é verificar se o estudante desenvolveu as principais **Habilidades** para o profissional, que são as seguintes:

Geral:

a) compreender criticamente e analisar conceitos e teorias da área;

b) analisar criticamente a realidade a partir dos conceitos e teorias da área;

c) demonstrar atitudes e responsabilidades inerentes ao contexto ético-político da profissão;

d) dominar as linguagens usadas nos processos de comunicação, nos aspectos da criação e produção;

e) experimentar, desenvolver e inovar ações e linguagens midiáticas;

f) refletir criticamente sobre as práticas profissionais na área da Comunicação;

g) dominar o idioma nacional para escrita e interpretação de textos gerais e especializados na área;

h) compreender a ação profissional mediada por suportes e técnicas comunicacionais.

Publicidade e Propaganda:

a) buscar e ordenar informações para subsidiar diagnósticos dos problemas\situação dos clientes;

b) realizar pesquisas de mercado e pesquisas científicas, bem como, analisar investigações quantitativas e qualitativas;

c) definir objetivos e estratégias de comunicação como soluções para problemas dos anunciantes;

d) realizar e interpretar pesquisas como subsídio para a preparação de campanhas publicitárias

e) executar e administrar o trabalho de criação, produção e veiculação de campanhas de propaganda em veículos impressos, eletrônicos e digitais;

f) dominar linguagens, estéticas e técnicas para criar, orientar e julgar materiais de comunicação pertinentes a suas atividades;

g) planejar, executar e administrar campanhas de comunicação, envolvendo além do uso da propaganda, a promoção de vendas, o merchandising, marketing direto, eventos, comunicação digital e demais ferramentas pertinentes à profissão;

h) identificar e analisar as rápidas mudanças econômicas e sociais em escala global e nacional que influem nas práticas da profissão;

i) identificar a responsabilidade social da profissão, mantendo os compromissos éticos estabelecidos;

j) assimilar criticamente conceitos que permitam a compreensão das práticas e teorias referentes à publicidade e à propaganda;

k) Conhecer os códigos de ética profissional, os órgãos de regulamentação e legislação que contempla a área;

l) Reconhecer as mudanças no público consumidor, sua formas de apreensão das mensagens, suas novas exigências e saber reagir a elas;

m) Conhecer a mídia correta para veiculação de cada campanha, bem como, ser capaz de comprar e negociar espaços utilizando-os com pertinência;

n) Gerenciar um negócio no campo da comunicação;

em Editoração:

a) dominar processos de edição de texto tais como: resumos, apresentações, textos de capa de livros, textos de revistas, textos que acompanham edições sonoras, audiovisuais e de multimídia, textos para publicações digitais, tratamento de textos didáticos e paradidáticos, textos de compilação, de crítica e de criação;

b) dominar a língua nacional e as estruturas de linguagem aplicáveis a obras literárias, científicas, instrumentais, culturais e de divulgação em suas diferentes formas: leitura, redação, interpretação, avaliação e crítica;

c) atentar para os diferentes níveis de proficiência dos públicos a que se destinam as produções editoriais;

d) ter competências de linguagem visual, como o conhecimento de produção de imagens prefotográficas, fotográficas e posfotográficas e os principais processos de design gráfico, desde tipologias até edição digital;

e) ter competências de linguagem de multimídia, como o conhecimento de processos de produção de registros sonoros, videográficos e digitais, tais como CDs, vídeos, edição de páginas e outras publicações em Internet;

f) desenvolver ações de planejamento, organização e sistematização dos processos editoriais, tais como o acompanhamento gráfico de produtos editoriais, seleção de originais, projetos de obras e publicações, planejamento e organização de séries e de coleções, planejamento de distribuição, veiculação e tratamento publicitário de produtos editorial;

g) ter conhecimentos sobre a história do livro, a história da arte e da cultura;

h) fazer avaliações críticas das produções editoriais e do mercado da cultura;

i) agir no sentido de democratização da leitura e do acesso às informações e aos bens culturais.

j) assimilar criticamente conceitos que permitam a compreensão das práticas e teorias referentes aos processos de Editoração.

em Relações Públicas:

a) desenvolver pesquisas e auditorias de opinião e imagem;

b) realizar diagnósticos com base em pesquisas e auditorias de opinião e imagem;

c) elaborar planejamentos de comunicação institucional;

d) estabelecer programas de comunicação estratégica para criação e manutenção do relacionamento das instituições com seus públicos de interesse;

e) coordenar o desenvolvimento de materiais de comunicação, em diferentes meios e suportes, voltados para a realização dos objetivos estratégicos do exercício da função de Relações Públicas;

f) dominar as linguagens verbais e audiovisuais a serviço dos programas de comunicação;

g) identificar a responsabilidade social da profissão, mantendo os compromissos éticos estabelecidos;

h) assimilar criticamente conceitos que permitam a compreensão das práticas e teorias referentes às estratégias e processos de Relações Públicas.

em Radialismo:

a) gerar produtos audiovisuais em suas especialidades criativas, como escrever originais ou roteiros para realização de projetos audiovisuais; adaptar originais de terceiros; responder pela direção, realização e transmissão de programas audiovisuais; editar e finalizar programas analógicos ou digitais;

b) saber como planejar, orçar e produzir programas para serem gravados ou transmitidos; administrar, planejar e orçar estruturas de emissoras ou produtoras;

c) dominar as linguagens e gêneros relacionados às criações audiovisuais;

d) conceber projetos de criação e produção audiovisual em formatos adequados a sua veiculação nos meios massivos, como rádio e televisão, em formatos de divulgação presencial, como vídeo e gravações sonoras, e em formatos típicos de inserção em sistemas eletrônicos em rede, como CDROMs e outros produtos digitais;

e) compreender as incidências culturais, éticas, educacionais e emocionais da produção audiovisual mediatizada em uma sociedade de comunicação;

f) assimilar criticamente conceitos que permitam a compreensão das práticas e teorias referentes à área audiovisual.

em Jornalismo:

a) apurar, registrar, interpretar e editar informações, transformando-os em notícias e reportagens;

b) investigar informações, produzir textos e mensagens jornalísticas com clareza e correção e editá-los em espaço e período de tempo limitados;

c) formular pautas e planejar coberturas jornalísticas;

d) formular questões e conduzir entrevistas;

e) relacionar-se com fontes de informação de qualquer natureza;

f) trabalhar em equipe com profissionais da área;

g) compreender, sistematizar e organizar os processos de produção jornalística;

h) planejar, propor, executar e avaliar projetos jornalísticos;

i) compreender os processos envolvidos na recepção de mensagens jornalísticas e seus impactos sobre os diversos setores da sociedade;

j) dominar a linguagem jornalística apropriada aos diferentes meios e modalidades tecnológicas de comunicação;

k) avaliar criticamente produtos, padrões e práticas vigentes no Jornalismo e propor inovações;

l) utilizar as tecnologias da informação e comunicação para o desempenho das atividades de apuração de dados, pesquisa, edição e editoração jornalística.

m) Respeitar a pluralidade social, com postura ética e compromisso com a cidadania, na produção jornalística;

n) identificar e resolver problemas éticos na prática jornalística;

em Cinema (ou Cinema e Vídeo):

a) assimilar criticamente conceitos que permitam a apreensão e a formulação de teorias;

b) empregar tais conceitos e teorias em análises críticas da realidade, posicionando-se segundo pontos de vista ético-políticos;

c) deter um conjunto significativo de conhecimentos e de informações na área importantes para a realização de produtos audiovisuais;

d) dominar as linguagens audiovisuais, experimentar e inovar no seu uso;

e) dominar os processos de produção, gestão e interpretação audiovisuais, em sua perspectiva de atualização tecnológica.

f) refletir criticamente sobre sua prática profissional;

g) resolver problemas profissionais de sua área de atuação, formulando alternativas factuais e conceituais diante de questões concretas surgidas na área;

h) saber trabalhar em equipe, desenvolvendo relações que facilitem a realização coletiva de um produto.

Vejamos agora as questões de Componente Específico de Comunicação Social.

2) Questões de Componente Específico.

1. COMPONENTE ESPECÍFICO / COMUM

1. (EXAME - 2009)

Veja a imagem:

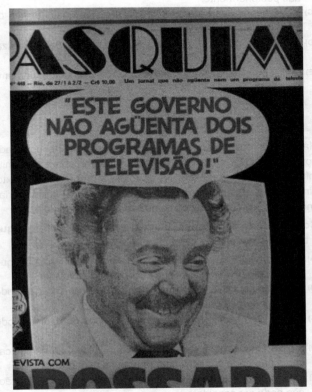

Capa da edição 448 / ano IX

Com a publicação de charges, caricaturas, entre outras ilustrações, o jornal Pasquim está em evidência por completar neste ano 40 anos de seu lançamento. O veículo teve em sua equipe nomes significativos na história da comunicação brasileira, como Paulo Francis, Jaguar, Ziraldo, Millôr Fernandes, Henfil e Ferreira Gullar. Com essas informações e a leitura da imagem, assinale o significado histórico desse veículo de comunicação.

(A) Denunciou, com reportagens investigativas, a corrupção dos governos militares.
(B) Inovou com linguagem informal e ilustrativa no combate à censura durante a ditadura militar.
(C) Inseriu o *lead* no texto jornalístico em matérias sociais de incentivo e apoio as minorias.
(D) Introduziu novas técnicas gráficas de redação, satirizando artistas e escritores.
(E) Permitiu a manifestação de artistas plásticos (cartunistas e chargistas) contrários ao regime republicano.

2. (EXAME - 2009)

A hipótese da *agenda setting* afirma que os meios de comunicação, embora não sejam capazes de impor o que pensar em relação a um determinado tema, são capazes de, a médio e longo prazo, influenciar sobre o que pensar e falar.

PORQUE

A influência dos meios de comunicação sobre o receptor da mensagem é sempre de curto prazo.

Considerando-se essas assertivas, é CORRETO afirmar que

(A) a primeira é falsa, e a segunda é verdadeira.
(B) a primeira é verdadeira, e a segunda é falsa.
(C) as duas são falsas.
(D) as duas são verdadeiras, e a segunda é uma justificativa correta da primeira.
(E) as duas são verdadeiras.

3. (EXAME - 2009)

Leia o quadro que representa o processo comunicativo proposto por Lasswell.

QUEM (who)	estudo de emissores
DIZ O QUÊ (what)	I
ATRAVÉS DE QUE CANAL (where)	análise dos meios – pesquisa de mídia
PARA QUEM (whom)	II
COM QUE EFEITO (why)	análise dos efeitos

Assinale a alternativa que contém as duas expressões que correspondem, respectivamente, aos números I e II.

(A) análise de conteúdo; análise de audiência
(B) análise de conteúdo; análise dos meios
(C) análise de recepção; estudos de conteúdo
(D) análise de texto; análise do *target*
(E) estudo de significados; estudos de recepção

4. (EXAME - 2009)

A Internet vem ofertando aos profissionais de comunicação novos instrumentos midiáticos de penetração capazes de alterar antigos paradigmas, até mesmo no que diz respeito à exposição e à difusão institucional. Os *blogs* corporativos são exemplos concretos desses novos instrumentos na comunicação. Esses *blogs* vêm sendo utilizados no campo organizacional como

(A) um canal de comunicação bilateral e informal, dirigido ao público externo ou interno, a clientes, a funcionários e outros.
(B) um diário formulado para a divulgação de informações imediatas, com formatação linear e utilização de hiperlink.
(C) um espaço midiático, focado no público jovem, com características específicas de linguagem jornalística formal.
(D) um meio eficaz de comercialização de produtos, numa comunicação unilateral e objetiva, voltada aos clientes diretos.
(E) uma ferramenta viral redigida em linguagem promocional com espaços restritivos à interação com seus públicos.

5. (EXAME - 2009)

O rádio utiliza imagem. Uma fotografia pode ser lida como um texto. A linguagem e expressão em som e imagem têm paralelos com outras formas de comunicação.

PORQUE

O rádio obriga o ouvinte do noticiário a imaginar cenas e situações que passam pela nossa cabeça como um filme ou uma cena de televisão. A fotografia, em jornal ou revista, é lida de diversas formas, dependendo da profissão, do nível de cultura e do próprio tempo e ambiente em que vive o leitor daquelas publicações.

Considerando-se essas assertivas, é CORRETO afirmar que

(A) a primeira é falsa, e a segunda é verdadeira.
(B) a primeira é verdadeira, e a segunda é falsa.
(C) as duas são falsas.
(D) as duas são verdadeiras, e a segunda justifica a primeira.
(E) as duas são verdadeiras, e a segunda não justifica a primeira.

6. (EXAME - 2009)

Há quem afirme que redigir matérias para revista, escrever um romance, fazer um filme, realizar um documentário de TV, compor uma novela ou peça de teatro é a mesma coisa, do ponto de vista dos princípios e bases da comunicação social. No entanto, embora as técnicas e os recursos práticos específicos sejam diferentes, os componentes e esquemas básicos são iguais. Isto é, o tema é importante, há necessidade de pesquisa, de narrativa adequada e personagens que ajudem a construir a narrativa. Dessa forma, para produzir sua obra, o autor de quaisquer desses gêneros discursivos

I. utiliza esquemas para pensar no texto ou *script* da obra;
II. precisa usar a criatividade e os esquemas básicos;
III. está isento de seguir qualquer esquema básico.

É CORRETO o que se afirma em

(A) I.
(B) II.
(C) III.
(D) I.e II.
(E) II. e III.

7. (EXAME - 2009)

Um plano de comunicação social para determinada instituição incorpora a execução de tarefas em diversas áreas, como, por exemplo, assessoria de imprensa, relações públicas e publicidade, com propostas específicas de cada uma.

Esse plano segue diretrizes geradas pela necessidade básica da comunicação e envolve especificidades.

É CORRETO afirmar que um plano de comunicação é

(A) elaborado de forma minuciosa propondo objetivos, metas, datas e estratégias.
(B) executado pela instituição com tarefas e datas a serem definidas posteriormente.
(C) idealizado desconsiderando a utilização de qualquer tipo de pesquisa em comunicação.
(D) proposto a partir de uma necessidade básica de se realizar pesquisa de opinião.
(E) realizado pela gestão administrativa e executada por uma equipe contratada.

8. (EXAME - 2009)

Há quem entenda que a telefonia móvel já pode ser considerada como uma nova mídia, pós-internet. Afinal, recebe e transmite informações, fotografa e envia as fotos, tem funções de texto, sintoniza emissoras de rádio e televisão. Portanto, agiliza várias linguagens, cria e produz como outros veículos da mídia.

Considerando as funções citadas, é CORRETO afirmar que a telefonia móvel

(A) é desprovida de características tecnológicas próprias que possibilitariam sua classificação como nova mídia.
(B) é voltada para o relacionamento pessoal e, por isso, não pode ser considerada uma nova mídia.
(C) realiza as mesmas funções de outros tipos de mídia e pode ser considerada uma nova mídia.
(D) realiza funções acessórias e de uso individual na comunicação e não pode ser considerada uma nova mídia.
(E) tem como principal vantagem a mobilidade e, por essa razão, não pode ser considerada uma nova mídia.

9. (EXAME - 2009)

Quando o presidente Luís Inácio Lula da Silva afirmou que a crise financeira mundial era um *tsunami* no exterior, mas, no Brasil, seria uma "marolinha", vários veículos da mídia criticaram a fala presidencial. Agora é a imprensa internacional que lembra e confirma a previsão de Lula.

Considerando a realidade atual da economia, no exterior e no Brasil, é CORRETO afirmar que houve, por parte dos críticos,

(A) atitude preconceituosa.

(B) irresponsabilidade.

(C) livre exercício da crítica.

(D) manipulação política da mídia.

(E) prejulgamento.

10. (EXAME - 2009)

Ao elaborar com a equipe a capa de uma revista ou um cartaz promocional, o responsável pela produção conhece os requisitos básicos: aspectos ligados à estética com as exigências em termos de informação. Ambos, estética e títulos/textos, têm o objetivo de atrair o interesse do leitor.

A estética significa

(A) compor a beleza e arte da capa da revista.

(B) inserir informações com tipologia padronizada.

(C) preencher todos os espaços gráficos.

(D) utilizar fotos relacionadas a eventos atuais.

(E) utilizar um título principal objetivo.

11. (EXAME - 2009)

A indústria cultural — termo empregado pela primeira vez por Horkheimer e Adorno — é impositiva na definição do que deve ser consumido.

PORQUE

Como a arte popular, a indústria cultural tem seus produtos adaptados ao consumo das massas.

Considerando essas assertivas, é correto afirmar que

(A) a primeira é falsa, e a segunda é verdadeira.

(B) a primeira é verdadeira, e a segunda é falsa.

(C) as duas são falsas.

(D) as duas são verdadeiras, e a segunda justifica a primeira.

(E) as duas são verdadeiras, e a segunda não justifica a primeira.

12. (EXAME - 2009)

A revista de comunicação e cultura MSG, em sua edição número 02, apresenta a manchete de capa "Eu mídia: Com torpedos, *e-mails*, blogs e vídeos cada pessoa agora é um veículo de comunicação". Em seu *lead* afirma que *"poucos são aqueles que ainda duvidam de que estamos no meio de uma revolução nas mídias e de modificações profundas nas formas de produção, distribuição e comunicação mediadas por computador"*.

Que alternativa representa um profissional de comunicação específico para essas novas mídias digitais?

(A) *Copydesk*.

(B) Diagramador.

(C) Editor de Conteúdo.

(D) Infográfico.

(E) Mídia.

13. (EXAME - 2009)

Leia o texto:

> (...) Não há sinais de medidas concretas que venham a prevenir novas manipulações de resultados. Quando se coloca diante da TV para acompanhar as voltas das máquinas pela pista, e, depois, quando lê a descrição das disputas nos jornais, o leitor não tem ideia das artimanhas que colocam este ou aquele no pódio. Torce como se a habilidade de cada piloto fosse o fator decisivo para a vitória. Como se sabe agora, há muita "mutreta" por trás da pista. Se mal consegue explicar as escandalosas manipulações de resultados no campeonato nacional de futebol, com erros de arbitragem que, de tão toscos, não deveriam ser considerados erros, como esperar que a imprensa seja capaz de diferenciar o certo do errado na Fórmula 1? Trata-se de missão complicada, mas bem que a imprensa poderia ajudar o leitor e telespectador a diferenciar os interesses comerciais da cobertura jornalística, quando roncam os motores. (...)

As liberdades Seletivas, de Luciano Martins Costa, publicado no site Observatório da Imprensa (www.observatóriodaimprensa.com.br) em 29/09/2009

A situação vivenciada pelos veículos de comunicação de massa apresentada no texto é

(A) atuação incisiva das assessorias de imprensa nas redações esportivas.

(B) conivência da imprensa esportiva para com os proprietários das mídias.

(C) manipulação dos empresários automobilísticos nos editoriais jornalísticos.

(D) negligência ou omissão dos profissionais na apuração real dos fatos.

(E) redação contraditória realizada pela mídia esportiva diante dos acontecimentos.

14. (EXAME - 2009)

Políticos, partidos, cientistas políticos, profissionais de comunicação e marketing procuram legitimar atitudes políticas com base nas sondagens de opinião, fazendo com que o conceito de opinião pública seja identificado com resultados de pesquisas.

Nesse contexto, conclui-se que

(A) a formação da opinião pública nas sociedades contemporâneas não pode ser medida de outra forma.

(B) a pesquisa de opinião deixa de ser compreendida como técnica de medição da opinião pública para tornar-se sua própria expressão.

(C) as sondagens constantes desqualificam a metodologia de pesquisa de opinião.

(D) o método qualitativo possibilita a coleta de vasta quantidade de dados, com grande número de entrevistados.

(E) os atores políticos acreditam que a expressão da opinião pública não pode ser expressa pelas alternativas apresentadas nos questionários de sondagens.

15. (EXAME - 2009)

Matéria divulgada no Portal Imprensa (www.portalimprensa.com.br) em 16 de abril de 2009 informava que os americanos utilizaram a Internet para participar das eleições presidenciais de 2008. Segundo essa matéria, a *web* se transformou na principal ferramenta para "pesquisar as posições dos candidatos e participar de debates".

Em relação a esse instrumento, leia as afirmativas:

I. *Google* (www.google.com), Alta vista (www.altavista.com), Todobr (www.todobr.com.br) são diretórios em que assuntos são listados por categorias.

II. Os instrumentos de busca na *web* permitem o desenvolvimento de pesquisas significativas, realizadas por meio dos diretórios ou mecanismos de busca.

III. A utilização de frases delimitadas por aspas constitui um recurso significativo de busca que, em alguns mecanismos, pode ser associado a operadores booleanos.

É CORRETO o que se afirma em

(A) II.
(B) III.
(C) I e II.
(D) I e III.
(E) II e III.

2. COMPONENTE ESPECÍFICO / CINEMA

1. (EXAME - 2009)

O filme *Cidadão Kane* (1945), de Orson Welles, é considerado uma obra-prima do cinema moderno. Entre as muitas contribuições técnicas e estéticas para o desenvolvimento da linguagem cinematográfica, o campo em que esse filme mais inovou foi o de

(A) profundidade de campo, planos, movimentos de câmera, *flash-backs*.
(B) montagem de atrações e efeito *Koulechov*.
(C) narrativa clássica e montagem linear.
(D) efeitos especiais.
(E) utilização dos planos sequenciais.

2. (EXAME - 2009)

Analise as assertivas a seguir, a respeito da História do Cinema:

I. No final da década de 50 e início dos anos 60, o cinema italiano volta-se para a investigação psicológica, buscando retratar uma sociedade em crise. Exemplos são Michelangelo Antonioni e Federico Fellini, que fazem reflexões morais sobre a condição humana.

II. Os integrantes da *Nouvelle vague* — críticos do *Cahiers du Cinéma* — propõem um cinema de autor, com alvo crítico nas produções comerciais francesas e propondo realizar obras de baixo custo, em que rejeitam as regras narrativas.

III. Na década de 60, nos EUA, destaca-se a Escola de Nova York e, no Reino Unido, o free cinema.

Considerando-se essas assertivas, CORRETO afirmar que

(A) somente I e II estão corretas.
(B) todas estão corretas.
(C) somente I e III estão corretas.
(D) nenhuma está correta.
(E) somente II e III estão corretas.

3. (EXAME - 2009)

No contexto da atualidade, em que a criação e a veiculação de mídias digitais se tornam práticas que extrapolam o universo profissional, observa-se a necessidade de atender a características impostas pelo avanço tecnológico, como síntese, imaginação, objetividade e coerência.

No campo da criação, é CORRETO afirmar que

(A) a facilidade de acesso à informação é um entrave à criação.
(B) a habilidade técnica não é suficiente para determinar a condição artística.
(C) fazer música ou filmes passou a ser aplicação de recursos de *softwares*.
(D) o maior acesso às mídias digitais vem levando a um declínio das produções para TV e cinema.
(E) se desvincula da veiculação em casos de mídias para internet.

4. (EXAME - 2009)

Em cinema, o diretor de fotografia exerce um papel importante na construção da forma como a palavra do roteiro vai virar imagem no filme ou, propriamente, fotografia.

Nascido no século XX, conhecido como "o mago da luz", quem é esse importante diretor de fotografia?

(A) Andrzej Sekula.
(B) Chris Menges.
(C) Eduardo Serra.
(D) Vittorio Storaro.
(E) John Toll.

5. (EXAME - 2009)

A respeito da direção de arte no Brasil, analise as assertivas a seguir:

I. Somente a partir da década de 1940 é que a maior parte dos trabalhos de direção de arte no cinema brasileiro começou a ser realizada por um profissional que não fosse o próprio diretor.

II. O diretor de arte é o grande responsável pela harmonia entre todos os elementos constituintes do roteiro quando da sua realização.

III. O diretor de arte pode se valer de seus conhecimentos de antropologia e sociologia para melhor desempenhar seu papel.

Considerando-se essas assertivas é CORRETO afirmar que

(A) somente I e II estão corretas.
(B) todas estão corretas.
(C) somente I e III estão corretas.
(D) nenhuma está correta.
(E) somente II e III estão corretas.

6. (EXAME - 2009)

O diretor de um filme é responsável pelo resultado final de um conjunto de procedimentos e escolhas e tem a responsabilidade pelo resultado final do projeto e pelo sentido da obra, imprimindo sua marca no filme. Mas essa é uma visão europeia de direção, diferente da visão hollywoodiana, em que o diretor pode ser apenas mais um contratado da equipe. Como ficou conhecida essa proposta e defesa do diretor como criador da obra?

(A) Cinema comercial.
(B) Filme de encomenda.
(C) Política dos autores ou filme de autor.
(D) Filme independente.
(E) Filme de produtor.

7. (EXAME - 2009)

A respeito da construção do roteiro, analise as afirmativas a seguir:

I. O argumento é a etapa final do roteiro, uma espécie de síntese do que se pretendeu com a narrativa, que dá base à construção das sinopses pelos distribuidores.

II. De grande auxílio à visualização das cenas descritas no roteiro, o *storyboard* constitui, hoje, elemento importante aos profissionais que assinam a realização do filme.

III. A decupagem ocorre após o roteiro pronto; é o momento de análise técnica do filme e de grande importância para o trabalho da produção.

É CORRETO o que se afirma em

(A) II.
(B) III.
(C) I e III.
(D) II e III.
(E) I e II.

8. (EXAME - 2009)

Glauber Rocha problematizou a estética, a ética e a política cinematográficas diante dos temas como a pobreza, o sertão e a favela.

PORQUE

Segundo Glauber Rocha não existe pensamento revolucionário sem uma forma revolucionária.

Considerando-se essas proposições, é CORRETO afirmar que

(A) a primeira é falsa, e a segunda é verdadeira.
(B) as duas são verdadeiras, e a segunda justifica a primeira.
(C) as duas são falsas.
(D) a primeira é verdadeira, e a segunda é falsa.
(E) as duas são verdadeiras, e a segunda não justifica a primeira.

9. (EXAME - 2009)

É possível perceber nitidamente a evolução da tecnologia da imagem e a razão pela qual as diferentes resoluções apresentam qualidades também muito diferentes. Hoje, na passagem dos sistemas analógicos para os digitais, o cinema feito em película fica em desvantagem em muitos aspectos. Quais as vantagens do chamado "cinema digital" diante do processo de produção analógico?

(A) Há ocorrência de uma evolução estética radical.
(B) A qualidade da resolução das imagens digitais já supera a imagem analógica.
(C) Ocorre uma aceleração dos processos digitais.
(D) Propicia mais experimentações técnicas e estéticas.
(E) Há barateamento dos custos, facilidades da edição digital e novos circuitos de exibição.

10. (EXAME - 2009)

Durante a filmagem de um documentário, o diretor e a equipe podem se confrontar com diferentes impasses éticos.

PORQUE

Segundo a legislação e ética profissional, não pode ser infringido o direito de imagem.

Considerando-se essas proposições, é CORRETO afirmar que

(A) a primeira é falsa, e a segunda é verdadeira.
(B) a primeira é verdadeira, e a segunda é falsa.
(C) as duas são falsas.
(D) as duas são verdadeiras, e a segunda não justifica a primeira.
(E) as duas são verdadeiras, e a segunda justifica a primeira.

11. (EXAME - 2009)

O real assemelha-se ao possível; em troca, o atual em nada se assemelha ao virtual: *responde-lhe.*

Levy, Pierre. O que é o Virtual?.
São Paulo, Editora 34, 1996.

No campo do ciberespaço, o virtual é uma nova modalidade de ser. O processo de virtualização é um processo de desterritorialização.

Com base nesses pensamentos, é correto afirmar que

(A) a cibercultura demorará a modificar os meios de sociabilidade.
(B) a emergência da cibercultura provoca uma mudança no imaginário humano.
(C) a linearidade intrínseca à escrita acaba determinando os padrões de ocorrência do virtual.
(D) a tecnologia não chega a afetar o registro da memória coletiva social.
(E) subjetividade e tecnologia estão, nesse universo, desassociadas.

12. (EXAME - 2009)

O cinema, pós-mídias digitais, tem a possibilidade de se reinventar, com o surgimento de novas formas de produção, de exibição e de consumo dos produtos audiovisuais.

Assinale o acontecimento mais importante para essa transformação estrutural do cinema na sua forma clássica.

(A) a mudança de hábito dos espectadores
(B) as leis de incentivo ao cinema digital
(C) a passagem do formato analógico para o digital e o surgimento da internet
(D) o barateamento dos equipamentos de filmagem
(E) os novos formatos de câmeras digitais

13. (EXAME - 2009) DISCURSIVA

A passagem da tecnologia analógica para a digital trouxe mudanças estruturais no campo do cinema e audiovisual. Podemos falar de um cinema pós-mídias digitais, com características próprias. Quais as principais transformações técnicas, estéticas, mercadológicas que surgem com as tecnologias de captação de imagens digitais e as novas formas de acesso a produção audiovisual? Dê exemplos e/ou faça breve análise de caso. (VALOR: 10 PONTOS)

14. (EXAME - 2009) DISCURSIVA

A produção do sentido no cinema e na produção audiovisual depende de uma série de elementos de linguagem, de técnicas específicas, aspectos históricos. Com base nessa afirmação, como realizar uma análise fílmica, análise de um vídeo ou outra produção audiovisual? Quais os aspectos e elementos de linguagem, técnicos e outros considerados relevantes na análise? (VALOR 10 PONTOS)

15. (EXAME - 2009) DISCURSIVA

O Cinema Novo brasileiro foi um movimento que inovou em termos de temas, personagens, propostas políticas. O que propunha e o que caracterizou o movimento do Cinema Novo brasileiro? Relacione as propostas estéticas desse movimento com o pensamento político. Quais dessas questões e propostas reencontramos no cinema brasileiro contemporâneo? (VALOR: 10 PONTOS)

3. COMPONENTE ESPECÍFICO / EDITORAÇÃO

1. (EXAME - 2009)

O livro impresso surgiu para atender à demanda de um mercado crescente de leitores que os editores de livros manuscritos não conseguiam mais atender. Copiar livros manualmente era um processo muito lento e cheio de erros. A busca da cópia perfeita e rápida mobilizou muitos empreendedores na Europa do século XV, mas foi Gutenberg quem conseguiu fazer da tipografia uma realidade técnica e econômica. A nova tecnologia se espalhou depressa, tornando o livro impresso um fenômeno comercial e cultural. A partir daí, o livro manuscrito e o impresso conviveram

(A) por longo tempo, até que as vantagens econômicas do impresso inviabilizassem o manuscrito.

(B) harmoniosamente, de forma complementar, cada um atendendo a diferentes nichos de mercado.

(C) pelo tempo de uma geração de leitores, prazo mínimo para uma mudança cultural de tal porte.

(D) durante muito tempo, mas cada um se dedicando a temáticas distintas.

(E) por pouco tempo, com a rápida extinção do manuscrito, logo considerado um produto obsoleto.

2. (EXAME - 2009)

Notas de rodapé, glossários, índices remissivos e apêndices fazem parte da rotina de trabalho dos editores de livros técnicos e científicos. No caso de conteúdo digital, esses diferentes recursos de consulta ou esclarecimento do leitor podem ser baseados em links. No caso de uma enciclopédia *on-line*, por exemplo, os links podem ativar de caixas de texto a fotografias, áudios e vídeos. Como editar é basicamente selecionar e organizar conteúdo, a evolução tecnológica significou

(A) a modificação radical dos procedimentos do trabalho editorial.

(B) uma expansão nos recursos à disposição do editor.

(C) o fim das notas e índices remissivos, agora desnecessários.

(D) a superação do texto verbal como base do trabalho editorial.

(E) uma ruptura com a lógica tradicional da produção editorial.

3. (EXAME - 2009)

A arte tipográfica é essencial ao design do livro. Ela tem por finalidade distribuir o espaço e controlar o tipo para ajudar, ao máximo, o leitor a ler, compreender e apreciar o texto. A metáfora recorrente é da taça de cristal: quem bebe um vinho esplêndido em uma linda taça de cristal deve prestar mais atenção ao vinho do que à taça. A tipografia de um livro, por mais bela que seja, cumpre função utilitária, obrigatória, acima de sua função estética, que é desejável. Um bom editor sabe escolher os melhores tipos para a obra a ser publicada.

Com base no texto acima, leia as afirmativas:

I. A arte tipográfica é a arte do invisível, pois ninguém compra um livro pelos seus tipos.

II. Quanto mais ousada a tipografia, mais arrojado é o design, valorizando o livro.

III. A arte tipográfica é harmonia e adequação, depende da obra em si, à qual se subordina.

IV. A boa tipografia é vista, mas não percebida, pois não deve sê-lo.

É CORRETO somente o que se afirma em

(A) I e II.
(B) III.
(C) III e IV.
(D) II e IV.
(E) I.

4. (EXAME - 2009)

Por volta de 1820, tanto na Europa quanto nos Estados Unidos, os livros eram normalmente publicados e vendidos com capas provisórias; eram os compradores que providenciavam a encadernação de couro. A capa permanente podia, então, ter o nome do autor, o título e, talvez, uma decoração adicional. Entre 1820 e 1830, difundiu-se a encadernação em tecido. E, depois de 1860, surgiu a prática de usar gravuras ou fotografias nas capas. No século XX, a beleza da encadernação se tornou determinante para o sucesso de muitas obras. A capa como peça artística e embalagem para promover a venda de produtos editoriais firmou-se primeiramente no segmento de

(A) livros de aventura, com suas imagens dinâmicas e de forte impacto.

(B) livros didáticos, para permitir imediata visualização do conteúdo da obra.

(C) livros eróticos e românticos, para estimular a imaginação do leitor.

(D) livros infantis, até hoje caracterizados por capas coloridas e atraentes.

(E) livros religiosos, dado o caráter perene de seu conteúdo.

5. (EXAME - 2009)

Diversos são os recursos gráficos para a impressão de livros, variando em velocidade, qualidade e custo. Conforme seu segmento, sua tiragem e seu preço, cada livro tem seu processo gráfico ideal. Livros de bolso, por exemplo, precisam ser necessariamente baratos, dependem de grandes tiragens e, portanto, de máquinas rápidas. O formato pequeno, com maior aproveitamento do papel, não só reduz o custo de matéria-prima, como o tempo de impressão. Dois ganhos em um segmento que depende do constante e eficiente abastecimento dos pontos de venda.

Com base no texto acima, leia as afirmativas:

I. O processo gráfico ideal baseia-se nas características de cada produto.

II. A velocidade de impressão é o fator mais importante do processo gráfico.

III. A qualidade de impressão prevalece sobre os demais fatores no processo.

IV. O custo é o que o editor tem em mente ao imprimir seu livro.

É CORRETO somente o que se afirma em

(A) III.

(B) I e IV.

(C) II e III.

(D) IV.

(E) I.

6. (EXAME - 2009)

Editoras de produtos didáticos estão usando cada vez mais animações geradas por computação gráfica em CD-ROMs e sites que funcionam como complementos dos livros comercializados. Em obras para ensino de Ciências e Geografia, por exemplo, parece ser uma tendência consolidada. É preciso, porém, que tais animações se insiram de forma adequada nos projetos pedagógicos das coleções didáticas. Animações, no caso, são como ilustrações, não devem ser decorativas, mas informativas. Nessa perspectiva editorial, cada animação inserida

I. deve ser parte integrante da obra, não pode ser acessório para entretenimento.

II. precisa alegrar e descontrair o aluno, sozinho ou em grupo, seja na escola ou em casa.

III. tem de ser atualizada a cada evolução do software para não ficar defasada em seu apelo.

IV. deve ser necessariamente impactante pelo seu realismo ou originalidade.

É CORRETO somente o que se afirma em

(A) III.

(B) I e II.

(C) I.

(D) II e IV.

(E) III e IV.

7. (EXAME - 2009)

Leia as afirmativas:

Os atores profissionais são privilegiados em processos de seleção para narradores de audiolivros e têm qualidade de dicção e interpretação, além de empatia com o público.

PORQUE

A produção desses materiais exige qualidade de som impecável e uma leitura perfeita em termos de dicção e interpretação.

Considerando-se essas assertivas, é CORRETO afirmar que

(A) a primeira é falsa, e a segunda é verdadeira.

(B) a primeira é verdadeira, e a segunda é falsa.

(C) as duas são falsas.

(D) as duas são verdadeiras, e a segunda é uma justificativa correta da primeira.

(E) as duas são verdadeiras, mas a segunda não é uma justificativa correta da primeira.

8. (EXAME - 2009)

A função de proteção de um DVD é do seu estojo. A capa encartada dentro do estojo funciona como embalagem para promover o aluguel ou venda do produto. Pode-se dizer que é muito parecida com a capa de um livro: frente (primeira capa), lombada e contracapa (quarta capa). O planejamento do DVD em si também segue o planejamento de conteúdo principal (o filme) e complementos (os extras). A maneira de navegar dentro desse conteúdo precisa ser diagramada de maneira simples e prática em uma tela que funciona como sumário. O filme é dividido em partes (blocos de cenas), pode ser acessado e visto começando em qualquer uma delas, que funcionam como capítulos. Outra semelhança é a questão da tradução, caso o usuário queira assistir ao filme com legendas em português.

Para produzir e aplicar as legendas, o editor do DVD

(A) deve se concentrar na correção ortográfica e gramatical para evitar os erros cada vez mais frequentes nas legendas dos DVDs.

(B) deve usar tradução específica, respeitando o espaço disponível na tela para a legenda ser aplicada e lida em sincronia com a cena.

(C) deve traduzir tudo o que contém o áudio, como sinal de respeito ao espectador.

(D) pode repetir o mesmo texto em português da dublagem, ficando atento com o tempo das cenas e o diálogo das personagens.

(E) pode traduzir diretamente das legendas em língua estrangeira, como inglês ou espanhol.

9. (EXAME - 2009)

Estruturar o texto impresso no espaço da página se torna bem mais sofisticado em obras ilustradas, principalmente quando as imagens são o próprio conceito do livro. Por exemplo, livros de arte, livros de fotografia, atlas geográficos ou de anatomia. A hierarquia entre imagens e textos tem de ser definida desde os primeiros esboços do leiaute editorial. Nesses casos, qual o principal conteúdo a ser considerado?

(A) Os textos verbais, sejam longos ou curtos, com ênfase nas legendas e títulos.

(B) As legendas, títulos, subtítulos, notas, índices e apêndices, que complicam o trabalho de leiaute.

(C) O texto corrido a ser aplicado nas posições corretas, com máxima atenção à numeração das páginas.

(D) Os textos que virão com destaques, como cor, negrito e itálico.

(E) As imagens, de todos os tamanhos, que constituem o desafio primordial para o leiaute funcional.

10. (EXAME - 2009)

Um catálogo consistente garante a sobrevivência e a prosperidade da editora a longo prazo, além de permitir que ela possa investir na publicação de novos autores. Podemos, pois, afirmar que o catálogo é o maior patrimônio de um editor. A venda regular de certos títulos mais antigos, ainda que lenta, somada à venda mais rápida de outras obras, mais recentes, geram o equilíbrio necessário para o sucesso editorial. Assim sendo, é CORRETO afirmar que

(A) quanto mais especializada for a linha editorial de uma empresa, maiores serão os seus ganhos.

(B) deve existir grande quantidade em estoque de todos os títulos do catálogo.

(C) o sucesso de um *best-seller* cobrirá sempre os prejuízos causados pelos livros que encalham.

(D) as vendas regulares de certos títulos geram acumulação de capital e estabilidade para a editora.

(E) se todos os editores publicarem os mesmos livros, não haverá riscos para ninguém.

11. (EXAME - 2009)

Uma editora pretende lançar uma biografia de importante personalidade do esporte brasileiro no século passado. Um caderno de fotos fará parte da edição, registrando alguns dos momentos mais marcantes da vida do biografado, tanto da sua vida familiar quanto das suas celebrações de vitória. A maior parte das fotos virá do seu acervo pessoal. A pesquisa iconográfica contratada pela editora completará o registro visual das ocasiões importantes.

Com base nesse cenário, uma assessoria jurídica também será imprescindível.

PORQUE

As opiniões expressas pelo biografado poderão despertar reações contrárias na família e nos amigos.

Considerando-se essas assertivas, é CORRETO afirmar que

(A) as duas são verdadeiras, mas a segunda não é uma justificativa correta da primeira.

(B) a primeira é verdadeira, e a segunda é falsa.

(C) as duas são falsas.

(D) as duas são verdadeiras, e a segunda é uma justificativa correta da primeira.

(E) a primeira é falsa, e a segunda é verdadeira.

12. (EXAME - 2009)

A respeito das técnicas de impressão, assinale a alternativa correta.

(A) A impressão *offset* é preferível para trabalhos de baixa tiragem, em preto-e-branco ou em cores, a custos relativamente baixos.

(B) A impressão em rotogravura tem as chapas mais baratas e rápidas de se confeccionar.

(C) A impressão em rotogravura é a mais econômica para altas tiragens, e suas chapas são de longa duração.

(D) A impressão tipográfica, geralmente usada para pequenas tiragens, deposita menos tinta no papel do que a sistema offset. Suas provas são relativamente baratas.

(E) A técnica tipográfica não apresenta qualidade uniforme desde o início até o fim da impressão.

13. (EXAME - 2009) DISCURSIVA

O leitor jovem é uma prioridade para o mercado editorial. Atrair esse público, porém, é sempre um desafio, pois cada geração tem sua especificidade em termos de hábitos de consumo e práticas sociais de leitura. Como é muito comum obras literárias darem origem a filmes, sedados, telenovelas e espetáculos teatrais, as editoras costumam aproveitar as oportunidades geradas por esses lançamentos em suas próprias estratégias comerciais. Descreva maneiras simples de livros se beneficiarem, por exemplo, de campanhas de promoção de filmes, dando ênfase ao público jovem. (VALOR: 10 PONTOS)

14. (EXAME - 2009) DISCURSIVA

Coleções exigem planejamento cuidadoso e de longo prazo. Se tomarmos como exemplo o relançamento da obra completa de um autor em uma nova editora, com novo projeto gráfico e fixação do texto, muitos detalhes precisarão ser considerados. Imaginemos um autor considerado regionalista e com forte adoção escolar. Além da obra em si (o texto literário), o editor pode acrescentar conteúdo que agregue valor ao livro e estimule a compra da coleção completa. Exemplifique as formas mais comuns de fazer isso. (VALOR: 10 PONTOS)

15. (EXAME - 2009) DISCURSIVA

Os e-books, ou livros em formato digital, exigirão que as editoras pensem seus produtos para atender diferentes situações de leitura. O livro que existe apenas como impresso exige uma única editoração de miolo. Se o mesmo livro existir impresso, em arquivo para e-reader (leitor portátil de livros em formato digital) e como arquivo PDF para leitura via Internet, em qualquer modelo de monitor, a editora precisará considerar diferentes práticas sociais de leitura e diferentes condições de legibilidade na hora de escolher um projeto gráfico. A recomendação clássica para que a diagramação se baseie nas páginas espelhadas, explorando ao máximo o campo visual do leitor, por exemplo, fica comprometida. Descreva outras diferenças de legibilidade entre ler no livro impresso e na tela do computador. (VALOR: 10 PONTOS)

4. COMPONENTE ESPECÍFICO / JORNALISMO

1. (EXAME - 2009)

Na pesquisa jornalística, o repórter dispõe dos *sites* de busca na Internet, da citação de autores e seus livros, da apuração do que foi dito em matérias anteriores de jornais e revistas e até de temática de filmes. No entanto, tem havido um uso indiscriminado dos textos da internet, indicados por pesquisas em *sites* de busca. Esses textos, na maioria, não têm o formato nem a qualidade de um texto jornalístico.

É CORRETO afirmar que

(A) nas diversas modalidades da pesquisa jornalística é imprescindível verificar a exatidão das informações.

(B) as informações contidas no texto de pesquisa reproduzem, na integralidade, as fontes consultadas.

(C) as pesquisas realizadas nos livros são mais confiáveis do que as realizadas em jornais e revistas.

(D) as fontes apuradas na internet são confiáveis e precisam ser referenciadas.

(E) os *sites* de busca constituem o roteiro principal da pesquisa jornalística.

2. (EXAME - 2009)

O primeiro artigo do Código de Ética do Jornalista afirma: *"A presunção da inocência é um dos fundamentos da atividade jornalística."*

Do ponto de vista ético, a situação apresentada abaixo que se aplica ao enunciado desse artigo é

(A) a divulgação de gravações telefônicas autorizadas pela justiça.

(B) a difusão de notícia com base em informação oficial via *release*.

(C) a elaboração de reportagem com a versão de autoridade e especialistas.

(D) a produção de matéria com base em provas e versões de todos os envolvidos.

(E) a propagação de um "furo" com ênfase na rapidez e agilidade da divulgação.

3. (EXAME - 2009)

No jornalismo impresso os textos podem ser de opinião, principalmente na página de editoriais, e de informação, divulgados nas matérias distribuídas nas editoriais.

Ao redigir os textos, é imprescindível que

(A) o comentarista responsável pelas colunas siga a orientação do Editor de Opinião.

(B) o repórter reproduza fielmente as opiniões dos especialistas no assunto.

(C) o Editor de Opinião indique os assuntos para os textos dos articulistas.

(D) o editorialista desconsidere as informações ao redigir a matéria.

(E) o Editor de Opinião e o comentarista desempenhem funções semelhantes.

4. (EXAME - 2009)

"No princípio, Deus criou o céu e a terra." Essa frase bíblica é encontrada no *Manual de Estilo da Editora Abril* (Nova Fronteira, 1991) como exemplo de clareza, simplicidade e impacto, destacando que "se a primeira frase não levar à segunda, seu texto está morto".

PORQUE

O Lide/Abertura da matéria deve trazer a informação mais importante.

Considerando-se essas assertivas, é CORRETO afirmar que

(A) a primeira é falsa, e a segunda é verdadeira.

(B) a primeira é verdadeira, e a segunda é falsa.

(C) as duas são falsas.

(D) as duas são verdadeiras, e a segunda justifica a primeira.

(E) as duas são verdadeiras, e a segunda não justifica a primeira.

5. (EXAME - 2009)

Leia a figura e analise as afirmativas:

Jornal de Angola – Edição 06/10/2009

I. A manchete principal apresenta uma matéria com base em uma fonte oficiosa fixa.

II. A notícia principal se baseia em uma reportagem investigativa.

III. As chamadas nessa capa são direcionadas a matérias de gênero informativo.

IV. Há pelo menos uma chamada oriunda de Agências de Notícias Internacionais.

Estão CORRETAS somente as afirmativas

(A) I e III.
(B) I e IV.
(C) II e III.
(D) II e IV.
(E) III e IV.

6. (EXAME - 2009)

O departamento fotográfico de uma revista, envolvida na produção de caderno especial, na área de esportes, determina que se faça uma cobertura de fotos dos acontecimentos mais marcantes das Olimpíadas.

Que ação o departamento indicará para as modalidades em que o Brasil não é competidor?

(A) Acompanhar apenas as modalidades com atletas norte-americanos e russos.
(B) Direcionar a atenção às modalidades que tenham atletas mais competitivos.
(C) Efetuar cobertura com ênfase nas modalidades de interesse dos brasileiros.
(D) Ignorar essas modalidades que não possuem brasileiros na disputa.
(E) Realizar cobertura completa de todas as modalidades dos Jogos.

7. (EXAME - 2009)

O projeto gráfico de impressos, a criação visual — *design* — no jornalismo on-line (*sites, blogs e twitter*) e os recursos gráficos de jornais televisivos respeitam as características de cada tipo de mídia.

PORQUE

O visual dos impressos apresenta imagem estática, enquanto o da *web* se desloca com base nas várias tecnologias, e o da TV possui a dinâmica do movimento contínuo.

A respeito dessas duas assertivas é CORRETO afirmar que

(A) a primeira é falsa, e a segunda é verdadeira.
(B) a primeira é verdadeira, e a segunda é falsa.
(C) as duas são falsas.
(D) as duas são verdadeiras, e a segunda justifica a primeira.
(E) as duas são verdadeiras, e a segunda não justifica a primeira.

8. (EXAME - 2009)

Nos primeiros minutos de trabalho, no início da manhã, o chefe de reportagem de uma rádio reúne sua equipe de jornalismo para distribuir as pautas para cada repórter, definindo o tipo de abordagem e os critérios de apuração dos assuntos propostos numa rápida reunião que define a linha de trabalho a ser adotada pela equipe da manhã.

Essa rotina é denominada

(A) *Brainstorming*, que é uma técnica habitual de criação que consiste na busca coletiva de ideias.
(B) *Briefing*, em que o resumo da pauta é transmitido pela chefia aos repórteres.
(C) *Broadcast*, que significa reunião de equipe de rádio ou TV para roteirização de programas.
(D) *Checking*, em que se definem os horários que cada repórter terá durante a programação.
(E) *Clipping*, quando serão efetuados os recortes dos fatos a serem apurados pelo jornalismo.

9. (EXAME - 2009)

Leia a figura:

Essa entrevista para TV é realizada em um dos planos mais utilizados pelo telejornalismo, denominado *close médio*, que significa

(A) o enquadramento total do rosto do entrevistado sem espaço para a paisagem de fundo.
(B) o enquadramento do entrevistado da cintura para cima com visão significativa do ambiente.
(C) o enquadramento do entrevistado no lado direito da tela, deixando o esquerdo para o cenário.
(D) o enquadramento do entrevistado no lado esquerdo da tela com alguma imagem significativa no outro lado.
(E) o enquadramento da cabeça e do ombro do entrevistado no vídeo.

10. (EXAME - 2009)

Um jornalista divulga, em um *blog*, matéria ofensiva a uma pessoa. Há direito constitucional de resposta ao ofendido?

Para acatar o direito de resposta, aparecem, como práticas usuais na mídia, estratégias como: minimizar o espaço da resposta; não dar destaque igual ao da acusação feita; publicar a resposta muitos dias, semanas e até meses depois.

Considerando-se o direito legal de resposta, a atitude a ser adotada pelo jornalista do *blog* é

I. esperar o resultado da ação impetrada pelo ofendido na justiça;

II. publicar a resposta de imediato e garantir o mesmo espaço para a argumentação do ofendido;

III. colocar a resposta do ofendido no espaço do blog dedicado aos comentários dos internautas;

IV. não ignorar o direito de resposta do ofendido com base na inexistência de legislação específica para a web.

Estão CORRETAS somente as afirmativas

(A) I e III.
(B) I e IV.
(C) II e III.
(D) II e IV.
(E) III e IV.

11. (EXAME - 2009)

Leia o texto:

> Em nossas terras, certamente a "barriga" mais famosa ficou conhecida como o episódio do "boimate" e foi protagonizada pela *Veja*, nossa revista líder de audiência. Até hoje, costuma-se invocar este exemplo (isto é feito sobretudo por pessoas que não militam na imprensa, pesquisadores em particular) para qualificar negativamente ou mesmo para provocar os jornalistas. O "boimate" foi publicado pela *Veja* em abril de 1983 e referia-se a uma "sensacional" descoberta ocorrida na Alemanha (mais precisamente na cidade de Hamburgo — o que, como iremos ver, nada tem de acidental). Dizia respeito à pesquisa de investigadores alemães que, respaldada em processo inédito para a fusão de células animais e vegetais, culminou com um produto singular: o "boimate", meio carne, meio tomate, ou seja, algo que dava em árvore e que, em resumo, se constituía em um hambúrguer que já vinha com ketchup.

BUENO, Wilson da Costa – Portal Imprensa
Publicado em: 24/09/2007

É CORRETO afirmar que o texto está se referindo a

(A) uma informação inverídica.
(B) um furo de reportagem.
(C) uma matéria inusitada.
(D) uma notícia plagiada.
(E) uma reportagem premiada.

12. (EXAME - 2009)

Leia o texto:

> Crises de imagem impõem inúmeros conflitos de natureza ética e estratégica a quem está no centro dos acontecimentos. Saber conciliar a postura mais transparente possível em relação à verdade com a melhor estratégia de defesa da causa a médio e longo prazos — este é o desafio.

ROSA, Mário. A Era do Escândalo.

Com base no texto e nos conhecimentos relacionados à assessoria de comunicação, é CORRETO afirmar que, em momentos de crise, a melhor conduta para os profissionais da área é

(A) antever problemas, mantendo as informações sob controle.
(B) atender à imprensa, omitindo fatos comprometedores.
(C) estar atento aos acontecimentos e não mentir jamais.
(D) manter os gestores em total isolamento, protegendo-os.
(E) planejar estratégias que obstruam a visão do problema.

13. (EXAME - 2009) DISCURSIVA

Considere as linhas editoriais a seguir:

I. Jornal popular, geralmente criticado por ser sensacionalista, inventar e/ou omitir fatos e preocupar-se apenas em faturar, aumentar a tiragem, publicar notícias irresponsáveis, atrair e agradar certo público-leitor.

II. Jornal de grande porte, considerado mais responsável, por vezes esquece o verdadeiro interesse pela informação, manipulando a notícia em favor de outros interesses empresariais, financeiros, comerciais, etc. E, assim, pode incorrer em muitos erros.

Compare as linhas editoriais, aponte as principais inconsistências desses veículos e proponha uma inovação que signifique avanço na relação mídia e sociedade. (VALOR: 10 PONTOS)

14. (EXAME - 2009) DISCURSIVA

O novo Código de Ética do Jornalista repete a Constituição de 88, quando afirma que a ética do profissional tem por base o direito fundamental do cidadão à informação, *"que abrange o direito de informar, ser informado e de ter acesso à informação"*. Imagine uma investida policial em comunidade pobre, em que houve abuso de autoridade, prisão ilegal, sonegação de informação a parentes de um acusado e proibição de cobertura por emissoras de rádio e televisão sob a justificativa de que a presença de repórteres com equipamentos poderia atrapalhar a ação policial.

Diante da situação descrita, proponha a ação adequada empregada pelo profissional de jornalismo com base em seu Código de Ética. (VALOR: 10 PONTOS)

15. (EXAME - 2009) DISCURSIVA

A Copa do Mundo de 2014 e os Jogos Olímpicos de 2016 serão realizados no Brasil. Considere que você foi incumbido da elaboração de um caderno especial, da editoria de esportes, de um tabloide. O tema do caderno será: "As chances de nossos atletas e equipes em 2014 e 2016".

Formule as pautas e planeje a cobertura a ser feita, considerando que

a) o caderno terá 12 páginas;

b) o público-alvo é a classe C.

(VALOR: 10 PONTOS)

5. COMPONENTE ESPECÍFICO / PUBLICIDADE E PROPAGANDA

1. (EXAME - 2009)

Leia as afirmativas:

Nas atividades empresariais hodiernas, as ações de marketing envolvem toda a vida do produto ou serviço ofertado pelas empresas ao mercado existente ou potencial.

PORQUE

Abarcam atividades que se iniciam na concepção ideal do produto ou serviço, e se finalizam somente nas etapas posteriores mesmo à compra do produto ou à contratação do serviço, visando satisfazer ou criar necessidades no consumidor e possibilitar a otimização de lucros de uma empresa, entre outros objetivos.

Considerando-se essas assertivas, é CORRETO afirmar que

(A) as duas são verdadeiras, e a segunda é uma justificativa correta da primeira.
(B) a primeira é verdadeira, e a segunda é falsa.
(C) as duas são falsas.
(D) a primeira é falsa, e a segunda é verdadeira.
(E) as duas são verdadeiras, mas a segunda não é uma justificativa correta da primeira.

2. (EXAME - 2009)

As figuras clássicas de retórica são utilizadas de diferentes formas pelos profissionais de criação para estabelecer relações incomuns e/ou criar situações bem humoradas que chamam a atenção do público para as peças. Examinando a peça publicitária apresentada abaixo, é possível perceber que, no conceito criativo empregado, há uma relação retórica estabelecida pela manipulação da imagem da galinha, na qual são inseridos signos representativos de outro animal — no caso a trama das manchas e as cores típicas dos bovinos do tipo holandês —, pela ambientação da fotografia — um pasto — e pelo ângulo no qual a galinha está enquadrada.

Assinale a resposta que indica o tipo de relação retórica estabelecida.

(A) Adjunção.
(B) Substituição.
(C) Paradoxo.
(D) Oposição.
(E) Supressão.

3. (EXAME - 2009)

As questões éticas envolvendo a publicidade geraram a existência do Conar — Conselho Nacional de Autorregulamentação Publicitária, instituição que fiscaliza a propaganda comercial veiculada no Brasil. Considerando o funcionamento dessa instituição, leia as afirmativas:

I. O Conselho de Ética do Conar é composto por representantes das agências de publicidade, dos anunciantes, dos veículos, dos consumidores e de órgãos governamentais.

II. Uma recomendação do Conselho de Ética do Conar poderá determinar a alteração de um anúncio ou impedir que ele venha a ser veiculado novamente.

III. O Conselho de Ética do Conar poderá propor uma advertência do anunciante e/ou de sua agência, mas nunca a divulgação pública da reprovação, o que só pode ser feito por iniciativa voluntária do anunciante ou da agência.

IV. As decisões do Conar são rigorosamente respeitadas pelos veículos de comunicação, que não mais veiculam um anúncio reprovado.

Estão CORRETAS somente as afirmativas

(A) I e II.
(B) II e IV.
(C) II e III.
(D) I e IV.
(E) II, III e IV.

4. (EXAME - 2009)

A identidade visual de qualquer empresa é, atualmente, um dos mais importantes patrimônios simbólicos. Como é denominado o elemento institucional de uma identidade visual, que pode ser definido como a particularização da escrita do nome dessa empresa?

(A) Alfabeto institucional.
(B) Assinatura visual.
(C) Cor institucional.
(D) Logotipo.
(E) Símbolo.

5. (EXAME - 2009)

Muitos movimentos das artes plásticas influenciaram a estética da publicidade. O movimento artístico do qual se pode dizer que sofre influência da publicidade é o da Pop Art, especialmente porque um dos seus principais expoentes também exercia a profissão de publicitário. Esse artista era:

(A) Roy Lichtenstein.
(B) Edward Hopper.
(C) Lawrence Alloway.
(D) Norman Rockwell.
(E) Andy Warhol.

6. (EXAME - 2009)

A direção de arte é a atividade do campo da publicidade que é responsável pela elaboração dos conceitos visuais aplicados nas campanhas. Tendo em mente a definição acima e pensando na prática profissional, leia as afirmativas:

I. Um diretor de arte necessita ter uma sensibilidade e uma cultura geral muito desenvolvidas.

II. Um diretor de arte deve ser conhecedor de técnicas de produção, tanto para meios impressos quanto eletrônicos e digitais.

III. Um diretor de arte deve ser capaz de definir estratégias criativas juntamente com o redator que é sua dupla.

É CORRETO o que se afirma em

(A) I e II.
(B) I e III.
(C) I, II e III.
(D) II e III.
(E) II.

7. (EXAME - 2009)

Entre os processos de impressão listados abaixo, qual é o mais utilizado para a produção de peças publicitárias no mercado mundial e também originário da litografia?

(A) Flexografia.
(B) Serigrafia.
(C) Rotogravura.
(D) Offset.
(E) Tipografia.

8. (EXAME - 2009)

Determinadas peças publicitárias ultrapassam a mera função de anunciar as qualidades de um produto ou serviço e promover sua venda. São concebidas de uma maneira que transmitem um conceito de forma tão eficiente e lírica que acabam se incorporando ao imaginário coletivo de um país. Essas peças, em geral, são produzidas com um apuro técnico absoluto que igualmente contribui para reforçar o sentido desejado e fortalecer ainda mais a transmissão do conceito da campanha.

O filme "O primeiro Valisére a gente nunca esquece", da antiga W/GGK (atualmente W/Brasil), agência de Washington Olivetto, foi vencedor do Leão de Ouro do Festival de Cannes e de vários outros prêmios. Exibido pela primeira vez depois do *Fantástico*, na Rede Globo de Televisão, tem um minuto e meio de duração e foi veiculado quando o comum eram peças de trinta segundos. Seu clima romântico e idílico é reforçado pelo recurso ao seguinte aspecto de produção audiovisual:

(A) inserção da trilha musical, baseada no estilo das *bigbands* estadunidenses.
(B) iluminação difusa e predominância de cores quentes na sua fotografia.
(C) locução em *off*, que conduz a trama do roteiro de forma segura.
(D) enquadramento, sempre em plano americano, que rememora cenas clássicas de cinema.
(E) plano de sequências, estabelecido pela direção de cena, que foi baseado em clássicos românticos do cinema, como "A um passo da eternidade".

9. (EXAME - 2009)

O planejamento de mídia de uma campanha envolve o estudo e a organização de muitas ações.

Sob a ótica dessa especialidade publicitária, leias as afirmativas:

I. É responsável pela programação de veiculação das campanhas e pelo controle da compra de tempo e espaço nos veículos, após a realização das negociações de preço serem concluídas pelo financeiro da agencia.

II. Verifica a frequência, a audiência, a área, a circulação, a tiragem, a duração, a localização, os preços de inserção e o tipo de veículos.

III. Seleciona e indica os veículos mais propícios a divulgação de determinada mensagem, considerando exclusivamente a verba disponível para a veiculação da campanha.

IV. Especifica as características técnicas do anúncio, como seu formato ou duração e cores.

V. Especifica as datas de publicação dos anúncios, custo bruto, comissão da agência, custo liquido, prazo de pagamento.

Estão CORRETAS somente as afirmativas

(A) I, II e V.
(B) I, III e V.
(C) II, III e IV.
(D) III, IV e V.
(E) II, IV e V.

---

10. (EXAME - 2009)

Uma agência de publicidade é uma empresa que vende soluções de comunicação para seus clientes. Um único publicitário não terá condições profissionais de executar todas as tarefas envolvidas no processo de comunicação com igual desenvoltura. Para que as soluções de comunicação geradas por uma agência tenham efetividade, as atividades profissionais dos publicitários são tradicionalmente diferenciadas. Como é denominada a atividade exercida pelos publicitários que pode ser definida como a que estabelece as funções específicas relacionadas com a veiculação da campanha e de que forma ela vai ocupar seu espaço para ser percebida pelo público-alvo?

(A) Atendimento.
(D) Mia.
(B) Direção de criação.
(E) Tráfego.
(C) Produção.

---

11. (EXAME - 2009)

Segundo Neusa Demartini Gomes, *"nas análises de marketing, o consumidor é o ponto convergente que centraliza todas as pesquisas dos especialistas e é tanto considerado em sua identidade individual quanto coletiva"*. Conhecer os desejos do consumidor e descobrir a sua identidade é uma tarefa de difícil execução, pois desejos não são estáticos e as identidades sofrem alterações com o passar do tempo. Mas, geralmente, a demanda surge estimulada pelos seguintes elementos fundamentais:

(A) desejo de possuir o produto, capacidade de poder adquirir o produto e aceitação do custo do produto.
(B) desejo de possuir o produto, capacidade de poder adquirir o produto e identificação com o conceito publicitário exposto na campanha do produto.
(C) desejo de possuir o produto, existência de crédito fácil para aquisição do produto e aceitação do custo do produto.
(D) desejo pelo status representado pelo produto, capacidade de poder adquirir o produto e identificação com o conceito publicitário exposto na campanha do produto.
(E) desejo pelo status representado pelo produto, existência de crédito fácil para aquisição do produto e identificação com o conceito publicitário exposto na campanha do produto.

---

12. (EXAME - 2009)

Sobre pesquisa de mercado e pesquisa científica, leia as afirmativas:

A pesquisa científica é uma forma de ação natural do ser humano que realiza uma exigência de sua essência, a de se aperfeiçoar e que, em um sentido geral, pode ser definida como todo e qualquer procedimento sistemático e/ou busca minuciosa para estudar a realidade, com o fim de estabelecer fatos ou princípios relativos a um campo do conhecimento. Apesar de não poder ser encarada como uma ação natural, ou uma exigência da essência do ser humano, a pesquisa de mercado pode ser igualmente definida como procedimento.

PORQUE

Assim como a pesquisa científica, a pesquisa de mercado busca estabelecer paradigmas de verdade, só que apenas aqueles que corroborem para a correta consecução das atividades empresariais estabelecidas em um país e o consequente desenvolvimento da economia nacional.

Considerando-se essas asserções, é CORRETO afirmar que

(A) a primeira é falsa, e a segunda é verdadeira.
(B) as duas são verdadeiras, mas a segunda não é uma justificativa correta da primeira.
(C) a primeira asserção é verdadeira, e a segunda é falsa.
(D) as duas são verdadeiras, e a segunda é uma justificativa correta da primeira.
(E) as duas são falsas.

---

13. (EXAME - 2009) DISCURSIVA

A recente crise econômica, que lançou a quase totalidade da economia mundial em um período de recessão, afetou seriamente até os países com bases sólidas, como Alemanha e Estados Unidos. Em função das razões de sua origem, centradas no mercado financeiro estadunidense de títulos imobiliários, logicamente essa crise atingiu profundamente esse segmento em quase todos os países.

Geralmente, em situações como essas, as verbas publicitárias estão entre as mais afetadas, o que obriga os publicitários a encontrarem soluções mais criativas e cada vez menos dispendiosas. Nesses momentos as possibilidades da comunicação em meios digitais se transformam em soluções viáveis e efetivas.

Levando em consideração as condições descritas acima, desenvolva um pequeno planejamento para uma campanha publicitária de um hipotético lançamento imobiliário e uma rápida argumentação para defendê-lo. (VALOR 10 PONTOS)

---

14. (EXAME - 2009) DISCURSIVA

Uma pequena agência de publicidade conseguiu como cliente uma rede de lojas de vestuário de produtos de qualidade, com estilo dos tipos "esportivo" e "casual", direcionados para o uso diário e com uma complementação de linha do tipo "esporte fino". O público-alvo tem o seguinte perfil: sexo masculino, solteiro, atuando principalmente em profissões liberais, idade entre 25 e 35 anos, instrução de nível superior completo e pertencente às classes C^+, B^- e B. Como planejamento, optou por anúncios de página inteira em revistas masculinas, pequenas peças gráficas - como *flyers e folders* - que serão distribuídas em boates e bares da moda próximos aos pontos de vendas do cliente por promotoras, inserções de peças digitais em sites esportivos, e utilizou como conceito básico da campanha a identificação com ícones masculinos de Hollywood como Humphrey Bogart, Burt Lancaster e Paul Newman.

Identifique se existem equívocos no planejamento de comunicação acima e os corrija ou, caso considere que não há nenhum erro, justifique a razão de considerar o planejamento correto. (VALOR: 10 PONTOS)

15. (EXAME - 2009) DISCURSIVA

Uma empresa tradicional de bebidas alcoólicas manteve durante os últimos 20 anos o mesmo tipo de comunicação integrada que foi efetivo para um forte crescimento de vendas após 1950. Entretanto, na última década, mesmo melhorando fatores como distribuição e qualidade dos produtos, suas vendas entraram em queda de forma consistente e continuada. Contratando uma empresa de pesquisa, apurou que a principal razão para esse fato foi o envelhecimento do seu público fidelizado, somado ao baixo índice de renovação etária de seus consumidores dos tipos *heavy users* e *medium users*, somente obtendo um efetivo significativamente maior de novos consumidores entre os tipificados como *light users*. Analisando o quadro exposto no parágrafo anterior, estabeleça, de forma resumida, uma nova estratégia de comunicação integrada, que possibilite a essa empresa hipotética aumentar o consumo de seus produtos entre os consumidores do tipo mais importante, a fim de recuperar seu faturamento e, consequentemente, possibilitar a sobrevivência da empresa. (VALOR: 10 PONTOS)

6. COMPONENTE ESPECÍFICO / RADIALISMO

1. (EXAME - 2009)

(...) a busca pela qualidade deve nortear o trabalho da TV pública — de todas as TVs públicas — e que a qualidade sempre é recompensada com audiência, mesmo que sua conquista seja um árduo trabalho de educação e reeducação. E, nesse caminho de construção de conteúdo e audiência, uma TV pública não pode abrir mão do marketing, da correta divulgação de seus atributos. Pois é difícil assistir a uma emissora que não se sabe que existe, que tipo de programação exibe e a importância dessa programação para a educação do País. Talvez resida aí parte do problema da TV Brasil hoje: ainda não conseguiu ser conhecida por seu público, dada a pouca divulgação institucional de sua existência e de sua programação. Afinal, não se pode esperar que conte com a mesma divulgação que a mídia impressa dá aos canais comerciais, muitos deles parte de grandes corporações. Concorrer com a mídia tradicional, com a tradição das novelas ou programas de auditório não é uma tarefa fácil. Que o digam os canais, mesmo comerciais, que não estão nos primeiros lugares de audiência.

linkblog - 10/09/2009

Com base no texto, é CORRETO afirmar, sobre a gestão da TV Brasil, que

(A) a emissora necessita de recursos de infraestrutura que lhe possibilitem implantar uma programação de qualidade com visibilidade.

(B) a emissora deve implementar sua corretagem comercial, a fim de angariar recursos que lhe permitam ampliar e diversificar a programação.

(C) a emissora passa por grandes dificuldades de audiência devido à inexistência de recursos para investimento em publicidade.

(D) a emissora precisa investir em qualidade, já que, por meio dessa, alcançará naturalmente bons resultados de audiência.

(E) a emissora vive os problemas das pequenas emissoras comerciais com o diferencial de que possui mais recursos para investimento.

2. (EXAME - 2009)

Quando Bertolt Brecht, em sua *Teoria do Rádio*, anunciou a existência de um processo de vampirização entre os veículos de comunicação, ele queria dizer, incluindo nessa premissa o rádio, que

(A) o rádio assume funções características da televisão e da internet inserindo-se num processo complexo de aglomeração midiática.

(B) persiste uma repetição de rotinas, em que os novos veículos que surgem utilizam os procedimentos dos veículos já existentes em busca de seus públicos.

(C) os meios de comunicação implantados assumem um papel de inovação ignorando os mecanismos utilizados nos veículos já existentes.

(D) os novos veículos que surgem suplantam os antigos em termos de público e arrecadação, condenando-os ao desaparecimento futuro.

(E) ocorre um aproveitamento dos recursos técnicos e humanos dos veículos já existentes já que a matéria-prima persiste a mesma em todos os veículos.

3. (EXAME - 2009)

Uma das etapas que definem a boa ou má qualidade do programa produzido para rádio ou TV é a sua edição. O tácito conhecimento das técnicas é responsável pelo enriquecimento e adequação do trabalho. Quando se edita uma *teaser*, por exemplo, o profissional de radialismo deve saber que está produzindo

(A) um anúncio com depoimento de suposto consumidor.

(B) uma pequena chamada de anúncio ou de notícia.

(C) uma passagem do repórter para ilustração de sua matéria.

(D) um anúncio de 2' para uma única veiculação na grade.

(E) uma suíte de algum fato significativo a ser revisto.

4. (EXAME - 2009)

No filme *Ladrões de Bicicletas*, dirigido por Vittorio De Sicca, a cidade de Roma serviu de cenário para vários ambientes: o diretor optou por não fazer tomadas em estúdios. No Brasil, vários filmes também usaram cidades como seus cenários, evitando filmagens em estúdios.

Esse procedimento tem representado um enriquecimento para os nossos diretores de arte, que possuem a competência para

(A) aprovar cenas externas e internas do roteiro.

(B) determinar quem será o autor do roteiro.

(C) executar a sonoplastia da edição.

(D) operar as tomadas de câmera.

(E) realizar as tomadas de câmera.

5. (EXAME - 2009)

O rádio e a televisão são subordinados a uma mesma legislação. Considerando as leis em vigor, são realizadas as seguintes afirmativas:

I. O radialista precisa de diploma para trabalhar.

II. A revogação da Lei de Imprensa (5.250/67) alterou a conduta dos comunicadores.

III. A progressão de cargos e salários não exige lei específica.

É CORRETO somente o que se afirma em

(A) I.

(B) II.

(C) III.

(D) I e II.

(E) II e III.

6. (EXAME - 2009)

Leia o texto:

O Código Brasileiro de Autorregulamentação Publicitária nasceu de uma ameaça ao setor: no final dos anos 70, o governo federal pensava em sancionar uma lei, criando uma espécie de censura prévia à propaganda. Se a lei fosse implantada, nenhum anúncio poderia ser veiculado sem que antes recebesse um carimbo "De Acordo" ou algo parecido.

A criação do departamento para controle da publicidade exigiria a contratação de algumas centenas de funcionários. As implicações burocráticas seriam inimagináveis, ainda assim desprezíveis diante do retrocesso que tal controle representaria para um país que reconquistava a duras penas seu direito à liberdade de expressão.

Diante dessa ameaça, uma resposta inspirada: autorregulamentação, sintetizada num Código, que teria a função de zelar pela liberdade de expressão comercial e defender os interesses das partes envolvidas no mercado publicitário, inclusive os do consumidor. A ideia brotou naturalmente a partir do modelo inglês e ganhou força pelas mãos de alguns dos maiores nomes da publicidade brasileira.

Uma breve história do Conar - www.conar.org.br

Com base no texto, é CORRETO afirmar que

(A) a autorregulação possibilitou o controle completo da área pelos profissionais, possibilitando a total liberdade de ações.

(B) com a criação desse código, não há no Brasil nenhum tipo de restrição quanto à veiculação de propagandas.

(C) o Código garante a liberdade de regulação na área, mas exige a defesa de todas as partes envolvidas (publicitários, clientes e consumidores).

(D) o Código surgiu em substituição a uma legislação restritiva de liberdade implantada durante o período de ditadura militar.

(E) para regular o Código, foi criada a associação de classe denominada Conar, que atua na defesa de seus preceitos e regulamentos.

7. (EXAME - 2009)

O cinema entrou na televisão por meio do jornalismo. Eram os filmes de 16 mm utilizados nos noticiários. Com o desenvolvimento da tecnologia, o cinema passou a adotar métodos de roteirização, que vieram da TV. Assim, o profissional de hoje domina as duas linguagens — cinema e TV — na sua missão de criar produtos que sejam adequados às duas modalidades.

Considerando-se a elaboração do roteiro,

I. os campos de vídeo e áudio são definidos desde o início.

II. os diálogos utilizam nomes dos personagens.

III. a marcação de todos os planos é feita pelo diretor.

IV. o roteiro é elaborado paralelamente ao orçamento.

Estão CORRETAS somente as afirmativas

(A) I e II.

(B) I e III.

(C) I e IV.

(D) III e IV.

(E) II e III.

8. (EXAME - 2009)

A radiodifusão educativa não possui fins lucrativos e objetiva a divulgação de programação educativa e cultural.

PORQUE

As finalidades educativo-culturais são priorizadas de forma exclusiva na avaliação para deferimento de renovação das concessões, permissões e autorizações.

Considerando-se essas assertivas, é CORRETO afirmar que

(A) a primeira é falsa, e segunda é verdadeira.

(B) a primeira é verdadeira, e a segunda é falsa.

(C) as duas são falsas.

(D) as duas são verdadeiras, e a segunda justifica a primeira.

(E) as duas são verdadeiras, e a segunda não justifica a primeira.

9. (EXAME - 2009)

Desde a descoberta do rádio, o som vem recebendo tratamentos diferenciados. Primeiro, veio a onda média (AM), e, pouco mais tarde, o som melhorou com o advento da frequência modulada (FM). Hoje, a moda é o rádio pela Internet, com adesão majoritária das universidades.

Uma rádio WEB universitária está autorizada a

(A) fazer conexão com outros prefixos.

(B) operar no padrão da rádio comunitária.

(C) promover Guia Eleitoral.

(D) transmitir A Voz do Brasil.

(E) utilizar recursos do sistema MP-3.

10. (EXAME - 2009)

Leia a figura:

A caracterização mais adequada à ação desenvolvida nessa figura é

(A) gravação de um fato jornalístico de grande repercussão.
(B) filmagem cinematográfica em locação de estúdio.
(C) gravação de um capítulo externo de telenovela.
(D) cobertura e divulgação, em tempo real, de imagem e som.
(E) produção de uma minissérie para televisão.

11. (EXAME - 2009)

As tecnologias vêm possibilitando a convergência de mídias, como vem ocorrendo no caso do rádio com a Internet.

A esse respeito, leia as afirmativas a seguir:

I. O rádio na internet tem o contato por telefone substituído por *e-mails* de modo que as informações chegam de forma ágil e gratuita, podendo ser distribuídas entre todas as áreas, o que significa ganhos em termos de interatividade.

II. O rádio na internet vem superando todas as expectativas em termos de arrecadação publicitária, conquistando valores superiores às emissoras tradicionais devido ao crescente e considerável público que já possui na *web*.

III. O velho esquema de informação vertical dos rádios terá fim na internet, já que a participação fica restrita aos *e-mails*, e os veículos se caracterizam pela ativa participação unilateral dos agentes (repórteres e comunicadores).

É CORRETO somente o que se afirma em

(A) I.
(B) II.
(C) III.
(D) I e II.
(E) II e III.

12. (EXAME - 2009)

Os veículos de comunicação selecionam seus produtores exigindo deles conhecimento de normas de Direito Autoral para o cumprimento da Lei 9.610/98 por parte dos programas transmitidos nos veículos brasileiros.

PORQUE

No entanto, estrangeiros domiciliados no exterior não possuem direito à proteção assegurada nos acordos, convenções e tratados em vigor no Brasil.

Considerando-se essas assertivas, é CORRETO afirmar que

(A) a primeira é falsa, e a segunda é verdadeira.
(B) as duas são falsas.
(C) a primeira é verdadeira, e a segunda é falsa.
(D) as duas são verdadeiras, e a segunda justifica a primeira.
(E) as duas são verdadeiras, e a segunda não justifica a primeira.

13. (EXAME - 2009) DISCURSIVA:

A associação comunitária de um bairro industrial obteve uma frequência comunitária. Convocou, então, os moradores, que, na programação, previram a transmissão de jogos de futebol do bairro e entrevistas com artistas que nele se apresentassem. Com o tempo, a rádio agregou potência que ultrapassou o raio de sua abrangência e também passou a veicular propaganda comercial de uma empresa estrangeira de grande porte. O Dentel agiu contra a rádio.

1. Apresente dois argumentos que fundamentam a ação do Dentel. (VALOR: 5 PONTOS)

2. Apresente duas atividades que essa rádio pode, legalmente, realizar em sua programação. (VALOR: 5 PONTOS)

14. (EXAME - 2009) DISCURSIVA

Um programa de TV que oferece sorteios e prêmios apresenta um índice de 30% da audiência do horário. Os produtores necessitam aumentar em 10% essa audiência para atender às expectativas da emissora.

Como atingir esse percentual exigido pelo planejamento da emissora?

Apresente duas estratégias para obter o resultado desejado. (VALOR: 10 PONTOS)

15. (EXAME - 2009) DISCURSIVA

Uma emissora de TV realiza reportagens externas que apresentam baixa qualidade de som. Para entrar na era digital, o que essa emissora precisa fazer?

Apresente duas ações para que o padrão de qualidade de imagem e som dessa emissora se nivele aos concorrentes no mercado brasileiro. (VALOR: 10 PONTOS)

7. COMPONENTE ESPECÍFICO / RELAÇÕES PÚBLICAS

1. (EXAME - 2009)

Leia o organograma que representa um planejamento de campanha de marketing político:

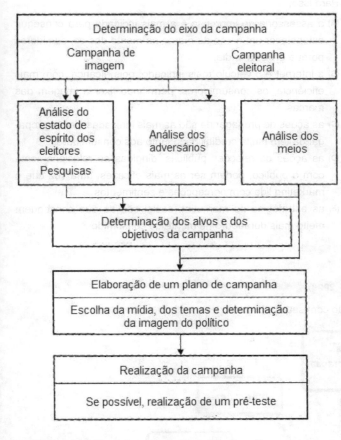

Com base na leitura dessa figura, leia as afirmativas:

I. O marketing político é um conjunto de técnicas e de procedimentos, cujo objetivo é avaliar a disposição da sociedade para votar em determinado candidato.

II. O planejamento do marketing político é semelhante ao planejamento do marketing de produto.

III. As estratégias do marketing político fundamentam-se em pesquisas qualitativas e quantitativas para definir a postura do candidato, os temas, as propostas e a forma de apresentá-las.

É CORRETO o que se afirma em

(A) II e III.
(B) II.
(C) I e III.
(D) III.
(E) I e II.

2. (EXAME - 2009)

Leia os gráficos que apresentam os resultados da pesquisa do Data Senado, realizada em 2009, acerca do uso da Internet nas próximas eleições:

Qual é o meio de comunicação que você mais usa para se informar sobre política?

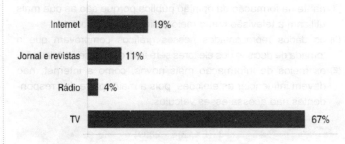

Participação em redes sociais por faixa etária

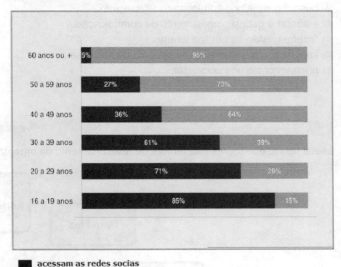

Qual é a maior vantagem do uso da internet nas eleições?

Com base na leitura desses gráficos, é CORRETO afirmar que

(A) a influência das redes sociais sobre os debates políticos será reduzida, uma vez que só o público muito jovem acessa as redes e não atingiu a idade mínima para votar.
(B) os brasileiros vão discutir sobre a próxima eleição na internet, apesar da supremacia da televisão como meio de informação.
(C) a opinião das pessoas com mais de 50 anos será predominante na formação da opinião pública porque são as que mais utilizam a televisão como meio de informação política.
(D) os dados representados nesses gráficos comprovam que a tomada de decisão dos eleitores será feita com base na televisão.
(E) os meios de informação mais novos, como a internet, não devem influenciar as eleições, pois a maior parte dos respondentes não acessa esses veículos.

3. (EXAME - 2009)

É função das relações públicas em uma organização

(A) buscar o equilíbrio administrativo-financeiro.
(B) elaborar e gerir o planejamento de comunicação.
(C) fazer a gestão do público interno.
(D) implantar o planejamento estratégico da empresa.
(E) prestar contas aos acionistas.

4. (EXAME - 2009)

Desenvolvimento, Pesquisa, Propaganda e *Branding* são as quatro etapas tradicionais utilizadas no marketing de produtos e serviços. Uma etapa crucial de qualquer planejamento de marketing é conseguir estabelecer um nome de marca na mente do consumidor.

Para isso,

(A) a assessoria de imprensa é a mais indicada para conseguir estabelecer um nome de marca na mente dos consumidores porque utiliza a mídia.
(B) a internet é o veículo mais indicado, pois alcança, com mais eficiência, os consumidores, permitindo fixar a imagem das marcas.
(C) as ações de propaganda são as mais indicadas, pois a propaganda tem muita credibilidade junto aos consumidores.
(D) as ações de relações públicas, dirigidas ao relacionamento com o público, podem ser as mais eficazes, uma vez que o marketing lida com percepções e sentimentos.
(E) as estratégias de marketing social são as que conseguem efeito mais duradouro na mente do consumidor.

5. (EXAME - 2009)

Leia a figura, que representa formas de relacionamento da organização com seus públicos:

É CORRETO afirmar que essa figura

(A) expressa a classificação do público externo de uma determinada empresa.
(B) representa a comunicação organizacional das instituições públicas.
(C) representa o foco do trabalho de relacionamento com a mídia.
(D) representa o relacionamento das empresas com seus públicos-alvo.
(E) representa o relacionamento das organizações com seus públicos.

6. (EXAME - 2009)

O relacionamento com a mídia é uma das principais preocupações dos profissionais nas assessorias de comunicação, pois a mídia se tornou uma das maneiras mais eficazes para uma organização se colocar frente aos seus públicos e com eles interagir. As interações das organizações com a sociedade hoje em dia acontecem mais por meio dessas teias comunicativas do que por meio do trabalho que essas organizações desenvolvem.

Considerando-se essas informações, leia as afirmativas a seguir:

I. O *clipping* é a prova cabal do trabalho de uma assessoria para informar ou influenciar a opinião pública e é o principal instrumento para medir o retorno de ações e para avaliar a relação custo—benefício.

II. A relação com a mídia, em uma situação de crise empresarial, torna-se tensa e perigosa, e os especialistas aconselham abordar o tema de forma geral, omitindo detalhes que poderão ser usados em outras notícias.

III. A mídia corporativa está preocupada em ocupar a agenda midiática com o ponto de vista setorial, isto é, difundir a perspectiva do segmento a que pertence, de modo a interferir na moldagem da esfera pública.

É CORRETO somente o que se afirma em

(A) I e II.

(B) II e III.

(C) III.

(D) III e I.

(E) I.

7. (EXAME - 2009)

Uma Agência de Relações Públicas tem como cliente em seu portfólio, há vários anos, uma instituição de educação superior. Recentemente, a agência foi procurada por uma instituição concorrente, da mesma cidade, com o objetivo de implantar um programa de marketing junto às escolas, visando captar maior número de alunos para o seu vestibular.

De acordo com o Código de Ética dos profissionais de Relações Públicas, cabe a essa agência

(A) contratar nova equipe para atendimento exclusivo à instituição concorrente.

(B) fazer associação com outra agência, para atendimento conjunto do novo cliente.

(C) o direito de decisão acerca do procedimento a adotar, pois esse código não aborda o problema.

(D) recusar atender a dois clientes concorrentes, sem autorização prévia das partes.

(E) um prazo de até três meses para decidir qual cliente permanecerá em seu portfólio.

8. (EXAME - 2009)

Há pouco tempo, organizou-se, em uma capital brasileira, um movimento para a valorização de um de seus bairros. Segundo alguns analistas, esse movimento teve a missão de resgatar a vocação residencial do bairro; para outros, seu objetivo foi alavancar o mercado imobiliário. Seja como for, o fato de a campanha ter iniciado em uma comunidade no Orkut demonstra que

(A) a estratégia utilizada pelo movimento foi baseada nos princípios do marketing social, cujo objetivo é promover ações de valorização da cidadania.

(B) as redes sociais estão sendo usadas por empresas e por associações para gerar movimento de ideias e opiniões e alavancar negócios.

(C) o movimento apresenta características de campanha de marketing político voltada para arrecadar eleitores nas comunidades virtuais.

(D) o movimento apresenta características de estratégia de marketing, mas não de marketing de guerrilha.

(E) o movimento foi uma estratégia de comunicação para valorizar a política do poder público municipal.

9. (EXAME - 2009)

A comunicação comunitária em sua forma mais avançada pressupõe uma experiência em que a mídia e outras formas e canais de expressão pertençam à comunidade e a ela remetam.

Quais são as características que identificam as atividades de Relações Públicas no terceiro setor?

(A) Aquelas cujas estratégias políticas visam empoderar o terceiro setor, para obter a posse de veículos de comunicação.

(B) Aquelas implementadas sem a utilização da grande mídia e sem propaganda paga, restritas às empresas que utilizam condutas éticas comprovadas.

(C) Aquelas que se ocupam do planejamento, da implantação e da gestão da comunicação das comunidades.

(D) Aquelas que reivindicam a gestão de meios de comunicação, hoje nas mãos dos grandes conglomerados de rádio e televisão.

(E) Aquelas que reconhecem o protagonismo do cidadão no processo de planejamento, de produção e de difusão de conteúdos.

10. (EXAME - 2009)

Algumas empresas do setor de bebidas e tabaco adotam campanhas de comunicação que sugerem moderação no beber e fumar.

Como se enquadram essas campanhas, do ponto de vista da responsabilidade social?

(A) Um caso de marketing de guerrilha.

(B) Um exemplo de coerência entre discurso e prática de uma organização.

(C) Uma campanha de propaganda subliminar.

(D) Uma tentativa de vender uma imagem positiva da empresa.

(E) Uma postura empresarial coerente com os princípios da responsabilidade social.

11. (EXAME - 2009)

Leia as afirmativas:

A comunicação nem sempre flui com facilidade no interior das organizações.

PORQUE

Muitas pessoas utilizam-se da informação como instrumento de poder.

Considerando essas afirmativas, é CORRETO afirmar que

(A) as duas são verdadeiras, e a segunda é uma justificativa correta da primeira.

(B) a primeira é verdadeira, e a segunda é falsa.

(C) as duas são falsas.

(D) a primeira é falsa, e a segunda é verdadeira.

(E) as duas são verdadeiras, mas a segunda não justifica a primeira.

12. (EXAME - 2009)

A expectativa de uma organização no relacionamento com seus empregados é de uma relação baseada na dedicação, lealdade e comprometimento.

PORQUE

O grau de dependência que uma organização tem com seus empregados não é essencial.

Considerando essas afirmativas, é CORRETO afirmar que

(A) a primeira é falsa, e a segunda é verdadeira.

(B) as duas são falsas.

(C) a primeira é verdadeira, e a segunda é falsa.

(D) as duas são verdadeiras, e a segunda é uma justificativa correta da primeira.

(E) as duas são verdadeiras, mas a segunda não justifica a primeira

13. (EXAME - 2009) DISCURSIVA

De acordo com o Instituto Ethos, a empresa socialmente responsável não se limita a respeitar os direitos dos trabalhadores, consolidados na legislação trabalhista e nos padrões da OIT (Organização Internacional do Trabalho), ainda que esse seja um pressuposto indispensável. A empresa deve ir além e investir no desenvolvimento pessoal e profissional de seus empregados, bem como na melhoria das condições de trabalho e no estreitamento de suas relações com os empregados. Também deve estar atenta para o respeito às culturas locais, revelado por um relacionamento ético e responsável com as minorias e instituições que representam seus interesses.

Considerando-se essas informações, analise este caso:

Preocupada com a questão social, uma conhecida empresa de calçados brasileira criou, há 10 anos, um projeto na área de Responsabilidade Social voltado para seus funcionários, com a intenção de estabelecer uma parceria saudável entre capital—trabalho e empresa—funcionário. Esse projeto relativo aos funcionários envolvia vários temas como educação, habitação, segurança, e fazia parte de uma política da organização para promover seus colaboradores em três dimensões: pessoal, profissional e cidadã.

Os resultados alcançados foram excelentes: os programas de segurança reduziram em 66% os acidentes de trabalho; em 57% os custos com acidentes, e o número de dias perdidos diminuiu 83%. Além das questões de segurança de trabalho, a empresa ofereceu a seus colaboradores, por meio de uma associação, seguro de vida e seguro residência contra incêndio e vendaval, para os quais arrecadou contribuições simbólicas dos beneficiados. Uma parceria com uma instituição financeira também permitiu que 20% dos seus funcionários adquirissem casa própria e que fosse criado um fundo especial de complementação para a aposentadoria.

Desde o ano passado, a empresa está preparando um novo projeto de Responsabilidade Social com objetivos e metas para os próximos 5 anos.

Considerando-se essas informações, proponha duas estratégias que essa empresa poderá incluir em seu novo projeto. Justifique cada uma delas.

Estratégia 1/Justificativa: (VALOR: 5 PONTOS)

Estratégia 2/Justificativa: (VALOR: 5 PONTOS)

14. (EXAME - 2009) DISCURSIVA

O evento institucional traz inúmeros benefícios às organizações, como melhorar o relacionamento com públicos estratégicos e *"prospects"*; promover novas marcas; reforçar o conceito institucional da marca; estabelecer parcerias; captar novos recursos e provocar mídia espontânea.

Considere que você é parte integrante da equipe de comunicação de uma empresa de seguro de saúde que promoverá um evento corporativo para apresentar um novo programa de atendimento especial para a terceira idade. Nessa equipe, você é responsável pelo atendimento e pela recepção dos convidados.

Enumere quatro etapas do programa de atendimento aos convidados proposto por você, com ênfase nas ações de atendimento ao público-alvo. (VALOR: 10 PONTOS)

15. (EXAME - 2009) DISCURSIVA

A novidade que os mais recentes debates sobre Comunicação Pública trazem é a tentativa de viabilizar a mudança do foco da comunicação, tradicionalmente voltado ao atendimento dos interesses da organização e de seus gestores, para o atendimento dos interesses do conjunto da sociedade, de uma forma consciente, responsável e estratégica. Esse "deslocamento" do foco da comunicação organizacional, tradicionalmente centrado no interesse da instituição, para abrigar, mediante o debate, os interesses da pluralidade dos cidadãos, é um novo desafio para o profissional de comunicação.

Redija um texto dissertativo que aborde a relação do novo paradigma de Comunicação com as Relações Públicas. (VALOR: 10 PONTOS)

2006
COMUNICAÇÃO SOCIAL

1. (EXAME - 2006)

Há correntes do pensamento comunicacional que discorrem sobre a falta de imagem no rádio. Alguns teóricos consideram que essa falta de imagem seria compensada pela imaginação visual do ouvinte. Já para outros, a falta de imagem no rádio não é uma deficiência e, sim, uma vantagem em relação a outros meios, pois a "cegueira" transforma-o em um meio poderoso de expressão intelectual.

Com relação a esse assunto, julgue os itens a seguir.

I. O recurso de adjetivação é imprescindível para a compreensão da mensagem no texto radiofônico.

II. A linguagem radiofônica é constituída de quatro elementos: a palavra, a música, os efeitos sonoros e o silêncio.

III. A "cegueira", a qual o texto acima se refere, é própria do rádio e constitui a chave da estética de uma narrativa sonora invisível.

IV. A ausência de imagens no rádio é a chave de acesso ao mundo interior do ouvinte, que faz conexão dos sons com sua experiência, podendo colocar em movimento seus devaneios.

V. A falta da imagem e da escrita, que compromete o entendimento da mensagem no texto radiofônico, deve ser compensada por elementos sonoros para a compreensão da referida mensagem.

Estão certos apenas os itens

(A) I, II e IV.
(B) I, II e V.
(C) I, III e V.
(D) II, III e IV.
(E) III, IV e V.

2. (EXAME - 2006)

Segundo pesquisa realizada, 60% do conteúdo de uma mensagem sonora são retidos por até três horas depois da sua emissão. Após três dias, restam, na memória, apenas 10% desse conteúdo. A pesquisa aponta, também, que, quando a mensagem é apenas visual, esses índices sobem para 72% e 20%, respectivamente. Mas, se a mensagem for audiovisual, retêm-se 85% do seu conteúdo até três horas após a sua recepção e, ao final de três dias, 65% ainda são lembrados. A tabela a seguir resume essas informações.

fonte	órgão receptivo	três horas	três dias após
sonora	ouvido	60%	10%
visual	olho	72%	20%
audiovisual	olho e ouvido	85%	65%

(ROMO GIL, Maria Cristina. **Introducción al conocimiento y práctica de la radio**. Cidade do México: Diana, 1987, com adaptações)

Tendo o texto acima como referência inicial, julgue os itens seguintes, acerca da mensagem radiofônica.

I. Se não atendidos os requisitos de clareza e precisão na mensagem radiofônica, os respectivos percentuais de retenção acima referidos provavelmente seriam menores que os apresentados.

II. A retenção de conteúdos otimiza-se à medida que sentidos e códigos contribuem com níveis de redundância.

III. A mensagem audiovisual tem mais chance de fixar conteúdos por mais tempo na memória do destinatário do que a mensagem estruturada apenas no código sonoro.

Assinale a opção correta.

(A) Apenas um item está certo.
(B) Apenas os itens I e II estão certos.
(C) Apenas os itens I e III estão certos.
(D) Apenas os itens II e III estão certos.
(E) Todos os itens estão certos.

3. (EXAME - 2006)

(SOUSA, Maurício de, 2003.)

A tira acima ilustra elementos do modelo do processo de comunicação proposto por Shannon e Weaver. Com base no referido modelo e com relação à tira, julgue os itens a seguir.

I. A voz do personagem Cascão é um canal de comunicação.
II. O personagem Cebolinha desempenha o papel de receptor/destinatário da mensagem.
III. A forma como o diálogo entre Cascão e Cebolinha se desenvolveu indica que houve ruído no processo de comunicação, segundo o modelo de Shannon e Weaver.
IV. O modelo de Shannon e Weaver, ilustrado nessa tira, é circular.
V. É possível encontrar na tira os seguintes elementos do modelo de Shannon e Weaver: fonte, código, mensagem, canal, decodificador e receptor.

Estão certos apenas os itens

(A) I e III
(B) I e IV
(C) II e III
(D) II e V.
(E) IV e V.

4. (EXAME - 2006)

A Vigilância Epidemiológica e o Departamento de Serviços Municipais de Saúde detectaram que uma doença tropical espalhou-se rapidamente na região Norte do país. A área rural, incluídas as localidades onde não há energia elétrica, foi a mais atingida.

Considerando essa situação hipotética, o veículo de comunicação mais adequado para alertar rapidamente o maior número de pessoas sobre os cuidados e a prevenção relativos à doença mencionada é

(A) o rádio.
(B) o jornal.
(C) a televisão.
(D) a revista.
(E) o folheto.

5. (EXAME - 2006)

(Disponível em http://canalkids.com.br)

Sobre a mesa, um computador traz o mundo para dentro de casa pela Internet, permite dialogar-se com pessoas em qualquer continente, telefonar para qualquer outro internauta via Skype (a telefonia grátis com protocolo IP), acessar jornais, ouvir rádios, ver televisão, consultar revistas, jogar *videogames* com parceiros distantes, pesquisar qualquer assunto em sítios como o Google ou o Yahoo, que já reúnem mais de 400 bilhões de páginas de informação. Em breve, tudo isso poderá ser feito também pelo celular, a qualquer hora, em qualquer lugar.

(SIQUEIRA, Ethevaldo. **Comunicações precisam de um novo modelo.** *In*: **O Estado de S.Paulo**, 5/7/2005, com adaptações.)

Considerando o texto e a figura acima, é correto afirmar que a convergência de sistemas de comunicação e de tecnologias da informação

I. decorre de uma sociedade estruturada com base na informação.
II. provoca, no curto prazo, o desaparecimento de mídias tradicionais.
III. implica desafios para os profissionais de comunicação com relação aos padrões de produção midiática para meios convergentes.

Assinale a opção correta.

(A) Apenas um item está certo.
(B) Apenas os itens I e II estão certos.
(C) Apenas os itens I e III estão certos.
(D) Apenas os itens II e III estão certos.
(E) Todos os itens estão certos.

6. (EXAME - 2006)

Para dar significado a suas comunicações, as pessoas recorrem a signos, que se organizam em sistemas de signos. Este texto, por exemplo, é constituído por signos individuais — as palavras —, por sua vez, organizados em um sistema de signos, a língua. É um texto codificado. O receptor vai entendê-lo porque conhece o código.

A semiótica — ou semiologia — é a ciência que estuda os signos, os sistemas de signos e a cultura em que os signos existem.

(SOUSA, Jorge Pedro. **Elementos de teoria e pesquisa da comunicação e da mídia.** Florianópolis: Letras Contemporâneas, 2004, p. 45, com adaptações.)

A partir do texto acima e das reflexões da semiótica acerca dos signos, assinale a opção correta.

(A) os signos se restringem às palavras.
(B) os signos e os sistemas de signos são abertos a interpretação.
(C) há relação visível entre significante e significado dos signos arbitrários.
(D) os códigos correspondem aos sistemas em que os signos se desorganizam.
(E) o sentido se constrói, a despeito da decodificação.

7. (EXAME - 2006)

Texto I

(Disponível em http://www1.folha.uol.com.br/folha/circulo/manual_producao_p.htm.)

Texto II

Respeito à privacidade e direito do público à informação podem às vezes se chocar. Em princípio, o direito à informação deve prevalecer sempre que se tratar de assunto relevante e, em especial, quando envolver personagens públicas.

(Manual de Redação da Folha de S.Paulo.)

Considerando o texto I — tira — e o texto II — trecho de manual — apresentados acima, assinale a opção correta.

(A) De acordo com o texto II, é correta a ação dos *paparazzi*, ilustrada no texto I.
(B) A solução do conflito público-privado está contemplada no texto I.
(C) Se o lugar ilustrado no texto I fosse um espaço privado, a ação dos *paparazzi* na tira seria incorreta, de acordo com o que se afirma no texto II.
(D) O texto II permite concluir que fotos tiradas, mas não publicadas, respeitam a privacidade do personagem público.
(E) De acordo com o texto II, o direito a informação pode ser mais importante que o respeito à privacidade.

8. (EXAME - 2006)

Quarenta anos depois da publicação de **Apocalípticos e Integrados**, de Umberto Eco, semelhante dicotomia se apresenta, desta vez, em relação à cibercultura. De um lado, os otimistas que acreditam nas inesgotáveis possibilidades dos avanços tecnológicos, inclusive, propiciando o surgimento de uma "tecnodemocracia". De outro, os pessimistas que profetizam que o absoluto caos digital está próximo. Considerando esse contraponto, julgue os itens a seguir.

I. A antinomia tecnologia versus humanismo ultrapassa o tempo e os contextos, inclusive, quanto aos meios de comunicação.

II. A divergência apontada acima está mais relacionada ao radicalismo dos otimistas e dos pessimistas que às novas tecnologias.

III. Ao longo do tempo, as tecnologias se sucedem, mas infere-se do texto que permanece o conflito, quanto ao uso delas, entre o bem e o mal.

IV. O desenrolar da espiral tecnológica é que tem agravado o conflito entre os "Apocalípticos" e os "Integrados".

Estão certos apenas os itens

(A) I e II.
(B) I e III.
(C) II e III.
(D) II e IV.
(E) III e IV.

9. (EXAME - 2006)

Texto I

(Disponível em www1.folha.uol.com.br/folha/dimenstein/colunas/gd200306.htm.)

Texto II

Cada vez mais crianças e adolescentes americanos ouvem, vêem ou lêem várias mídias ao mesmo tempo: escutam música e trocam mensagens pela Internet enquanto assistem à televisão. Apesar de tanto acesso aos meios de comunicação, não pára de cair o interesse dos jovens americanos por economia, política ou temas internacionais veiculados pelos noticiários de jornal, TV, rádio ou Internet. Não mais que 6% deles teriam interesse pelos noticiários jornalísticos. No Brasil, levantamentos feitos pela Editora Abril e pela MTV constataram grande número de jovens confusos, bombardeados por informações, demandando auxílio para selecionar o que é relevante. Tal sensação também vai contaminando os adultos.

(**Folha de S.Paulo**, 20/3/2006, com adaptações.)

Com relação ao texto I — tira — e ao texto II — trecho retirado da **Folha de S. Paulo** —, julgue os itens a seguir.

I. O texto I sugere que são os meios de comunicação que confundem os jovens.
II. O texto II permite concluir que maior acesso à informação implica maior conhecimento.
III. Conclui-se do texto II que mais informação resulta em maior capacitação para a cidadania.
IV. Os dois textos fazem referência à saturação informacional proporcionada por novas tecnologias.

Assinale a opção correta.

(A) Apenas o item I está certo.
(B) Apenas o item III está certo.
(C) Apenas o item IV está certo.
(D) Apenas os itens II e IV estão certos.
(E) Apenas os itens I, II e III estão certos.

10. (EXAME - 2006)

Texto I

(Fonte: Instituto de Estudos e Pesquisas em Comunicação.
Disponível em www.intervozes.org.br/arquivos/TVDigital.pdf.)

Texto II

Dominando o mercado de TV, de US$ 3 bilhões, 6 redes privadas nacionais, por meio de 138 grupos afiliados, controlam 668 veículos (TVs, rádios e jornais), instrumentos de poder regional e nacional.

(Fórum Nacional pela Democratização da Comunicação.)

Tendo as informações e os sentidos dos textos acima como referência inicial, julgue os itens a seguir, a respeito dos meios de comunicação.

I. A concentração dos meios de comunicação está relacionada a forças econômicas e políticas.
II. Conglomerados de comunicação são conseqüências da democracia.
III. A concentração da mídia no Brasil é uma conseqüência do que estabelece a Constituição Federal em vigor.
IV. A dominação pressuposta nos dois textos sugere convergência de interesses das indústrias cultural e eletrônica.
V. O poder da mídia permite que se promova o terror pró ou contra o poder instituído.

Estão certos apenas os itens

(A) I, II e III.
(B) I, II e V.
(C) I, IV e V.
(D) II, III e IV.
(E) III, IV e V.

Tendo esse texto como referência inicial, julgue os itens que se seguem.

I. O produto dos meios de comunicação é determinante do comportamento humano.
II. Se a TV faz que as pessoas pensem que a violência é normal, elas torna-se-ão violentas.
III. Uma sociedade estruturada em desigualdades é mais vulnerável aos conteúdos de violência na TV.
IV. A violência mostrada na mídia reflete simetricamente a violência das ruas.
V. A violência normalmente mobiliza a atenção das pessoas, e isso influencia o espaço por ela ocupado nos meios de comunicação.

Estão certos apenas os itens

(A) I e II.
(B) I e IV.
(C) II e III.
(D) III e V.
(E) IV e V.

11. (EXAME - 2006)

Há cerca de 10 anos, Jo Groebel (Universidade de Utrecht, Holanda) não deixou dúvidas sobre a existência de uma relação entre a predominância da violência na programação de TV e a tendência para a agressividade de jovens e adultos. Ele afirmava, baseado em mais de 20 anos de pesquisa, que a TV "faz com que as pessoas pensem que a violência é normal" e que, "quanto mais desigual a estrutura da sociedade, maior o impacto da violência mostrada na TV".

(**Observatório da Imprensa**, 22/8/2006, com adaptações.)

12. (EXAME - 2006)

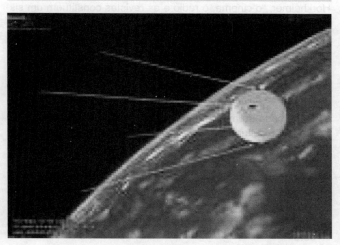

(Disponível em www.google.com.br/search?.)

Em 4 de outubro de 1957, quando foi lançado, ele era um prodígio tão grande que fez o presidente Kennedy admitir que os soviéticos estavam ganhando da América na corrida espacial. Era um "sujeito viajante" que consistia em uma esfera de apenas 50 cm, pesando somente 83,6 kg e tudo que transmitia era um bip que pôde ser sintonizado por radioamadores, durante os seis meses que orbitou a Terra, até cair. Muito modesto, portanto, diante dos satélites de comunicações de hoje, que pesam toneladas e têm a capacidade de transmitir, ao mesmo tempo, incontáveis ligações telefônicas, jogos de futebol, shows e, sobretudo, informações entre diversos países.

Qual era o nome do 'sujeito viajante' mencionado no texto acima, que se notabilizou por ser o primeiro satélite artificial a circular em torno da Terra?

(A) Baikonur
(B) Sputnik.
(C) Mir.
(D) Soyuz.
(E) Proton.

13. (EXAME - 2006)

As inovações tecnológicas permitiram modificações nas técnicas de comunicação. Nas últimas décadas, foram criadas novas possibilidades de difusão da informação em uma escala sem precedentes. Essas mudanças refletiram-se nos grandes jornais diários, que foram levados a reformular seus projetos editoriais e gráficos. A adaptação a essa realidade objetivou, entre outros,

I. tornar os jornais mais dinâmicos e competitivos.
II. dissociar os jornais de outras mídias digitais.
III. atrair o público jovem, integrando a notícia ao seu cotidiano.
IV. responder às demandas do mercado de comunicação.

Estão certos apenas os itens

(A) I e II.
(B) I e III.
(C) II e IV.
(D) I, III e IV.
(E) II, III e IV.

14. (EXAME - 2006)

A indústria cultural consiste na reprodução em série de elementos culturais, da arte e do entretenimento. Segundo Adorno e Horkheimer, "o cinema, o rádio e as revistas constituem um sistema. Cada setor é congruente em si mesmo, e todos o são em conjunto". Para Adorno, "a novidade que esta [indústria cultural] oferece continuamente é apenas a representação, em formas sempre diferentes, de algo igual".

De acordo com o pensamento de Adorno e de Horkheimer expresso acima acerca da indústria cultural, assinale a opção correta.

(A) O mercado de massa impõe padronização e organização na produção cultural.
(B) Os produtos culturais possuem alta qualidade e fogem aos estereótipos.
(C) A indústria cultural não exerce domínio sobre o público.
(D) A indústria cultural não apresenta novidade entre a reprodução e a obra original.
(E) O mercado de massa incorpora o novo e o diferencial de uma obra.

15. (EXAME - 2006)

ER **L** **10** **12** **14** **16** **18**

Os símbolos acima correspondem às categorias de Classificação Indicativa do Ministério da Justiça, para as diversões públicas. Julgue, em cada item a seguir, a correção do significado do símbolo apresentado.

I. [ER] especialmente recomendado para crianças e adolescentes.

II. [L] livre para todos os públicos.

III. [18] censurado para menores de 18 anos.

(A) Apenas o item I está certo.
(B) Apenas o item II está certo.
(C) Apenas o item III está certo.
(D) Apenas os itens I e II estão certos.
(E) Apenas os itens II e III estão certos.

16. (EXAME - 2006)

A respeito da captação e da edição digital de produtos audiovisuais, é correto afirmar que

I. a tecnologia disponível atualmente não permite que um produto captado em película cinematográfica seja editado digitalmente.
II. os custos financeiros de um produto audiovisual captado e editado digitalmente são normalmente menores que os custos desse mesmo produto captado analogicamente.
III. a tecnologia digital trouxe mais agilidade, velocidade e recursos estéticos ao processo de edição.
IV. a tecnologia digital favoreceu a convergência entre cinema, televisão e vídeo.

Estão certos apenas os itens

(A) I e II.
(B) II e III.
(C) III e IV.
(D) I, II e IV.
(E) I, III e IV.

17. (EXAME - 2006)

A propósito dos meios de comunicação no Brasil, assinale a opção correta.

(A) Os canais de rádio e de televisão aberta (*broadcasting*) são concessões do Estado.
(B) Para que um jornal possa circular legalmente, a empresa ou a pessoa física responsável pelo jornal necessita de autorização do Ministério das Comunicações.
(C) A exploração dos canais de televisão a cabo não depende de concessão do poder público.
(D) A uma empresa que já seja proprietária de meios impressos de comunicação é vedada a exploração de canais de rádio e de televisão.
(E) É vedado às emissoras de rádio e de televisão serem ao mesmo tempo emissoras e produtoras de conteúdo.

18. (EXAME - 2006)

A respeito do preconceito racial veiculado pelos meios de comunicação, analise as asserções a seguir.

O preconceito racial veiculado pelos meios de comunicação não ocorre de maneira ordenada e imutável ao longo da história **porque** o preconceito racial veiculado nesses meios é posicional e relacional — ao longo da história, o lugar funcional dos oprimidos nos meios de comunicação tem sido ocupado por grupos distintos.

Acerca dessa afirmação, assinale a opção correta.

(A) As duas asserções são verdadeiras, e a segunda é uma justificativa correta da primeira.
(B) As duas asserções são proposições verdadeiras, mas a segunda não é uma justificativa correta da primeira.
(C) A primeira asserção é uma proposição verdadeira, e a segunda, falsa.
(D) A primeira asserção é uma proposição falsa, e a segunda, verdadeira.
(E) Tanto a primeira como a segunda asserções são proposições falsas.

19. (EXAME - 2006)

No Brasil, há cerca de três décadas, os governos e as organizações não-governamentais (ONGs) têm contado com a parceria de roteiristas de novelas e de emissoras de TV nas campanhas públicas, por meio da inserção, nos capítulos, de personagens e mensagens motivadoras de mudanças de valores, atitudes e condutas. A essa modalidade de tratamento de problemas da realidade social, ou seja, por meio da ficção televisiva, tem-se dado o nome de

(A) marketing social.
(B) mobilização social.
(C) merchandising social.
(D) publicidade institucional.
(E) publicidade de utilidade pública.

20. (EXAME - 2006)

Uma tecnologia que possibilita o acesso sem fio à Internet — por ondas de rádio, mediante um adaptador de rede PCI — em banda larga, em locais públicos, tais como aeroportos, hotéis e cafés, por meio de *hotspots* (pontos de acesso), é representada pela abreviatura

(A) Hi-Fi.
(B) Wi-Fi.
(C) AMPS.
(D) UHF.
(E) VHF.

21. (EXAME - 2006)

Considere hipoteticamente que a bandeira nacional, ilustrada acima, deva ser impressa utilizando-se recursos da indústria gráfica. Com relação a essa situação e aos sistemas de cor empregados pela indústria gráfica, assinale a opção correta, sabendo que se deseja impressão de alta qualidade e com alta fidelidade de cor.

(A) O único sistema de cor que deve ser utilizado pela indústria gráfica para se obter o resultado desejado, conforme a situação apresentada, é o RGB, em suas devidas proporções e combinações das cores primárias *red, green* e *blue*.
(B) A policromia é o único sistema empregado na indústria gráfica que permite obter-se o resultado desejado, conforme a situação apresentada. Nesse sistema, usa-se a combinação de cores primárias CMYK (*cyan* = ciano, *magenta* = magenta, *yellow* = amarelo, e *black* = preto).
(C) O Pantone, que é um sistema de cores especiais, é o único sistema de cor que permite obter-se o resultado desejado, conforme a situação apresentada.
(D) Os sistemas RGB e CMYK devem ser empregados simultaneamente para serem alcançadas a qualidade e a fidelidade de cores desejadas para o trabalho de indústria gráfica mencionado acima.
(E) O sistema Pantone e o CMYK, quando utilizados alternadamente ou simultaneamente, permitem obter-se a qualidade e a fidelidade desejadas, conforme a situação acima.

22. (EXAME - 2006)

O Estatuto da Criança e do Adolescente (ECA) determina, em seu art. 76, que as "emissoras de rádio e televisão somente exibirão, no horário recomendado para o público infantil, programas com finalidades educativas, artísticas, culturais e informativas". Esse estatuto ainda prescreve, no parágrafo único do referido artigo, que "nenhum espetáculo será apresentado ou anunciado sem aviso de sua classificação, antes de sua transmissão, apresentação ou exibição". Suponha, agora, que você tenha sido convidado para ocupar o cargo de diretor de programação de uma empresa e deva comparecer à primeira reunião de trabalho. Você conhece a lei e pretende segui-la, mas, segundo o presidente da emissora, tais determinações "não saíram do papel e nada aconteceu, até o momento, aos concorrentes que não as seguiram". Entre as opções a seguir, assinale a que apresenta a solução mais profissional a ser adotada nesse caso.

(A) Não aceitar o cargo, pois é preferível ficar desempregado a transgredir a lei.
(B) Não aceitar o cargo, pois, já no primeiro contato, você percebeu que o presidente da emissora é irresponsável.
(C) Aceitar o cargo, pois a legislação referida, na prática, virou letra morta.
(D) Aceitar o cargo, pois os problemas com a fiscalização não afetariam você, mas, sim, o dono da emissora.
(E) Aceitar o cargo, pois, no cargo de diretor de programação, é possível encontrar alternativas de conteúdos adequados ao decoro para com a criança e o jovem.

23. (EXAME - 2006)

Nas últimas duas décadas, o cidadão brasileiro tem contado, especialmente para a sua proteção, com o amparo de dois códigos: o Código de Auto-Regulamentação Publicitária (CONAR), de 1980, e o Código de Defesa do Consumidor (CDC), de 1990. Considerando os objetivos e as características de cada um deles, julgue os itens a seguir.

I. A elaboração do CONAR foi uma iniciativa não-governamental e a do CDC, governamental.
II. O CONAR está mais focado na mensagem publicitária; o CDC está focado tanto na mensagem quanto nos produtos, bens e serviços.
III. O CONAR é um dispositivo de natureza mais ética que legal; o CDC é um dispositivo mais legal que ético.
IV. O CONAR tem valor recomendatório, não amparando ações judiciais; o CDC é estritamente um documento legal e, portanto, não-recomendatório.

Assinale a opção correta.

(A) Apenas o item I está certo.
(B) Apenas o item IV está certo.
(C) Apenas os itens II e III estão certos.
(D) Apenas os itens III e IV estão certos.
(E) Apenas os itens I, II e III estão certos.

24. (EXAME - 2006)

Texto I

Christopher Reeve (1952-2004) estrelou por quatro vezes o super-herói *Superman*/Clark Kent e, possivelmente, o teria feito uma quinta, não fosse uma queda que sofreu quando cavalgava e que o deixou tetraplégico (1995). Não deixa de ser irônico o destino do ator que encarnava o mito olímpico caído de Kripton.

(Disponível em http://www.google.com.br).

Texto II

Ele usa um macacão azul colado ao corpo, com uma sunga vermelha por cima, uma capa da mesma cor e botas igualmente escarlate quase *fashion*. Seu cabelo é estrategicamente estruturado com muito gel e apresenta um curioso acabamento na testa: uma onda pega-rapaz pra lá de *démodé*. Apesar do figurino duvidoso, que já dura 68 anos, Super-Homem ou *Superman* está de volta e vai fazer suspirar as moçoilas... Até as mais modernas! Afinal, quem dispensa um salvador tão educado, galante, musculoso, alto, forte, altruísta e lindo!

(**Contigo**, 13/7/2006, p. 82, com adaptações.)

Os textos acima referem-se ao sucesso mercadológico de uma superprodução. Nesse contexto, é correto afirmar que a criação artificial de mitos, uma das fórmulas de ouro da indústria cultural, consegue

(A) reduzir arquétipos a estereótipos.
(B) reduzir estereótipos a arquétipos.
(C) solucionar limites e frustrações humanas.
(D) nivelar o sublime à realidade do cotidiano.
(E) reproduzir com fidelidade a mesma estrutura dos mitos primordiais.

ATENÇÃO: Para responder as questões discursivas que se seguem, você deverá tomar como base as competências e habilidades específicas de seu curso.

25. (EXAME - 2006) DISCURSIVA

Um provérbio muito antigo diz que "uma imagem vale mais que mil palavras". Vale? A escritora, jornalista e artista plástica Marina Colasanti responde sem titubear: "não vale". Afinal, diz, "até para louvar a imagem foi preciso fazer uma frase". Paternostro afirma que "é preciso respeitar a força da informação visual e descobrir como uni-la à palavra, porque a TV funciona a partir da relação texto/imagem".

Considerando os argumentos contidos no texto acima, redija um texto acerca das relações adequadas entre texto e imagem na elaboração de produtos midiáticos. Apresente um exemplo dessa relação aplicada ao seu curso.

(valor: 10,0 pontos)

26. (EXAME - 2006) DISCURSIVA

Pedro é proprietário de uma indústria de resistências para chuveiros elétricos. Suas vendas começaram a cair depois que os consumidores passaram a economizar energia em virtude do racionamento de energia elétrica decretado pelo governo. Ele pretende montar uma ação de comunicação para aumentar as suas vendas. Você foi contratado para desenvolver uma solução de comunicação compatível com essa demanda.

Levando em conta o seu curso e a situação acima apresentada, redija um projeto de comunicação que contemple: planejamento, escolha da mídia, definição de público-alvo e resultados esperados. (valor: 10,0 pontos)

27. (EXAME - 2006) DISCURSIVA

Em meados do século passado, a invenção do *microchip* deu início à revolução tecnológica e à da informação. Grandes transformações estão presentes na sociedade, na economia, na automação industrial e no campo das ciências (nanotecnologia, engenharia genética e robótica) e, principalmente, nas telecomunicações. A era digital trouxe autonomia, domínio e velocidade nessas áreas.

Considerando o texto acima, redija um texto argumentativo que aborde as necessidades de adaptação dos profissionais de mídia em face de cenários e produtos surpreendentes e até mutantes. (valor: 10,0 pontos)

28. (EXAME - 2006) DISCURSIVA

A ficção e o documentário, como gêneros discursivos, estão presentes em diferentes meios e suportes de comunicação. Escolha um dos meios/suportes a seguir: jornal, revista, televisão, rádio, sítio na Web e *cd-room*, e redija um texto dissertativo sobre a presença desses gêneros no meio escolhido. Em seu texto, aborde, necessariamente, os seguintes aspectos: conceitos, exemplos e possibilidades de hibridismo desses gêneros. (valor: 10,0 pontos)

29. (EXAME - 2006) DISCURSIVA

Profissionais de comunicação, vêem-se com freqüência, diante de dilemas éticos, tais como no caso em que um editor decida publicar a transcrição de conteúdos de gravações telefônicas que incriminem uma autoridade pública, mesmo sabendo que essas gravações constituem segredo de justiça. Levando em conta a sua formação profissional no campo da Comunicação Social, redija um texto argumentativo, posicionando-se acerca da seguinte assertiva.

A ética utilitarista justifica os meios quando os fins são expressos por usufrutos coletivos. (valor: 10,0 pontos)

30. (EXAME - 2006) DISCURSIVA

Como todos sabem, não existe este tipo de coisa chamada net. radio, mas uma variedade de idéias e experiências em torno do som na Internet.

(1.º **Encontro Internacional de Projetos Experimentais. Berlim**, 1998.)

Considerando a afirmação acima e as características intrínsecas ao veículo rádio, tais como instantaneidade, mobilidade, baixo custo de produção e dos equipamentos e de recepção, e a não-exigência de alfabetização digital para compreensão de suas mensagens, redija um texto argumentativo respondendo, de forma justificada, à seguinte questão.

Existe rádio na Internet?

1. (EXAME - 2003) DISCURSIVA

Utilize as idéias e os valores presentes nas charges reproduzidas abaixo como orientação para redigir um editorial de 20 linhas, com título de 25 toques, para publicação em jornal de circulação nacional.

FOME ZERO: COMO UTILIZAR A QUEDA NA POPULARIDADE

Charge de Aroeira feita originalmente para **O Dia**, do Rio de Janeiro.

A SANTA CEIA

Charge de M. Aurélio feita originalmente para o **Zero Hora**, do Rio Grande do Sul.

Charge de Bolson publicada originalmente no jornal **A Notícia**, de Joinville, Santa Catarina.

Charge de Jean feita originalmente para a **Folha de São Paulo**. Fonte: **A CHARGE ON LINE**, disponível em www.chargeonline.com.br.

2. (EXAME - 2003) DISCURSIVA

Identifique a função do *off* no jornalismo: regras básicas, riscos e limites de sua aplicação.

3. (EXAME - 2003) DISCURSIVA

Existe um método de fazer jornalismo cuja lógica serve à confiabilidade da linguagem jornalística e à capacidade de sucesso imediato do relato jornalístico nas interações sociais. Mais do que uma elaboração teórica, trata-se de um método construído na cultura jornalística pela tradição das práticas e pelos saberes nela preservados. Para assegurar veracidade ao discurso, o método jornalístico articula-se na seqüência de cinco operações:

1) Planejar com criatividade e conhecimento (pauta);
2) Apurar com precisão e rigor;
3) Aferir com honestidade;
4) Depurar por critérios de relevância e significação;
5) Relatar ou comentar com independência.

Leia a crônica "A entrevista", de Rachel de Queiroz. Aponte e comente as falhas metodológicas do repórter citado, em termos de planejamento, apuração, aferição, depuração e relato.

A entrevista

O mocinho era extremamente simpático, alto, magro, óculos, um começo de barba, falante e sorridente. Eu estava recebendo um grupo de estudantes num daqueles encontros que os professores de literatura vivem agora promovendo e que valem, pelo menos para o escritor, como uma experiência estimulante, um contato salutar com as novas gerações, seus pontos de vista, suas tendências e preferências, suas perplexidades.

Após a sessão de perguntas e respostas, principalmente conversas, o moço (que representava um tablóide de outra cidade) me cercou, me interpelou, com o seu bloco de notas, sua esferográfica

e suas indagações. Indagações, aliás, não é bem o termo. Ele chegava com afirmações que esperava ver confirmadas. Parecia achar óbvio que o meu papel ali seria só corroborar. Começou:

— Como vai a Academia? A senhora é muito assídua lá, não?

Respondi que, infelizmente, em vez de assídua podia me dizer omissa, pois tenho andado com uns achaques, próprios de quem tem 92 anos, além do que a Academia estava no seu recesso anual.

— E que tal lá? Aquilo é mesmo um local de tomar chá e comer bolinhos nas quintas-feiras?

Eu, é claro, assumi aí toda a minha dignidade acadêmica e expliquei pacientemente, quase didaticamente, que não se tratava de nada disso, que o famoso chá era apenas um momento de convivência amiga precedendo a nossa semanal reunião de trabalho.

— Trabalho? Que trabalho?

Aí expliquei que trabalhávamos, sim, obedecendo às normas do estatuto acadêmico, fazíamos comunicações de interesse cultural, debatíamos problemas de língua e literatura, temas históricos, sociais, etc. Apresentávamos e discutíamos livros novos, em suma, tratávamos de todos os assuntos capazes de interessar o grupo cultural por nós representado.

— Mas então essa troca de idéias e informações fica restrita aos acadêmicos, enquanto lá fora há tão grande número de pessoas necessitando daquelas informações?

Continuei explicando (o rapaz não parecia provocador, propriamente, apenas mal informado e cheio de preconceitos) que a ABL não era nenhum órgão público de divulgação e informação, mas uma sociedade particular, uma instituição privada; e que, apesar disso, procurava estender largamente a sua ação, distribuindo anualmente prêmios literários a autores de romances, contos, poesia, teatro; a historiadores, ensaístas, filósofos, tradutores.

Que a ABL promovia conferências e, especialmente na sua sede, cursos de grande alcance cultural, ministrados regularmente todos os anos e fornecendo aos concludentes os diplomas respectivos.

— E qual critério é adotado lá para a escolha de novos membros? Disse eu que os critérios de escolha tinham que ser pessoais; mas entende-se que cada acadêmico tenha suficiente informação sobre o mundo intelectual do País para escolher em quem votar. Claro que, como em toda escolha humana, pode haver suas falhas e omissões...

Depois, falou-se em censura, nas possibilidades editoriais dos novos, no progresso do bairro onde estávamos e que eu conhecera bem no passado. Pois meus amigos eis que agora me chega às mãos o jornalzinho com a "entrevista". E, para meu espanto e consternação, verifico que o meu sorridente "entrevistador" tranqüilamente transformara em respostas minhas todas as suas provocadoras e absurdas perguntas – as mesmas que eu gastara tanto tempo e latim a esclarecer e contestar!

Já em manchete me atribuía esta aleivosia: "A Academia é lugar para se tomar chá com bolinhos", diz R.Q.

E em todo o texto abaixo o jovem prevaricador sonega simplesmente minhas afirmativas e explicações e descaradamente me atribui como respostas as suas próprias perguntas, declarando que a "escritora admitia" isso e aquilo ou distorce o que eu disse como quando apresenta a minha condição de omissa como um auto-elogio. E me põe na boca este remate insólito: "A ABL não passa de um clube onde todos se reúnem para tomar chá às quintas-feiras com a finalidade de trocar idéias e informações que ficam restritas entre si. Enquanto isso, lá fora, um número grande de pessoas necessitando daquelas informações."(Sic)

E agora eu pergunto: que é que se pode fazer? Afinal a boba fui eu, em me fiar na aparente boa-fé do mocinho, em não desconfiar de que ele não estava querendo resposta nenhuma, queria só bater as fotos e fazer as perguntas para "legitimar" ou "documentar" as declarações falsas ou distorcidas que me iria atribuir e sonegar o que eu contestara.

Provavelmente esse moço é um estudante de jornalismo ou comunicação. Que vai fazer quando profissional, ele que assim tão desonestamente se inicia no ofício!

Creio que as escolas de jornalismo deveriam dar uma maior ênfase à ética; ensinar à moçada que, nesse jogo, mentira não vale, nem falsa fé. Que a arma principal do jornalista é a sua credibilidade.

Esse menino aí, por exemplo, é um perigo: parecendo tão juvenilmente entusiasta, tão pateticamente desinformado, e afinal se mostrando de uma má-fé tão imprudente... Ah, pecador!

Fonte:**O Estado de São Paulo**. 22 fev. 2003, p. D-12.

4. (EXAME - 2003) DISCURSIVA

Atribui-se a Gay Talese a criação dos conceitos que deram base ao Novo Jornalismo (New Journalism), corrente estilística que revolucionou a reportagem nos anos 60 e na qual, além de Talese, ocuparam espaço decisivo os escritores Tom Wolfe, Norman Mailer e Truman Capote. Analise as duas fotografias tomadas por Desmond Boylan, da Agência Reuters, na cidade de Nassirya, durante a invasão anglo-americana no Iraque.

Avalie que tipo de imagem da guerra passam estas duas fotos, vistas em conjunto, e que ligações esta forma de expressão pode ter com o movimento literário chamado Novo Jornalismo.

5. (EXAME - 2003) DISCURSIVA

Considere o depoimento abaixo, do líder indígena Ailton Krenak, como tendo sido gravado para a televisão, na aldeia dos índios Krenak, em Minas Gerais. A partir de seu conteúdo, planeje a produção e edição de uma reportagem para um telejornal regional, com duraçãomáxima de três minutos. Aponte, no planejamento, as informações necessárias para a contextualização da matéria, como e onde irá obtêlas, descrição de imagens e arte que irá precisar, além de sugestão e roteiro de entrevistas complementares. Antes de iniciar o planejamento, indique qual será o enfoque da matéria, levando-se em conta o conteúdo do depoimento.

Ailton Krenak foi empossado pelo governador Aécio Neves, no dia 15 de abril de 2003, no cargo de assessor para assuntos indígenas do Governo de Minas Gerais. Na sua posse, o povo Krenak cantou e dançou nos jardins do Palácio da Liberdade. Representante dos Direitos Indígenas na Constituinte de 1988, ele é autor do livro O lugar onde a terra descansa.

"Você me perguntou, há pouco, sobre minha educação e alfabetização. Para mim e para meu povo, ler e escrever é uma técnica, da mesma maneira que alguém pode aprender a dirigir um carro ou a operar uma máquina. Então, a gente opera essas coisas, mas nós damos a elas a exata dimensão que têm. Escrever e ler para mim não é uma virtude maior do que andar, nadar, subir em árvores, correr, caçar, fazer um balaio, um arco, uma flecha ou uma canoa. Acredito que, quando uma cultura elege essas atividades como coisas que têm valor em si mesmas, está excluindo da cidadania milhares de pessoas para as quais a atividade de escrever e ler não tem nada a ver. Como elas não escrevem e não lêem, também nunca serão parte das pessoas que decidem, que resolvem. E, quando aceitei aprender a ler e escrever, encarei a alfabetização como quem compra um peixe que tem espinha. Tirei as espinhas e escolhi o que eu queria. Acho que a maioria das crianças que vão hoje para a escola e que são alfabetizadas é obrigada a engolir o peixe com espinha e tudo. É uma formação que não atende à expectativa delas como seres humanos e que violenta sua memória. Na nossa tradição, um menino bebe o conhecimento do seu povo nas práticas de convivência, nos cantos, nas narrativas. Os cantos narram a criação do mundo, sua fundação e seus eventos. Então, a criança está ali crescendo, aprendendo os cantos e ouvindo as narrativas. Quando ela cresce mais um pouquinho, quando já está aproximadamente com seis ou oito anos, aí então ela é separada para um processo de formação especial, orientado, em que os velhos, os guerreiros, vão iniciar essa criança na tradição. Então, acontecem as cerimônias que compõem essa formação e os vários ritos, que incluem gestos e manifestações externas. Por exemplo, você fura a orelha. Fura o lábio para colocar o botoque. Dependendo de qual povo a que você pertence, você ganha sua pintura corporal, seu paramento, que vai identificar sua faixa etária, seu clã e seu grupo de guerreiros. Esses são os sinais externos da formação. Os sinais internos, os sinais subjetivos são a essência mesma daquele coletivo. Então, você passa a compartilhar o conhecimento, os compromissos e o sonho do seu povo. As grandes festas se constituem em instantes de renovação permanente do compromisso de andar junto, de celebrar a vida, de conquistar as suas aventuras. Então, de maneira resumida, a nossa tradição consiste nesses eventos. A formação é isso".

(Trecho da entrevista concedida por Ailton Krenak a Eugênio Bucci e Alípio Freire, out. de 2002.)

6. (EXAME - 2003) DISCURSIVA

Jean Manzon convenceu o deputado Barreto Pinto a posar de cueca para *O Cruzeiro* em 1946. Sua Excelência ficou também sem o mandato.

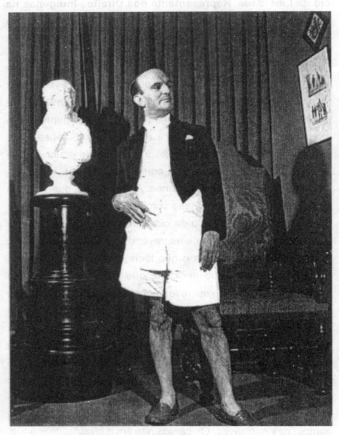

Fonte: **A revista no Brasil**. São Paulo: Editora Abril, 2000.

"Jornalista obscuro que fizera carreira política, Barreto Pinto era dono de um rendoso cartório quando se elegeu deputado federal pelo PTB do Distrito Federal em 1945 (foi de sua autoria a emenda que propôs a cassação do registro do Partido Comunista). **A pretexto de escrever sua biografia**, Nasser e Manzon conseguiram convencê-lo a posar para uma fotografia (publicada em página inteira), **vestindo apenas casaca e cuecas**. **O escândalo ocasionado** pela foto redundou em um processo na Câmara Federal que terminaria, pela primeira vez na história do Brasil, com a cassação de um mandato por quebra de decoro parlamentar."

Fonte: MORAES, Fernando. Chatô, o rei do Brasil.
São Paulo: Companhia das Letras, 1994, p. 473.

a) Considerando a foto e o texto-legenda acima, analise a importância de *O Cruzeiro* na história da produção jornalística brasileira e, em especial, a contribuição da dupla David Nasser (repórter) e Jean Manzon (fotógrafo). **(valor: 5,0 pontos)**

b) Os trechos grifados na citação sugerem três princípios éticos importantes no jornalismo de acordo com os quais seriam desaprovados os métodos empregados pela dupla assim como o enfoque dado ao tema. Identifique esses três princípios e analise um deles. **(valor: 5,0 pontos)**

7. (EXAME - 2003) DISCURSIVA

Em obras como *A Galáxia de Gutenberg* e *Os meios de comunicação como extensões do homem*, o canadense Marshall McLuhan desenvolveu várias teses que marcaram o pensamento comunicacional nos anos 60: "o meio é a mensagem", "os meios de comunicação são extensões do homem" e "aldeia global".

Na recente invasão do Iraque, os correspondentes experimentaram, pela primeira vez numa guerra, o videofone, inovação tecnológica que transformou a reportagem ao vivo.

Que tipo de relação pode ser estabelecida hoje entre as idéias de McLuhan e a utilização dessa nova tecnologia nos processos de produção e difusão da notícia?

8. (EXAME - 2003) DISCURSIVA

Você é o assessor de comunicação de uma empresa de água e saneamento do seu estado ou município. No momento, essa empresa prepara o lançamento de uma campanha educativa que visa a despertar a consciência das pessoas para a importância do uso racional da água no consumo doméstico, com o objetivo de evitar o desperdício. Elabore um plano de divulgação para a campanha, considerando que o público-alvo é formado por donas de casa de classe C. Indique que veículos serão utilizados e que tipos de ações de divulgação jornalística serão implementados para a campanha. Justifique sua resposta.

No planejamento, considere os dados técnicos a seguir.

- 2003 foi declarado pela ONU como o "Ano Internacional da Água Doce".
- No Brasil, o desperdício de água chega a 70%. Nas residências, 78% do consumo de água ocorrem no banheiro. Num banho demorado, chega-se a gastar de 95 a 180 litros de água. Recomendam-se banhos de cerca de 10 minutos de duração, em média.
- Lavar louça com torneira de pia meio aberta durante 15 minutos consome 243 litros de água. Medida prática para economizar: primeiro, escovar e ensaboar louças e talheres e, depois, enxaguar tudo de uma só vez.
- Muitas pessoas costumam utilizar a mangueira como vassoura e desperdiçam água durante a lavagem das calçadas. O certo é utilizar vassoura e, quando necessário, um balde, ao invés de deixar a mangueira aberta o tempo todo, gastando até 300 litros de água.

Fonte: **Prefeitura Municipal de Jaboticabal**.
Disponível em www.saaej.sp.gov.br/ambiente/desperdicio.htm

1. (EXAME - 2001) DISCURSIVA

A revista *Placar* publicou, em 10 de abril de 2001, uma pesquisa – realizada com 10.760 internautas, 20 treinadores e 100 jogadores – sobre a escalação ideal da Seleção Brasileira para a Copa do Mundo de 2002. Com base nos resultados da pesquisa – e também na estatística das partidas em que Romário e Ronaldo atuaram juntos – e considerando as atuações pouco convincentes da Seleção Brasileira nas Eliminatórias da Copa, elabore um texto noticioso para rádio com duração de dois minutos, incluída a cabeça para o locutor. Além de apresentar estas informações, seu texto deve motivar o ouvinte a ligar para a emissora e opinar.

ROMÁRIO E RONALDO Estatísticas de desempenho
19 jogos pela Seleção
14 vitórias
3 empates
2 derrotas
56 gols (média de 2,94)
60% dos gols (34) foram feitos pela dupla
Romário marcou 19
Ronaldo fez 15
Em três jogos nenhum dos dois fez gol

O TIME DOS TORCEDORES	
GOLEIRO	
Rogério Ceni	38,2%
Hélton 1	2,8%
LATERAL-DIREITO	
Cafu	44,5%
Belletti	31,5%
ZAGUEIROS	
Lúcio	18,2%
Roque Júnior	17,1%
LATERAL-ESQUERDO	
César	28,1%
Roberto Carlos	21,3%
VOLANTES	
Vampeta	34,9%
Emerson (Roma)	22,0%
MEIAS	
Juninho Paulista	31,4%
Rivaldo	24,4%
ATACANTES	
Romário	39,9%
Ronaldo	13,5%

O TIME DOS TÉCNICOS	VOTOS
GOLEIRO	
Rogério Ceni	8
Dida	4
LATERAL-DIREITO	
Cafu	13
Belletti	5
ZAGUEIROS	
Lúcio	14
Roque Júnior	8
LATERAL-ESQUERDO	
Roberto Carlos	10
César	5
VOLANTES	
Vampeta	14
Emerson (Roma)	14
MEIAS	
Rivaldo	15
Juninho Paulista	14
ATACANTES	
Romário	19
Ronaldo	7

O TIME DOS JOGADORES	VOTOS
GOLEIRO	
Rogério Ceni	30
Taffarel	14
LATERAL-DIREITO	
Cafu	40
Belletti	22
ZAGUEIROS	
Lúcio	35
Roque Júnior	33
LATERAL-ESQUERDO	
Roberto Carlos	35
Serginho	14
VOLANTES	
Vampeta	69
Emerson (Roma)	61
MEIAS	
Rivaldo	61
Juninho Paulista	57
ATACANTES	
Romário	78
Ronaldo	40

(valor: 15,0 pontos)

2. (EXAME - 2001) DISCURSIVA

Há 16 anos, o dia 5 de dezembro foi escolhido pela Assembléia Geral das Nações Unidas como data oficial para a celebração do trabalho voluntário. Desde então, centenas de países, inclusive o Brasil, aderiram à comemoração. Em 2001, Ano Internacional do Voluntário, instituições governamentais e não governamentais, entidades de classe, sindicatos e associações de moradores programam no Brasil uma série de atividades para marcar a data – entre elas concertos, exibição de filmes, lançamento de livros, exposições, mostras de iniciativas cidadãs, seminários e cursos em universidades e organizações sociais e comunitárias.

Considerando essas informações, planeje, para um telejornal de seu estado, a cobertura jornalística da data, considerando que a matéria terá a duração de quatro minutos. Defina os recursos humanos e serviços auxiliares a serem mobilizados. Esboce também as pautas, as estratégias que orientarão a equipe de produção e de reportagem (incluindo ângulos de cobertura) e indique os possíveis entrevistados.

3. (EXAME - 2001) DISCURSIVA

Em sua coluna de 8 de abril de 2001, o ombudsman da Folha de S. Paulo, Bernardo Ajzemberg, propõe o que chama "um debate delicado": cinco dos colunistas do jornal usaram fatos e acontecimentos de suas vidas pessoais como matéria-prima de seus textos – não para recriá-los como crônica, mas para expor problemas e pedir sua resolução. Um reclama de uma farmácia, outro de um clube que não o aceita como sócio, um terceiro critica a primeira editora de seus livros e assim por diante. "Até que ponto tem propriedade, para um colunista – ademais de um jornal de grande porte –, tomar de empréstimo um espaço sabidamente privilegiado e de ampla repercussão para tratar de enfrentamentos de ordem pessoal?", questiona o ombudsman. A partir do convite para o debate, posicione-se sobre a responsabilidade dos colunistas e argumente com base nos princípios éticos que regem o uso de espaço tão privilegiado em um meio de comunicação.

4. (EXAME - 2001) DISCURSIVA

Leia o artigo e o discurso transcritos a seguir, compare-os com o que mostra o gráfico, contextualize-os e produza uma reportagem para jornal de circulação nacional com 20 a 25 linhas. Faça uma chamada para primeira página de até cinco linhas, com título de três linhas de 18 toques. Sugira também a inclusão de algum tipo de ilustração pertinente ao tema.

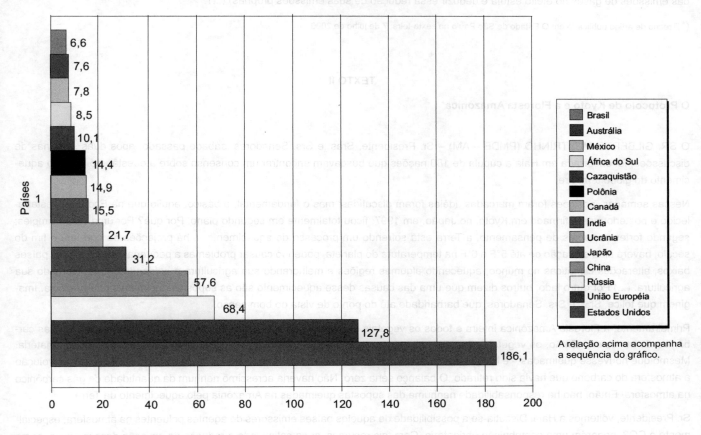

Gráfico:
Total de emissões de gás carbônico (CO_2) desde 1950, em bilhões de toneladas, por país.
Fonte: World Resources 2000/2001

TEXTO I

O clima no reino da contradição
WASHINGTON NOVAES(*)

Estranho que pareça, o tema da mais grave ameaça ambiental do nosso tempo – mudanças climáticas – continua mergulhado no paradoxo. Quanto maiores as evidências da contribuição humana para o aumento da temperatura do planeta e para os terríveis problemas que poderão daí advir, maior a dificuldade em concertar medidas entre os países para reduzir a emissão de gases poluentes da atmosfera.

As versões preliminares do novo balanço da situação pelo Painel Intergovernamental de Mudanças Climáticas apontam para a certeza dessa responsabilidade humana e para a necessidade de uma forte redução nas emissões geradas por combustíveis fósseis, que poderia chegar a 60% dos níveis atingidos em 1990. (...)

A própria avaliação preliminar do governo dos Estados Unidos, divulgada no mês passado, aponta para uma possibilidade de aumento da temperatura terrestre no século 21 entre 3 e 6 graus centígrados, muito além do previsto até agora. (...)

Até aí, tudo pareceria indicar um aumento mundial da consciência do problema, que poderia levar a atitudes mais positivas. Ao mesmo tempo, porém, as 15 maiores ONGs do mundo divulgaram documento em que acusam as principais nações industrializadas do mundo de estar tentando enfraquecer o Protocolo de Kyoto, de trabalhar para que os países industrializados possam aumentar suas emissões de 15% a 20%, de estimular a adoção da energia nuclear entre as iniciativas a serem admitidas no âmbito do Mecanismo de Desenvolvimento Limpo (MDL), assim como o corte de suas florestas, seguido de replantio, contabilizando como redução de emissões o seqüestro de carbono equivalente.

Não é sem fundamento a preocupação das ONGs. Tanto que na recente reunião técnica da convenção, no mês passado, em Bonn, alguns negociadores introduziram nas discussões a possibilidade de o MDL ser aprovado em novembro próximo, em Haia, na reunião das partes da convenção, e entrar em vigor imediatamente, independentemente do Protocolo de Kyoto (o Mecanismo de Desenvolvimento Limpo é o que permitirá a um país industrializado financiar nos países em desenvolvimento projetos que levem a uma redução das emissões de gases do efeito estufa e deduzir essa redução de suas emissões próprias).(...)

(*)Trecho de artigo publicado em O Estado de São Paulo na sexta-feira, 7 de julho de 2000

TEXTO II

O Protocolo de Kyoto e a Floresta Amazônica*

O SR. GILBERTO MESTRINHO (PMDB – AM) – Sr. Presidente, Sras. e Srs. Senadores, sábado passado, após duas semanas de discussões, foi encerrada em Haia a cúpula de 180 nações que buscavam encontrar um consenso sobre a questão do suposto aquecimento do globo terrestre.

Nessas semanas, posições foram marcadas, idéias foram discutidas; mas o fundamental, o básico, aquilo que na Eco 92 foi estabelecido e posteriormente firmado em Kyoto, no Japão, em 1997, ficou totalmente em segundo plano. Por quê? Por uma razão simples: segundo fortes correntes de pensamento, a Terra está sofrendo um processo de aquecimento, e há projeções de que, até o fim do século, haverá uma elevação de até 5°F a 6°F na temperatura do planeta, podendo causar problemas a pequenas ilhas e alguns países baixos, alterações climáticas no mundo, aquecendo algumas regiões e melhorando sua agricultura e esfriando outras, piorando sua agricultura. (...) Por outro lado, outros dizem que uma das causas desse aquecimento são as supostas queimadas na Amazônia. Imaginem que tolice, Sras. e Srs. Senadores, que barbaridade até do ponto de vista do bom senso!

Primeiramente, a Floresta Amazônica inteira e todos os vegetais existentes sobre a Terra são conseqüência da absorção do gás carbônico da atmosfera. Então, os vegetais não são mais nem menos do que uma bateria de gás carbônico transformado em matéria. Mesmo que houvesse queimadas – e há queimadas no mundo inteiro, não só na Amazônia –, o que aconteceria? Apenas a devolução à atmosfera do carbono que havia sido retirado. O balanço seria zero. Não haveria acréscimo nenhum da quantidade de gás carbônico na atmosfera! Então, não há responsabilidade nenhuma das supostas queimadas na Amazônia pelo aquecimento da Terra.

Sr. Presidente, voltemos a Haia. Discutia-se a possibilidade de aqueles países emissores de agentes poluentes na atmosfera, especialmente o CO2, pagarem uma contribuição obrigatória. Com tais recursos, seria estimulada a redução da emissão desses gases, como também seriam desenvolvidas atividades relacionadas à cobertura vegetal para sumidouro de gás carbônico. Infelizmente, dos 180 países presentes no Japão na época em que foi firmado o Protocolo de Kyoto, somente 30 países o subscreveram até hoje. Os outros não o fizeram, entre esses os principais.

Isso vale um raciocínio: qual o país que tem mais cientistas no mundo? Os Estados Unidos. Qual o país que defende com mais ardor a sua qualidade de vida e os seus interesses? Os Estados Unidos. Qual o país que tem mais interesses diversificados no mundo inteiro? Os Estados Unidos. Então, se houvesse esse pavor, essa comoção de que a situação na Terra ficaria impossível de se viver, os Estados Unidos e o Canadá já teriam tomado uma medida há muito tempo e assinado o Protocolo de Kyoto – e não o fizeram.

Sempre que defenderem o meio ambiente sadio às nossas custas, teremos uma posição contrária. Ora, se o mundo desenvolvido pretende desfrutar os seus padrões de qualidade de vida e um meio ambiente sadio, que nos pague por isso. (...)

*Fragmentos de discurso pronunciado no Senado Federal em 27/11/200 publicado em http://www.senado.gov.br/web/senador/Mestrinho/dgm27112000.htm

COLETÂNEA DE QUESTÕES – COMUNICAÇÃO SOCIAL   163

5. (EXAME - 2001) DISCURSIVA

A partir da observação do formato da primeira página do jornal O Estado de São Paulo em suas edições de 17 de julho de 1897 e 24 de outubro de 1997, analise como evoluiu a edição gráfica da publicação no século XX. (valor: 7,0 pontos)

Fonte: *O Estado de São Paulo: Páginas da História* (p.23 e 221), São Paulo: Moderna 2000

Fonte: O Estado de São Paulo: Páginas da História (p.23 e 221), São Paulo: Moderna 2000

O ESTADO DE S. PAULO

'Estado' traz tabela para o IPVA de 98

PDT defende reforma logo e esquerda reage

Governistas exigem verba para a saúde

"Eu sou maluco", diz vice-governador do Pará

Cinema e música são as atrações

Canção de Elton bate recorde

Queda em Hong Kong derruba bolsas no mundo

Telebrás será repartida em 12 antes de ir a leilão

Campanha deve vacinar amanhã 3,1 milhões

Melhora o resultado das contas públicas

Câmara libera os lotações já legalizados

Corinthians demite Joel e quer Candinho

6. (EXAME - 2001) DISCURSIVA

A Internet tornou-se uma importante ferramenta de trabalho com a qual o repórter pode obter um grande volume de informações e agilizar contatos com fontes. No entanto, esta nova forma de apuração requer cuidados específicos. Aponte dois problemas decorrentes da incorporação de material recolhido na Internet para a produção da notícia.

7. (EXAME - 2001) DISCURSIVA

Analise a foto a seguir e descreva as características que justificariam sua inserção na primeira página de um jornal de circulação nacional.

A foto é de Caio Guatelli, 23 anos, fotógrafo há cinco anos, trabalhando na Folha de S. Paulo há um ano

Revista Imprensa Ano 14, nº 157 fev. 2001 p. 98

8. (EXAME - 2001) DISCURSIVA

O conceito de indústria cultural, criado pela Escola de Frankfurt na primeira metade do século XX, tem recebido críticas de diversas correntes teóricas contemporâneas. Aponte e explique uma dessas críticas. **(valor: 6,0 pontos)**

9. (EXAME - 2001) DISCURSIVA

Editoriais, colunas e críticas são gêneros opinativos usuais no jornalismo. Estabeleça as principais diferenças entre eles.

(valor: 6,0 pontos)

10. (EXAME - 2001) DISCURSIVA

Ao completar 50 anos, a TV brasileira enfrenta críticas pela espetacularização de sua informação jornalística. Até que ponto o desafio de tornar a informação atraente para o grande público justifica a dramatização de seu conteúdo? Avalie esta questão citando um exemplo de situação recente de repercussão nacional que tenha tido esse tipo de tratamento pelo meio.

Capítulo V
Questões de Componentes Específicos de Design

1) Conteúdos e Habilidades objetos de perguntas nas questões de Componente Específico.

As questões de Componente Específico são criadas de acordo com o curso de graduação do estudante.

Essas questões, que representam ¾ (três quartos) da prova e são em número de 30, podem trazer, em Design, dentre outros, os seguintes **Conteúdos**:

a) teoria e história do Design;

b) estética e história da arte;

c) estudos sociais, econômicos, culturais e ambientais;

d) estudos da percepção;

e) comunicação, expressão e estudos semânticos;

f) expressão visual;

g) modelagem;

h) metodologia científica;

i) metodologia de projeto;

j) estudos em ergonomia;

k) materiais;

l) processos e meios produtivos;

m) gestão do Design;

n) administração da produção.

O objetivo aqui é avaliar junto ao estudante a compreensão dos conteúdos programáticos mínimos a serem vistos no curso de graduação, de forma avançada. Também é avaliado o nível de atualização com relação à realidade brasileira e mundial.

Avalia-se aqui também *competências* e *habilidades*. A ideia é verificar se o estudante desenvolveu as principais **Habilidades** para o profissional de Design, que são as seguintes:

1) lidar com as especificidades das partes sem perder a visão do todo em sua complexidade (visão holística);

2) conectar fundamentos conhecidos para produzir conhecimento ou procedimento novo (criatividade);

3) implementar novos conhecimentos ou procedimentos (inovação);

4) desenvolver senso estético;

5) desenvolver percepção visual, espacial e de proporcionalidade;

6) desenvolver raciocínio lógico e o raciocínio geométrico;

7) aprimorar expressão verbal;

8) aprimorar expressão visual;

9) ampliar a capacidade de análise e síntese;

10) desenvolver iniciativa empreendedora;

11) escolher e usar recursos informacionais/computacionais;

12) aplicar conhecimentos culturais, científicos, tecnológicos e instrumentais à prática do projeto;

13) dominar a linguagem técnica do Design;

14) atuar em atividades interdisciplinares;

15) trabalhar em equipe;

16) compreender as dinâmicas políticas e do mercado produtivo como fenômenos sociais;

17) contextualizar o design com visão sistêmica em aspectos ambientais, culturais, econômicos, históricos, sociais e tecnológicos;

18) identificar demandas da Sociedade e propor soluções de Design;

19) identificar, formular e resolver problemas de Design;

20) desenvolver visão setorial;

21) analisar sistemas, produtos e processos;

22) especificar materiais e processos de produção em projetos de Design;

23) estabelecer conceitos e desenvolver projetos, utilizando método de Design;

24) supervisionar e coordenar projetos e serviços de Design;

25) avaliar criticamente alternativas de solução para problemas;

26) adquirir conhecimentos na área de administração da produção;

27) avaliar a viabilidade técnica e econômica de projetos de Design;

28) considerar os fatores humanos no equacionamento e soluções de problemas;

29) contribuir na construção de valores para a atuação profissional ética e responsável.

Vejamos agora as questões de Componente Específico de Design.

2) Questões de Componente Específico.

DESIGN DE MODA

2009

1. (EXAME - 2009)

Com relação à representação gráfica do corpo e da indumentária, é INCORRETO afirmar que

(A) o movimento dos músculos determina como um tecido se ajusta ao corpo.

(B) o esboço da figura humana prescinde de um conhecimento de anatomia.

(C) o desenho indica a marcação das posições da cabeça, dos ombros e dos pés.

(D) o corpo humano forma uma unidade simétrica em torno de um eixo vertical central.

(E) o efeito sombreado foi conseguido pela tonalidade do branco.

2. (EXAME - 2009)

As modas atuais são apropriadas para definir um look. Elas podem, ainda, por falta de um modelo dominante, manifestar certo número de tendências, não imediatamente perceptíveis, porém latentes. E, a partir daí, desenvolvem-se rapidamente nas profissões de moda, escritórios de tendências que se encarregam precisamente de delimitá-las, identificá-las e prevê-las. Dentro desse contexto, compreende-se que não se trata mais de uma moda única, mas da

(A) ausência dos estilos moderno e clássico.
(B) coexistência de pluralidade de estilos.
(C) existência um criador dominante.
(D) retomada da silhueta "S".
(E) supervalorização da alta-costura.

3. (EXAME - 2009)

Mudança nos hábitos ligados à vestimenta de uma sociedade alcança as dimensões da moda. A transição dos códigos de vestimenta da nobreza francesa do início do século XVIII, também chamada de "Linha Império", para o Romantismo, de formas amplas e arredondadas, obedeceu a um ritmo de mudança institucionalizado, que precisou de uma demanda de tempo considerável.

Analise as afirmativas a seguir, tendo por base o que é necessário para que um estilo ganhe o status de moda atualmente.

I. As transformações surgem em razão de um desejo subjetivo da população.

II. O seu sentido histórico implica a mudança do vestuário da classe operária.
III. As suas tendências implicam intervalos sazonais explicitamente marcados.
IV. Os estilistas especializados produzem para o mercado anônimo. V. Os desfiles apresentam inovações no contexto de coleções.

Estão CORRETAS somente as afirmativas

(A) I e III.
(B) I e IV.
(C) III e V.
(D) IV e V.
(E) II e IV.

4. (EXAME - 2009)

O portfólio é um instrumento essencial para organizar e manter desenhos e trabalhos de criação. Ele pode ser composto de uma pasta-fichário que se encontra nos tamanhos A1, A2, A3 ou A4. Os formatos mais indicados são os tamanhos A2 ou A3, pois são mais fáceis para o transporte e visualização. Cada projeto deve ser armazenado em um tipo específico de portfólio. Considerando os elementos para a composição de um portfólio, quais itens NÃO são adequados?

(A) Croquis, versatilidade de criação, paleta de cores.
(B) Diagramação, padrão das páginas, diversidade de trabalhos.
(C) Personalização dos trabalhos, formatação e cores das pranchas.
(D) Trabalhos volumosos, cadernos de esboços, fotos de familiares.
(E) Unidade de tamanho, fotografias, trabalhos de colagens.

5. (EXAME - 2009)

As cores são essenciais no planejamento de uma coleção ou para a ilustração de moda. O círculo cromático favorece o entendimento dos princípios básicos da teoria da cor e ajuda na aplicação no trabalho de ilustrador de modo.

Ao ler o círculo cromático, é possível identificar as três cores básicas: amarelo, dano, magenta.

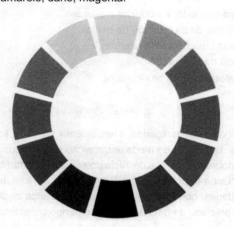

Quais são as cores complementares apresentadas nessa figura?

(A) Bege, violeta e cinza.
(B) Branco, preto e cinza.
(C) Marrom, bege e cinza.
(D) Preto, laranja e amarelo.
(E) Violeta, laranja e verde.

6. (EXAME - 2009)

O desenvolvimento tecnológico permite a redução do intervalo de tempo entre o pedido e a entrega das cores (*lead time*) em que o *design* escolhe em uma feira de indústria têxtil para produzir as cores de sua paleta. Como consequência, pode-se afirmar que

I. as escolhas da carteia de cores são feitas mais próximas das estações para atender à demanda do consumidor;
II. o controle computadorizado do tingimento acelerou o processo de misturar e combinar cores;
III. malharia e roupas íntimas são peças que se encaixam no processo de tingimento de roupa pronta.

É CORRETO somente o que se afirma em

(A) I.
(B) II.
(C) III.
(D) Ieu.
(E) II e III.

7. (EXAME - 2009)

Experimentos em laboratório possibilitam ao tecnólogo em design de moda fazer misturas e criar cores para montar uma paleta personalizada de tecidos e estampas. Observa-se nesse exercício que

(A) as fibras de poliéster podem ser tingidas em todos os tons.
(B) o tingimento e o alvejamento fortalecem a fibra têxtil.
(C) os fios naturais têm afinidades com tipos de pigmentos específicos.
(D) os pigmentos naturais produzem cores firmes e não desbotam.
(E) os tecidos listrados recebem uma coloração única em toda a sua extensão.

8. (EXAME - 2009)

Os tecidos em malha resultam de um trabalho de tecelagem no qual os fios se entrelaçam em laçadas de um ou mais fios. As malhas são usadas em diferentes segmentos: esportivo, saúde, aviação e outros. Para confeccionar peças em malha, NÃO é indicado o tecido

(A) helanca.
(B) jérsei.
(C) suplex.
(D) tricoline.
(E) viscolycra.

9. (EXAME - 2009)

O tecido plano é formado pelo entrelaçamento da trama e do urdume. A respeito da sobreposição do molde ao tecido, a indicação da direção do fio é determinada pela

I. diagonal e trama do tecido;
II. largura e comprimento do tecido;
III. ourela e urdume do tecido;
IV. trama e entrelaçamento do tecido.

É CORRETO somente o que se afirma em

(A) I.
(B) II.
(C) III.
(D) I e IV.
(E) I e II.

10. (EXAME - 2009)

Em uma confecção, ao se montar uma peça, há necessidade de uma sequência operacional para otimizar a produção. Tendo como modelo uma calça jeans com cinco bolsos, as operações de costura correspondem à seguinte ordem

(A) bolsos, braguilha, laterais, gancho, entrepernas, cós.
(B) braguilha, bainha, bolsos, laterais, entrepernas, gancho.
(C) cós, gancho, entrepernas, braguilha, bolsos, laterais.
(D) gancho, laterais, entrepernas, cós, braguilha, bolsos.
(E) laterais, entrepernas, cós, braguilha, gancho, bolsos.

11. (EXAME - 2009)

Para facilitar o corte, os tecidos são sobrepostos em várias camadas nas confecções de grande escala. Existem dois tipos básicos de sobreposição de tecidos como indicados na figura.

No enfesto manual, o tecido, quando esticado ou pressionado drasticamente, provoca uma torção no fio, deixando as peças oblíquas nas laterais.

PORQUE

O enfesto eletrônico, dada a sua precisão, permite que um tecido sobreponha o outro com leveza.

Considerando-se essas frases, é CORRETO afirmar que

(A) a primeira é falsa, e a segunda é verdadeira.
(B) a primeira é verdadeira, e a segunda é falsa.
(C) as duas são falsas.
(D) as duas são verdadeiras, e a segunda justifica a primeira
(E) as duas são verdadeiras, e a segunda não justifica a primeira

12. (EXAME - 2009)

Para costurar uma T-shirt básica em meia-malha, usa-se o seguinte maquinário:

(A) caseadeira e overloque.
(B) interloque e reta.
(C) overloque e galoneira.
(D) reta e ziguezague.
(E) travete e overloque.

13. (EXAME - 2009)

Leia a figura que ilustra um período específico da História da Moda no século XX.

Essa moda alterou a silhueta das mulheres na década de 1950. A quantidade de tecido para as saias amplas foi usada exageradamente para incentivar o consumo e a produção comercial têxtil do Pós-Segunda Guerra Mundial.

A partir da leitura do texto, é INCORRETO afirmar que

(A) a alta-costura restaurou o prestígio parisiense, incentivando o luxo.
(B) a moda parisiense, anterior à guerra, desapareceu do cenário contemporâneo.
(C) houve resgate da silhueta ampulheta, muito usada no período da Belle Époque.
(D) o comércio americano negocia licenças de importação dessa moda em Paris.
(E) o retorno do glamour ocorreu, principalmente, em virtude do fim da guerra.

14. (EXAME - 2009)

A saia godê, muito em moda nos anos 1950, requer uma construção diferente da saia reta. O formato base para a saia godê tem sua estrutura baseada em uma circunferência. Em uma confecção que só trabalha com tafetá de seda de 1,40m de largura, o molde de uma saia godê longa não cabe na largura do tecido. O
(A) modelista utiliza-se do recurso da emenda.

PORQUE

O comprimento desejado ultrapassa a largura do tecido.

Considerando-se essas assertivas, é CORRETO afirmar que

(A) a primeira é falsa, e a segunda é verdadeira.
(B) a primeira é verdadeira, e a segunda é falsa.
(C) as duas são falsas.
(D) as duas são verdadeiras, e a segunda justifica a primeira.
(E) as duas são verdadeiras, e a segunda não justifica a primeira.

15. (EXAME - 2009)

Nas fábricas, as modelagens são feitas em grade do tamanho 36 ao 54. O procedimento de ampliação dos moldes denomina-se

(A) escalação.
(B) fundamentação.
(C) gradação.
(D) produção.
(E) prolongamento.

16. (EXAME - 2009)

A ergonomia aplicada ao vestuário vem sendo explorada nas roupas esportivas. Em uma bermuda ciclista, a ergonomia está aplicada no (a)

I. cor do tecido;
II. rigidez do tecido;
III. modelagem;
IV. acolchoamento nas entrepernas;
V. largura da bainha.

Estão CORRETOS somente os itens

(A) I e III.
(B) I e IV.
(C) II e III.
(D) II e IV.
(E) III e IV.

17. (EXAME - 2009)

Leia o texto:

As formas de representação da figura humana possibilitam o aprendizado da anatomia e o estudo dos diferentes movimentos e posturas. O aluno pode testar diversos meios e técnicas de representação, incluindo lápis grafite, pastel, pintura e colagem. Trabalhar com modelo vivo facilita a representação de formas, volumes e o uso de linhas e sombras. A partir das imagens indicadas, pode-se concluir que:

(A) a figura II indica que a técnica da colagem dificulta a representação gráfica da figura.
(B) a técnica da colagem permite uma representação das ideias de tecidos e movimentos.
(C) o desenho é essencial para a técnica da colagem na representação do corpo humano.
(D) o uso de aquarela e pastel dificulta a representação das cores e o estudo volumétrico.
(E) a colagem utiliza elementos bidimensionais e tridimensionais, alterando a grafia da figura humana.

18. (EXAME - 2009)

A modelagem tridimensional (*Draping* ou *Moulage*) é construída sobre um manequim adequado. O termo moulage vem do francês e significa moldagem, no sentido de ajustar um tecido diretamente no manequim do tamanho apropriado ou no próprio corpo da pessoa. A *moulage* é também usada em peças trabalhadas no viés porque permite moldar e drapear o tecido na forma do corpo. O objetivo dessa técnica é facilitar a visão espacial. O tecnólogo em design de moda usou a técnica da modelagem tridimensional para modelar o vestido em jérsei, conforme croqui abaixo; entretanto, usou o tecido de morim e não o jérsei para fazer a modelagem.

Escolha a opção correta para solucionar o problema da troca do tecido.

(A) Reduzir a largura dos moldes em morim para cortar o jérsei.
(B) Reduzir o comprimento dos moldes em morim para cortar o jérsei.
(C) Refazer a modelagem usando o jérsei.
(D) Utilizar os moldes em morim, acrescentando um centímetro em todo o contorno.
(E) Utilizar os moldes em morim para cortar o jérsei.

19. (EXAME - 2009)

Leia as figuras que representam graficamente uma coleção:

(JONES, Sue Jenkyn. **Fashion design**: manual do estilista. Tradução: Iara Biderman. São Paulo: Cosac Naify, 2005).

Ao analisar os elementos que correspondem à composição visual dos *looks* (ritmo, cor, proporção, harmonia), escolha a afirmação INCORRETA.

(A) A gradação ressalta ou desvia a atenção de partes da silhueta.
(B) A repetição de linhas simplifica o corte e a montagem.
(C) O padrão listrado favorece a harmonia e a proporção das silhuetas.
(D) O da cor escura dá a ilusão de uma silhueta mais esguia.
(E) Uma única cor serve de fundo para pespontos diferenciados.

20. (EXAME - 2009)

Cabe ao designer pensar cada vez mais em termos do ciclo de vida do objeto projetado, gerando soluções que otimizem três fatores: 1) uso de materiais não poluentes e de baixo consumo de energia; 2) eficiência de operação e facilidade de manutenção do produto; 3) potencial de reutilização e reciclagem após o descarte.

DENIS, Rafael Cardoso. *Uma introdução à história do design*. São Paulo: Edgard Blücher, 2000, p. 219.

O gráfico a seguir corresponde à produção de fibras a partir da reutilização/reciclagem de garrafas PET.

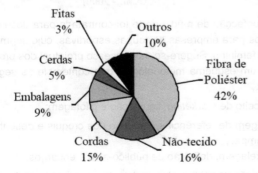

Associação Brasileira de Fabricantes de Embalagens PET- ABEPET

Atualmente, a indústria têxtil tem apoiado o empreendimento de recursos alternativos, como o uso de fibras PET.

Observe as afirmativas:

I. A maior fatia para o PET reciclado é a produção de fibras para a indústria têxtil.
II. O planejamento do ciclo de vida do produto não é importante, do ponto de vista do designer.
III. O processo de produção, a partir da reciclagem, é um fator de gestão empresarial.
IV. Fitas, cerdas e embalagens representam 40% do mercado de PET.

Estão CORRETAS somente as afirmativas

(A) I e II.
(B) II e III.
(C) III e IV.
(D) I e III.
(E) I e IV.

21. (EXAME - 2009)

A coleção de moda pressupõe uma metodologia projetual que se nutre de um universo de referências e processos. Ao desenvolver uma coleção de calçados, o designer elaborou o seguinte diagrama:

Leia o diagrama acima e escolha a opção que contemple o modelo projetual adotado.

(A) Fases do processo.
(B) Pesquisa de referências.
(C) Planificação da forma.
(D) Resistência à carga corporal.
(E) Simulação de reação.

22. (EXAME - 2009)

Ao elaborar uma coleção de produtos com a utilização de um sistema CAD inteligente, o tecnólogo em design de moda simula as equações que regem o comportamento dos produtos. Isso permite calcular valores e projetar reações. O sistema possibilita a otimização da implementação de condições de produção, escolha de soluções, ordenação e dimensionamento.

É da competência do tecnólogo definir:

(A) adequação ao público-alvo.
(B) formas de representação.
(C) hierarquização das etapas.
(D) possibilidades de erros.
(E) processo de construção.

23. (EXAME - 2009)

Em uma indústria de confecção, o desenho técnico mostra claramente o volume da roupa sobre o corpo, o comprimento e outros detalhamentos do modelo. As figuras abaixo representam o desenho técnico, o esquema e a modelagem plana de um vestido infantil. Qual é o detalhamento importante que falta no desenho técnico?

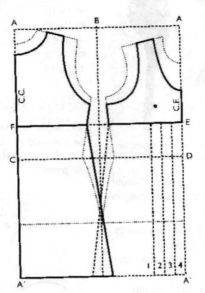
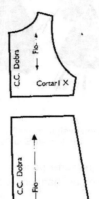
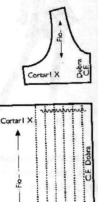

(A) Comprimento da manga.
(B) Comprimento do vestido.
(C) Desenho da gola.
(D) Marcação do bolso.
(E) Medida da cintura.

24. (EXAME - 2009)

A moda sempre é um processo que envolve mudanças. A coleção de inverno será substituída na próxima estação e assim por diante. Entender como o mercado absorve essa mudança é uma tarefa do marketing de moda. Os analistas de mercado consideram fatores que identificam a viabilidade de um produto ou serviço, bem como tendências de mercado, planejamento e gestão de recursos, concepção de produto e o público-alvo.

NÃO é atribuição do Marketing de Moda

(A) aumentar o poder de compra.
(B) estimular a inovação e a criatividade.
(C) fortalecer o desejo do consumidor por um produto.
(D) planejar marcas e embalagens.
(E) promover produtos.

25. (EXAME - 2009)

A indústria têxtil mundial pesquisa uma série de inovações tecnológicas. O resultado desse processo gerou diversos produtos chamados de tecidos inteligentes ou tecnológicos aplicados em uniformes dos esportistas, possibilitando: aumento de performance, isolamento térmico, absorção e transporte de umidade, sensação de conforto na pele.

Sobre os tecidos inteligentes assinale a alternativa INCORRETA.

(A) Eles diminuem o molde-base na confecção da peça-piloto.
(B) Eles agregam qualidade e resistência.
(C) Eles representam um avanço na pesquisa de matérias-primas.
(D) Eles envolvem conhecimentos.
(E) Eles interferem na aparência e no toque do produto.

26. (EXAME - 2009)

Uma confecção de médio porte foi contratada para desenvolver produtos para empresas de roupas esportivas, cujo segmento é futebol feminino. Sugere-se, no processo projetual dos produtos, adotar um esquema metodológico que contemple as seguintes etapas:

I. conceito de *marketing*; liquidação e pilotagem;
II. colagem de referências, desenho dos croquis e desenhos de estampas;
III. modelagem, definição de público-alvo e encargos;
IV. definição de público-alvo, cadela de cores e compra de tecidos;
V. contratação de funcionários, proposta de criação e liquidação.

Estão CORRETAS somente as afirmativas

(A) I e IV.
(B) II e IV.
(C) I e III.
(D) III e V.
(E) II e V.

27. (EXAME - 2009)

Os anos 1960 marcam uma série de transformações relacionadas à História da Moda. Assinale abaixo a alternativa que representa um marco desse período.

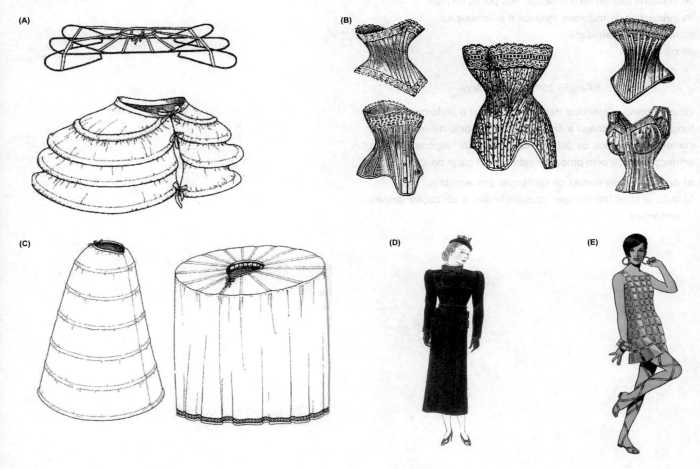

28. (EXAME - 2009) DISCURSIVA

No decorrer do século XX, houve uma dinâmica de estilos e criadores. A partir dos anos 1970, os japoneses começaram a apresentar suas coleções em Paris. Kenzo foi um dos primeiros, seguido por Issey Miyake, Rei Kawakubo e Yohji Yamamoto, ocasionando rupturas na moda vigente.

LEHNERT, Gertrud. *História da moda do século XX*.
Colônia: Kijnemann, 2001, p. 88-89.

Descreva o estilo proposto por esse grupo japonês, especificando:

a) a moda européia antes da chegada dos japoneses;

b) as inovações desse grupo;

c) a herança desses estilistas para a moda contemporânea.

(EXAME - 2009) DISCURSIVA

Uma fábrica de médio porte recebeu uma encomenda com as seguintes especificações:

- Croqui

- Quantidade: 80 peças.
- Tecido: gabardine em três cores.
- Grade: tamanhos entre 36 e 44.

(JONES, Sue Jenkyn. **Fashion design**: manual do estilista.
Tradução: Iara Biderman. São Paulo: Cosac Naify, 2005).

A partir dos dados, elabore a ficha técnica do produto, indicando:

(A) desenho técnico ou planificado das peças do *look*;
(B) indicações de materiais (tecidos e aviamentos);
(C) metragem/quantidade;
(D) custos.

(EXAME - 2009) DISCURSIVA

Uma empresa alimentícia decidiu padronizar o uniforme de seus funcionários e solicitou a criação de um modelo de avental que contemplasse todos os setores. O profissional responsável pela confecção optou pelo processo industrial. A partir do exposto,

a) descreva duas etapas da confecção dos aventais;
b) indique dois fatores que possam limitar a utilização desses uniformes.

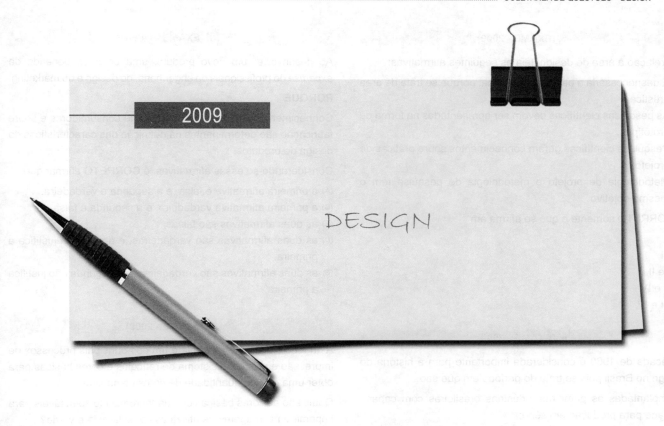

A imagem abaixo se refere às questões 1 e 2.

1. (EXAME - 2009)

Em 1973, Eugenio Hirsch criou a capa para o romance *As meninas*, de Lygia Fagundes Telles, publicado pela Livraria José Olympio Editora. A figura reproduz a 13ª edição do livro. Observando a figura, é CORRETO afirmar que a capa apresenta

(A) apenas uma família de tipos, em vários tamanhos.
(B) letras em caixa-alta somente no título.
(C) nome da autora escrito em caixa-baixa.
(D) somente letras sem serifa.
(E) texto simetricamente centralizado.

2. (EXAME - 2009)

As principais técnicas de expressão visual utilizadas na capa são

(A) composição assimétrica, contraste acromático, sequencialidade.
(B) composição assimétrica, contraste de cores análogas, transparência.
(C) composição simétrica, contraste acromático, opacidade.
(D) composição simétrica, contraste de cores análogas, sequencialidade.
(E) composição simétrica, contraste de cores complementares, transparência.

3. (EXAME - 2009)

Os estudos semânticos fornecem subsídios para o designer resolver questões referentes à

(A) antropometria.
(B) comunicação.
(C) ergonomia.
(D) sustentabilidade.
(E) usabilidade.

4. (EXAME - 2009)

Qual é o procedimento recomendado para acelerar o processo de desenvolvimento de projetos de novos produtos?

(A) Capacitação de funcionários e técnicos.
(B) Disposição de máquinas em paralelo.
(C) Formação de ilustradores industriais.
(D) Seleção de *softwares* de modelagem 3D.
(E) Utilização de técnicas de prototipagem rápida.

5. (EXAME - 2009)

Em relação à área de design, leia as seguintes afirmativas:

I. É desnecessária a pesquisa científica, porque se trata de área artística.

II. As pesquisas científicas devem ser apresentadas na forma de protótipos.

III. Pesquisas científicas geram conhecimentos sobre práticas de projeto.

IV. Metodologia de projeto e metodologia de pesquisa têm o mesmo objetivo.

É CORRETO somente o que se afirma em

(A) I.

(B) III.

(C) I e II.

(D) II e IV.

(E) III e IV.

6. (EXAME - 2009)

A década de 1960 é considerada importante para a história do design no Brasil pois se trata do período em que são

I. implantadas as primeiras indústrias brasileiras com capacidade para produção em série;

II. inaugurados os primeiros cursos superiores de desenho industrial no Brasil;

III. realizados os primeiros registros de marcas comerciais em território nacional.

É CORRETO somente o que se afirma em

(A) I.

(B) II.

(C) III.

(D) I e III.

(E) II e III.

7. (EXAME - 2009)

A equipe de desenvolvimento do projeto de um telefone celular, dentro de uma perspectiva sustentável, precisa contar com designers gráficos e de produto. Considerando-se as características e a composição dessa equipe, avalie as afirmativas a seguir:

I. Os designers gráficos deverão se preocupar, entre outras coisas, com a configuração da interface do aparelho.

II. Os designers atuarão somente nas últimas etapas do projeto, agregando valor ao artefato.

III. Os designers de produto deverão se preocupar, entre outras coisas, com o pós-uso do aparelho.

IV. Os designers devem considerar o ciclo de vida do artefato principal, das embalagens e dos manuais de uso.

Estão CORRETAS somente as afirmativas

(A) I e II.

(B) I, II e III.

(C) I, II e IV.

(D) I, III e IV.

(E) II, III e IV.

8. (EXAME - 2009)

Ao desenvolver um novo produto, uma empresa depende da *expertise* de profissionais da engenharia, do design e do marketing.

PORQUE

Conhecimentos sobre comportamento de consumidores e sobre fabricação são determinantes na definição das características do design de produtos.

Considerando-se essas afirmativas, é CORRETO afirmar que

(A) a primeira afirmativa é falsa, e a segunda é verdadeira.

(B) a primeira afirmativa verdadeira, e a segunda é falsa.

(C) as duas afirmativas são falsas.

(D) as duas afirmativas são verdadeiras, e a segunda justifica a primeira.

(E) as duas afirmativas são verdadeiras, e a segunda não justifica a primeira.

9. (EXAME - 2009)

A quadricromia ou tetracromia é um dos principais processos de impressão e utiliza um sistema de retículas e cores básicas para obter uma grande quantidade de cores compostas.

Quais são as cores básicas de quadricromia indispensáveis para imprimir uma imagem que utiliza as cores laranja e verde?

(A) Amarelo, azul e vermelho.

(B) Amarelo, ciano e magenta.

(C) Amarelo, ciano, magenta e preto.

(D) Azul, verde e vermelho.

(E) Laranja e verde.

10. (EXAME - 2009)

A análise do ciclo de vida do produto deve ser usada pelo designer que quer aumentar a produtividade nas empresas.

PORQUE

Essa técnica é adequada para se fazer uma avaliação de impacto ambiental, fabricação, transporte, uso e descarte de produtos.

Considerando-se essas afirmativas, é CORRETO afirmar que

(A) a primeira afirmativa é falsa, e a segunda é verdadeira.

(B) a primeira afirmativa verdadeira, e a segunda é falsa.

(C) as duas afirmativas são falsas.

(D) as duas afirmativas são verdadeiras, e a segunda justifica a primeira.

(E) as duas afirmativas são verdadeiras, e a segunda não justifica a primeira.

11. (EXAME - 2009)

A combinação de duas das três cores básicas do sistema aditivo, também chamado de cor-luz, resulta em

(A) amarelo.

(B) cinza.

(C) preto.

(D) verde.

(E) vermelho.

12. (EXAME - 2009)

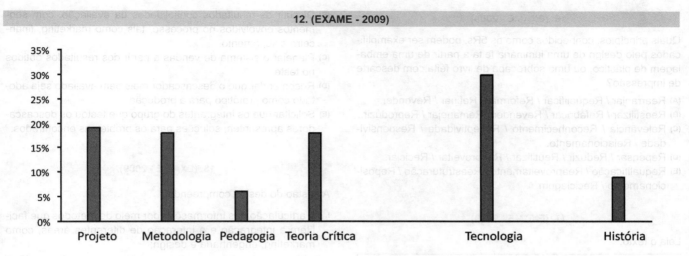

Segundo o princípio da continuidade, também conhecido como lei da boa continuação, tende-se a agrupar elementos visuais semelhantes que estejam arranjados de forma a sugerir uma linha, tal como uma linha tracejada ou pontilhada.

De que forma as barras desse gráfico poderiam ser modificadas, de modo a adequar-se a essa lei e auxiliar a compreensão do leitor?

(A) As barras deveriam estar dispostas horizontalmente, em distâncias crescentes e em ordem alfabética.
(B) As barras deveriam estar divididas em três grupos, cada um arranjado em ordem crescente ou decrescente.
(C) As barras deveriam estar mais próximas, em distâncias regulares e em ordem crescente ou decrescente.
(D) As barras deveriam ter todas a mesma altura, mas com diferentes larguras, e estarem dispostas em ordem alfabética.
(E) As barras referentes à Teoria Crítica e à História, assim como as de Tecnologia e Projeto, deveriam estar mais próximas.

13. (EXAME - 2009)

"Em 1987, o Centro de Design Industrial no Instituto Indiano de Tecnologia (IIT), em Bombaim, convidou profissionais e acadêmicos de design para uma importante conferência sobre semântica de produto chamada *Arthaya*, uma antiga palavra hindi para 'significado'. Designers em uma Índia multilingue e multicultural, com suas mitologias visualmente ricas, abraçaram a abordagem semântica, pois ela prometeu fornecer conceitos, métodos e critérios que não só atenderiam os interesses da indústria, mas também respeitariam as diversas tradições socioculturais e apoiariam formas indianas de desenvolvimento."

KRIPPENDORF, Klaus. The *semantic turn. A new fundation for design*. Florida: Taylor and Francis, 2006.

Situação semelhante encontra-se no Brasil. Nesse contexto, a semântica do produto recomenda que seja

(A) adotada uma abordagem que priorize o aspecto funcional dos artefatos.
(B) aplicado um método que atenda aos interesses da média da população mundial em relação a determinados artefatos.
(C) assumido um procedimento que tenha em vista os significados que os artefatos possam adquirir para seus usuários.
(D) realizada uma transferência adequada dos significados que são atribuídos pelos países centrais aos artefatos.
(E) utilizado um enfoque que priorize a produção de artefatos em larga escala, com ampla comercialização.

14. (EXAME - 2009)

Um projeto ergonômico deve privilegiar as habilidades e limitações do homem médio.

PORQUE

Os estudos dos percentis extremos determinam parâmetros mais precisos de qualidade de uso.

A respeito dessas duas afirmativas, é CORRETO afirmar que

(A) a primeira afirmativa é falsa, e a segunda é verdadeira.
(B) a primeira afirmativa é verdadeira, e a segunda é falsa.
(C) as duas afirmativas são falsas.
(D) as duas afirmativas são verdadeiras, e a segunda justifica a primeira.
(E) as duas afirmativas são verdadeiras, e a segunda não justifica a primeira.

15. (EXAME - 2009)

Operadores de trens metropolitanos sofrem desgaste enquanto realizam suas tarefas, devido a características da cabine, incluindo problemas com assento e painel de controle. Tendo em vista o desenvolvimento de um sistema mais adequado do ponto de vista ergonômico, que tipo de informação o designer deve priorizar?

(A) Dados antropométricos dos indivíduos mais baixos.
(B) Dados socioeconômicos obtidos com o setor de Recursos Humanos.
(C) Pesquisas de legibilidade e leiturabilidade de textos impressos.
(D) Resultados de análise da tarefa dos operadores.
(E) Tendências de cores e padronagens para revestimento.

16. (EXAME - 2009)

Quais princípios, conhecidos como os 5Rs, podem ser exemplificados pelo design de uma luminária feita a partir de uma embalagem de plástico, ou uma sobrecapa de livro feita com descarte de impressão?

(A) Rearranjar / Requalificar / Reformar / Refinar / Revender.
(B) Reestilizar / Refabricar / Revender / Remanejar / Reproduzir.
(C) Relevância / Reconhecimento / Receptividade / Responsividade / Relacionamento.
(D) Repensar / Reduzir / Reutilizar / Reaproveitar / Reciclar.
(E) Requalificação / Reaproveitamento / Reestruturação / Reposicionamento / Reciclagem.

17. (EXAME - 2009)

Leia o texto:

> Baxter apresenta o caso do desenvolvimento do projeto de um descascador de batatas. Na análise de similares presentes no mercado, foram identificadas seis "famílias" distintas, definidas pela característica da lâmina de corte e a posição da lâmina em relação ao cabo. Um grupo foi escolhido para testar os descascadores selecionados. Foi pedido a cada integrante que avaliasse a amostra quanto a três necessidades: rapidez no corte, facilidade de corte e conforto no manejo.

(BAXTER, Mike. *Projeto de produto: Guia prático para o desenvolvimento de novos produtos*. São Paulo: Edgard Blücher, 1998).

Qual é o papel do designer como gestor nessa situação?

(A) Aprofundar a análise dos produtos existentes, considerando aspectos produtivos, ergonômicos e comunicacionais.
(B) Discutir os resultados consolidados da avaliação, com segmentos envolvidos no processo, tais como marketing, financeiro e suprimento.
(C) Planejar o sistema de vendas a partir dos resultados obtidos no teste.
(D) Recomendar que o descascador mais bem avaliado seja adotado como protótipo para a produção.
(E) Solicitar que os integrantes do grupo que testou os descascadores apresentem soluções para os problemas encontrados.

18. (EXAME - 2009)

A gestão do design compreende

I. a articulação das informações por meio de métodos que facilitem a integração e a interação de diferentes áreas, como marketing, engenharia e design;

II. a racionalização de processos, visando reduzir o custo total e maximizar os benefícios que o design proporciona à companhia e aos usuários;

III. o desenvolvimento e o detalhamento de estratégias de venda e de atendimento aos consumidores e revendedores em potencial.

Analisando-se os itens acima, é CORRETO somente o que se afirma em

(A) I.
(B) II.
(C) I e II.
(D) I e III.
(E) II e III.

19. (EXAME - 2009)

I.

II.
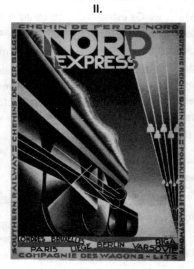

III.

IV.

Art nouveau e *Art déco* são estilos que emergiram nas metrópoles europeias, em especial Paris, entre o final do século XIX e a primeira metade do século XX.

Analisando-se as figuras I, II, III e IV, é CORRETO afirmar que

(A) a figura II apresenta elementos de *Art nouveau*.
(B) as figuras II e IV apresentam elementos geométricos característicos da *Art déco*.
(C) as figuras I e III mostram cartazes psicodélicos, movimento cuja linguagem gráfica utiliza elementos da *Art nouveau*.
(D) as figuras I, II e III apresentam elementos da *Art déco* em sua composição.
(E) as figuras III e IV apresentam elementos fluidos e orgânicos, característicos da *Art nouveau*.

20. (EXAME - 2009)

ISOTYPE (*International System of Typographic Picture Education*) é um sistema concebido na primeira metade do século XX, para representar dados estatísticos por meio de pictogramas. O gráfico abaixo é um exemplo desse sistema e mostra a relação entre a quantidade de tecido produzido na Inglaterra, entre os anos de 1820 e 1880, e a quantidade de produtores caseiros e industriais trabalhando no mesmo período.

É CORRETO, portanto, afirmar que o ISOTYPE é uma linguagem

(A) famosa, por ter sido adotada por produtores de tecido de diversos países.
(B) inovadora, por ter sido a primeira a adotar figuras no lugar de palavras.
(C) prática, pois pode ser aprendida independentemente da linguagem verbal.
(D) segura para transmissão de informações, pois evita a ambiguidade.
(E) ultrapassada, pois foi substituída pelos ícones adotados na internet.

21. (EXAME - 2009)

Um fabricante de máquinas para devolução de latas de bebida de alumínio convidou pesquisadores de duas universidades para desenvolver um novo tipo de máquina, com ênfase na usabilidade. Foram definidas duas alternativas — manual e automática. Para identificar qual das duas alternativas propicia usabilidade mais adequada, um designer recomenda

(A) a construção de modelos em escala reduzida.
(B) a realização de entrevistas com especialistas, designers e empresários.
(C) a utilização de modelos rústicos para simulação com usuários reais.
(D) o desenvolvimento de softwares que realizem as atividades automáticas.
(E) o uso de mock-ups virtuais e testes de realidade virtual.

22. (EXAME - 2009)

Organogramas são adequados para uma empresa de design.
PORQUE
Organogramas se referem a níveis de decisões projetuais.

A respeito dessas duas afirmativas, é CORRETO afirmar que

(A) a primeira afirmativa é falsa, e a segunda é verdadeira.
(B) a primeira afirmativa verdadeira, e a segunda é falsa.
(C) as duas afirmativas são falsas.
(D) as duas afirmativas são verdadeiras, e a segunda justifica a primeira.
(E) as duas afirmativas são verdadeiras, e a segunda não justifica a primeira.

23. (EXAME - 2009)

Leia o trecho:

> "Johannes Ittem procurava libertar a criatividade de seus alunos introduzindo explorações elementares de formas e materiais, automatismo, desenho cego, movimentos rítmicos de desenho e uma abordagem intuitiva e mística."

LUPTON, Ellen e MILLER, J. Abbott (orgs.). *ABC da bauhaus*.
São Paulo: Cosac Naify, 2008

Qual é a característica mais marcante da Bauhaus na fase em que Johannes Men foi professor dessa escola?

(A) A influência das vanguardas históricas.
(B) A restrição ao uso de letras em caixa-alta.
(C) A tendência expressionista.
(D) A valorização do funcionalismo.
(E) O caráter científico dos projetos.

24. (EXAME - 2009)

Bonsiepe, ao abordar a questão da inovação, diz que

> é uma palavra-chave da época atual. Ela caracteriza a dinâmica da sociedade industrial. É quase um imperativo, se bem que seria errado objetivá-la, pois depende dos investimentos feitos para criar inovação.

BONSIEPE, Gui. *Design: do material ao digital*.
Florianópolis: FIESC/IEL, 1997.

Quanto à inovação, qual preocupação deve guiar as atividades projetuais de um designer?

(A) Buscar novidades e melhores produtos, a preços razoáveis.
(B) Encontrar diferenciações e vantagens competitivas.
(C) Experimentar novos materiais, processos e soluções formais.
(D) Incentivar investimentos reduzidos e obter rápido retorno financeiro.
(E) Simplificar a fabricação e facilitar a montagem de produtos.

25. (EXAME - 2009)

A escolha do processo e do meio produtivo a serem adotados em uma situação fabril é determinada por diversos fatores.

Entre eles, pode ser considerada a adequação ao

I. material aplicado e ao volume da produção;
II. preço final e à desmontabilidade;
III. manual de instrução e ao acabamento da peça.

É CORRETO somente o que se afirma em

(A) I.
(B) II.
(C) I e II.
(D) I e III.
(E) II e III.

26. (EXAME - 2009)

O designer tem papel relevante na escolha e na aplicação de materiais empregados na produção em série. Mesmo não estando envolvido com a origem ou com os fins desses materiais, o designer deve tomar decisões que contemplem as questões ambientais. Portanto, convém

I. diminuir a quantidade de elementos (peças, componentes, páginas), tendo em vista a redução dos custos finais do produto.

II. privilegiar materiais que possam ser soldados ou colados, pois dobras enfraquecem o produto, reduzindo, assim, o seu tempo de vida útil.

III. prolongar a validade de produtos sujeitos a um rápido envelhecimento tecnológico pela possibilidade de substituição de suas partes.

É CORRETO somente o que se afirma em

(A) I.
(B) II.
(C) III.
(D) I e III
(E) II e III

27. (EXAME - 2009)

Esta imagem apresenta a capa de um número da revista LEF, projetada e coeditada por Alexander Rodchenko.

Com base nisso, avalie as afirmativas a seguir:

I. A adoção de uma paleta de cores restrita é coerente com o contexto econômico e político no qual foi produzida.

II. O uso de letras serifadas reforça a valorização da cultura das elites.

III. O uso narrativo das imagens sugere a negação da ideologia dominante daquele contexto.

É CORRETO somente o que se afirma em

(A) I.
(B) II.
(C) III.
(D) I e III.
(E) II e III.

28. (EXAME - 2009) DISCURSIVA

A historiografia do design considera como marcos do exercício do design, no Brasil, a produção de Alexandre Wollner, Aloísio Magalhães e Sérgio Rodrigues. Desses três nomes, selecione dois e justifique o papel deles como pioneiros na área. Cite, pelo menos, um projeto realizado por cada um, bem como sua relevância para o design.

29. (EXAME - 2009) DISCURSIVA

Considerando-se um cubo de papelão, represente sua planificação de três formas diferentes.

30. (EXAME - 2009) DISCURSIVA

No campo do design, o termo metodologia de projeto refere-se ao conjunto de atividades que o designer executa na busca da solução de um problema. As atividades podem ser reunidas em três grandes etapas: (1) identificação e apresentação do problema, (2) desenvolvimento de soluções e (3) avaliação dos resultados. Dê, pelo menos, três exemplos de atividades realizadas em cada uma dessas etapas.

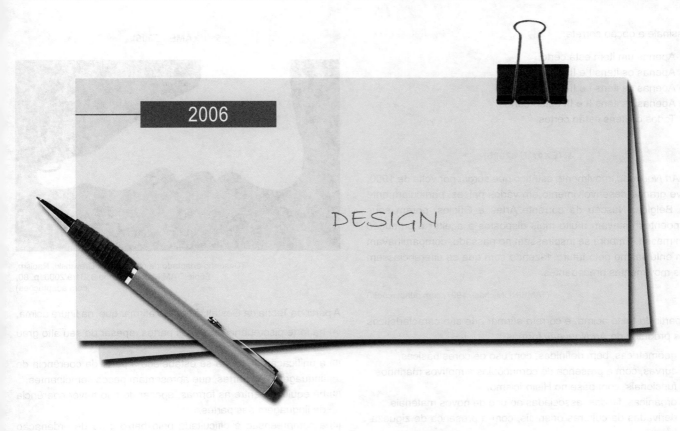

2006

DESIGN

1. (EXAME - 2006)

Figura I

Figura II

A Bauhaus é considerada a mais importante escola de arquitetura, arte e *design* do início do século XX. Fundada na Alemanha, em 1919, por Walter Gropius, teve como um dos principais objetivos integrar os estudos de arquitetura, artes e artesanato. Com relação à escola Bauhaus e considerando as figuras acima, assinale a opção correta.

(A) Os produtos apresentados nas figuras I e II possuem características similares às dos produtos da Bauhaus.

(B) Nenhum dos produtos apresentados possui características similares às dos produtos da Bauhaus.

(C) O produto mostrado na figura I apresenta características do movimento *Art Déco* e é condizente com o estilo Bauhaus.

(D) A figura II mostra um produto funcional, com estilo moderno, não condizente com o que foi proposto pela Bauhaus.

(E) A figura I apresenta um produto coerente com o movimento Artes e Ofícios (*Arts and Crafts*), uma das origens da escola Bauhaus.

2. (EXAME - 2006)

O ensino formal de nível superior em *Design* iniciou-se no Brasil na década de 60 do século passado, sob forte influência da Escola Superior de Forma (*Hochschule für Gestaltung*) de Ulm (1953-1968). A atuação dessa escola alemã caracterizou-se, principalmente, por

I. iniciar o movimento funcionalista em *design*, tendo criado o lema "a forma segue a função".

II. realizar estudos na área de estética, tendo influenciado o aparecimento do estilo aerodinâmico (*streamline*) nos Estados Unidos da América.

III. desenvolver um pensamento sistemático acerca de *design*, tendo fundamentado uma metodologia de projeto.

Assinale a opção correta.

(A) Apenas um item está certo.
(B) Apenas os itens I e II estão certos.
(C) Apenas os itens I e III estão certos.
(D) Apenas os itens II e III estão certos.
(E) Todos os itens estão certos.

3. (EXAME - 2006)

O *Art Nouveau*, movimento estético que surgiu por volta de 1900, teve grande desenvolvimento em vários países, particularmente na Bélgica. Nasceu da corrente Artes e Ofícios, porém seus expoentes estavam muito mais dispostos a aceitar a produção em massa. Embora se inspirassem no passado, compartilhavam um entusiasmo pelo futuro, fazendo com que se diferenciassem dos movimentos precedentes.

(TAMBINI, Michael. 1997, com adaptações.)

A partir do texto acima, é correto afirmar que são características dos produtos do *Art Nouveau* formas

(A) geométricas, bem definidas, com uso de cores básicas.
(B) curvas, com a presença de cornucópias e motivos marinhos.
(C) funcionais, com base no Historicismo.
(D) orgânicas, fluidas, associadas ao uso de novos materiais.
(E) derivadas de culturas orientais, com a presença de ziguezagues.

4. (EXAME - 2006)

Nos anos 80 do século passado, o *Design* foi tomado pela globalização, que se desdobrou no eixo Ásia-Europa-América.

Empresas asiáticas, sobretudo as do Japão e de Taiwan, reconheceram muito cedo o significado do *Design* para seus intensivos esforços competitivos. No entanto, as diferenças socioculturais de cada usuário eram por demais graves para que fossem observadas de forma adequada a distância e fossem úteis para influir na política de produtos e na sua configuração. Dessa forma, as empresas ou instituições estabeleceram, na Europa, escritórios de contato que sondavam cada mercado.

(BURDEK, Bernhard E. **História, teoria e prática do design de produtos**. São Paulo: Edgard Blucher, 2006. p. 71, com adaptação).

A partir do texto e acerca da relação globalização e *Design*, é correto afirmar que a globalização

(A) exigiu atenção às diferenças socioculturais, modificou a política de desenvolvimento de produtos e serviços e ampliou a atuação no campo do *Design*.
(B) dificultou os processos de intercâmbio e troca de informações, empobrecendo especialmente os mercados asiáticos, europeus e americanos.
(C) interferiu no campo do *Design*, gerando retração de mercado e demissões em massa no mundo todo.
(D) dificultou os processos de intercâmbio e de troca de informações, empobrecendo o mercado econômico e cultural de vários países, inclusive o do Brasil.
(E) propiciou o desenvolvimento de políticas de valorização focalizadas apenas na produção nacional e local.

5. (EXAME - 2006)

(Desenho adaptado da obra de Lex Drawinski, Racism. Fonte: TAM Magazine. Ano 3, 31/9/2006, p. 80, com adaptações)

A partir da Teoria da Gestalt, é correto afirmar que, na figura acima,

(A) há forte discrepância entre as partes, apesar do seu alto grau de ordenação.
(B) a unificação da forma se estabelece a partir da coerência de linguagem das partes, que apresentam pesos semelhantes.
(C) há equilíbrio entre as formas, apesar de não haver coerência de linguagem das partes.
(D) a compreensão é dificultada pelo baixo grau de ordenação das partes.
(E) há muito ruído, poluição visual e falta de coerência entre as partes.

6. (EXAME - 2006)

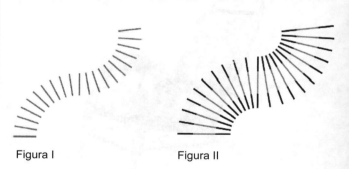

Figura I   Figura II

(HOFMAN, Donald. **Inteligência visual**. Campus, 2001. p. 105, com adaptações.)

As figuras I e II ilustram um tipo de efeito visual que pode ser obtido em uma composição gráfica. A única diferença entre as duas figuras são as linhas pretas que prolongam as azuis na figura II. Embora as faixas azuis sejam idênticas, a da figura II parece esmaecida. Assinale a opção correta, relativamente a esse efeito na figura II.

(A) A presença das linhas pretas reforça o contraste entre o azul e o branco do papel, gerando um reflexo azul na área esmaecida.
(B) A presença de linhas pretas nas extremidades das linhas azuis na figura II provoca um fenômeno cognitivo adicional à propriedade física das cores, em relação à figura I.
(C) Quando duas ou mais cores estão próximas, parte do pigmento da mais clara invade a superfície do papel.

(D) Os cones da retina, receptores da cor azul, saturam-se rapidamente, necessitando liberar energia nas áreas em torno deles.

(E) As linhas pretas reduzem o espaço de expansão ótica das linhas azuis, concentrando a expansão na área branca, em relação à figura I.

7. (EXAME - 2006)

Os produtos do *Design*, por um lado, referem-se a corpos no espaço, por outro, possuem significados. Considerando que essas duas dimensões podem representar um nível material e um nível simbólico, é correto afirmar que, em um produto do *Design*,

(A) as duas dimensões se fundem, sendo difícil separar a forma do significado e vice-versa.

(B) o valor econômico depende mais da sua materialidade do que de seu significado.

(C) o nível simbólico deve ser tratado prioritariamente ao nível material.

(D) tanto o valor semântico quanto os aspectos físicos são definidos somente no contexto de uso.

(E) o nível material deve ser tratado prioritariamente ao nível simbólico.

8. (EXAME - 2006)

Um sistema de identidade de um produto ou de uma empresa deve manter unidade formal entre os seus elementos. Tal unidade é obtida quando esses elementos apresentam um padrão característico, que unifique os diferentes elementos do conjunto.

Considerando-se essa definição e os pictogramas ilustrados abaixo, assinale a opção correta.

Figura I   Figura II   Figura III   Figura IV

(A) As figuras I e IV pertencem ao mesmo conjunto de pictogramas.
(B) As figuras II e III pertencem ao mesmo conjunto de pictogramas.
(C) Três das figuras pertencem ao mesmo conjunto de pictogramas.
(D) Todas as figuras pertencem ao mesmo conjunto de pictogramas.
(E) Cada uma das figuras pertence a um conjunto de pictogramas diferente.

9. (EXAME - 2006)

 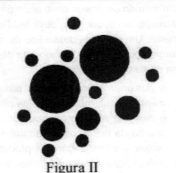

Figura I   Figura II

Considerando as composições gráficas apresentadas nas figuras acima e suas estruturas de composição, assinale a opção correta.

(A) A composição apresentada na figura I possui um ritmo visual maior que o da figura II devido à repetição dos elementos triangulares.

(B) A repetição dos círculos ao longo de uma estrutura inclinada confere dinamismo à composição mostrada na figura II_

(C) Ambas as composições apresentam uma estrutura rígida, cuja principal conseqüência é a ausência de ritmo visual.

(D) A relação de proporção entre os elementos em cada uma das composições é semelhante.

(E) A composição apresentada na figura I obedece a uma estrutura assimétrica.

10. (EXAME - 2006)

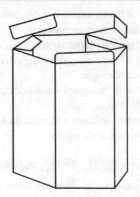

A figura mostrada ao lado representa uma embalagem de papelão em perspectiva, construída pelo processo de corte, vinco e cola.

Considerando essa embalagem, assinale a opção que corresponde à sua correta planificação.

(A) 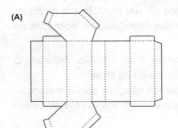   (B)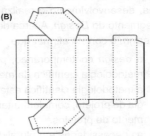

(C) 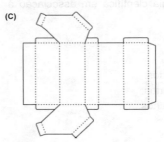   (D)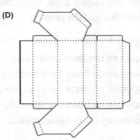

(E)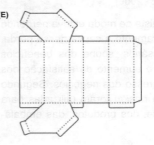

11. (EXAME - 2006)

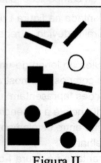

Figura I   Figura II   Figura III

As figuras acima mostram exemplos de composições visuais.

Acerca dessas composições, é correto afirmar que as figuras

(A) I e II são estáveis, pois demonstram uniformidade e coerência entre seus elementos.
(B) I e II são espontâneas, pois não seguem uma seqüência lógica.
(C) I e III são consideradas previsíveis, pois seguem uma regra de composição.
(D) I e III sugerem equilíbrio, pois não apresentam instabilidade formal.
(E) II e III utilizam a técnica da ênfase, que consiste em realçar um ou mais elementos.

12. (EXAME - 2006)

A metodologia científica sistematiza a pesquisa, na qual dados e informações são coletados e analisados frente ao conhecimento teórico de determinado assunto. Já a metodologia de projeto organiza o processo que ocorre entre análise, avaliação, escolha, desenvolvimento e realização de um produto em qualquer segmento do Design. Acerca dessas metodologias, aplicadas ao Design, é correto afirmar que

I. o design contemporâneo, por ser mais intuitivo, distancia a metodologia científica da metodologia de projeto.
II. a metodologia científica estabelece relações com a metodologia de projeto, complementando e enriquecendo o desenvolvimento de projetos.
III. as necessidades e a pluralidade no campo do Design podem ser atendidas pela metodologia científica em associação à metodologia de projeto.

Assinale a opção correta.

(A) Apenas um item está certo.
(B) Apenas os itens I e II estão certos.
(C) Apenas os itens I e III estão certos.
(D) Apenas os itens II e III estão certos.
(E) Todos os itens estão certos.

13. (EXAME - 2006)

Um empresário do segmento varejista de moda estava perdendo clientes, mas não identificava claramente a causa dessa perda. Em conversa com outros empresários, soube dos benefícios que o Design proporcionou para o aumento da satisfação dos clientes, com o conseqüente progresso dos negócios. Segundo os relatos que ouviu, técnicas de design foram utilizadas para melhorar a comunicação da marca, dos produtos, das embalagens e do interior das lojas.

Nessa situação, como consultor de design, que tipo de pesquisa você recomendaria prioritariamente para subsidiar a decisão do empresário nos futuros investimentos em design?

(A) Pesquisa sobre novas tecnologias
(B) Pesquisa sobre tendências em design
(C) Pesquisa com fornecedores
(D) Pesquisa sobre marcas e patentes
(E) Pesquisa com consumidores

14. (EXAME - 2006)

(LEHMANN, R. e WISNER, S. **Analysis for marketing planning**. BPI-Irwin, 1991.)

A figura acima mostra quatro categorias de competição enfrentadas pelas indústrias de bebidas, em níveis cada vez mais amplos. A partir dessa figura, analise as asserções a seguir.

A competição pela forma do produto pode levar à perda de mercado

PORQUE

ela considera outras categorias de produtos que preenchem necessidades semelhantes do consumidor.

A respeito dessas asserções, assinale a opção correta.

(A) As duas asserções são proposições verdadeiras, e a segunda é uma justificativa correta da primeira.
(B) As duas asserções são proposições verdadeiras, mas a segunda não é uma justificativa correta da primeira.
(C) Tanto a primeira como a segunda asserções são proposições falsas.
(D) A primeira asserção é uma proposição falsa, e a segunda é uma proposição verdadeira.
(E) A primeira asserção é uma proposição verdadeira, e a segunda é uma proposição falsa.

15. (EXAME - 2006)

Um método de design deve acompanhar as mudanças culturais e tecnológicas e, por isso, deve ser flexível e atualizado constantemente. Um exemplo desse tipo de método é o design de autoria, surgido nos EUA em meados da década passada. Na metodologia do design de autoria,

I. o designer aplica modelos preestabelecidos no desenvolvimento da sua metodologia de projeto.
II. o designer atua como produtor e responsável pelo processo, que se dá desde as idéias iniciais até o desenvolvimento do projeto e a finalização dos produtos.
III. o designer é agente pró-ativo, podendo ser considerado como autor ou co-autor do trabalho desenvolvido.

Assinale a opção correta.

(A) Apenas um item está certo.
(B) Apenas os itens I e II estão certos.
(C) Apenas os itens I e III estão certos.
(D) Apenas os itens II e III estão certos.
(E) Todos os itens estão certos.

16. (EXAME - 2006)

Cada membro da equipe de *design* de uma empresa desenvolveu individualmente uma solução para determinado projeto. Ao se reunir para decidir a solução que seria adotada pela empresa, a equipe encontrou grandes dificuldades, tendo em vista a tendência natural de cada um de seus membros de defender a sua própria solução. O gerente da equipe montou, então, uma matriz de decisão, na qual os requisitos do projeto foram colocados nas colunas e as soluções individuais propostas foram colocadas nas linhas.

Considerando a situação hipotética acima, analise as asserções a seguir.

O uso da matriz de decisão pode auxiliar o gerente na escolha da solução que melhor atenda às necessidades do projeto

PORQUE

esse tipo de matriz permite uma boa visualização de todos os requisitos a serem atendidos, evitando-se que fatores externos ao projeto influenciem na decisão.

A respeito dessas asserções, assinale a opção correta.

(A) As duas asserções são proposições verdadeiras, e a segunda é uma justificativa correta da primeira.
(B) As duas asserções são proposições verdadeiras, mas a segunda não é uma justificativa correta da primeira.
(C) Tanto a primeira como a segunda asserções são proposições falsas.
(D) A primeira asserção é uma proposição falsa, e a segunda é uma proposição verdadeira.
(E) A primeira asserção é uma proposição verdadeira, e a segunda é uma proposição falsa.

17. (EXAME - 2006)

Denomina-se *briefing* um documento que apresenta sinteticamente as diversas informações recolhidas na primeira fase de um projeto de *design* para que os profissionais nele envolvidos cheguem a uma definição consensual sobre o produto a ser projetado.

Existem contextos de projetos muito dinâmicos, instáveis, com freqüentes inovações tecnológicas, novas soluções ou alterações nas expectativas dos clientes. Nesses casos, o lançamento do produto no momento certo é fundamental para seu sucesso.

No contexto de um projeto dinâmico, qual deve ser a atitude adequada do *designer* em relação ao *briefing* que foi confeccionado antes de uma modificação importante no projeto do produto?

(A) Manter o *briefing* já elaborado e alterar a equipe de projeto para a sua conclusão dentro do cronograma e dos prazos estabelecidos.
(B) Continuar com o *briefing* desenvolvido, porque foi realizado um grande esforço para sua confecção e refazê-lo implicaria aumento dos custos não orçados e atrasos no cronograma de projeto.

(C) Desistir do projeto, procurar uma nova oportunidade de projeto e iniciar uma nova fase de levantamento de dados para construção de um novo *briefing* de projeto.
(D) Reiniciar todo o processo de levantamento de dados para poder redefinir o *briefing* de projeto e adequá-lo às mudanças ocorridas no projeto, mesmo que isso implique um custo extra ou atrasos no cronograma.
(E) Alterar apenas os aspectos do *briefing* essenciais para a inovação, a fim de dar continuidade ao projeto, minimizando o impacto no orçamento e no cronograma planejados.

18. (EXAME - 2006)

A usabilidade (*usability*) de um produto significa facilidade e comodidade no uso desse produto. A usabilidade não depende apenas das características do produto. Depende também do usuário, dos objetivos pretendidos, das características operacionais e do ambiente no qual o produto é utilizado.

A partir do texto acima, analise as asserções a seguir.

Os produtos que possuem boa usabilidade são mais eficientes, além de reduzirem os erros e acidentes envolvendo os usuários,

PORQUE

esses produtos usam componentes de boa qualidade, fornecidos por empresas com certificação ISO 9000 e que atendem às normas da ABNT.

A respeito dessas asserções, assinale a opção correta.

(A) As duas asserções são proposições verdadeiras, e a segunda é uma justificativa correta da primeira.
(B) As duas asserções são proposições verdadeiras, mas a segunda não é uma justificativa correta da primeira.
(C) A primeira asserção é uma proposição verdadeira, e a segunda é uma proposição falsa.
(D) A primeira asserção é uma proposição falsa, e a segunda é uma proposição verdadeira.
(E) Tanto a primeira como a segunda asserções são proposições falsas.

19. (EXAME - 2006)

Design ecológico ou *ecodesign* é um assunto atualmente em destaque, bastante discutido e difundido no Brasil e no mundo.

Resumidamente, *ecodesign* significa desenvolver um projeto que priorize os fatores ambientais. O produto desenvolvido a partir desse paradigma é considerado ecologicamente correto. Qual das ações citadas abaixo é a que provoca menor impacto ambiental?

(A) Usar materiais compostos com materiais nobres.
(B) Usar materiais compostos de baixa densidade.
(C) Usar materiais compostos reaproveitados.
(D) Usar materiais compostos com pH neutro.
(E) Usar materiais compostos visando facilitar a reciclagem.

20. (EXAME - 2006)

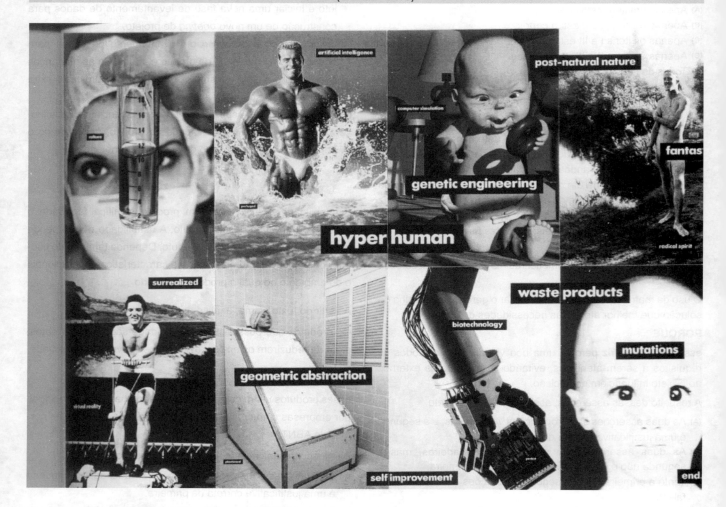

Na figura acima, retirada do catálogo de exposição *Artificial Nature*, de 1990, o *designer* Dan Friedmann destaca os aspectos da influência das novas tecnologias do dia-a-dia, como a natureza recriada, a engenharia genética, as mutações, o lixo e a biotecnologia. Levando-se em conta que as novas tecnologias assumem importância considerável na vida diária, os *designers* devem incluir no processo de *design* aspectos relativos a

I. novos materiais e processos, pois podem gerar formas inovadoras de produtos, com a aplicação das tecnologias de ponta.

II. materiais tratados por processos informatizados, que são mais complexos e por isso não permitem formas com ajustes mais finos.

III. dimensões e propriedades de materiais, pois estes são continuamente redefinidos a partir de novas tecnologias.

Assinale a opção correta.

(A) Apenas o item I está certo.
(B) Apenas o item II está certo.
(C) Apenas os itens I e III estão certos.
(D) Apenas os itens II e III estão certos.
(E) Todos os itens estão certos.

21. (EXAME - 2006)

Uma empresa contratou um *designer* externo para elaborar um projeto. Na fase de implementação, o projeto acabou não sendo executado de acordo com a sua concepção original.

Na ocorrência acima descrita, que ação padrão o *designer* deveria ter adotado para assegurar a implementação correta do projeto?

(A) Dialogar previamente com os responsáveis pela implementação.
(B) Encaminhar as especificações técnicas aos responsáveis pela implementação.
(C) Visitar previamente o local da implementação para conhecer os processos produtivos.
(D) Procurar envolver as pessoas responsáveis pela implementação, encorajando-as a dar sugestões.
(E) Simplificar as informações do projeto, para reduzir a chance de erro na sua implementação.

22. (EXAME - 2006)

Comprometida com a inovação, Design é uma profissão que pode ser compreendida como introdução, no mercado, de novidades em produtos, processos ou sistemas. A inovação refere-se à aplicação comercial pioneira de invenções, conhecimentos, técnicas e processos de produção. Os atributos e atitudes considerados imprescindíveis a um *designer* em busca da inovação incluem

I. a inventividade, para procurar apresentar sempre soluções inéditas de novos mecanismos e sistemas em seus projetos.

II. o conhecimento e a análise das soluções já existentes em produtos semelhantes.

III. a procura por oportunidades de mercado, a fim de introduzir características inovadoras em seus projetos.

Assinale a opção correta.

(A) Apenas um item está certo.
(B) Apenas os itens I e II estão certos.
(C) Apenas os itens I e III estão certos.
(D) Apenas os itens II e III estão certos.
(E) Todos os itens estão certos.

23. (EXAME - 2006)

Os produtores nacionais de *skates* não conseguiam sucesso comercial, pois, apesar da boa qualidade dos seus *shapes* (pranchas), as rodas e *trucks* (suportes) eram de baixa qualidade, quando comparados com os importados. Com isto, para obter um produto com bom desempenho, os jovens consumidores adquiriam as rodas e *trucks* importados e depois faziam a montagem nos *shapes* nacionais.

A partir dessa constatação, uma empresa nacional que produzia *shapes* optou pela contratação de um *designer*, que também era *skateboarder*, para desenvolver um novo produto (shape, rodas e trucks). Com isso, surgiu um produto e uma marca que fizeram sucesso no mercado.

(WOOD, Bruce et al. **Design management review**. v. 15, Boston Winter, 2004, Iss 1; p. 74-9, com adaptações.)

Com base no texto acima, é correto afirmar que a principal causa do sucesso do produto foi

(A) a transferência de tecnologia estrangeira, melhorando o desempenho no mercado.
(B) o investimento vultoso em *design*, propiciando um melhor desempenho mercadológico.
(C) o desenvolvimento de um produto nacional com desempenho superior aos importados.
(D) a aquisição de novas máquinas e equipamentos para melhoria de qualidade do produto.
(E) a introdução de inovação a partir da observação do comportamento dos consumidores.

24. (EXAME - 2006)

Uma empresa tradicional do segmento de utensílios domésticos produzia artigos populares que eram vendidos a preços baixos. Depois de algum tempo no mercado, ela começou a perder vendas devido à entrada de um competidor externo com preço menor. Na tentativa de manter-se no mercado, a empresa contratou um *designer*, que, após análise da situação, sugeriu que fosse feito um *redesign* de todos os produtos, aumentando-se a qualidade destes. No entanto, essa estratégia demandaria investimentos em novas máquinas, o que provocaria aumento dos preços.

Considerando a situação hipotética acima, analise as seguintes asserções.

Após o *redesign*, os produtos da empresa citada poderão ser vendidos a preços mais altos, possibilitando inclusive que a empresa atinja consumidores de melhor renda,

PORQUE

o *Design* geralmente agrega valores aos produtos.

A respeito dessas asserções, assinale a opção correta.

(A) As duas asserções são verdadeiras, e a segunda é uma justificativa correta da primeira.
(B) As duas asserções são verdadeiras, e a segunda não é uma justificativa correta da primeira.
(C) Tanto a primeira como a segunda asserções são proposições falsas.
(D) A primeira asserção é uma proposição falsa, e a segunda é uma proposição verdadeira.
(E) A primeira asserção é uma proposição verdadeira, e a segunda é uma proposição falsa.

25. (EXAME - 2006)

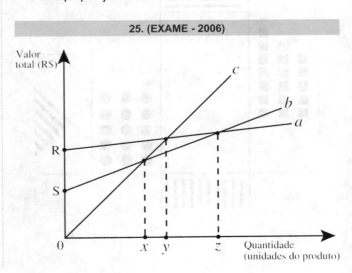

No gráfico acima, as linhas a e b representam os custos totais de dois processos possíveis para a produção de um mesmo produto, e os pontos R e S representam, respectivamente, os seus custos fixos. A linha c representa a receita total obtida pela venda dos produtos, usando-se qualquer um dos processos para produzi-los. Analisando-se o gráfico, é correto afirmar que

(A) a produção só começa a ser lucrativa após a venda de z unidades do produto.
(B) a faixa mais lucrativa situa-se entre x e z unidades do produto.
(C) a produção mínima aceitável, para não se ter prejuízo, é de y unidades do produto.
(D) é preferível, para a produção acima de z unidades, adotar o processo a em vez do processo b.
(E) é preferível, para a produção acima de z unidades, adotar o processo b em vez do processo a.

26. (EXAME - 2006) DISCURSIVA

Um empresário bem-sucedido do setor imobiliário resolveu diversificar seus negócios, investindo no setor hoteleiro. Assim, comprou 20 pousadas situadas em pontos turísticos de diferentes regiões do país. Tendo em vista a grande diversidade das pousadas adquiridas — arquitetônica, de estilos, de ambientes e de serviços —, esse empresário resolveu investir em um programa de *design* corporativo.

Considerando a situação hipotética apresentada, faça o que se pede a seguir.

a) Descreva um dos benefícios visados pelo programa de *design* corporativo. **(4,0 pontos)**
b) Liste três projetos prioritários a serem desenvolvidos dentro do programa de *design* corporativo. **(6,0 pontos)**

27. (EXAME - 2006) DISCURSIVA

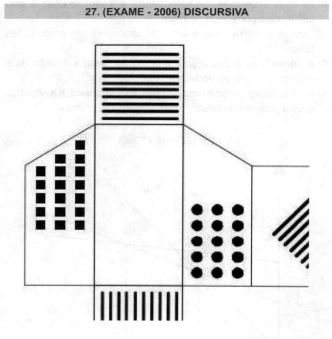

Considerando a figura acima, que apresenta a planificação de um sólido, desenhe uma perspectiva que represente esse sólido montado.
Nessa perspectiva, devem ser vistas três faces que contenham grafismos. **(valor: 10,0 pontos)**

28. (EXAME - 2006) DISCURSIVA

Design: o problema vem primeiro.

(BERNSER, Jens. **Design: the problem comes first**. Copenhagen: Danish *Design* Council, 1983, com adaptações.)

Esta frase, título do livro de Jens Bernsen, refere-se à importância da definição clara do problema como condição prévia para uma abordagem metodológica que vise uma boa solução de *design*. Nessa abordagem metodológica, o problema deve ficar claramente entendido antes da fase de concepção do produto. Deve-se atentar, ainda, para fatores mercadológicos e produtivos, entre outros. A respeito desses fatores, faça o que se pede a seguir.

a) Liste cinco elementos relacionados com o fator mercadológico que influem na solução de *design*. **(5,0 pontos)**
b) Liste cinco elementos relacionados com o fator produtivo que influem na solução de *design*. **(5,0 pontos)**

29. (EXAME - 2006) DISCURSIVA

Existem certos comportamentos esperados pela maioria da população em resposta a determinada situação, que são chamados de estereótipos populares. Por exemplo, a luz verde está associada a movimento de avançar ou liberar um procedimento. Considere que você esteja projetando um novo produto ou sistema e depare-se com uma situação em que o comportamento esperado dos usuários não é conhecido. Para descobrir esse comportamento esperado pela maioria da população, suponha que seja necessário fazer uma pesquisa experimental.

Considerando essas informações, dê um exemplo que ilustre uma situação em que uma pesquisa experimental como a descrita acima deva ser utilizada. No seu exemplo, aborde, necessariamente, os critérios que devem ser adotados na seleção dos sujeitos (participantes) da amostra. (valor: 10,0 pontos)

30. (EXAME - 2006) DISCURSIVA

Na implementação do *design* de um produto, sistema ou ambiente, podem ser utilizados diferentes processos de produção.

Considerando esse contexto, faça o que se pede a seguir.

a) Defina um produto relacionado ao seu curso de *Design* e dois processos diferentes para sua produção. **(2,0 pontos)**
b) Descreva as implicações desses dois processos na configuração da forma do produto deles decorrentes. **(4,0 pontos)**
c) Descreva as implicações desses dois processos no custo do produto deles decorrentes. **(4,0 pontos)**

Capítulo VI
Questões de Componentes Específicos de Turismo

1) Conteúdos e Habilidades objetos de perguntas nas questões de Componente Específico.

As questões de Componente Específico são criadas de acordo com o curso de graduação do estudante.

Essas questões, que representam ¾ (três quartos) da prova e são em número de 30, podem trazer, em Turismo, dentre outros, os seguintes **Conteúdos**:

a) Desenvolvimento Sustentável de Organizações, Serviços e Destinos

b) Economia e Mercado Turístico

c) Estratégias Participativas em Destinos Turísticos

d) Ética e Responsabilidade Social no Turismo

e) Gestão Estratégica em Organizações Turísticas

f) Hospitalidade e Turismo

g) Legislação Geral e Específica

h) Marketing e Competitividade no Turismo e da Hotelaria

i) Meio Ambiente e Turismo

j) Métodos e Técnicas de Serviços em Alimentos e Bebidas, Eventos, Hotelaria, Recreação, Agenciamento, Transportes, Entretenimento.

k) Oferta e Demanda do Turismo

l) Patrimônio Histórico-Cultural

m) Pesquisa em Turismo e Hotelaria

n) Políticas Públicas e Privadas do Turismo

o) Psicossociologia do Turismo

p) Segmentação do Turismo

q) Tecnologias e Sistemas de Informações em Turismo e da Hotelaria

r) Teorias do Lazer e do Turismo

s) Turismo e Espaço

t) Turismo, Cenários e Tendências

u) Viabilidade Sócio-econômica e Ambiental de Projetos e Empreendimentos

O objetivo aqui é avaliar junto ao estudante a compreensão dos conteúdos programáticos mínimos a serem vistos no curso de graduação, de forma avançada. Também é avaliado o nível de atualização com relação à realidade brasileira e mundial.

Avalia-se aqui também *competências* e *habilidades*. A ideia é verificar se o estudante desenvolveu as principais **Habilidades** para o profissional de Turismo, que são as seguintes:

a) Analisar as políticas de turismo e a legislação pertinente no sentido de orientar o desenvolvimento sustentável de destinos, serviços e organizações turísticas.

b) Agir em consonância com os princípios legais e éticos da área do Turismo.

c) Conduzir o planejamento e a gestão de produtos, serviços e organizações públicas, privadas e do terceiro setor em destinos turísticos, identificando sua viabilidade sócio-econômica e ambiental (natural e cultural) diante dos diferentes mercados.

d) Identificar, caracterizar e analisar a oferta e a demanda de empreendimentos e destinos turísticos tradicionais e emergentes.

e) Conhecer métodos e técnicas de serviços para aplicar aos diversos setores e segmentos do mercado turístico.

f) Analisar, interpretar e/ou gerar dados e informações turísticas com base em estatísticas, cartas e mapas, projeções e tendências.

g) Elaborar e implantar planos, programas e projetos voltados para o desenvolvimento de empreendimentos e destinos turísticos apoiados em métodos e técnicas específicas e inovadoras.

h) Promover a articulação dos atores envolvidos no processo de gestão estratégica e participativa de empresas e destinos turísticos.

i) Articular a área de viagens e turismo aos demais setores da economia, especialmente o de serviços, considerando as mudanças estruturais e conjunturais, no contexto das tendências globais.

j) Apropriar-se das novas tecnologias e utilizá-las como plataforma de planejamento, gestão e operação em empresas e destinos turísticos.

Vejamos agora as questões de Componente Específico de Turismo.

2) **Questões de Componente Específico.**

GESTÃO DE TURISMO

1. (EXAME - 2009)

Leia as fotografias, que retratam o exercício da hospitalidade em um cruzeiro marítimo:

http://www.msccruzeiros.com.bdum-cruzeiro-msdespirito-de-grupo.html
(Acessado em 27 set. 2009).

É fundamental o exercício da hospitalidade nos cruzeiros marítimos porque eles

(A) apresentam alta rotatividade, não afetando sua prestação de serviços.
(B) disponibilizam atendimento aos hóspedes em horários predeterminados.
(C) oferecem reduzida programação a bordo, com serviços de baixa qualidade.
(D) promovem, em terra, a integração dos hóspedes com a comunidade das localidades visitadas.
(E) selecionam e treinam seus funcionários para atendimento às necessidades dos hóspedes.

2. (EXAME - 2009)

A velocidade das mudanças que ocorrem no mercado desafia os destinos turísticos a se posicionarem de forma a continuar atendendo às expectativas de suas demandas. Nesse contexto, percebe-se a importância de se investir em uma cultura da hospitalidade.

A hospitalidade nos destinos envolve um amplo conjunto de ações, que inclui

I. transportes turísticos e comunicações;
II. educação e capacitação no turismo;
III. prestação de serviços turísticos;
IV. infraestrutura básica de apoio ao turismo.

Estão CORRETOS os itens

(A) I e II somente.
(B) I, II e III somente.
(C) I, II, III e IV somente.
(D) II e III somente.
(E) III e IV somente.

3. (EXAME - 2009)

Leia o gráfico:

BRASIL: sazonalidade da viagem doméstica, 2006 (em %)

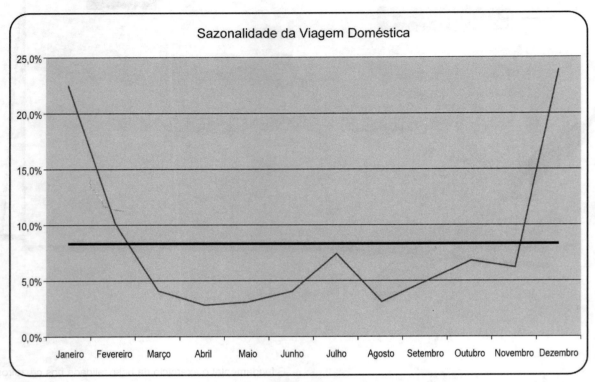

Fipe/Embratur/Ministério do Turismo, Caracterização do dimensionamento do turismo doméstico no Brasil. Metodologia e Desenvolvimento, 2006.

Considerando-se esse gráfico, em qual período do ano um empresário do setor de turismo deve estimular a procura por viagens no Brasil?

(A) Janeiro a fevereiro.
(B) Junho a julho.
(C) Março a junho.
(D) Novembro a dezembro.
(E) Novembro e fevereiro.

4. (EXAME - 2009)

Leia o trecho:

> Às dez da manhã de um dia de semana, uma grande estação de rádio de Denver ofereceu um voo grátis para a Jamaica às 100 primeiras pessoas que se apresentassem ao aeroporto, contanto que estivessem prontas para embarcar às duas da tarde. Foi impressionante o número de pessoas que se apresentou e que tinha possibilidade de partir na hora. Muitas pessoas tiveram de ser mandadas de volta para casa.

ALBRECHT e BRADFORD, 1992.

Durante algumas décadas, as companhias aéreas empregaram estratégias semelhantes para motivar a demanda em seus movimentos de compra. No entanto, toda a transformação ocorrida na sociedade, em função do processo de globalização, exigiu dessas empresas novos esforços motivacionais para conquistar clientes.

Diante do contexto apresentado, como tecnólogo em gestão do turismo, atuando em uma transportadora aérea, quais orientações estratégicas você proporia à empresa?

I. Diferenciação de tarifas em baixa temporada.
II. Diferenciação de tarifas por assento.
III. Execução de programas de fidelidade.
IV. Sofisticação do serviço de bordo.

Estão CORRETAS somente as estratégias

(A) I e II.
(B) II e III.
(C) III e IV.
(D) I, II e III.
(E) I, II e IV.

5. (EXAME - 2009)

EXAME NACIONAL DE DESEMPENHO DOS ESTUDANTES

Uma operadora de turismo que deseja ampliar seu *portfólio* de produtos passou a subsidiar suas estratégias nos dados apresentados nesta tabela:

Brasil: origem e destino dos fluxos das viagens domésticas em 2005 (em %)

Região de origem	Regiões de destino					Total
	Sul	Sudeste	Nordeste	Norte	Centro-oeste	
Sul	14,8	2,9	1,0	0,1	0,8	19,5
Sudeste	4,8	44,0	7,2	0,5	3,1	59,4
Nordeste	0,2	1,6	10,0	0,2	0,3	12,5
Norte	0,0	0,2	0,5	1,8	0,2	5,8
Centro-oeste	0,7	1,4	1,1	0,3	2,2	5,8
Total	20,4	50,0	20,1	2,9	6,5	100,0

FIPE, 2007 (Adaptado)

Considerando-se os dados dessa tabela, conclui-se que a operadora de turismo NÃO deve

(A) criar serviços complementares para a totalidade das regiões brasileiras, que registraram maior percentual de viajantes e que têm como destino a mesma região em que residem.

(B) divulgar seus produtos em revistas especializadas de distribuição, na unidade da federação brasileira de economia mais dinâmica que concentrou mais da metade das viagens domésticas do País.

(C) estabelecer parcerias com as companhias aéreas para criar promoções, priorizando as regiões Sul, Sudeste e Nordeste, que figuram como importantes mercados emissivos de viajantes.

(D) estimular os viajantes das regiões Sul e Nordeste com promoções aéreas constantes, já que registraram, em conjunto, 40,5% do fluxo dos viajantes no mercado doméstico.

(E) fazer campanhas de incentivo nacional para a maioria dos viajantes da região Sul, já que eles se deslocam sobretudo para destinos dentro de sua própria região de residência.

6. (EXAME - 2009)

As cidades são impregnadas de cultura, história, atrativos naturais e culturais. Cada uma possui uma característica peculiar que a torna especial e única. Essa peculiaridade passaria a caracterizar os recursos utilizados pelo turismo.

O empreendedor tem que se preocupar com a valorização da paisagem e com a conservação dos recursos naturais e culturais, preservando-os para as gerações futuras.

Considerando-se essas informações, o agente de turismo que formata um roteiro para uma cidade deve se preocupar em

(A) investigar e formatar as práticas e as ações da educação ambiental, junto à administra-ção municipal.

(B) planejar e desenvolver a qualificação dos empreendedores turísticos da comunidade destino.

(C) projetar e realizar o planejamento municipal dos espaços turísticos em seus pontos fortes e fracos.

(D) responsabilizar-se pela elaboração e pela implantação das políticas públicas de turismo.

(E) selecionar e contextualizar os atrativos para visitação, dentro da diversidade histórica e cultural municipal.

7. (EXAME - 2009)

O *cluster* á uma nova forma de gestão das organizações que possibilita a otimização no uso das vantagens competitivas, de forma responsável para os atores envolvidos.

A configuração de um *cluster* turístico contempla

(A) um conjunto de empresas turísticas articuladas e concentradas geograficamente.

(B) uma associação de empresas de qualificação e treinamento para o setor turístico.

(C) uma atuação no mercado de pequenas e médias empresas extrativistas.

(D) uma participação dos atores locais no gerenciamento das ações em um espaço regional.

(E) uma significativa concentração geográfica de atrativos distribuídos num raio de 1 km.

8. (EXAME - 2009)

Uma agência de turismo, apesar de fazer uso de diversos instrumentos de planejamento, NÃO é responsável pelo desenvolvimento de

(A) pesquisa de inventário da oferta turística.

(B) pesquisa de marketing.

(C) pesquisa de satisfação com o cliente.

(D) plano de desenvolvimento de novos produtos.

(E) plano de negócios.

9. (EXAME - 2009)

Leia este trecho:

Quanto mais características do mercado-alvo forem conhecidas, maior será a eficácia das técnicas mercadológicas de publicidade e de promoção. Porém, para que isso aconteça, é necessário o desenvolvimento de estudos de mercado, segmentando-o quanto for necessário para permitir uma análise completa e segura dos elementos que conduzirão os planos de desenvolvimento turístico.

ANSARAH. M, *Segmentação do mercado turístico*. Futura. SP: 2000.

Quando uma operadora turística segmenta seu mercado-alvo, ela deverá

I. estruturar produto/serviço para grupos específicos;

II. desenhar um produto e serviço que atraia a todos;

III. atender às necessidades de um cliente em qualquer ocasião;

IV. oferecer ampla variedade de preços.

É CORRETO o que se afirma em

(A) I somente.

(B) I e II somente.

(C) I e III somente.

(D) II e III somente.

(E) I, II, III e IV.

10. (EXAME - 2009)

Leia o diagrama, que representa estágios do processo de compra:

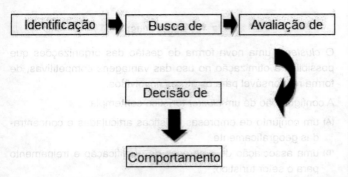

Kotler e Armstrong. *Princípios do Marketing*. Phb - SP, 1991.

Considerando-se esse diagrama, leia as afirmativas:

I. Os consumidores procuram informações, tanto em fontes pessoais quanto impessoais, ao avaliar os serviços antes da compra.

II. A avaliação de serviços é bem mais difícil do que a avaliação de produtos, principalmente em função do seu caráter intangível.

III. A possibilidade de alguma ação corretiva por parte do fornecedor do serviço está diretamente relacionada ao tipo de ação tomada pelo consumidor.

IV. A decisão de compra pelos consumidores é tomada a partir da identificação de suas necessidades, sendo que a avaliação ocorrerá no ato do consumo do produto/serviço.

Estão CORRETAS as afirmativas

(A) I e IV somente.
(B) I e II somente.
(C) I e III somente.
(D) I, II e III somente.
(E) I, II, III e IV.

11. (EXAME - 2009)

O mercado de agências de turismo necessita de informações atualizadas para o bom desempenho de suas atividades no processo de tomada de decisão. Com base na informação precisa, parte-se para a venda.

Como ferramenta tecnológica, no processo de venda de produtos turísticos aos clientes, as agências empregam diversos meios para obtenção de informação, à exceção de um. Assinale-o

(A) Adotam os sistemas de distribuição global (GDS).
(B) Comunicam-se por GPS.
(C) Empregam o MSN.
(D) Fazem uso do *twitter*.
(E) Utilizam *sítios* informativos.

12. (EXAME - 2009)

A Lei Geral do Turismo — LGT, instituída em 2008, é um marco regulatório para a atividade turística no Brasil. Essa lei dispõe sobre a Política Nacional de Turismo, define as atribuições do Governo Federal com relação ao planejamento, ao desenvolvimento e dá outras providências.

O que é contemplado por essa lei?

(A) A legislação da Capacidade de Carga Turística.
(B) As normas de sinalização turística e os aspectos relacionados.
(C) As regras referentes ao Conselho Municipal de Turismo — COMTUR.
(D) O Código Nacional de Turismo e suas atribuições.
(E) Os direitos e os deveres dos prestadores de serviços turísticos.

13. (EXAME - 2009)

O Decreto lei 5.406, de 30 de março de 2005, *regulamenta o cadatramento obrigatório para fins de fiscalização das sociedades empresariais, das sociedades simples e dos empresários individuais que prestam serviços turísticos remunerados, e dá outras providências*. Esse mesmo decreto determina quais são as atividades específicas e complementares dos diversos setores de turismo, dentre eles o de agência de turismo.

Qual das alternativas apresenta atividade complementar oferecida pelas agências de turismo, normatizada nesse decreto?

(A) Operação de câmbio manual, para uso exclusivo dos clientes.
(B) Operação de viagens, excursões e passeios turísticos.
(C) Reserva e venda de acomodações em meios de hospedagem.
(D) Reserva e venda de passagens.
(E) Serviços de recepção, transferência e assistência.

14. (EXAME - 2009)

A atividade turística apropria-se de recursos naturais, transformando-os em atrativos turísticos. O tecnólogo em gestão de turismo, para utilizá-los, deve observar as normas legais.

Considerando-se essas informações, o que está em DESACORDO com a legislação ambiental brasileira?

(A) A implantação de empreendimento turísticos em área ambiental está condicionada à realização de estudos de impactos ambientais.
(B) As atividades turísticas estão proibidas de serem realizadas nos Parques Nacionais, devido às especificações da legislação ambiental.
(C) As Unidades de Conservação são categorizadas e, a partir de suas especificidades, são definidos os usos autorizados em seu território.
(D) O patrimônio natural é regulamentado por legislação específica que determina, entre outros aspectos, as punições e as ações lesivas ao meio ambiente.
(E) O turismo possui legislação específica; todavia, como é uma atividade em interface com outras áreas, cumpre outras determinações legais.

15. (EXAME - 2009)

Um passageiro adquiriu um pacote de viagens em uma agência de turismo. Durante sua viagem, ele teve um problema com um dos prestadores de serviço local.

De acordo com o Código de Defesa do Consumidor, qual prestador de serviço tem a obrigatoriedade de solucionar o problema?

(A) A agência de turismo vendedora do pacote.

(B) A operadora que formatou o pacote.

(C) O Procon da cidade de destino do passageiro.

(D) O Procon da cidade de origem do passageiro.

(E) O receptivo local, responsável pelo dano causado.

16. (EXAME - 2009)

> A roteirização do turismo no Brasil está vinculada ao Macroprograma de Regionalização do Turismo. De acordo com o Ministério do Turismo, esse macroprograma tem como objetivo principal [...] "estruturar, ordenar, qualificar e ampliar a oferta de roteiros turísticos de forma integrada e organizada".

BRASIL. Ministério do Turismo. *Roteiros do Brasil*: Programa de Regionalização do Turismo. Módulo Operacional 7 — Roteirização Turística. Brasília: MTur, 2007.

Sobre esse macroprograma, considere as afirmativas:

I. O conceito do programa incorpora, também, o ordenamento dos arranjos produtivos como estratégico, a fim de alcançar a inserção das unidades produtivas e microempresas, visando ao bem-estar da população.

II. A roteirização é voltada para construção de parcerias, mas vale destacar que a estruturação de roteiros é de responsabilidade da iniciativa privada, tendo esse programa o papel de indutor do processo.

III. O envolvimento de vários atores locais é uma ação prevista no macroprograma para a operacionalização do resultado final.

IV. A monitoria e a avaliação dos roteiros turísticos estão ausentes nos diversos passos do processo de regionalização do turismo.

É CORRETO o que se afirma em

(A) I e II.

(B) I, II e III.

(C) I e III.

(D) II e III.

(E) IV.

17. (EXAME - 2009)

O Ministério do Turismo — MTur, criado em 2003, representa um avanço para o turismo brasileiro. Sua principal ação foi a criação do Plano Nacional de Turismo nas versões 2003 -2007 e 2007-2010.

Uma das ações do PNT 2007-2010 é a estruturação de 65 destinos indutores do desenvolvimento turístico regional para a obtenção de padrão de qualidade internacional.

PORQUE

A centralização política e a estruturação desses destinos indutores foram definidas como prioridade do PNT 2007-2010, assim como a implantação do Programa Nacional de Municipalização do Turismo — PNMT.

Com base nessas assertivas, é CORRETO afirmar que

(A) a primeira é falsa, e a segunda é verdadeira.

(B) a primeira é verdadeira, e a segunda é falsa.

(C) as duas são falsas.

(D) as duas são verdadeiras, e a segunda é uma justificativa correta da primeira.

(E) as duas são verdadeiras, mas a segunda não é uma justificativa correta da primeira.

18. (EXAME - 2009)

Para atuar em um novo segmento de mercado, uma agência de turismo precisa realizar uma pesquisa com finalidade de identificar seu público-alvo. Um tecnólogo em Gestão do Turismo, com a função de desenvolver tal pesquisa, deve buscar informações a respeito de

(A) fontes de comercialização dos serviços.

(B) hábitos, costumes e características sócio econômicas do consumidor.

(C) informações a respeito da infraestrutura física.

(D) novo canal de distribuição para o produto turístico.

(E) oferta disponível no destino.

19. (EXAME - 2009)

O gestor de uma transportadora de turismo rodoviário em ascensão no mercado deve considerar vários aspectos referentes aos seus recursos humanos e à qualidade dos serviços prestados por seus funcionários.

Qual desses aspectos está em DESACORDO com a gestão de recursos humanos?

(A) Contratar funcionários com disposição para lidar com pessoas.

(B) Fazer avaliação de desempenho com a equipe interna.

(C) Orientar seu quadro funcional quanto à missão e à estratégia da empresa.

(D) Realizar cursos de capacitação e reciclagem.

(E) Reduzir o efetivo de funcionários que atua em telemarketing.

20. (EXAME - 2009)

Quais fatores contribuíram para a mudança do perfil profissional do Gestor de Agência de Turismo no mundo contemporâneo?

(A) A acessibilidade às novas tecnologias de telecomunicações e a necessidade de atender às mudanças em relação ao consumidor.

(B) A ampliação do comissionamento pago pelas companhias aéreas às agências e aos sistemas de controle desse processo.

(C) A redução da influência das operadoras de viagens estrangeiras diante do crescimento das nacionais.

(D) A regulamentação do transporte aéreo sugerida pelo governo brasileiro e a ampliação do número de companhias aéreas.

(E) O decréscimo da personalização de serviços ao consumidor e a diminuição de entradas de estrangeiros no Brasil.

21. (EXAME - 2009)

O patrimônio cultural constitui um recurso de considerável capacidade de atração de turistas. O título concedido pela Unesco às cidades consideradas Patrimônio Cultural da Humanidade contribui com o marketing turístico e com a difusão de tais destinos pelo mundo. No que tange à atividade turística nessas áreas, há uma questão complicada de ser operacionalizada: os "usos" turísticos e a conservação do patrimônio. Nesse sentido, ressalta-se a importância de um estado regulador que contribua para a conservação do patrimônio cultural e com a gestão do turismo cultural.

Considerando-se essas informações, é CORRETO afirmar que

(A) as cidades de turismo cultural têm seu acervo assegurado, desde que contempla-das com o título de Patrimônio da Humani-dade.
(B) o patrimônio material assume caráter mais relevante que o imaterial frente ao desenvolvimento da atividade turística.
(C) o título de Patrimônio Cultural da Humani-dade concedido pela Unesco garante, por si só, demanda volumosa e constante para os destinos de turismo cultural.
(D) o turismo pode contribuir com a revitalização de centros históricos, a partir da maior valorização do patrimônio cultural e, consequentemente, dos investimentos gerados nessas áreas.
(E) os usos turísticos são, via de regra, favoráveis às cidades patrimoniais, pois o turismo é prioritariamente propulsor de impactos positivos.

22. (EXAME - 2009)

O empreendedor de serviços que age de forma ética e responsável socialmente em relação à cadeia turística

(A) atrasa a prestação de serviços e desconsidera as reclamações dos turistas.
(B) contrata recursos humanos oriundos de outras localidades e desconsidera obrigações trabalhistas.
(C) honra contratos assumidos COM fornecedores e valoriza a comunidade local.
(D) participa de rede de serviços descompromissada com a comunidade e com o *trade*.
(E) prioriza seus lucros em detrimento à preservação do meio ambiente, onde se encontra instalado.

23. (EXAME - 2009)

Leia a figura:

A partir dessa leitura, é CORRETO afirmar que a figura caracteriza

(A) a estratégia de promoção e comercialização dos produtos de uma determinada empresa de navegação.
(B) a programação planejada e oferecida a bordo pelas empresas de navegação turística.
(C) as parcerias estabelecidas entre transporta-doras aéreas e empresas de cruzeiros marítimos.
(D) o canal de distribuição pelo qual o produto será disponibilizado ao mercado.
(E) o mercado para onde a promoção do produto está sendo dirigida.

24. (EXAME - 2009)

O *back-office* é um sistema que auxilia a guardar, a organizar e a gerenciar informações. Nesse sentido, algumas agências de turismo criaram seus próprios sistemas de gestão, com vistas a controlar suas operações e seus custos.

As funcionalidades básicas de um *back-office* são:

I. cadastro dos fornecedores e dos clientes;

II. venda de produtos turísticos;

III. integração com outros sistemas;

IV. financeiro, administrativo e gerência

Estão CORRETAS somente as funcionalidades

(A) I e II.

(B) II e III.

(C) I, III e IV.

(D) II, III e IV.

(E) III e IV.

25. (EXAME - 2009)

Uma agência de turismo tem custos fixos mensais de R$ 12 mil. No mês de maio, teve custos variáveis de R$ 600,00. Já em junho, esses custos variáveis foram de R$ 700,00, acrescidos de gastos de R$ 3 mil, com a rescisão contratual de um funcionário. Nos meses de maio e junho, obteve receita total de R$ 29 mil.

Qual o cenário de tal agência, nos meses de maio e junho?

(A) A despesa superou a receita.

(B) A empresa registrou déficit no período considerado.

(C) A receita foi maior que a despesa.

(D) A rescisão contratual representa uma receita para a empresa.

(E) Os custos variáveis do mês de maio foram superiores aos de junho.

26. (EXAME - 2009)

Elaborar roteiros significa organizar as visitações disponível a partir da oferta turística na localidade, levando em consideração a sua contribuição para o processo de desenvolvimento turístico local.

Um tecnólogo em Gestão do Turismo, ao elaborar roteiros, NÃO deve

(A) conhecer e respeitar as legislações do turismo e do local.

(B) desconsiderar a conservação dos diversos tipos de patrimônio.

(C) identificar o perfil do cliente potencial para a visitação.

(D) investir em pesquisa para lançamento de novo produto.

(E) promover o aumento da permanência do turista na localidade.

27. (EXAME - 2009)

Para a montagem de um pacote turístico rodoviário, verifica-se que alguns serviços devem, na planilha de formatação do preço do roteiro, ser considerados como custo fixo e, outros, como custo variável.

Constitui custo fixo dessa planilha

(A) a hospedagem utilizada.

(B) o cartão de assistência aos passageiros.

(C) o ingresso para atrativos.

(D) o lanche de bordo.

(E) o transporte utilizado.

28. (EXAME - 2009) DISCURSIVA

Analise as seguintes estratégias, utilizadas por duas agências de receptivo turístico atuantes no segmento de turismo rural no Brasil:

A Agência **X** recebe seus clientes com muita simpatia e acredita que os turistas são mais importantes que a comunidade local. Durante a realização de suas atividades, trabalha com guias capacitados, investindo constantemente no campo dos recursos humanos. No entanto, a tônica de seu negócio está no turismo de massa, pois considera que o lucro está acima de outras questões. No que se refere ao público-alvo, essa empresa conhece superficialmente seus clientes e possui falhas no processo de relacionamento com eles, no momento de efetuar a venda dos produtos/serviços turísticos.

A Agência **Y** adota uma atitude responsável em relação ao ambiente local, incentivando a realização de blitz ecológicas. Essa agência tem desenvolvido produtos de turismo comunitário na área rural, com a geração de benefícios diretos à população da localidade. A qualificação de seus funcionários não é satisfatória para os padrões de qualidade atuais, havendo um tom amadorístico em sua atuação profissional. Essa empresa trabalha de forma integrada à comunidade local e com pequenos grupos de turistas. No entanto, não disponibiliza serviços especializados a segmentos de mercados específicos.

Considerando-se essas estratégias,

(A) analise, com base nos princípios do turismo responsável, as estratégias praticadas pelas agências X e Y (Valor 6 pontos)

(B) apresente uma proposta sustentável de gestão para a Agência X e outra para a Agência Y, capazes de corrigir aspectos negativos identificados por você no item anterior. (Valor 4 pontos)

Proposta para a Agência X:

Proposta para a Agência Y:

29. (EXAME - 2009) DISCURSIVA

Os proprietários de uma agência de turismo, já consolidada no mercado nacional, decidiram pela ampliação da atuação da empresa. Sabendo que há vários segmentos de mercado e que cada produto/serviço atende a necessidades e desejos específicos,

(A) defina um público alvo que atenda aos interesses da empresa;

(B) proponha um serviço ou produto a oferecer ao público definido por você;

(C) estabeleça a forma de divulgação que orientará o setor de marketing da empresa.

30. (EXAME - 2009) DISCURSIVA

Um grupo de amigos formados em "Tecnologia de Gestão do Turismo", com espírito empreendedor, decidiu abrir uma agência dde turismo. Sabe-se que, dda concepçào de um projeto à sua execução final, há um longo caminho a ser percorrido.

(A) Apresente três etapas do planejamento do novo negócio, idealizado pelo grupo de amigos, considerando que elas serão essenciais ao sucesso do novo empreendimento. (valor 4 pontos)

(B) Justifique a escolha de cada uma das etapas de planejamento que você apresentou. (valor 6 pontos)

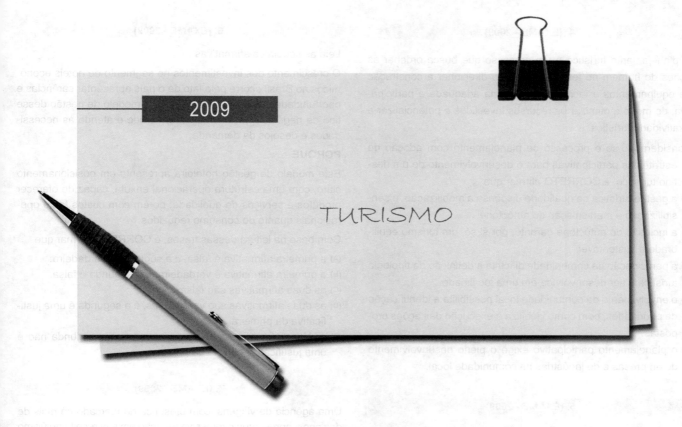

1. (EXAME - 2009)

O Planejamento é um processo utilizado na gestão dos destinos e empreendimentos turísticos, apoiando-se na percepção do panorama atual em que o destino se encontra e nos possíveis cenários futuros.

Na tentativa de maximizar os impactos positivos e minimizar os impactos negativos, surge o planejamento baseado na sustentabilidade, o qual se apoia na dinamização

(A) da demanda turística, na equidade de valores e na preservação cultural.
(B) da economia local, na equidade social e na prudência ecológica.
(C) da equidade jurídica, na social e na preservação cultural.
(D) da oferta turística, na equidade jurídica e na prudência urbanística.
(E) do fluxo turístico, na equidade de valores e na prudência urbanística.

2. (EXAME - 2009)

O turismo, sob a perspectiva econômica, é capaz de mobilizar diversos setores produtivos, envolvendo a prestação de serviços por gama variada de organizações e de categorias profissionais.

Considerando-se essas informações, qual desses setores NÃO se relaciona diretamente com o turismo e NÃO se encontra no primeiro nível de sua cadeia produtiva?

(A) Eventos.
(B) Gastronomia.
(C) Hoteleiro.
(D) Saúde.
(E) Transportes.

3. (EXAME - 2009)

> A última edição do *UNWTO World Tourism Barometer* confirma a contínua queda no turismo internacional em 2009. Todas as regiões apresentaram resultados negativos no período compreendido entre os meses de janeiro e abril, à exceção da África. Incertezas relacionadas à situação econômica global continuam a afetar a confiança do consumidor e, assim, a demanda pelo turismo. O prognóstico revisado da Organização Mundial do Turismo (OMT) para 2009 prevê queda de cerca de 5% no turismo internacional.
>
> ICTSD International Centre for Trade and Sustainable Development, agosto 2009. (Adaptado)

Considerando-se esse trecho, é CORRETO afirmar que o período nele registrado foi caracterizado pela

(A) ampliação da demanda nos empreendimentos turísticos consolidados.
(B) estabilização da demanda em razão das oportunidades geradas pela crise.
(C) homogeneização da demanda e dos mercados a partir da crise.
(D) manutenção da demanda turística em razão da estabilidade monetária.
(E) retração na demanda turística, sobretudo na Europa e nas Américas.

4. (EXAME - 2009)

O planejamento turístico é um processo que busca ordenar as ações do homem no território. Ele visa direcionar a construção de equipamentos e facilidades de forma adequada e participativa, de modo a otimizar os recursos investidos e potencializar a atratividade turística.

Considerando-se o processo de planejamento com adoção de estratégias participativas para o desenvolvimento de um destino turístico, é CORRETO afirmar que

(A) a gestão turística de qualidade dispensa a mobilização, a sensibilização e a articulação do autóctone.

(B) a inclusão do autóctone garante, por si só, um turismo equilibrado e sustentável.

(C) a participação da comunidade dificulta a definição da tipologia turística a ser desenvolvida em uma localidade.

(D) o envolvimento da comunidade local possibilita a identificação de prioridades, bem como viabiliza a execução das ações propostas.

(E) o planejamento participativo exige o pleno desenvolvimento de empresas e de indústrias na comunidade local.

5. (EXAME - 2009)

Alguns princípios são fundamentais para o desenvolvimento do turismo com base na sustentabilidade, todos focados de modo direto ou indireto na melhoria da qualidade de vida da comunidade receptora, pois se torna difícil desenvolver o turismo em uma localidade sem que a comunidade esteja de acordo ou integrada ao processo.

Entre as atitudes necessárias para um turismo sustentável, deve-se

I. usar os recursos com sustentabilidade: a conservação e o uso sustentável dos recursos naturais, sociais e culturais são cruciais e faz sentido mantê-los para o futuro da atividade.

II. reduzir o excesso de consumo e o desperdício: essas ações evitam os custos de restabelecer, em longo prazo, danos ambientais, bem como contribuem para a qualidade do turismo.

III. reduzir a diversidade: a manutenção e a promoção da diversidade natural, social e cultural são dispensáveis para o turismo sustentável duradouro.

IV. integrar o turismo ao planejamento: o turismo, integrado numa estrutura de planejamento estratégico nacional e local, empreende políticas ambientais que estabelecem relação de usufruto com a preservação do meio.

Estão CORRETAS somente as afirmativas

(A) I, II e IV.

(B) I, II e III.

(C) II, III e IV.

(D) I, III e IV.

(E) I, II, III e IV.

6. (EXAME - 2009)

Leia as seguintes afirmativas

O crescimento dos investimentos no segmento de hotéis econômicos no Brasil ocorre pelo fato de o país apresentar carências e oportunidades no setor, uma vez que o modelo de gestão desse tipo de negócio é facilmente desenvolvido e atende às necessidades e desejos da demanda.

PORQUE

Este modelo de gestão hoteleira apresenta um posicionamento claro, com uma estrutura operacional enxuta, capaz de oferecer produtos e serviços de qualidade, porém com custos tanto operacionais quanto de consumo reduzidos.

Com base na leitura dessas frases, é CORRETO afirmar que

(A) a primeira afirmativa é falsa, e a segunda é verdadeira.

(B) a primeira afirmativa é verdadeira, e a segunda é falsa.

(C) as duas afirmativas são falsas.

(D) as duas afirmativas são verdadeiras, e a segunda é uma justificativa da primeira.

(E) as duas afirmativas são verdadeiras, mas a segunda não é uma justificativa correta da primeira.

7. (EXAME - 2009)

Uma agência de viagens, com presença no mercado há mais de dez anos, apresentou expressiva redução em sua receita no último ano, o que compromete a viabilidade do negócio. Esse declínio motivou a contratação de um especialista em gestão turística. Após diagnóstico, o gestor contratado identificou, principalmente:

✓ ausência de objetivos corporativos e de metas de produtividade de curto, médio e longo prazos;

✓ ações de marketing deficitárias;

✓ baixa qualificação dos funcionários e inexistência de incentivos à qualificação.

O gestor do turismo, com vistas a retomar o crescimento global e integrado dessa agência, deverá

(A) considerar a influência das questões ambientais e culturais.

(B) criar estratégias de marketing, para motivar os funcionários.

(C) estabelecer política de qualificação, para captar novo quadro funcional.

(D) implementar planejamento estratégico que atue nas questões identificadas, projetando a empresa para o futuro.

(E) investir na modernização tecnológica e dispensar o gerente administrativo-financeiro.

8. (EXAME - 2009)

O setor hoteleiro integra um conjunto de bens de serviços com características próprias de organização. Sua finalidade principal é fornecer serviços de hospedagem, de alimentação, de segurança e outros, agregados às atividades do bem receber.

Nesse contexto, conclui-se que praticar hospitalidade de excelência exige

(A) a desconsideração da oferta de hospedagem como uma ação do bem-estar e da troca de serviços.

(B) a manutenção da atitude ética profissional restrita ao contexto do empreendimento.

(C) a prestação de serviços aos hóspedes, atendendo ao Código de Ética do turismólogo.

(D) a valorização do empreendimento, restringindo-o às relações de troca de serviços.

(E) o atendimento profissional adequado, visando ao bom acolhimento do hóspede.

9. (EXAME - 2009)

Em viagem turística, são raras as situações em que o estrangeiro estará completamente desamparado ao chegar a um lugar. Comumente, o viajante é recebido por uma estrutura. Há todo um conjunto de normas e de procedimentos a serem observados, tanto por ele quanto pelos que o acolhem. Assim, uma cidade turística precisa oferecer hospitalidade, além de dispor de um conjunto de empresas que forneçam serviços e produtos turísticos de qualidade.

Considerando-se essas informações, analise as afirmativas:

I. A hospitalidade de uma cidade é diretamente proporcional a um relacionamento de qualidade entre anfitriões e hóspedes-visitantes.

II. A hospitalidade é resultado da combinação do acolhimento da comunidade local ao viajante e à qualidade dos produtos e serviços turísticos.

III. A hospitalidade é responsável pelo desenvolvimento e pela qualidade dos equipamentos e serviços turísticos.

É CORRETO o que se afirma em

(A) I.
(B) II.
(C) III.
(D) I e II.
(E) II e III.

10. (EXAME - 2009)

O ordenamento do turismo no território e nas organizações orienta-se pelas diretrizes políticas e pelas normas da legislação geral e específica. Considerando essas informações, qual afirmativa está dissonante das orientações legais existentes?

(A) A Lei de Crimes Ambientais dispõe sobre as penalidades advindas de atividades lesivas ao meio ambiental, em que os crimes são graduados e as penas adequadas a uma infração definida.

(B) A Lei Geral do Turismo dispõe sobre a regulamentação da profissão, das exigências de novos requisitos de qualificação relacionados à capacidade e ao desempenho do profissional do turismo.

(C) O Código de Ética do Bacharel em Turismo integra um conjunto de orientações destinadas a estimular a reflexão do profissional acerca da conduta adequada, no cotidiano de sua atividade laborai.

(D) O Guia do Turismo valida o exercício da profissão de guia, exige o seu cadastramento e a classifica em Regional, Especializado, Nacional ou Internacional.

(E) O Plano Nacional de Turismo 2007/2010 traduz um trabalho integrado de cooperação e participação entre diversos setores do governo, da iniciativa privada, do terceiro setor e de instituições do CNT.

11. (EXAME - 2009)

O marketing turístico implica processos que fazem uso de técnicas estatísticas, econômicas, sociais e psicológicas empregadas no estudo e na compreensão da evolução de diversos mercados. Esse processo permite o estabelecimento de estratégias competitivas.

Considerando-se essas informações, o profissional da área do turismo, ao elaborar um plano de marketing, deve

(A) desenvolver estratégia baseada na aplicação de reduzido número de técnicas, com vistas a simplificar tanto a etapa de planejamento quanto a de execução.

(B) elaborar estratégias para os quatro Ps, com o objetivo de inviabilizar a agregação de valores econômicos e sociais.

(C) estabelecer produtos em resposta à reduzida demanda, em mercados saturados, caracterizados pela alta concentração da oferta e pela elevada concorrência.

(D) projetar produtos idênticos aos dos concorrentes e mantê-los desarticulados do planejamento dos destinos turísticos.

(E) promover estratégias de forma diferenciada e integrada ao planejamento dos destinos, incorporando preocupações ambientais.

12. (EXAME - 2009)

Leia esta imagem turística:

http://contrapeso.zip.net/images, acessado em 29 set. 2009.

A partir da análise da oferta turística retratada nessa imagem, o operador de turismo deve

I. possibilitar a observação da fauna e da flora para um grande número de turistas.

II. praticar a atividade de ecoturismo em pequena escala.

III. promover a integração do turista com o ambiente visitado.

IV. realizar estudos de capacidade de carga ambiental e social.

V. fomentar as restrições das relações de valor de troca entre comunidade local e o turista.

Estão CORRETAS somente as afirmativas

(A) I, II e III.
(B) I, III e IV.
(C) II, III e V.
(D) III, IV e V.
(E) II, III, e IV.

13. (EXAME - 2009)

Leia o diagrama, que mostra ser o usufruto dos recursos naturais suporte para as atividades de turismo praticadas na natureza:

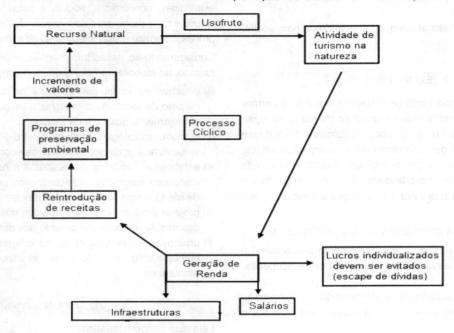

OLIVEIRA JÚNIOR, 2003 — Valoração Econômica da Função Ambiental e Suporte Relacionada às Atividades de Turismo, Brotas, SP, UFSCAR. (Tese de Doutorado)

Com base na leitura, focando-se no planejamento ambiental, é CORRETO afirmar que

(A) a reintrodução de parte da receita no processo administrativo desconsidera a importância da manutenção dos recursos naturais, mas valoriza o incremento de valores econômicos totais.
(B) o escape de divisas é uma variável imbricada no processo de planejamento representado no diagrama, ao se abordar a relação entre espaço e usufruto dos recursos naturais.
(C) o planejamento ambiental e o seu processo de gestão organizacional são aplicados para otimizar o desenvolvimento socioeconômico, gerar oportunidades de trabalho e mitigar possíveis impactos na natureza.
(D) o planejamento ambiental minimiza a possibilidade de continuidade das atividades turísticas praticadas na natureza, quando parte dos lucros são reinvestidos.
(E) os empreendimentos que usufruem de recursos naturais em suas atividades locais desconsideram a necessidade do incremento de valores no planejamento de programas direcionados ao ambiente.

14. (EXAME - 2009)

Na atualidade, o Setor de Viagens e Turismo encontra-se em constante evolução, passando por um processo de mudanças em suas técnicas e serviços, em função das novas tendências que vigoram nos setores de alimentação, eventos, agenciamento e hoteleiro, fruto dasnecessidades e, das exigências dos consumidores, bem como das diferentes motivações das viagens.

PORQUE

A utilização, em larga escala, dos recursos e das facilidades tecnológicas, especialmente as relacionadas com a tecnologia da informação e com o marketing de relacionamento como estratégia de captar e fidelizar público intensificam a diversificação do produto turístico e a segmentação de novos mercados.

Com base na leitura dessas frases, é CORRETO afirmar que
(A) a primeira afirmativa é falsa, e a segunda é verdadeira.
(B) a primeira afirmativa é verdadeira, e a segunda é falsa.
(C) as duas afirmativas são falsas.
(D) as duas afirmativas são verdadeiras, e a segunda é uma justificativa da primeira.
(E) as duas afirmativas são verdadeiras, mas a segunda não é uma justificativa correta da primeira.

15. (EXAME - 2009)

A cadeia produtiva da atividade turística depende do sistema de distribuição e da logística na operacionalização e concretização dos serviços.

Considerando-se essas informações, leia as afirmativas:

I. A ampliação e a melhoria da infraestrutura turística estimulam a demanda por viagens e aumentam a competitividade no setor hoteleiro e de transportes.

II. A redução de retrabalhos e de desperdícios e a modernização dos processos surgem como oportunidades de minimizar custos e de melhorar a qualidade do serviço prestado.

III. O emprego de sistema de informação é essencial na montagem e na gestão do banco de dados da oferta, tendo em vista sua capacidade de otimizar as atividades do setor.

IV. Profissionais do setor de serviços, com formação e capacitação técnica no planejamento logístico, estimulam a difusão e a troca de experiências entre diferentes organizações atuantes no setor, por meio da aplicação de conceitos relativos à cadeia de suprimento.

V. Sem logística adequada, é remota a possibilidade de algum setor da economia apresentar desempenho satisfatório.

Estão CORRETAS somente as afirmativas

(A) I, II, IV e V.

(B) II, III, IV e V.

(C) I, III e V.

(D) I, III, IV e V.

(E) I, II, III, IV e V.

16. (EXAME - 2009)

O processo de planejamento de um destino turístico deve iniciar-se com o marketing turístico, pois, antes de resolver um problema, é necessário também identificar as características da promoção do produto. Para definir um plano de marketing de uma destinação turística, é necessária a participação de todos os empresários, a fim de compartilhar benefícios e responsabilidades.

PORQUE

É necessário reconhecer o fato de que os destinos também são interpretados de maneira subjetiva pelos consumidores, dependendo da sua bagagem cultural, motivo de viagem, nível educacional e experiências passadas. Desse modo, para se alcançar a preferência dos turistas, no momento da decisão de sua próxima viagem, os destinos precisam se reinventar e se estruturar como produtos turísticos, de maneira a exaltar seus principais atributos e direcionar os seus esforços na busca do cliente ideal, ou seja, deve-se trabalhar os conceitos de superespecialização da oferta e supersegmentação da demanda.

Com base na leitura dessas frases, é CORRETO afirmar que

(A) a primeira afirmativa é falsa, e a segunda é verdadeira.

(B) a primeira afirmativa é verdadeira, e a segunda é falsa.

(C) as duas afirmativas são falsas.

(D) as duas afirmativas são verdadeiras, e a segunda é uma justificativa da primeira.

(E) as duas afirmativas são verdadeiras, mas a segunda não é uma justificativa correta da primeira.

17. (EXAME - 2009)

A Tecnologia da Informação (TI) alterou o cenário atual, obrigando as agências de viagens a mudar a forma de trabalhar, adotando velocidade muito maior daquela a que estavam acostumadas. Como empresas intermediadoras, as agências de viagens atuam simultaneamente como compradores e vendedores no mercado turístico. Na parte administrativa, a tecnologia da informação é empregada na automação dos processos operativos, administrativos e gerenciais.

As soluções tecnológicas à disposição das agências de viagens estão reunidas funcionalmente nestes cinco agrupamentos:

I. *Front-Office* e CRM

II. *Back-Office*

III. Gestão integral e ERP

IV. Comércio Eletrônico

V. Marketing Eletrônico

Considerando-se esses agrupamentos, relacione-os às suas respectivas funções e aplicações:

( ) Analisa o mercado e promove os produtos de forma eletrônica.

( ) Contempla atividades relacionadas com atenção aos clientes e identifica suas necessidades individuais.

( ) Automatiza os processos administrativos das agências e atende às necessidades de produção de relatórios financeiros com fornecedores.

( ) Promove e vende, em formato eletrônico, produtos e serviços turísticos.

( ) Gerencia, de forma integrada, as informações de clientes, os fornecedores, as atividades financeiras, a contabilidade, o RH e o marketing.

A sequência CORRETA dessa relação é:

(A) I, II, IV, III e V.

(B) IV, III, V, I e II.

(C) III, V, IV, II e I.

(D) II, V, III, IV e I.

(E) V, I, II, IV e III.

18. (EXAME - 2009)

Leia o trecho:

> A preservação da memória de um povo está diretamente relacionada à conservação de seu patrimônio cultural. O processo de tombamento, no entanto, nem sempre é garantia de perpetuidade dessa memória, que muitas vezes se desfaz pela falta de incentivos públicos e privados.

www.veja.com.bracessdo. Acessado 20 mai.2009.

Considerando-se essas informações, é CORRETO afirmar que

(A) a proteção do patrimônio é alcançada quando o MTUR conclui o processo de tombamento e de registro dos bens materiais e imateriais.

(B) a relação entre turismo e patrimônio se revela pouco significativa no mundo contemporâneo, uma vez que são raras as ações conservacionistas empreendidas pelas iniciativas privada e pública.

(C) o Brasil, apesar de possuir diversificado patrimônio histórico-cultural, concentra, no Instituto Histórico e Geográfico Brasileiro — IHGB, a responsabilidade pela preservação do patrimônio.

(D) o patrimônio histórico-cultural, apesar de representar simbolicamente a memória de um povo, apresenta, no Brasil, reduzida atratividade turística.

(E) o planejamento do turismo deve ser conduzido de modo articulado, participativo e integrado, com vistas a assegurar a preservação da memória e a identidade de grupos sociais para gerações futuras.

COLETÂNEA DE QUESTÕES – TURISMO

19. (EXAME - 2009)

O Ministério do Turismo, em 2009, contestou o resultado da pesquisa divulgada pelo Fórum Econômico Mundial, que apresenta o Brasil numa posição pouco satisfatória no cenário turístico mundial. Essa pesquisa investigou a relação estabelecida entre os índices de oferta e de demanda turística em 124 países. O próprio Ministério declarou ser necessário um estudo mais aprofundado da pesquisa, especialmente no que se refere aos critérios adotados, que são diferentes em cada país, o que pode comportar eventuais distorções.

Considerando-se essa pesquisa, é CORRETO afirmar que ela

(A) adotou técnicas que consideram as diferenças socioculturais em regiões diversificadas, como no caso do Brasil e dos Estados Unidos.

(B) captou a atração de fluxos de viajantes por meio dos grandes portões de entrada, a exemplo do Rio de Janeiro e de Nova Iorque.

(C) considerou as proximidades entre os países e as facilidades de deslocamento em situações distintas, como a América Latina e a Europa.

(D) demonstrou a incapacidade de se avaliar o movimento de turistas em função das distinções regionais de países extensos, como o Brasil e a China.

(E) particularizou a identificação das diversas segmentações do movimento de viagens e turismo ao continente europeu.

20. (EXAME - 2009)

As políticas privadas e públicas do turismo buscam complementação, ao organizar destinos explorados de forma sustentável, insersiva e descentralizada.

Considerando-se esse contexto, assinale a alternativa que apresenta ação INCORRETA das políticas privadas e públicas para incrementar o setor.

(A) Ampliação do mercado de trabalho com a qualificação e profissionalização da mão-de-obra.

(B) Centralização das decisões estratégicas no MTur, no Fórum Nacional de Secretários e nos Dirigentes Estaduais de Turismo.

(C) Cadastramento, controle e fiscalização dos prestadores de serviços turísticos do país, sob a responsabilidade do MTur.

(D) Organização de produtos turísticos de qualidade para atender ao crescimento da demanda.

(E) Participação da iniciativa privada na estruturação de destinos para oferecer facilidades aos turistas.

21. (EXAME - 2009)

Atualmente, percebe-se um grande interesse dos gestores públicos e privados em relação ao comportamento do turista, em especial as suas expectativas, motivações e necessidades de lazer. Esse comportamento é também caracterizado pela relação anfitrião e hóspede.

Considera-se como desafio para esses gestores oferecer experiências motivacionais em que é determinante

(A) a busca por áreas isoladas, por atividades de risco e por provas de resistência.

(B) o relaxamento e a tranquilidade em destinos próximos aos locais onde residem.

(C) a breve escapada e a aceitação de um produto que não seja o ideal, mas de baixo custo.

(D) o alojamento alternativo em destinações de difícil acesso durante as férias tradicionais.

(E) o destino onde turistas e população local interagem e vivenciam tradições típicas da região.

22. (EXAME - 2009)

Leia este trecho:

> Profissionais de "tendências de consumo" poderiam detectar a preferência da demanda por destinos turísticos, prever novos segmentos e novos nichos de mercado, determinar a tendência da satisfação do consumo e conhecer o porquê da preferência de um destino e produto em detrimento a outros.

ANSARAH, M.; PANOSSO Neto, A. Segmentação do Mercado Turístico: estudos, produtos e perspectivas. São Paulo: Manole, 2008.

Considerando-se essas informações, qual alternativa apresenta a combinação de segmentos emergentes do turismo?

(A) Turismo de Esportes, Ecoturismo, Turismo de Negócios.

(B) Turismo de Intercâmbio, Turismo Religioso, Turismo de Compras.

(C) Turismo de Sol e Praia, Turismo de Saúde, Turismo de Eventos.

(D) Turismo Espacial, Turismo Enogastronômico, Tanaturismo.

(E) Turismo Náutico, Turismo Rural, Turismo de Pesca.

23. (EXAME - 2009)

Leia as afirmativas, que tratam da segmentação do mercado turístico:

I. A segmentação do mercado turístico agrega, do ponto de vista do território, os recursos nele existentes, o que acaba por atrair determinadas demandas.

II. A segmentação de mercado é capaz de criar e estabelecer ajustes em produtos, bem como viabilizar uma comunicação eficiente com os consumidores-alvo, transformando recursos em oferta.

III. O estabelecimento de estratégias de segmentação se dá a partir do entendimento do comportamento dos consumidores, tornando-se referência para a tomada de decisão.

A partir dessa leitura, é CORRETO somente o que se afirma em

(A) I.

(B) II.

(C) III.

(D) I e II.

(E) I, II e III.

24. (EXAME - 2009)

A revolução tecnológica reduziu as distâncias físicas, desestruturou o tempo e o espaço, alterando o contexto das ocorrências do turismo e de suas repercussões sociais, culturais, econômicas, políticas, ambientais e comerciais. Essa revolução, no contexto de uma economia globalizada, tem motivado a revisão das bases teóricas utilizadas para o planejamento do turismo no território e na gestão de negócios de turismo e lazer.

Considerando-se essas informações, assinale a alternativa que apresenta a atual tendência do planejamento da oferta de turismo e lazer.

(A) Fomentar a formação de clusters turísticos e de lazer, com o objetivo de criar ambientes competitivos e empreendimentos corporativistas.

(B) Implementar redes de distribuição de produtos turísticos, em pontos distintos do território, com características heterogêneas.

(C) Inibir o processo de transformação de agrupamentos locais em objeto prioritário das políticas de desenvolvimento turístico.

(D) Organizar o turismo e lazer em torno de arranjos produtivos locais, concentrando esforços mercadológicos, orientando investimentos e ordenando a oferta turística.

(E) Planejar os processos de distribuição e de consumo de forma inovadora, atendendo às práticas sociais características da sociedade pós-moderna.

25. (EXAME - 2009)

Leia estas afirmativas, que abordam a relação entre turismo e espaço:

I. O espaço turístico pode ser estudado e compreendido a partir da perspectiva de geração de fluxos, ou seja, área emissora, área de deslocamento e área receptora.

II. O espaço turístico é formado pelas relações estabelecidas entre oferta turística, demanda, serviços, infraestrutura, transportes, poder de decisão e de informação, sistemas de promoção e de comercialização, sendo a tecnologia um elemento facilitador dessas relações.

III. O espaço turístico representa a distribuição territorial dos atrativos, os quais, por sua vez, constituem a matéria-prima do turismo.

A partir dessa leitura, é CORRETO somente o que se afirma em

(A) I.

(B) II.

(C) III.

(D) I e II.

(E) I, II e III.

26. (EXAME - 2009)

Em 1991, no Japão, foi proposto um empreendimento turístico inovador, o "hotel cápsula", descrito pela imprensa do seguinte modo:

> Os hóspedes, (...) não dormem em quartos, mas sim em cubículos de plástico superpostos, com um metro e meio de altura e pouco mais do que isso de comprimento. Para entrar nos tais cubículos as pessoas precisam engatinhar. Um hóspede (...) declarou: é (...) como dormir num sarcófago.

BARRETO, M. Manual de iniciação ao estudo do turismo. SP: Papirus, 2000.

Tal equipamento representa um exemplo adaptado à necessidade mercadológica e de espaço.

No caso do Brasil, por ser ele um país de dimensões continentais, a realidade apresenta-se distinta daquela verificada no Japão.

PORQUE

A tendência, no Brasil, é exatamente o outro extremo do espectro. A preocupação com a qualidade, os investimentos em estrutura de lazer, a inovação de serviço, o compromisso com o charme e a preservação ambiental conduzem a um mercado que busca atender a uma oferta diferenciada. Surgem desde hotéis econômicos, que se espalham pelo interior, até aqueles associados ao mercado mundial de alto luxo, em que a grife conta cada vez mais.

A partir da leitura dessas afirmativas, é CORRETO afirmar que

(A) as duas afirmativas são verdadeiras, e a segunda é uma justificativa da primeira.

(B) as duas afirmativas são verdadeiras, mas a segunda não é uma justificativa correta da primeira.

(C) a primeira afirmativa é verdadeira, e a segunda é falsa.

(D) a primeira afirmativa é falsa, e a segunda é verdadeira.

(E) as duas afirmativas são falsas.

27. (EXAME - 2009)

Com relação aos estudos de viabilidade socioeconômica de projetos de Meios de Hospedagem Turística (MHT) sustentáveis, á CORRETO afirmar que

(A) a concorrência compreende, também, os espaços para a realização de eventos e o número de prestadores de serviço, como as agências de viagem e as locadoras de veículos.

(B) os valores absolutos do investimento devem ser analisados juntamente com alguns itens específicos, exceto o terreno, visto que a localização não incide na variação do valor final.

(C) os investimentos com os Equipamentos e com Assessórios do MHT devem corresponder a 95% do valor total das despesas com a construção da edificação.

(D) o investimento total abrange várias etapas da implantação do MHT entre elas, as despesas preoperacionais, referentes à organização e a sua abertura, e os projetos técnicos ambientais.

(E) o valor da diária média projetada para o empreendimento deve corresponder ao retorno do investimento em um prazo inferior a dez meses, para garantir a viabilidade do empreendimento.

28. (EXAME - 2009) DISCURSIVA

Leia este trecho:

Rede hoteleira preocupa ministro para Copa 2014

O Ministro do Esporte, durante a realização, em 2007, da Footecon no Rio de Janeiro, manifestou sua preocupação com a rede hoteleira do país, tendo em vista a proximidade da Copa do Mundo de 2014. De acordo com ele, algumas das cidades brasileiras que sediarão os jogos sofrem com o problema. Adaptado de: http://esportes.ten-a.com.brffutebol/brasil2014/interna/0,02124028-EI10545,00.html

(Acessado em 29 set. 2009)

Partindo do princípio de que algumas iniciativas públicas e privadas deverão ser desenvolvidas com vistas a solucionar as deficiências já verificadas no setor hoteleiro das cidades-sede da Copa de 2014,

(A) apresente um modelo de planejamento e um modelo de gestão que devem orientar os empreendimentos hoteleiros decorrentes dessas iniciativas. (Valor: 4 pontos)

Modelo de planejamento:

Modelo de gestão:

(B) Como se relaciona, em projetos hoteleiros, a aplicação dos modelos orientadores apresentados por você, no item anterior, ao conceito de Desenvolvimento Sustentável desse setor?

29. (EXAME - 2009) DISCURSIVA

Uma nova tendência tem modificado o cenário turístico brasileiro. Trata-se do desenvolvimento da "hotelaria marítima", oferecida e operada pelos cruzeiros de cabotagem no litoral brasileiro. Essa tendência vem configurando uma concorrência com os resorts em um período em que esses buscam melhores resultados para compensar os efeitos registrados no período de baixa estação. O cruzeiro marítimo é móvel, deslocando-se até a oferta turística, e não possui a mesma composição de custos, apesar de cumprir as mesmas funções de um *resort*.

Considerando-se essas informações,

(A) responda se você concorda ou não com o fato de que se verifica uma concorrência desigual entre hotelaria e cruzeiros marítimos.

( ) Sim, concordo.

( ) Não concordo.

(B) Apresente dois argumentos que justifiquem sua resposta.

30. (EXAME - 2009) DISCURSIVA

Leia a charge, que mostra impactos resultantes do turismo de massa em uma cidade do litoral brasileiro:

(http://images.google.com.br/images)

Considerando que as políticas públicas interferem na ordenação dos consequentemente, na qualidade de vida dos cidadãos,

(A) apresente uma ação política capaz de:

- minimizar os impactos ambientais negativos decorrentes do turismo de massa mostrados na charge:
- incentivar na comunidade autóctone e alóctone práticas compromissadas com a responsabilidade social quanto ao uso do espaço urbano:

(B) apresente duas ações que possibilitem a revitalização da destinação turística mostrada na charge, levando em consideração a fase em que se encontra essa destinação no Ciclo de Vida do Produto Turístico.

2006

TURISMO

1. (EXAME - 2006)

Considerando-se a evolução e as tendências do turismo e da hospitalidade, o que é correto afirmar?

(A) O turismo virtual tende a substituir o turismo real.
(B) A qualidade dos serviços turísticos passará a ter menos relevância, sendo substituída por outros quesitos, como, por exemplo, preço do produto oferecido.
(C) O respeito à diversidade e ao pluralismo em relação às pessoas e aos gostos é uma forte tendência dos serviços de turismo na atualidade.
(D) Os projetos de planejamento turístico devem ater-se mais às questões gerais e menos aos detalhes.
(E) O atendimento personalizado deixará de ser prioridade em favor da padronização dos serviços.

2. (EXAME - 2006)

A turista Anousha Ansari sorri na Estação Espacial Internacional e é vista no centro de controle russo que fica próximo a Moscou. Anousha, que viajou a bordo da Soyuz TMA-9, ficou nove dias no espaço.

(Internet: <www.uol.com.br>, com adaptações).

A reportagem apresentada acima aponta para um segmento do mercado turístico extremamente elitizado que está surgindo. Acerca da segmentação do mercado turístico, julgue os itens a seguir.

I. A segmentação do mercado turístico tem como objetivo agrupar consumidores que manifestem comportamentos de compra semelhantes, para, dessa forma, buscar-se maximizar os resultados das estratégias de *marketing* desenvolvidas.

II. As empresas turísticas segmentam seu mercado motivadas pela necessidade de inovação, pela forte concorrência e pela mudança no comportamento dos consumidores.

III. A segmentação turística encontra-se fora do sistema de turismo, pois faz parte de uma estratégia de *marketing* e, portanto, situa-se no campo da administração.

Assinale a opção correta.

(A) Apenas um item está certo.
(B) Apenas os itens I e II estão certos.
(C) Apenas os itens I e III estão certos.
(D) Apenas os itens II e III estão certos.
(E) Todos os itens estão certos.

3. (EXAME - 2006)

A hotelaria de uma localidade turística ofertava ao mercado, em 2003, 200 leitos. Em dois anos, passou a ofertar 300 leitos. Nessa localidade, a demanda turística teve incremento de 50% em 2005, em relação a 2003. Durante esse período — de 2003 a 2005 —, o fluxo turístico se manteve, na baixa estação, abaixo da capacidade hoteleira instalada e ultrapassou a oferta em janeiro e julho, meses de alta estação, desses anos.

Considerando essa situação hipotética, analise as afirmações a seguir.

Apesar de a hotelaria ter crescido, o problema da falta de leitos disponíveis em janeiro e julho continuou a ocorrer em 2005

PORQUE

em 2003, o fluxo turístico na alta estação era superior à capacidade hoteleira instalada e, em 2004 e 2005, a oferta de leitos cresceu na mesma proporção da demanda.

(A) As duas afirmações são verdadeiras, sendo a segunda uma justificativa correta da primeira.

(B) As duas afirmações são verdadeiras, mas a segunda não é uma justificativa correta da primeira.

(C) A primeira afirmação é verdadeira, e a segunda é falsa.

(D) A primeira afirmação é falsa, e a segunda é verdadeira.

(E) As duas afirmações são falsas.

4. (EXAME - 2006)

As pessoas não vão a um restaurante apenas para comer e beber, pois o restaurante também é um lugar para elas verem e serem vistas, ou seja, freqüentado por indivíduos com as mais variadas necessidades, expectativas e desejos. Nessa perspectiva, a hospitalidade começa bem antes da chegada do cliente ao restaurante e termina somente depois de sua saída.

Tendo como referência o texto acima, julgue os itens a seguir.

I. Na perspectiva da hospitalidade, receber um cliente em um restaurante não se resume à simples oferta de alimentos e bebidas pelo anfitrião.

II. Os proprietários e os empregados de um restaurante, além de serem responsáveis pelo atendimento aos clientes que lá estejam, devem, ainda, em seu ofício, manter atitudes de responsabilidade social e cidadania, como, por exemplo, manter a ética e os bons costumes no relacionamento entre si e com os clientes.

III. O *maitre* ou o seu imediato deve receber todos os clientes na entrada do restaurante, procurar conhecer as preferências dos clientes, acomodá-los em lugar apropriado e, juntamente com sua brigada, servir as comidas e as bebidas de acordo com as regras e as técnicas usuais.

IV. Em um restaurante instalado em um hotel, a oferta de alimentos e bebidas a um clientedesse hotel é atitude que não deve ser considerada uma ação de hospitalidade.

Assinale a opção correta.

(A) Apenas os itens I, II e III estão certos.

(B) Apenas os itens I, II e IV estão certos.

(C) Apenas os itens I, III e IV estão certos.

(D) Apenas os itens II, III e IV estão certos.

(E) Todos os itens estão certos.

5. (EXAME - 2006)

A pesquisa é um dos retornos mais valiosos que as instituições de ensino superior (IES) em turismo e hotelaria podem oferecer à sociedade. As pesquisas em turismo e hotelaria devem

(A) ser realizadas pelas IES, quando forem de caráter acadêmico, e por empresas privadas, quando forem pesquisas aplicadas.

(B) ser prioritariamente multi e interdisciplinares, porque há necessidade da contribuição de diferentes áreas do saber para disporem de visões mais completas.

(C) excluir os métodos científicos, visto que turismo e hotelaria não são ciências puras.

(D) valer-se sempre do amparo da administração pública, seguindo as diretrizes estabelecidas nos planos oficiais de turismo.

(E) ser realizadas com rigor metodológico, o que assegura sua inquestionabilidade.

6. (EXAME - 2006)

Um grupo de empresários — donos de lojas de pesca, de estaleiro e de frigorífico — contratou uma consultoria para planejar e organizar um evento em uma região litorânea do Nordeste brasileiro. A idéia era aproveitar as atividades pesqueiras de uma pequena comunidade, ressaltando os potenciais turístico-culturais dessa localidade, para se atrair grande público e obter lucro com a venda dos artigos que envolvem pesca, embarcações e peixes.

Considerando esse texto, analise as afirmações a seguir.

A consultoria contratada deve considerar, no planejamento e na organização desse evento, os impactos sociais, ambientais e econômicos, agir de forma participativa e discutir tais impactos com os promotores, gestores municipais e comunidade

PORQUE

todos os envolvidos na promoção do evento deverão arcar com as responsabilidades quanto aos efeitos negativos do evento na comunidade, mas os benefícios e o lucro deverão ser revertidos para o grupo de empresários.

Assinale a opção correta acerca dessas afirmações.

(A) As duas afirmações são verdadeiras, sendo a segunda uma justificativa correta da primeira.

(B) As duas afirmações são verdadeiras, mas a segunda não é uma justificativa correta da primeira.

(C) A primeira afirmação é uma proposição verdadeira, e a segunda é falsa.

(D) A primeira afirmação é falsa, e a segunda é verdadeira.

(E) As duas afirmações são falsas.

7. (EXAME - 2006)

A sinalização turística não somente tem por objetivo a indicação de situações, mas também deve ser considerada um importante elemento de informação e motivação. Em cada opção abaixo, é apresentado um grupo de pictogramas de sinalização turística. Assinale a opção em que há um pictograma que **não** faz parte do Guia de sinalização turística.

8. (EXAME - 2006)

Pedro, professor em uma escola pública de São Paulo, está em férias na cidade de Belém – PA. Por causa de um imprevisto familiar, tem de retornar para São Paulo dois dias antes da data marcada na sua passagem aérea emitida pela Companhia Aérea Alfa. Pedro, então, liga do hotel para seu agente de viagens para obter orientações de como proceder.

Considerando que a passagem aérea de Pedro não faz parte de pacote turístico e que os vôos dessa companhia aérea estão lotados na nova data desejada para o retorno, a atitude correta do agente de viagens deve ser

(A) informar que os vôos da Companhia Aérea Alfa estão todos lotados para a nova data de retorno e dizer que, infelizmente, Pedro, por não ter comprado em pacote turístico, terá de viajar no dia marcado em sua passagem.
(B) oferecer a Pedro uma passagem de ônibus para retorno a São Paulo, visto que todos os vôos da Companhia Aérea Alfa estão lotados para a data de retorno desejada.
(C) informar que as companhias aéreas, atualmente, não efetuam mudança de data de passagens, pois, com a crise do mercado aéreo brasileiro, a concorrência aumentou significativamente.
(D) informar que os vôos da Companhia Aérea Alfa estão todos lotados para a nova data de retorno; colocar o nome de Pedro em uma lista de espera; e, se não for possível Pedro viajar em avião dessa companhia, vender-lhe uma passagem de outra empresa aérea.
(E) orientar Pedro a procurar diretamente a Companhia Aérea Alfa, pois a agência de viagem não se responsabiliza por esse tipo de situação.

9. (EXAME - 2006)

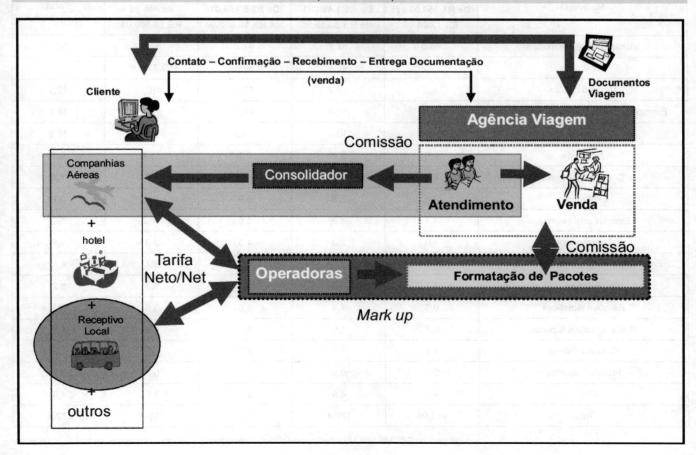

A figura acima representa um esquema da cadeia produtiva do turismo na formação de pacotes turísticos. Considerando essa figura, assinale a opção **incorreta**.

(A) A cadeia produtiva do turismo pode ser entendida como uma representação sistêmica do turismo que mostra elementos ou elos e as relações que são estabelecidas entre eles.

(B) As falhas de integração dos elementos que compõem a cadeia produtiva do turismo no Brasil representam um dos principais "gargalos" da atividade turística no país.

(C) O turista é quem faz a cadeia produtiva do turismo entrar e permanecer em funcionamento.

(D) Os meios de hospedagem, as companhias aéreas, as empresas de receptivo e outras empresas com atividades complementares podem ser considerados fornecedores da operadora, que, por sua vez, é fornecedora da agência de viagens.

(E) Na cadeia produtiva do turismo, a operadora é responsável por vender os pacotes diretamente ao turista, podendo, assim, ser considerada uma empresa atacadista.

10. (EXAME - 2006)

Considerando-se que o diagnóstico macroeconômico da atividade turística deve, por meio de ferramentas de análise, buscar interpretar as características do consumo, da produção, dos investimentos e dos impactos do turismo, o que é **incorreto** afirmar?

(A) Uma das utilidades do diagnóstico macroeconômico é permitir a realização de um adequado planejamento para a atividade turística, mediante o estabelecimento de critérios para a elaboração de políticas.

(B) Algumas metodologias ou ferramentas utilizadas em diagnósticos a respeito da importância do turismo para a economia são: a matriz insumo-produto, as tábuas *input-output* e as contas satélite.

(C) O consumo turístico é um consumo efetuado fora do domicílio habitual dos turistas.

(D) Os gastos ou investimentos públicos podem ser divididos em correntes — relacionados à infra-estrutura — e de capital — relacionados ao mercado financeiro.

(E) O turismo impacta, de forma direta ou indireta, diversos setores/atividades da economia de uma localidade, em razão do ingresso de recursos no mercado local, o que, por causa do efeito multiplicador, repercute no produto interno bruto (PIB) local.

11. (EXAME - 2006)

Motivos para Realização da Principal Viagem Doméstica, por Renda (em %)					
Motivo(s)	**Classe de Renda Mensal Familiar**				**Total**
	De R$ 350,00 até RS 1.400.00	De R$ 1.400.01 até RS 5.250.00	De R$ 5.250.01 até RS 10.500.00	Acima de RS 10.500.00	
Visitar amigos e parentes	65,0	52,7	42,3	34,5	**53,1**
Sol e praia	29,2	42,4	50,5	53,7 40,8	
Turismo cultural	8,3	12,2	17,0	19,9	**12,5**
Eventos culturais / esportivos / sociais	10,1	10,4	10,7	14,3	**10,7**
Saúde	10,6	10,3	10,3	8,1	**10,2**
Negócios	6,6	8,5	9,1	11,4	**8,3**
Compras pessoais	6,5	8,0	9,0	9,8	**7,8**
Exoturismo	2,8	5,8	8,9	9,4	**5,7**
Eventos profissionais	4,1	4,8	5,6	10,2	**5,2**
Turismo rural	4,0	5,3	4,5	2,3	**4,6**
Estâncias climáticas / hidrominerais	2,2	4,6	5,5	5,4	**4,1**
Religião	4,7	3,0	1,6	1,3	**3,2**
Parques temáticos	0,9	1,4	3,5	3,6	**2,2**
Resorts / hotéis fazenda	0,7	1,9	3,3	6,2	**2,2**
Cursos / estudo	1,1	1,7	2,0	3,6	**1,8**
Praticar esportes	0,2	0,9	1,2	0,7	**0,7**
Outro	4,9	4,5	3,9	3,9	**4,5**
Total	162,00	179,4	189,1	198,3	**177,5**

(Internet: <//200.189.169.141/site/arquivos/dados_fatos/demanda_turismo_domestico_setembro_2006.pdf>).

A tabela acima contém dados relativos ao turismo doméstico extraídos de uma pesquisa da EMBRATUR, realizada em 2005. Considerando esses dados, analise as afirmações a seguir.

No Brasil, a classe de renda familiar mais alta apresenta percentuais de motivações de viagem relacionados a eventos culturais/esportivos/sociais e profissionais, turismo cultural, sol e praia, e *resort* superiores aos das classes de renda mensal mais baixa

PORQUE

tais produtos são direcionados, no Brasil, especificamente a classes sociais mais favorecidas, ou seja, são produtos de luxo.

Assinale a opção correta a respeito dessas afirmações.

(A) As duas afirmações são verdadeiras, e a segunda é uma justificativa correta da primeira.

(B) As duas são afirmações verdadeiras, mas a segunda não é uma justificativa correta da primeira.

(C) A primeira afirmação é verdadeira, e a segunda é falsa.

(D) A primeira afirmação é falsa, e a segunda é verdadeira.

(E) As duas afirmações são falsas.

12. (EXAME - 2006)

Em um hotel, os profissionais que mantêm contato direto com o hóspede são aqueles de nível operacional, tais como recepcionistas e garçons, base da estrutura organizacional. O novo gestor de meios de hospedagem deveria trabalhar com uma inversão do organograma tradicional, de forma a que aqueles que hoje estão na base da estrutura passassem para o topo, já que mantêm contato mais direto com o hóspede e demandam importantes necessidades de investimento em qualificação.

Tendo como referência esse texto, julgue os itens a seguir.

I. A proposta de inversão do organograma tradicional justifica a necessidade de mais capacitação técnica e cultural dos que trabalham nas áreas de atenção ao cliente, tais como recepcionistas, camareiras, mensageiros e garçons.

II. As pessoas que realmente importam na gestão hoteleira são as que conseguem assegurar um lugar para o turista ou cliente no organograma do hotel.

III. Se os trabalhadores que têm contato direto com os hóspedes forem elevados a uma base mais alta do organograma, haverá quebra de paradigma na gestão hoteleira, pois esses profissionais passarão a ser chefes dos profissionais da média gerência e da alta administração.

IV. No organograma tradicional, o cargo de gerente de hotel é representado como o mais importante, embora esse gestor não mantenha contato direto com os hóspedes.

Estão certos apenas os itens

(A) I e II.

(B) I e IV.

(C) II e III.

(D) II e IV.

(E) III e IV.

13. (EXAME - 2006)

Diante de mudanças estruturais em um mercado altamente competitivo e dinâmico, o planejamento de marketing da pequena e média hotelaria brasileira deve incluir

I. a utilização das linhas de financiamento existentes e a ampliação das instalações hoteleiras, visando à competição em iguais condições com a grande hotelaria, em longo prazo.

II. o investimento em estratégias de diferenciação de serviços e a cooperação com hoteleiros do mesmo porte, visando aumentar a competitividade no mercado, em médio prazo.

III. a adoção de estratégias de gestão e planejamento de marketing iguais àquelas que são utilizadas pelas grandes redes hoteleiras, visando alcançar as mesmas condições destas para competir no mercado, em médio prazo.

Assinale a opção correta.

(A) Apenas um item está certo.

(B) Apenas os itens I e II estão certos.

(C) Apenas os itens I e III estão certos.

(D) Apenas os itens II e III estão certos.

(E) Todos os itens estão certos.

14. (EXAME - 2006)

No que diz respeito ao direito e à legislação do turismo, assinale a opção **incorreta**.

(A) Segundo o Código de Ética do Bacharel em Turismo, o exercício da atividade profissional inerente ao bacharel em turismo não pode ser utilizado por terceiros com objetivos econômicos, políticos ou religiosos.

(B) A formulação de uma Política Nacional de Turismo é um dos instrumentos definidos pelo Estado brasileiro para cumprir o que dispõe a Constituição Federal a respeito de promoção e incentivo ao turismo como fator de desenvolvimento social e econômico.

(C) Segurança, saúde e higiene, conservação e manutenção, e atendimento ao hóspede são itens que compõem a matriz de classificação dos meios de hospedagem.

(D) O Instituto Brasileiro de Turismo (EMBRATUR), órgão regulador e fiscalizador do turismo no país, tem como objetivos a proteção ao usuário, a orientação às empresas de turismo e a verificação do cumprimento da legislação em vigor.

(E) De acordo com o Código Mundial de Ética no Turismo, as atividades turísticas devem conduzir-se em harmonia com as especificidades e tradições das regiões e países receptores, observando suas leis, usos e costumes.

15. (EXAME - 2006)

(Internet: < www.lonelyplanet.com >.)

Na perspectiva do ordenamento do espaço turístico, julgue os itens a seguir, considerando a figura acima, que mostra uma praia brasileira.

I. A imagem representa um exemplo de turismo de massa que gera impactos visuais e ambientais decorrentes do uso desordenado do espaço turístico, associado à sobrecarga de demanda e à concentração espaço-temporal.
II. No planejamento de espaços turísticos, devem-se considerar os aspectos físico-ambientais e, a partir deles, definir critérios que viabilizem a utilização do espaço de forma equilibrada e racional.
III. Quanto mais pessoas estiverem no local, mais os impactos sociais, culturais e ambientais poderão ser controlados pelo complexo intercâmbio entre a infra-estrutura e a superestrutura do sistema turístico.
IV. Considerando-se o planejamento turístico, uma das possibilidades de se dimensionar a capacidade adequada de utilização da praia representada na figura acima seria calcular-se o resultado da divisão da metragem total da área pela quantidade de metros quadrados por turista, de acordo com os padrões estabelecidos.
V. No que se refere ao ordenamento do espaço turístico, deve-se cuidar para que o excesso de pessoas e de instalações não afete a paisagem, desfigurando-a.

Assinale a opção correta.

(A) Apenas os itens I, II, III e IV estão certos.
(B) Apenas os itens I, II, III e V estão certos.
(C) Apenas os itens I, II, IV e V estão certos.
(D) Apenas os itens II, III, IV e V estão certos.
(E) Todos os itens estão certos.

16. (EXAME - 2006)

O turista vilão é um ser humano que busca, com todo o direito, a felicidade pessoal durante as férias. Ele tem uma necessidade crucial dessa liberdade subjetiva que a viagem lhe confere, e a desfruta. Não tem pretensões de trabalhar pela compreensão entre os povos, pelo desenvolvimento do Terceiro Mundo, pela expansão econômica nem pela proteção da paisagem. Ninguém, até hoje, lhe abriu os olhos sobre as conseqüências desse procedimento nem sobre a responsabilidade que lhe cabe no sistema turístico. Ele ignora a maioria dos efeitos, sobretudo os efeitos de longo prazo, que as viagens produzem na população, na economia e no meio ambiente das regiões visitadas.

(KRIPPENDORF, Jost. **Sociologia do turismo**. São Paulo: Aleph, 2000. p. 67, com adaptações.)

A partir do texto acima, assinale a opção correta.

(A) O turista não deve ter responsabilidade sobre os efeitos negativos dos atos que comete durante a sua atividade turística, já que é um direito seu viajar.
(B) Os problemas do turismo no Terceiro Mundo estão exclusivamente relacionados à irresponsabilidade do turista vilão.
(C) Os efeitos de longo prazo do turismo sobre as comunidades são invariavelmente desastrosos para a população, a economia e o meio ambiente.
(D) A informação e a educação sobre os impactos negativos do turismo são fatores que contribuem para que o turista vilão adquira consciência das conseqüências de sua atuação.
(E) O turista deveria ser mais consciente dos efeitos negativos do turismo sobre as comunidades, sendo responsabilidade sua garantir a compreensão entre os povos, o desenvolvimento do Terceiro Mundo, a expansão econômica e a proteção da paisagem.

17. (EXAME - 2006)

expectativa de viagem	lazer					
	2004			2005		
	terrestre	aéreo	total	terrestre	aéreo	total
superada	30,9	28,3	29,2	57,8	28,7	35,6
atendida plenamente	59,7	57,0	58,0	44,8	56,7	52,4
atendida em parte	8,6	12,9	11,4	6,7	12,6	10,5
decepcionante	0,7	1,8	1,4	0,7	2,0	1,5

A tabela acima apresenta as expectativas em relação a lazer e a vias de acesso do turismo internacional no Brasil, em porcentagem, segundo dados de uma pesquisa da EMBRATUR realizada em 2005.

A partir das informações fornecidas nessa tabela, assinale a opção correta.

(A) O número de turistas que viajou por transporte aéreo, com expectativas de viagem plenamente atendidas, cresceu de 2004 para 2005.

(B) A demanda turística é, por natureza, homogênea, o que resulta em diferentes motivações e expectativas de viagens e na necessidade de adequação da oferta para atender bem essas expectativas.

(C) A característica sazonal da demanda turística está claramente representada na tabela.

(D) Em 2005, independentemente do transporte utilizado, mais de 30% dos turistas tiveram suas expectativas de viagem superadas.

(E) A porcentagem dos turistas que viajou por via terrestre em 2005 e que teve suas expectativas de viagem atendidas em parte superou a porcentagem em relação ao ano anterior.

18. (EXAME - 2006)

Certo gestos públicos da área de turismo, que tem como premissa o desenvolvimento da atividade turística de forma sustentável, precisa decidir quanto à possibilidade de implantação de um grande *resort* internacional na costa brasileira, com estrutura de turismo, hospedagem, lazer e entretenimento.

Assinale a opção que corresponde a uma preocupação que não é compatível com o perfil do gestor acima citado e com as premissas de sustentabilidade.

(A) Rentabilidade do empreendimento e prazo de retorno do investimento.

(B) Número de empregos gerados para a comunidade local e faixa de renda a ser proporcionada.

(C) Taxa de reinvestimento na localidade e quantidade de divisas a serem enviadas para o exterior.

(D) Proteção do patrimônio natural, com imposição de limitações nas áreas públicas e indefinição de restrições para as áreas privadas.

(E) Interesse da comunidade local em receber tal empreendimento e responsabilidade social e ambiental na implantação deste.

19. (EXAME - 2006)

Um dos campos que mais tem crescido na atualidade é o do entretenimento, que envolve, geralmente, atividades programadas e pagas, como teatro, cinema, música, literatura, *games*, Internet, TV a cabo, entre outras. Dessa forma, o entretenimento agrupa uma vasta gama de atividades de lazer convertidas em produtos comercializáveis.

A respeito do assunto abordado no texto acima, julgue os itens-subseqüentes.

I. O entretenimento é uma área que pode agregar valor aos produtos e aos serviços turísticos.

II. Alguns autores, críticos do modelo capitalista, consideram o entretenimento uma forma de alienação da sociedade.

III. A oferta de entretenimento, importante atividade geradora de emprego e renda, tem sua origem em diferentes campos, tais como notícias, arte, educação e turismo.

Assinale a opção correta.

(A) Apenas o item I está certo.

(B) Apenas o item III está certo.

(C) Apenas os itens I e II estão certos.

(D) Apenas os itens II e III estão certos.

(E) Todos os itens estão certos.

20. (EXAME - 2006)

A respeito da gestão pública do turismo no Brasil, o que é correto afirmar?

(A) O Conselho Nacional de Turismo (CNT) e o Fórum Nacional de Secretários e Dirigentes Estaduais de Turismo (FORNATUR) participam do processo de gestão descentralizada do turismo nacional.

(B) As instâncias de governança macrorregionais estão em processo de implantação e são subordinadas à EMBRATUR.

(C) A EMBRATUR, que compõe o núcleo estratégico de gestão do turismo, é responsável pela divulgação interna dessa atividade no Brasil.

(D) A Organização Mundial do Turismo (OMT), responsável pela divulgação do Brasil no exterior, está ligada diretamente ao ministro do turismo.

(E) O núcleo estratégico de gestão do turismo do Brasil é formado pelo Ministério do Turismo, pela EMBRATUR e pela OMT.

21. (EXAME - 2006)

Considere que, em certo município caracterizado como núcleo receptor de turismo, mas ainda em processo de estruturação de seu planejamento e gestão como destino turístico, tenha sido criada uma secretaria de turismo e que deva ser desenvolvido, nessa secretaria, um planejamento estratégico de turismo baseado no modelo referencial do Sistema de Turismo (SISTUR). Nessa situação, o planejamento estratégico de turismo deverá

I. ser um instrumento capaz de acelerar ou complementar o processo de desenvolvimento local, o que exige a sua inserção nos objetivos de um planejamento global e integração efetiva às demais atividades produtivas da economia.

II. contemplar o potencial turístico da região, identificar a viabilidade socioeconômica, ecológica e cultural de se gerar um fluxo turístico regular e contar com a participação da comunidade local depois de ser consolidado esse potencial.

III. considerar os diversos conjuntos de subsistemas e suas inter-relações, os quais interagem em um sistema fechado que, ao se retroalimentar, se converte em ações específicas para o desenvolvimento do turismo.

Assinale a opção correta.
(A) Apenas um item está certo.
(B) Apenas os itens I e II estão certos.
(C) Apenas os itens I e III estão certos.
(D) Apenas os itens II e III estão certos.
(E) Todos os itens estão certos.

22. (EXAME - 2006)

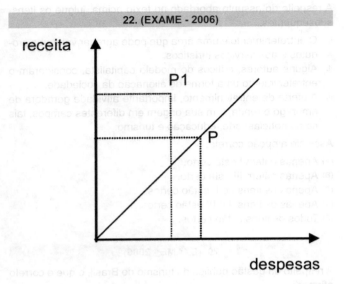

A situação financeira de uma pequena pousada, situada no Centro-Oeste brasileiro, está representada no gráfico acima. Considerando que P seja o ponto de equilíbrio e que um empreendimento precise de sustentabilidade econômica para manter-se no mercado, assinale a opção correta.
(A) P1 corresponde a uma situação de prejuízo financeiro para a pousada.
(B) Se a pousada mantiver sua situação financeira em P durante 10 anos, será possível desenvolver novos investimentos.
(C) P1 corresponde a uma situação em que as receitas equipararam-se às despesas.
(D) No prazo de um ano, P se transformará em P1.
(E) Se a pousada mantiver sua receita em P1 durante 10 anos, haverá sustentabilidade econômica do negócio durante esse período.

23. (EXAME - 2006)

O Ministério do Turismo está realizando o mapeamento turístico do país para identificar as regiões e os roteiros turísticos que devem ser objeto de ordenamento e estruturação territorial. Esse mapeamento, que fez parte do Programa de Regionalização do Turismo, atende à meta do Plano Nacional de Turismo de criar 3 novos produtos em cada unidade da Federação brasileira e no Distrito Federal. O que é correto afirmar a respeito do Programa de Regionalização do Turismo?
(A) É dirigido a municípios, que compõem um modelo de gestão centralizada, em que são consideradas as potencialidades locais e estabelecidos roteiros segmentados.
(B) Promove a cooperação e a parceria dos diversos segmentos envolvidos, formalizando os roteiros integrados e ampliando a oferta dos produtos turísticos de qualidade no mercado nacional e internacional.
(C) Visa exclusivamente à comercialização independentemente dos arranjos produtivos locais, uma vez que os produtos locais já estão consolidados.
(D) Considera os aspectos locais de inclusão e participação da comunidade local, mantendo as instâncias de gestão no nível federal.
(E) Foi concebido como forma de continuação do Programa Nacional de Municipalização do Turismo (PNMT), visando à organização dos territórios turísticos no âmbito municipal.

24. (EXAME - 2006)

A discussão sobre ética vem dominando a agenda da sociedade moderna nos últimos tempos e transformando a vida política e social do mundo. A ética profissional baseia-se na abordagem que propõe a intervenção nos processos de trabalho, de forma a tornar possível o exercício da profissão dentro de parâmetros que contemplem o interesse maior da sociedade. A respeito do Código de Ética Mundial para o Turismo, julgue os itens a seguir.

I. O código, elaborado por ministros do turismo de diversos países, baseia-se no entendimento de que os princípios são interdependentes e servem como parâmetros para ajustes de condutas daqueles que trabalham com o negócio turístico.
II. Nesse código, com base na Declaração Universal dos Direitos Humanos, enfatiza-se o direito ao turismo e à liberdade de deslocamento turístico.
III. De acordo com esse código, deve-se considerar o turismo como um meio privilegiado de desenvolvimento individual e coletivo.
IV. Esse código enumera as obrigações dos agentes do desenvolvimento turístico bem como refere-se à qualidade da informação oferecida ao turista e à transparência dos contratos de turismo.

Assinale a opção correta.
(A) Apenas um item está certo.
(B) Apenas os itens I e II estão certos.
(C) Apenas os itens II, III e IV estão certos.
(D) Apenas os itens III e IV estão certos.
(E) Todos os itens estão certos.

25. (EXAME - 2006)

Acerca da situação do transporte aéreo brasileiro, assinale a opção correta.
(A) O aumento do preço das passagens aéreas no Brasil está diretamente relacionado à criação da Agência Nacional de Aviação Civil (ANAC), motivada pela ação dos empregados das companhias aéreas em processo de falência e reestruturação, para a garantia de emprego no setor aéreo comercial.
(B) O setor de aviação comercial brasileiro, até o presente momento, não conseguiu absorver o fluxo de passageiros que, em suas viagens aéreas, utilizavam os serviços da empresa Varig. Verifica-se, ainda, aumento da demanda por passagens aéreas, o que gera desequilíbrio entre oferta e demanda e, conseqüentemente, elevação do preço das passagens.

(C) A escassez de passagens aéreas é facilmente sanada adotando-se uma visão de mercado mais abrangente, pois, se as empresas de aviação comercial trabalhassem juntas, em forma de sistema, poderiam criar, na baixa temporada, estoques de passagens aéreas para serem vendidas na alta temporada.

(D) O barateamento das passagens aéreas tem ocorrido principalmente pelo aumento da utilização das aeronaves e também pelo aumento da velocidade de deslocamento das mesmas durante as viagens.

(E) A suspensão de vários destinos operados pela Varig não afetou o mercado nacional de aviação comercial, uma vez que as demais companhias vêm adotando a filosofia low cost, low fare.

26. (EXAME - 2006)

Patrimônio cultural da humanidade

(Internet: <www.ma.gov.br/cidadao/saoluis/centro_historico.php>)

Em 1997, a UNESCO concedeu à cidade de São Luís – MA o título de Patrimônio Cultural da Humanidade, reconhecendo a beleza e a importância de um dos maiores conjuntos de arquitetura civil de origem européia no mundo. São três mil e quinhentas construções ocupando uma área de 250 hectares. Esse acervo arquitetônico já havia sido tombado pelo Instituto do Patrimônio Histórico e Artístico Nacional (IPHAN) em 1955.

Considerando o tema do patrimônio natural e histórico-cultural, assinale a opção correta.

(A) Os municípios com interesse no tombamento de algum recurso natural ou histórico-cultural devem encaminhar formulário preenchido ao Ministério do Turismo, que, por sua vez, o encaminhará ao IPHAN para análise final.

(B) É de competência do governo federal incentivar e fiscalizar as ações que permitam racionalizar o uso dos recursos patrimoniais de um município em pleno desenvolvimento turístico.

(C) As comunidades que abrigam patrimônio cultural da humanidade têm direitos especiais sobre ele, embora as obrigações fiquem a cargo de entidades como o IPHAN e a OMT, bem como do setor privado local.

(D) Os recursos naturais e histórico-culturais de uma comunidade pertencem ao patrimônio comum do município no qual estão inseridos e compete somente a eles a sua exploração comercial.

(E) As políticas e atividades turísticas devem respeitar o patrimônio artístico, arqueológico e cultural, visando sua preservação para as gerações futuras.

27. (EXAME - 2006) DISCURSIVA

Para o adequado desenvolvimento da atividade turística, é fundamental a participação de todos os grandes grupos de atores sociais em todas as fases do processo turístico, ou seja, planejamento, implementação, desenvolvimento, gestão e controle, considerando-se, sempre, as distintas vertentes de sustentabilidade de forma equânime.

Tendo o texto acima como referência, explicite, de forma sucinta, as relações existentes entre o turismo e a sustentabilidade ambiental, socioeconômica e sociocultural.

28. (EXAME - 2006) DISCURSIVA

O Brasil possui grande potencial para desenvolver o turismo tanto no âmbito nacional como no internacional, pois seus recursos naturais e histórico-culturais, bem como os eventos programados, são diversificados nas regiões geográficas.

A partir da afirmação acima, redija um texto especificando as tipologias e segmentos de turismo mais adequados para cada uma das cinco regiões brasileiras (N, NE, CO, S, SE). Justifique sua resposta e, no seu texto, indique um tipo de turismo diferente para cada região.

(valor: 10,0 pontos)

29. (EXAME - 2006) DISCURSIVA

Segundo o conceito da responsabilidade social, os responsáveis pelas políticas públicas de turismo devem proporcionar às comunidades receptoras o máximo de benefícios decorrentes do desenvolvimento da atividade turística da região, sempre buscando maximizar os impactos positivos e minimizar os impactos negativos.

A partir das idéias acima, redija um texto que destaque o papel das políticas públicas de turismo no que se refere à responsabilidade social junto às comunidades receptoras de turismo. (valor: 10,0 pontos)

30. (EXAME - 2006) DISCURSIVA

Para ser turística, uma cidade precisa oferecer hospitalidade, além de dispor de um conjunto de empresas que forneçam serviços e produtos turísticos de qualidade. Nessa perspectiva, redija um texto que discuta a relação existente entre hospitalidade, qualidade dos produtos e serviços turísticos, e participação da comunidade receptora no processo de desenvolvimento turístico. (valor: 10,0 pontos)

Capítulo VII
Gabarito e Padrão de Resposta

ANEXO
GABARITO E PADRÃO DE RESPOSTA

CAPÍTULO III
QUESTÕES DE COMPONENTES ESPECÍFICOS DE PSICOLOGIA

PSICOLOGIA – 2009		
1. C	10. E	19. ANULADA
2. C	11. A	20. B
3. B	12. C	21. C
4. D	13. E	22. C
5. B	14. E	23. D
6. E	15. D	24. E
7. C	16. D	25. D
8. B	17. A	26. A
9. A	18. A	27. E

28. DISCURSIVA
PADRÃO DE RESPOSTA ESPERADO

A) Pesquisa baseada em dados quantitativos mostrando que existe correlação entre acidente de trabalho e os diversos tipos de transtornos de humor como passo inicial para uma investigação sobre as relações produtoras deste fenômeno.

B) 1. Revisão bibliográfica; 2. Definição dos objetivos; 3. Metodologia: definir quem serão os participantes da pesquisa, como serão selecionados. Qual(is) instrumento(s) será(ão) utilizados para identificar a ocorrência de episódios depressivos e reação ao stress grave e transtornos de adaptação. Como serão obtidos os dados sobre o número de acidentes, como correlacionar as variáveis, quais materiais serão utilizados; 4. Orçamento e fontes de recurso financeiro da pesquisa; 5. Cronograma. Será considerada também uma estrutura de plano de pesquisa que compreenda: Revisão bibliográfica; Objetivos; Metodologia; Procedimentos éticos.

29. DISCURSIVA
PADRÃO DE RESPOSTA ESPERADO

A) Além do psicólogo escolar, os assistentes sociais e médicos da instituição (...). O psicólogo pode verificar as causas emocionais e relacionais que podem estar afetando a assiduidade do trabalhador. Pode aplicar-lhe entrevistas, testes (se forem necessários) e traçar um quadro comparativo entre todos aqueles que faltam ao trabalho, propondo um modelo de intervenção, tanto individual quanto grupal.

B) O psicólogo deve se precaver em somente revelar dados que não prejudiquem ao dito trabalhador, respeitando o código de ética do psicólogo.

30. DISCURSIVA

PADRÃO DE RESPOSTA ESPERADO

A) Transtorno de ansiedade com fobia específica.

B) Psicanálise: modificação dos mecanismos de defesa, modificação da dinâmica dos conflitos, modificação na estrutura psíquica.
Comportamental: mudança do comportamento, dos condicionamentos.
Cognitivo: mudança das estratégias cognitivas, padrões de pensamento disfuncional.
Gestalt: fechamento de gestalt inacabada, expressão emocional, atualização reestruturação do campo perceptual.
Fenomenológica: mudança do campo fenomenológico, reequilíbrio da relação eu-mundo favorecer a autoatualização, a autorrealização.

PSICOLOGIA – 2006		
1. E	**10.** C	**19.** D
2. C	**11.** B	**20.** B
3. D	**12.** D	**21.** E
4. B	**13.** E	**22.** A
5. A	**14.** B	**23.** E
6. B	**15.** A	**24.** C
7. D	**16.** C	**25.** B
8. A	**17.** C	**26.** D
9. B (alterado)	**18.** A	

27. DISCURSIVA

PADRÃO DE RESPOSTA ESPERADO

a) O candidato deverá especificar uma forma de intervenção como as abaixo: **(valor: 5,0 pontos)**

- Avaliação psicológica dos envolvidos, explicitando os instrumentos a serem usados como entrevistas, exames psicológicos, observação de interações.

e/ou

- Estudo da personalidade, explicitando as técnicas que permitirão examinar questões ligadas a funcionamentos psicóticos ou a transtornos de caráter (adultos).

e/ou

- Atendimento clínico com a criança, explicitando a abordagem usada para investigar suas motivações, demandas e repercussões da situação em seu desenvolvimento psicológico.

Detalhamento

O estudante precisaria especificar métodos psicológicos como entrevistas e testes psicológicos ou observação de comportamento. no casal e na criança ou pelo menos na criança; neste caso fazer alguma referência aos pais, como ouvir os pais, conversar com os pais, desde que haja menção à utilização de procedimentos mais específicos ao menos com a criança.

Como colocado no enunciado da questão, o objetivo proposto é realizar uma perícia que intrumentalize a decisão e não um trabalho de verificação da veracidade dos fatos, ou mesmo tomada de decisão sobre a guarda. Neste sentido, cabe ao psicólogo traçar o perfil de personalidades dos envolvidos, observar o seu funcionamento psicológico não se esquecendo que se tratam de hipóteses diagnósticas feitas a partir destas observações e relatos. Assim, o psicólogo poderá fornecer dados que auxiliem a tomada de decisão judicial sobre a guarda da criança.

1. Menção aos métodos psicológicos –2,0 pontos

2. Avaliação pai, mãe ou só criança (mas ao menos escutar os pais) – 1,0 ponto

3. Objetivo adequado – 2,0 pontos

b) Explicitar nas decisões tomadas uma discussão das escolhas realizadas que busquem conciliar considerações teórico-práticas, a ética profissional e o ECA. **(valor: 5,0 pontos)**

Detalhamento

1. Sigilo, neutralidade, imparcialidade do psicólogo, abstenção de juízos de valor – 2,5 pontos.

2. Alguma referência ao bem estar da criança, ao seu direito de ser ouvida, ou alguma atenção e preocupação com o desenvolvimento da criança – 2,5 pontos.

0,0 a 4,0

- quando não explicita as ações nem os instrumentos
- mostra tendenciosidade ou pré-julgamentos
- erros graves de redação
- modo muito genérico e superficial, sem um investimento na forma de responder

5,0 a 6,0

- desenvolve apenas um dos aspectos, o técnico ou o ético.
- formulação com falhas de pensamento ou de lógica mas que preserva algum sentido principal.
- muito sintético e sucinto, ou muito vago mas com informações corretas
- descreve o processo de entrevista ou explica as ações mas não os instrumentos

7,0 a 8,0

contém as informações principais mas falta um ou outro item, seja na parte técnica se não menciona instrumentos psicológicos ou na parte ética, se falta um item, por exemplo sobre o bem estar da criança ou sobre o sigilo.

9,0 a 10,0

presença de todos os itens principais em uma linguagem coerente, adequada e sem erros de concordância e ortografia.

28. DISCURSIVA

PADRÃO DE RESPOSTA ESPERADO

O aluno deverá:

a) apresentar objetivamente um problema de pesquisa, formulado preferencialmente como uma questão, que esteja inserida no âmbito de conhecimento e atuação do psicólogo, que explicite as variáveis estudadas dentro do tema proposto. **(valor: 6,0 pontos)**

Quanto ao problema justificado de pesquisa – 0,0 a 6,0

- Formule claramente um problema de pesquisa, idealmente pertinente e criativo;
- Faça-o a partir da temática do envelhecimento populacional brasileiro;
- Insira-o no âmbito das áreas de atuação e conhecimento da Psicologia;
- Explicite minimanente as variáveis a serem estudadas;
- Justifique-o, direta ou indiretamente;

b) apontar corretamente o tipo de pesquisa (observacional, levantamento de dados, experimentação etc) que propõe realizar, justificando a escolha feita. **(valor: 2,0 pontos)**

Quanto ao tipo de pesquisa – 0,0 a 2,0

- Explicite-o claramente;
- Justifique-o, direta ou indiretamente, mostrando coerência com o problema de pesquisa proposto.

c) descrever, em linhas gerais, as etapas de sua pesquisa, incluindo o objeto de estudo, materiais e procedimentos, quando for o caso. **(valor: 2,0 pontos)**

Quanto ao Plano Metodológico – 0,0 a 2,0

- Formule um plano geral que contenha informações metodológicas essenciais;
- Faça-o de modo coerente com o problema de pesquisa proposto.

29. DISCURSIVA

PADRÃO DE RESPOSTA ESPERADO

a) O aluno deverá na opção escolhida especificar e justificar os passos previstos para realizar e colocar em prática a intervenção:
    - que não estejam centradas apenas no aluno.
    - que não estejam centradas apenas no funcionário. **(valor: 3,0 pontos)**

Detalhamento

- Se o planejamento tiver foco em indivíduos: 1,0 ponto
- Se o planejamento tiver foco nas relações institucionais: 2,0 pontos
- Se for inespecífico: 0,5 ponto
- Se não for justificado (nos dois primeiros casos): 0,5 ponto

b) Mencionar quais são os profissionais participantes da equipe multidisciplinar. **(valor: 3,0 pontos)**

- Mencionou profissionais: 1,0 ponto
- Mencionou atividades orientadas a indivíduos: 0,5 ponto
- Mencionou atividades orientadas a relações institucionais: 1,5 pontos

c) Explicitar as intervenções que dizem respeito à especificidade do trabalho do psicólogo. **(valor: 4,0 pontos)**

- Não especificou: 0,5 ponto
- Atividades orientadas aos indivíduos: 1,0 ponto
- Atividades orientadas às relações institucionais: 1,5 pontos
- Atividades relacionadas à equipe de trabalho: 1,5 pontos

30. DISCURSIVA

PADRÃO DE RESPOSTA ESPERADO

O aluno deverá:

a) explicitar a necessidade de atendimento clínico pois constata-se sofrimento psicológico na criança. **(valor: 2,5 pontos)**

b) relacionar hipóteses de diagnóstico que levem em consideração os dados relativos a comprometimento de auto-estima e auto-aceitação. **(valor: 2,5 pontos)**

c) apresentar uma proposta de avaliação psicológica e/ou tratamento com foco no papel da constelação familiar no quadro descrito, principalmente o pai, cujos valores parecem pouco focalizados nas necessidades da criança. **(valor: 2,5 pontos)**

d) abordar aspectos relativos à situação específica da adoção como sentimento de rejeição e medo de abandono. **(valor: 2,5 pontos)**

Detalhamento

0,0 a 4,0 – refere somente um ou dois pontos que são abordados superficialmente ou apenas citados. Problemas na linguagem. Apenas repete informações do enunciado, ou menciona que os dados não permitem traçar hipóteses. Mostra julgamento moral, assinala soluções incompatíveis.

5,0 a 6,0 – Aborda só 2 pontos, ou aborda todos, mas demonstra generalizações ou preconceitos, ou aborda de modo muito superficial, respondendo de modo lacônico, sem investimento.

7,0 a 8,0 – Desenvolve bem 2 aspectos e outros 2 de modo mais superficial; ou aborda os 4 pontos de modo adequado, mas deixa algumas lacunas, como por exemplo não justificar alguma escolha ou afirmar algo de modo muito genérico e superficial.

9,0 a 10,0 – aborda os 4 pontos, ou pelo menos 3 muito bem, fazendo referência à situação e com justificativa e expressando-se em uma linguagem clara, concisa e adequada.

A cada questão deverá ser considerada a exposição do tema: correção gramatical, clareza, concatenação das idéias e adequação à pergunta formulada.

PSICOLOGIA – 2003		
1. A	15. A	28. D
2. E	16. C	29. E
3. D	17. E	30. B
4. C	18. B	31. E
5. D	19. D	32. D
6. C	20. E	33. B
7. B	21. E	34. C
8. D	22. A	35. E
9. E	23. E	36. A
10. B	24. C	37. C
11. D	25. A	38. B
12. C	26. A	39. A
13. A	27. C	40. D
14. B		

41. DISCURSIVA

PADRÃO DE RESPOSTA ESPERADO

a. Realização da análise. (30 pontos)

Realizar uma análise e bem explícita da decisão, apresentando com consistência teórica os processos psíquicos e/ou comportamentais que caracterizam a forma de reação anunciada, envolvendo, por exemplo, a recusa de João em reconhecer sua participação ativa no ocorrido, já que julga que tudo é resultado de "um mundo que permitiu que algo assim acontecesse".

b. Discussão ética.

Apresentar uma discussão bem articulada, com uso correto de conceitos, incluindo uma noção coerente sobre o que entende por ética, que viabilize a caracterização do dilema ético presente na situação: acolher o sofrimento de João em terapia com o necessário respeito ao sigilo profissional ou denunciá-lo (ao CRP ou à justiça) pelo anunciado ato contra seres humanos; enfatizar o embate entre o dever profissional e a responsabilidade social de um psicólogo.

c. Exposição do tema: correção gramatical, clareza, concatenação das idéias e adequação à pergunta formulada.

42. DISCURSIVA

PADRÃO DE RESPOSTA ESPERADO

a1. Os dados relevantes são: (30 pontos)

1. queixa escolar.
2. dados sobre a família (ausência dos pais; presença do companheiro da avó – como referência masculina e como suspeita ou fantasia de que é abusivo com crianças).
3. dados da entrevista (produção condizente com a idade; crises de angústia que afetam comportamento e produção).

Hipóteses diagnósticas:

4. contextualização dos conflitos emocionais/comportamentais (hipótese 1).
5. conflitos emocionais/comportamentais exclusivamente intrapsíquicos (hipótese 2).
6. deficiência intelectual e/ou orgânica ou desordens psíquicas graves como psicose, autismo (hipótese 3).

Relaciona 3 aspectos relevantes e conclui pela hipótese 1 ou 1 e 2.

a2. Justificativa teórica:

1. Escolha clara de uma linha teórica, conceitos teóricos corretamente utilizados; consistência teórica na justificativa.

b. Encaminhamento:

1. Deve incluir: a. atendimento da família no sentido de esclarecer o jogo discursivo/relacional, especialmente relativos a dois aspectos: 1) história da família, particularmente da linhagem materna e situação da saída da mãe da família; 2) situação da dinâmica familiar atual – esclarecer a entrada do companheiro da avó, as suspeitas que o envolvem e a recusa da avó em comparecer ao atendimento.

c. Exposição do tema: correção gramatical, clareza, concatenação das idéias e adequação à pergunta formulada.

43. DISCURSIVA

PADRÃO DE RESPOSTA ESPERADO

a. (40 pontos)

a.1. Afirma a patologização das questões do cotidiano escolar, responsável por culpabilizar a criança pelo fracasso produzido institucionalmente.

a.2. Afirma a patologização das práticas dos psicólogos, reforçando a produção de patologias individuais, ao desconsiderar o funcionamento das instituições nas quais as queixas escolares são produzidas.

Fundamentação teórica

Afirma a função da Psicologia, construída historicamente, de justificar a desigualdade social ao considerar os fenômenos psicológicos como sendo problemas individuais. A produção dos encaminhamentos e, portanto, a produção dos sintomas, estão sendo tratadas como naturais e não como construídas historicamente.

b.

Objetivo

O trabalho deve ter como objetivo que os profissionais que encaminharam as crianças pensem e criem ações que visem a intervir na produção desses sintomas/queixas, o que implica intervir em práticas institucionais.

Procedimento

A demanda, isto é, os casos de encaminhamentos, deve ser trabalhada de forma a estabelecer relações com as práticas cotidianas da instituição, o que implica a participação daqueles que encaminharam as crianças na análise dessas práticas.

c. Exposição do tema: correção gramatical, clareza, concatenação das idéias e adequação à pergunta formulada.

44. DISCURSIVA

PADRÃO DE RESPOSTA ESPERADO

a. Quanto à concepção de grupos: (40 pontos)
   a.1. nomear e fundamentar um encaminhamento teórico-metodológico da Psicologia Social, capaz de transformar um conjunto de indivíduos num grupo.

b. Quanto à concepção de cooperativismo:
   b.1. mencionar a necessidade de um treinamento em cooperativismo, colocando o projeto em nítida oposição às cooperativas fraudulentas.

   b.2. preocupação em ajustar as possibilidades de exercício profissional dos participantes da cooperativa às demandas de mercado, treinando-os, se necessário.

   b.3. enfatizar como o cooperativismo, nesse quadro, propicia a formação em práticas autogestionárias e solidárias em contraponto às práticas administrativas predominantes, marcadas pela verticalidade e hierarquia, incentivando a competição entre os pares.

   b.4. assinalar a importância de exercícios práticos de vida cooperativa, buscando mostrar as qualidades e a força do grupo em comparação à situação atual de isolamento, em que se acham essas pessoas.

c. Exposição do tema: correção gramatical, clareza, concatenação das idéias e adequação à pergunta formulada.

45. DISCURSIVA

PADRÃO DE RESPOSTA ESPERADO

a. Sobre a hipótese a ser levantada: (30 pontos)
   – Vinculação ou origem no dado apresentado no enunciado.
   – Formulação baseada em um referencial teórico da Psicologia (versus senso comum).

b.
   b.1. Sobre o problema de pesquisa proposto:
   - Grau de coerência com a hipótese levantada.
   - Grau de definição e explicitação dos fatores selecionados para estudo.
   - Circunscrição desses fatores no âmbito da psicologia.

   b.2. Sobre o método de pesquisa a ser utilizado:
   - Adequação ao problema proposto.
   - Grau de detalhamento.

c. Exposição do tema: correção gramatical, clareza, concatenação das idéias e adequação à pergunta formulada.

PSICOLOGIA – 2002

1. C	15. B	28. E
2. E	16. C	29. E
3. D	17. A	30. D
4. A	18. E	31. C
5. C	19. B	32. A
6. E	20. E	33. E
7. D	21. B	34. D
8. B	22. E	35. B
9. D	23. C	36. C
10. A	24. B	37. A
11. B	25. D	38. D
12. A	26. A	39. A
13. C	27. B	40. C
14. D		

41. DISCURSIVA

NÃO HÁ PADRÃO DE RESPOSTA

42. DISCURSIVA

NÃO HÁ PADRÃO DE RESPOSTA

43. DISCURSIVA

NÃO HÁ PADRÃO DE RESPOSTA

44. DISCURSIVA

NÃO HÁ PADRÃO DE RESPOSTA

45. DISCURSIVA

NÃO HÁ PADRÃO DE RESPOSTA

PSICOLOGIA – 2001

1. C	15. B	28. C
2. B	16. A	29. A
3. D	17. D	30. E
4. E	18. B	31. C
5. A	19. D	32. D
6. B	20. E	33. B
7. C	21. D	34. A
8. A	22. B	35. B
9. D	23. E	36. A
10. E	24. C	37. E
11. D	25. A	38. C
12. A	26. B	39. D
13. E	27. D	40. B
14. C		

41. DISCURSIVA

NÃO HÁ PADRÃO DE RESPOSTA

42. DISCURSIVA

NÃO HÁ PADRÃO DE RESPOSTA

43. DISCURSIVA

NÃO HÁ PADRÃO DE RESPOSTA

PSICOLOGIA – 2000

1. E	15. B	28. C
2. C	16. A	29. D
3. B	17. D	30. E
4. D	18. C	31. E
5. C	19. D	32. A
6. D	20. C	33. A
7. B	21. E	34. B
8. B	22. A	35. D
9. E	23. D	36. A
10. C	24. C	37. D
11. A	25. B	38. B
12. C	26. C	39. E
13. B	27. B	40. D
14. A		

41. DISCURSIVA

NÃO HÁ PADRÃO DE RESPOSTA

42. DISCURSIVA

NÃO HÁ PADRÃO DE RESPOSTA

43. DISCURSIVA

NÃO HÁ PADRÃO DE RESPOSTA

44. DISCURSIVA

NÃO HÁ PADRÃO DE RESPOSTA

45. DISCURSIVA

NÃO HÁ PADRÃO DE RESPOSTA

CAPÍTULO IV
QUESTÕES DE COMPONENTES ESPECÍFICOS
DE COMUNICAÇÃO SOCIAL

2009 – COMUNICAÇÃO SOCIAL

1. COMPONENTE ESPECÍFICO/COMUM

1. B	6. D	11. B
2. B	7. A	12. C
3. A	8. ANULADA	13. D
4. A	9. ANULADA	14. B
5. A	10. A	15. E

2. COMPONENTE ESPECÍFICO/ CINEMA

1. A	5. E	9. ANULADA
2. B	6. C	10. D
3. B	7. D	11. B
4. D	8. B	12. C

13. DISCURSIVA

PADRÃO DE RESPOSTA ESPERADO

A possibilidade de qualquer pessoa, com o mínimo de equipamento, poder editar, filmar e distribuir leva a uma nova estética, democratizando a forma de fazer cinema. Surgem novas estéticas e experimentações, que não obrigatoriamente passam a concorrer com o cinema "tradicional".

14. DISCURSIVA

PADRÃO DE RESPOSTA ESPERADO

Uma análise fílmica demanda a reunião de um conjunto de conhecimentos complexos e abrangentes sobre diferentes abordagens analíticas. Há necessidade de conhecimentos prévios sobre a linguagem fílmica, seus gêneros, sua história, estética, técnicas e meios de produção.

15. DISCURSIVA

PADRÃO DE RESPOSTA ESPERADO

É imprescindível que a resposta aborde a questão do mergulho na realidade sociocultural do Brasil numa perspectiva histórica, observando o momento da política no Brasil e o discurso anti-imperialista. Hoje, há vários cinemas autorais no Brasil que propõem uma releitura do país e também um olhar estético sobre a violência, o passado da ditadura e o choque rural-urbano.

3. COMPONENTE ESPECÍFICO/ EDITORAÇÃO

1. A	5. E	9. E
2. B	6. C	10. D
3. B	7. D	11. A
4. D	8. B	12. C

13. DISCURSIVA

PADRÃO DE RESPOSTA ESPERADO

Capas ou sobrecapas baseadas no cartaz do filme. Informação destacada na capa de que aquele livro deu origem ao filme. Lançamento de uma nova edição simultaneamente ao filme ou ao DVD. Mudanças no título do livro para associá-lo ainda mais ao filme. Link no site oficial daquele filme, levando para o site da editora ou da livraria que vende o livro. Mesclar redes de relacionamento do livro e do filme na internet. Promoção compre o livro e o DVD juntos por um preço promocional.

14. DISCURSIVA

PADRÃO DE RESPOSTA ESPERADO

Prefácios ou posfácios, cronologias, mapas, a biografia do autor, dados históricos, ilustrações de época, análises do enredo de cada volume, comentários sobre a repercussão de cada título por ocasião do lançamento da primeira edição, um breve histórico sobre a edição atual (tipo *making of*).

15. DISCURSIVA

PADRÃO DE RESPOSTA ESPERADO

O livro impresso permite conforto visual para leitura atenta e prolongada, a tela não permite. A visualização é estável no livro impresso, mas variável na tela, pois o usuário pode correr a imagem tanto na vertical quanto na horizontal, além dos efeitos de *zoom*. A visualização não considera mais a unidade do objeto livro, depende de cada página, do enquadramento da tela ou do efeito de *zoom* empregado.

4. COMPONENTE ESPECÍFICO/JORNALISMO

1. A	5. ANULADA	9. E
2. D	6. C	10. ANULADA
3. B	7. D	11. A
4. D	8. ANULADA	12. C

13. DISCURSIVA

PADRÃO DE RESPOSTA ESPERADO

O estudante deverá analisar criticamente o domínio da linguagem jornalística com a propriedade de considerar sobre os produtos diferenciados. Deverá ainda discorrer sobre o enquadramento do enfoque editorial dos diferentes veículos com a visão voltada ao interesse público.

14. DISCURSIVA

PADRÃO DE RESPOSTA ESPERADO

O estudante deverá se reportar ao enfoque da ética com respeito a pluralidade social e compromisso com a cidadania. Deverá também se preocupar com a investigação, apuração e divulgação, enfocando na resposta a ética como compromisso, a notícia como foco de preservação da cidadania dos envolvidos.

15. DISCURSIVA

PADRÃO DE RESPOSTA ESPERADO

O estudante deverá apresentar a caracterização de uma proposta de caderno impresso, considerando argumentação coerente, lógica, pertinência da percepção de pauta, do recorte editorial ao tema proposto, além de tamanho, formato e público alvo indicados no enunciado.

5. COMPONENTE ESPECÍFICO/PUBLICIDADE E PROPAGANDA

1. A	**5.** E	**9.** E
2. B	**6.** C	**10.** D
3. B	**7.** D	**11.** A
4. D	**8.** ANULADA	**12.** ANULADA

13. DISCURSIVA

PADRÃO DE RESPOSTA ESPERADO

O estudante deverá se remeter em seu planejamento principalmente a ações virais em sites de relacionamento como Orkut, My Space, etc. Também serão corretas indicações do uso de *mailing lists* com envio de *e-mails marketing*. Como ações possíveis, secundárias e dependentes de verbas indicações mídias típicas do meio digital como: *Full banner, Half banner*, Botão, *Banner Vertical, Skyscraper*, Super *banner, PopUp, PopUnder, Superstitial, Interstitial, Floater, DHTML*, etc. Também serão válidas ações como marketing de guerrilha, *buzz marketing,* permutas e outras possibilidades de exposição do produto de baixo custo ou sem custo para o cliente (o que deve ser explicitado pelo discente em sua resposta).

14. DISCURSIVA

PADRÃO DE RESPOSTA ESPERADO

Há um erro flagrante no planejamento apresentado que é a escolha de astros de cinema clássicos, o que não é compatível com o público especificado. A substituição indicada deve ser por atores contemporâneos e mais jovens, também podem ser incluídos músicos ou outros artistas (estrangeiros ou nacionais), mas será equivocada a inclusão de nomes populares. Também pode ser apontada alguma restrição na escolha das mídias que podem ser ampliadas. Será considerado também o questionamento do uso de flyers e folders em bares e boates.

15. DISCURSIVA

PADRÃO DE RESPOSTA ESPERADO

O planejamento apresentado deve contemplar estratégias para que exista uma exposição maior da marca junto a distribuidores, pontos de venda, potenciais parceiros de outros segmentos ligados à mesma rede de consumo e explorar a tradição da marca. As princi-

pais ações efetivas propostas devem visar à ampliação da rede de pontos de venda para público de melhor poder aquisitivo e de faixa etária abaixo dos 35 anos, igualmente deve contemplar o trabalho de exposição da marca junto a esses consumidores de bebidas mais jovens e ações de reforço da marca e da linha de produtos mais tradicionais. Também deve ser considerada boa solução o desenvolvimento de campanha publicitária que seja pertinente com a renovação da marca ou do público consumidor. Todas as ações devem remeter aos consumidores de bebidas dos tipos *heavy users* e *medium users* (grandes e médios consumidores).

6. COMPONENTE ESPECÍFICO/RADIALISMO

1. A	**5.** E	**9.** E
2. B	**6.** C	**10.** D
3. B	**7.** D	**11.** A
4. D	**8.** B	**12.** C

13. DISCURSIVA

PADRÃO DE RESPOSTA ESPERADO

ANULADA

14. DISCURSIVA

PADRÃO DE RESPOSTA ESPERADO

O estudante deverá apresentar as estratégias: acrescentar a participação de ouvintes com o uso de telefone; realizar sorteio de prêmios e concursos; avaliações de conteúdo por pesquisas; investimento por divulgação do programa; participação de artistas; dentre outras estratégias pertinentes.

15. DISCURSIVA

PADRÃO DE RESPOSTA ESPERADO

O estudante deverá apresentar as ações: substituir suas câmeras analógicas por equipamento digital; utilizar microfones com padrão estereofônico; treinamento de mão de obra ou contratação de profissionais qualificados; dentre outras ações pertinentes.

7. COMPONENTE ESPECÍFICO/RELAÇÕES PÚBLICAS

1. A	**5.** E	**9.** ANULADA
2. B	**6.** C	**10.** D
3. B	**7.** D	**11.** ANULADA
4. D	**8.** B	**12.** C

13. DISCURSIVA

PADRÃO DE RESPOSTA ESPERADO

O estudante deve demonstrar que entende a importância da pesquisa/auditoria na elaboração de um planejamento; o contexto social em que está inserida a empresa; saber integrar no novo planejamento as preocupações com as questões sociais tanto quanto com o aspecto pessoal da satisfação dos funcionários; entender a proposta da empresa de ser um sistema aberto e democrático, sabendo propor estratégias que alavanquem a postura da empresa nos aspectos de gestão e diversidade e que inclua a multiplicidade de opiniões que hoje atravessa as relações sociais e empresariais.

14. DISCURSIVA

PADRÃO DE RESPOSTA ESPERADO

O estudante deve deixar transparecer a preocupação e o respeito com o atendimento (opinião) ao público de terceira idade. Informar as medidas de segurança, conforto e assistência necessários.

Demonstrar ter noção de como desenvolver um programa específico que esteja inserido no contexto do planejamento total do evento, fazendo a integração das duas dimensões. Por fim, deve saber correlacionar o programa com a opinião dos públicos e, se possível, com a avaliação do pós-evento.

15. DISCURSIVA

PADRÃO DE RESPOSTA ESPERADO

O estudante deve demonstrar conhecer as principais propostas do novo paradigma da Comunicação Pública, sabendo correlacioná-los com o paradigma tradicional da comunicação organizacional e do interesse das empresas. Deve deixar transparecer que apreende a noção de público como cidadão, com direitos e deveres, e que "ouvir" a opinião deste público é o cerne do sentido da comunicação pública.

2006 – COMUNICAÇÃO SOCIAL

1. D	9. C	17. A
2. E	10. C	18. A
3. D	11. D	19. C
4. A	12. B	20. B
5. C	13. D	21. E
6. B	14. A	22. E
7. E	15. D	23. E
8. B	16. C	24. A

25. DISCURSIVA

PADRÃO DE RESPOSTA ESPERADO

[Cinema]
O aluno deve considerar que o cinema é uma mídia audiovisual. Sua linguagem combina sons e imagens. O texto pode ser veiculado tanto via imagem, quanto via som. O texto pode vir escrito na tela: caracteres, legendas, créditos iniciais e finais. Pela via do som, o texto apresenta-se na forma de diálogos, entrevistas, depoimentos, letras de músicas, entre outras.

[Editoração]
O aluno deve considerar a utilização, na mídia impressa, de legendas, títulos, subtítulos, infotextos, gráficos como apoio à imagem (fotografia ou infografia, por exemplo) e a utilização de recursos de programação visual quando requeridos em produtos de vídeo, cinema, TV e Internet.

[Jornalismo]
O aluno deve analisar a relação texto/imagem, tanto no âmbito de conteúdos de mídia impressa (jornal, revista, boletim etc.), quanto nos contextos de telejornalismo e *web*-jornalismo. O aluno deve elaborar um texto que evidencie relações de complementaridade ou oposição, de superposição ou redundância.

[Publicidade]
O aluno deve mostrar que a mensagem publicitária usa técnicas diversas para chamar a atenção do público e fixar a marca de um produto/serviço, e deve abordar a diversidade da mensagem publicitária, como o uso de logotipo e *slogan*.

[Radialismo]
O aluno deve considerar a relação texto/locução/narração/recursos sonoros e suas implicações na estruturação de noticiosos, boletins, blocos e toda uma série de produtos audiovisuais e suas respectivas edições.

[Relações Públicas]
O aluno deve discorrer sobre a produção de material para o assessorado e para os diversos públicos e a conveniência ou não de combinar textos e imagens nos produtos, tais como *press-kit*, *releases*, *house organs* e imagens para meios audiovisuais, incluindo a Internet.

26. DISCURSIVA

PADRÃO DE RESPOSTA ESPERADO

[Para todas as habilitações]
Espera-se que o aluno ordene os objetivos da ação, o público-alvo da ação, que poderá ser consumidores de chuveiros ou empresas fabricantes de chuveiros, justifique a escolha do meio e cite os resultados esperados da ação.

[Cinema]
O aluno deve perceber que o principal objetivo da ação é reverter a imagem negativa dos chuveiros da empresa. Pode propor o uso de filmes e documentários como mídia, justificando que estes meios têm uma boa penetração junto ao público-alvo.

[Editoração]
O aluno deve perceber que o principal objetivo da ação é reverter a imagem negativa da empresa. Pode propor o uso de mídia impressa e visual. Pode propor que os resultados sejam avaliados por pesquisas.

[Jornalismo]
O aluno deve perceber que o principal objetivo da ação é reverter a imagem negativa dos chuveiros da empresa. Pode propor ações que envolvam assessoria de imprensa, produção de *releases* e matérias que revertam a imagem fixada pelos consumidores.

[Publicidade e Propaganda]
O aluno deve perceber que o principal objetivo da ação é reverter a imagem negativa dos chuveiros da empresa. Estes alunos devem apresentar os conceitos de uma maneira mais organizada e embasada.

Podem propor campanhas publicitárias de sensibilização do público-alvo e devem justificar os meios escolhidos em termos de alcance e freqüência. Devem ainda falar de orçamento e de monitoramento da ação.

COLETÂNEA DE QUESTÕES – GABARITO E PADRÃO DE RESPOSTA 233

[Radialismo]
O aluno deve perceber que o principal objetivo da ação é reverter a imagem negativa dos chuveiros da empresa. Pode propor o uso do rádio como forma de sensibilização do público-alvo.

[Relações Públicas]
O aluno deve perceber que o principal objetivo da ação é reverter a imagem negativa dos chuveiros da empresa. Estes alunos devem apresentar conceitos de planejamento e monitoramento de crises. Podem propor ações de sensibilização do público-alvo, produção de *press-kit*, *releases*, boletins informativos e o uso da comunicação como forma de reverter a imagem da empresa.

27. DISCURSIVA
PADRÃO DE RESPOSTA ESPERADO
[Para todas as habilitações]
As transformações produzidas pelas novas tecnologias no cenário mundial estão alterando a produção e as técnicas da comunicação em todos os segmentos profissionais, alterando, por conseqüência, o uso dessas técnicas, a circulação da informação e seus valores. Em conseqüência, a formação do profissional de comunicação deve ajustar-se a essas novas dinâmicas e produtos.
O aluno deverá deixar claro que o impacto das novas tecnologias da informação transformaram a produção e difusão dos produtos de comunicação em todos os segmentos. Surgiram novas práticas profissionais, conceitos, processamentos e modalidades, tais como conteúdos *online* e, por vezes, em tempo real, incluindo-se as comunicações interpessoais (viva voz e *web-cam*). Algumas mudanças devem ser ressaltadas: rapidez no acesso às fontes, aumento da produtividade na informação; facilidade para compra e venda (*e-commerce*) e toda uma globalização na difusão de informações e produtos midiáticos. O aluno deverá perceber que essas transformações implicam mudanças na comunicabilidade e na sociabilidade.
Espera-se que o aluno mencione que as transformações produzidas pelas novas tecnologias no cenário mundial e como estas transformações estão alterando a produção, a difusão e as técnicas da comunicação. O aluno deve mencionar a necessidade de adaptação do profissional de comunicação e como esse deve se ajustar a essas novas dinâmicas. Eles devem mencionar, ainda, que o jornalismo, o rádio, a televisão, as relações públicas, o cinema, a edição – enfim, todas e cada uma das modalidades de comunicação – estão exigindo instrumentos teóricos e práticos, consolidados no novo contexto tecnológico.

[Jornalismo]
O aluno de jornalismo deverá deixar claro que o impacto das novas tecnologias da informação transformou a produção e a difusão dos produtos de comunicação (radiofônico, televisivo e impresso).
Surgiram novas práticas profissionais, conceitos, processamento e modalidade, como, por exemplo, os *blogs* – diários eletrônicos – e o jornalismo *online* – jornalismo em tempo real. Algumas mudanças devem ser ressaltadas: rapidez no acesso às fontes, transmissão de imagens pela rede, aumento da produtividade dos repórteres, diminuição no tempo de obtenção de informações em todos o níveis e em assuntos, maior qualidade na análise das informações, menor dependência das fontes para interpretação daquelas informações, aumento do acesso à informação, incre-

mento da confiança técnica e maior exatidão nas informações, melhores formas de arquivar e buscar informação, maior agilidade e facilidade de deslocamento.

[Publicidade e Propaganda]
O aluno desta habilitação deve encontrar novas formas de criar anúncios e campanhas publicitárias voltados para os meios digitais, tais como o celular, a Internet, a TV digital entre outros. Essas novas produções devem refletir a mudança do perfil e nível de exigência do público-alvo.

[Editoração]
Os alunos devem mencionar as transformações na produção editorial. O processo tradicional era manual (composição tipográfica, a diagramação e montagem dos *layouts*, ilustrações, retoques de fotografia, fotocomposição, fotomontagem, *paste-up* (colagem), arte-final). Agora, a editoração eletrônica, que consiste em um processo digital, vem suprimindo, e em alguns casos já suprimiu, essas etapas. As fotografias são restauradas com o uso de software, como o Photoshop. Os software empregados para a diagramação das publicações impressas são inúmeros, entre eles, destacam-se: InDesing, QuarkXPress, Page Maker.

[Cinema]
No contexto da convergência midiática, os produtos/obras audiovisuais tendem a ser veiculados em diferentes mídias: cinema, televisão, dvd, vídeo, Internet. Os profissionais do audiovisual devem buscar alta qualidade técnica e estética na captação, edição e finalização. Os enquadramentos devem resistir a eventuais perdas na transferência de uma mídia para a outra. As informações indispensáveis ao entendimento e fruição do produto/obra devem ser claras e objetivas. Ênfase nos diálogos e enquadramentos mais fechados é uma tendência.

[Radialismo]
As transformações na área de rádio que os alunos podem apontar são: rádio *web*, *podcast* – programas de rádio gravado em MP3, iPod - aparelho que reproduz músicas em MP3. Na rádio *web*, o repórter entra no ar, em tempo real e ao vivo, de onde ele estiver, ou muitas vezes o programa é gravado e salvo em banco de dados. Quanto às transformações produzidas na televisão, a grande revolução vai ser proporcionada pela TV digital, que vai incorporar o conceito da interatividade.

[Relações Públicas]
Os alunos devem discursar acerca da capacidade em equacionar os compromissos institucionais para com as organizações e seus respectivos públicos-alvos, compromisso em informar adequadamente a sociedade, adaptação do processo de veiculação da imagem institucional segundo a especificidade de cada veículo de comunicação ou nova mídia.

28. DISCURSIVA
PADRÃO DE RESPOSTA ESPERADO
[Para todas as habilitações]
A fronteira entre a ficção e o documentário é tênue nas diversas áreas. A dramaturgia, o ato de contar histórias, base da ficção cinematográfica, está presente também em outras áreas, como a literatura, o teatro, a dramaturgia no rádio etc. A ficção, por

sua vez, tem mais proximidade com a invenção, a narração, a fantasia, o sonho, o imaginário e a imaginação. Envolve a criação de personagens e situações inventadas, com base ou não na "realidade". Alguns pesquisadores e autores consideram que um bom documentário tem sempre algo de ficção e vice-versa. Documentário não é a realidade, é uma interpretação desta, uma recriação do "real" por meio da linguagem cinematográfica. Existem vários tipos de documentários: uns são mais arraigados no "real", enquanto outros são claramente híbridos (documentário e ficção). É, inclusive, difícil classificar alguns documentários em um desses dois gêneros. **Ilha das Flores**, de Jorge Furtado, é um bom exemplo. Os filmes mais recentes do documentarista Eduardo Coutinho também, na medida em que transformam pessoas comuns em personagens. Segundo esse documentarista, seus personagens não dão depoimentos, fabulam. Por outro lado, filmes de ficção podem trazer seqüências inteiras documentais. O mesmo hibridismo pode ser encontrado em outros gêneros televisivos, videográficos e jornalísticos, a exemplo das retrospectivas e séries temáticas.

[Cinema]
Esperam-se respostas mais precisas em termos conceituais, que dêem mais e melhores exemplos dos dois gêneros e do hibridismo entre eles.

[Jornalismo]
As respostas dos alunos dessa habilitação podem ser menos precisas nos conceitos de documentário, de ficção e de hibridismo dos dois gêneros. Grandes reportagens, séries temáticas na televisão e no rádio, cadernos especiais temáticos em mídia impressa, documentário para a televisão e para o rádio, telenovelas e radionovelas podem figurar como exemplos e como palavras-chaves.

[Publicidade e Propaganda]
As respostas podem ser menos precisas nos conceitos de documentário, de ficção e de hibridismo dos dois gêneros. Documentários institucionais, *spots* de rádio, comerciais de televisão, associação de personalidades e de estilos de vida midiáticos com marcas e produtos, criação de personagens e de situações fictícias associadas a produtos e marcas, campanhas institucionais e educativas, podem figurar como exemplos e como palavras-chaves.

[Radialismo]
As respostas podem ser menos precisas nos conceitos de documentário, de ficção e de hibridismo dos dois gêneros. Grandes reportagens, séries temáticas, documentários para o rádio e a televisão, programas institucionais e educativos, radionovelas e telenovelas, podem figurar como exemplos e como palavras-chaves.

[Relações Públicas]
As respostas podem ser menos precisas nos conceitos de documentário, de ficção e de hibridismo dos dois gêneros. Demandar e orientar a criação de sítios na Internet, vídeos, livros, cartazes, calendários, cd-*room*, dvd-*room*, campanhas publicitárias no rádio e na televisão, *merchandising* etc. podem figurar como estratégias de *marketing* para divulgar e criar ou reforçar a identidade da instituição, serviço, marca ou produto junto aos funcionários, usuários ou clientes.

[Editoração]
As respostas podem ser menos precisas nos conceitos de documentário, de ficção e de hibridismo dos dois gêneros. Criar sítios na Internet, vídeos, livros, revistas, cartazes, calendários, cd-*room*, dvd-*room* etc. são tarefas do profissional de editoração. Podem figurar como espaços em que tanto o viés documental quanto o ficcional, ou ainda formatos híbridos, podem ser explorados; figurando como exemplos ou como palavras-chaves. (valor: 10,0 pontos)

29. DISCURSIVA
PADRÃO DE RESPOSTA ESPERADO
[Para todas as habilitações]
A questão coloca uma situação-problema típica da área de comunicação e dos dias atuais. Por sinal, o dilema apresentado na questão já ocorreu, na realidade, tanto no Rio de Janeiro quanto em Brasília, ou seja, é bastante provável que tenha ocorrido em outros lugares e que venha a se repetir. O fulcro da questão, que comporta tanto uma resposta negativa quanto uma resposta afirmativa, é o dilema a ser confrontado, e as possíveis saídas a serem adotadas tanto podem ser contra a ética "utilitarista" quanto a favor. Nos casos concretos citados, a justificativa por parte dos editores foi o relevante interesse público do conteúdo das fitas, atitude, no entanto, eticamente questionável. O mais importante na resposta, portanto, não é se o aluno é favorável ou contra a ética utilitarista, mas como ele elabora a sua argumentação e como ele constrói a sua justificativa.

De forma específica, a seguir detalha-se um pouco mais o padrão de resposta para cada habilitação.

[Jornalismo]
Conhecimento de princípios básicos constitucionais e deontológicos aliado à capacidade de julgamento moral com relação aos freqüentes conflitos que surgem e que exigem equilíbrio entre respeitar as leis e os códigos de ética e, ao mesmo tempo, contemplar a primazia do interesse público sobre os interesses particulares.

[Publicidade e Propaganda]
Conhecimento de princípios básicos constitucionais e deontológicos que asseguram ao cidadão e à coletividade o direito a informação idônea e que privilegia o interesse público acima do interesse particular, respeitando-se a lei e os compromissos éticos, entre eles, as proteções estabelecidas para o cidadão e o consumidor.

[Radialismo]
Capacidade para equilibrar o compromisso com o interesse público e com o direito de informar e ser informado, mesmo quando esses princípios se chocam com institutos legais e deontológicos, incluindo o tratamento da imagem (reputação) de pessoas e personalidades públicas.

[Editoração]
Capacidade para equilibrar o compromisso com o interesse público e com o direito de informar e ser informado, mesmo quando esses princípios se chocam com institutos legais e deontológicos, incluindo o tratamento da imagem (reputação) de pessoas e personalidades públicas.

[Cinema]
Capacidade de equilibrar o compromisso para com as leis, os códigos de ética e o respeito pela pessoa humana e sua reputação com o dever de retratar a realidade, de forma que tal procedimento também incorpore o compromisso para com a história, mesmo quando esteja em jogo a imagem de personalidades, sobretudo, pessoas públicas.

[Relações Públicas]
Capacidade de equacionar os compromissos institucionais para com as organizações e respectivos públicos e os compromissos para com a sociedade, no sentido de que ela deve ser bem informada, sem omissões para com as personalidades. (valor: 10,0 pontos)

30. DISCURSIVA
PADRÃO DE RESPOSTA ESPERADO
[Para todas as habilitações]
A resposta a essa questão está intimamente ligada à experiência que os alunos têm em relação a ouvir ou não rádio na Internet. As justificativas podem ser muito variadas, incluindo-se a de que o rádio na Internet é um veículo híbrido, ainda não consolidado, o que dificulta as afirmações taxativas a esse respeito.
Padrão "Sim". O Rádio na Internet pode limitar-se à transposição do que é veiculado tradicionalmente, tal como fazem a CBN, a Globo e outras emissoras, ou pode apresentar programação própria, segmentada e destinada a determinados públicos. Quanto às características próprias do veículo, como instantaneidade, mobilidade, baixo custo de produção e dos equipamento de recepção, e a nãoexigência de alfabetização digital para compreensão de suas mensagens, elas não se perdem na Internet.
Padrão "Não". Sem a garantia de manutenção de suas características intrínsecas, como instantaneidade, mobilidade, baixo custo de produção e dos equipamentos de recepção e a nãoexigência de alfabetização digital para compreensão de suas mensagens, o que se ouve na Internet não é rádio, é um banco de dados. O rádio deixa de ser móvel na Internet. Ele volta a necessitar de conexões, mesmo quando sem fio. Embora na Internet o custo de produção e emissão possa, eventualmente, ser baixo, o mesmo não se pode afirmar com relação à recepção das emissões "radiofônicas" por computador.
Com relação às diversas habilitações, algumas variações do padrão de resposta são analisadas a seguir.

[Jornalismo]
Pode-se argumentar que há e mostrar experiência de audição e programação, falar do texto, contestar alguns itens, como mobilidade e instantaneidade, fazer menção às mudanças na linguagem do veículo a partir da Internet e seu público.
Pode-se também argumentar que não há, mostrar que o "rádio na Internet" perdeu suas características básicas, inclusive o fator analfabetismo e pouca escolaridade do público; argumentar que música não é rádio, é um conteúdo radiofônico; explicitar sua experiência em relação a produção de notícias para rádio e seu público específico.

[Cinema]
O aluno pode argumentar que há e que a evolução do veículo está ligada ao desenvolvimento de novas tecnologias. Pode inclusive fazer comparações entre o cinema mudo e o falado e de como isso mudou características da linguagem cinematográfica. Pode explicitar que o texto radiofônico na Internet dispensa imagens desde que se mantenha a oralidade. Pode argumentar que não há. Pode argumentar sobre como a migração de um suporte para outro altera características básicas do veículo, que, por exemplo, o som de um filme transposto para a Internet, sem a imagem, é outra coisa que não o filme em si; mostrar como a linguagem auditiva é diferente nos diversos meios.

[Publicidade e Propaganda]
O aluno pode argumentar que há e explicitar o fato de haver publicidade na Internet; explicar que a linguagem publicitária radiofônica não vai mudar em relação a Internet; ela mantém características básicas e continua a exigir criatividade e sonoridade. Pode falar de um novo veículo e na necessidade de buscar outros modelos para a criação publicitária radiofônica na Internet. Pode argumentar que não há, falar da imaginação do ouvinte e da necessária concentração mental para o recebimento e entendimento de uma mensagem publicitária, subliminar ou não. Falar do texto publicitário para rádio e mostrar que a Internet não permite concentração necessária para o entendimento da mensagem. Pode se referir ao fato de a Internet permitir o acesso a mensagem em outros momentos e que isso muda (altera) o tipo de mensagem a ser transmitida.

[Relações Públicas]
Pode argumentar que há, mostrar conhecimento e referir-se a experiências na sua área de atuação e o público a que se destina. Mostrar conhecimento quanto a linguagem e as possibilidades que a rádio na Internet permite. Mostrar o conhecimento para elaboração de campanhas para determinados tipos de público.
Pode argumentar que não há, falar da redução do público em relação a exclusão social e mostrar que na sua área de atuação trabalhar com públicos mais amplos é melhor. Falar da linguagem necessária para a transmissão de informações para públicos segmentadas e especialmente escolhidos.

[Radialismo]
Pode argumentar que há, mostrar experiência em audição via computador, falar da linguagem e das especificidades dela, comentar gêneros e formatos, relatar exemplos de transposição direta de uma emissora para a Internet – tal como CBN e outras, falar da inclusão de milhares de jovens que nunca se interessaram pelo veículo e que agora ouvem rádio pela Internet.
Pode argumentar que não há, argumentar a questão do acesso ao conteúdo — o fim da instantaneidade com a possibilidade de acesso aos bancos de dados e a sobre a exclusão de milhões de pessoas que tem no rádio um veículo particular de comunicação — não exige escolaridade para o entendimento de suas mensagens. Pode argumentar que a Internet, e o computador por conseqüência, não é um veículo de comunicação, mas um suporte para dados sonoros, audiovisuais etc.

[Editoração]
Pode argumentar que há e, embora não seja específico de sua área, pode argumentar acerca da transposição de conteúdos e da linguagem própria de cada um. Como profissional de comunicação, pode exemplificar mostrando experiência em audição.
Pode argumentar que não há, argumentar que a Internet, e o computador por conseqüência, não é um veículo de comunicação, mas um suporte para dados sonoros, audiovisuais etc, fazer menção ao modelo transpositivo e mostrar como a linguagem visual, também característica da Internet, atrai mais a atenção. Pode fazer comparativos entre a linguagem escrita da Internet e dos veículos impressos como revistas e jornais. (valor: 10,0 pontos)

2003 – JORNALISMO

1. DISCURSIVA

PADRÃO DE RESPOSTA ESPERADO

A resposta deve apresentar:

- clareza e correção gramatical;
- adequação técnica de texto e título à natureza do texto argumentativo;
- noção da realidade e da inserção do fato no contexto atual;
- sustentação de um ponto de vista coerente com as idéias críticas em relação ao programa Fome Zero apresentadas nas charges, tais como: a burocracia na implantação do programa; a tecnocracia na definição das políticas de atuação; a distância entre a vontade política e a capacidade de realização e os problemas de divulgação e *marketing* do projeto. **(valor: 15,0 pontos)**

2. DISCURSIVA

PADRÃO DE RESPOSTA ESPERADO

- No Jornalismo, o termo em inglês *off* significa fora dos registros. Designa informação de fonteque se mantém anônima. O oposto de *off* é a informação *on*, em que a fonte aparece identificada. O *off* é instrumento que contribui para a obtenção de informação pelo repórter e, também, para proteger a boa fonte.
- O repórter tem a obrigação de verificar se o *off* é verdadeiro ou não. O compromisso do jornalista é com a verdade e a informação de interesse do público.
- O sigilo da fonte é um direito constitucional e deve ser sempre preservado quando está em jogo a segurança da informação, a integridade da fonte, o interesse da sociedade.
- A informação pode ser fornecida em *off* para ser publicada ou apenas para situar o jornalista, conforme o acerto com a fonte. O risco principal é o não-cumprimento do acordo entre as partes.
- Conforme o tipo de informação, não pode ser publicado sem comprovação por outra fonte ou por outro meio. **(valor: 5,0 pontos)**

3. DISCURSIVA

PADRÃO DE RESPOSTA ESPERADO

A crônica aponta falhas em todos os passos do método e na própria atitude do repórter. Em relação:

- ao planejamento – ausência de uma pesquisa prévia sobre a entrevistada e sobre a ABL, além de a pauta ser preconceituosa, uma vez que já leva uma posição fechada sobre o tema;
- à apuração – é falha porque não houve o registro correto das declarações da entrevistada;
- à aferição – deixou de ser feita para elucidar as incompatibilidades entre o que o repórter pensava e as declarações da entrevistada;
- à depuração – prevaleceram os juízos de valor do repórter sobre as relevâncias da fala da entrevistada;
- ao relato – não houve honestidade, independência, nem impacialidade. **(valor: 20,0 pontos)**

4. DISCURSIVA

PADRÃO DE RESPOSTA ESPERADO

As fotos, vistas em conjunto, passam uma imagem crítica em relação à guerra, pela humanização das vítimas e desumanização dos agressores.

Em comum com o Novo Jornalismo, têm a importação de recursos expressivos desenvolvidos e da subjetividade própria do campo da arte (no caso, composição, enquadramento, iluminação, etc.) para a interpretação dos fatos reais. **(valor: 10,0 pontos)**

5. DISCURSIVA

PADRÃO DE RESPOSTA ESPERADO

O planejamento deve, necessariamente, abordar:

- a noção da realidade e da inserção do fato no contexto atual;
- a possibilidade de apresentar roteiro detalhado de dados que possam subsidiar a produção e o trabalho do repórter, incluindo lista de entrevistados, roteiro de perguntas e enfoque da matéria;
- a possibilidade de apresentar diversidade de depoimentos, incluindo o de antropólogos, etnolingüistas e juristas que trabalhem na área, bem como o de professores e alunos indígenas;
- a seleção e edição de imagens pertinentes para a matéria, tais como: cotidiano das aldeias indígenas, funcionamento de uma escola indígena e imagens de arquivo de índios no Congresso Nacional, durante a Constituinte. Também podem ser explorados, desde que de forma pertinente, outros aspectos, como:
- a possibilidade de utilizar como fontes de informação para a construção da matéria dados obtidos em *sites* de entidades governamentais e não governamentais que desenvolvam projetos em áreas indígenas, sobretudo na área de educação;
- o papel da escola indígena bilíngüe, e da alfabetização em português, num país como o Brasil, de caráter pluricultural e multilíngüe;
- o papel da língua como elemento formador da identidade e instrumento de poder e cidadania;
- informações para produção e contextualização: os números do Censo Escolar indígena de Minas Gerais e do Brasil, que podem ser obtidos junto ao MEC. **(valor: 15,0 pontos)**

6. DISCURSIVA

PADRÃO DE RESPOSTA ESPERADO

a) Aspectos a serem mencionados na análise:

- a revista *O Cruzeiro* foi considerada uma das mais importantes revistas brasileiras do século XX;
- a publicação era propriedade do grupo Diários Associados, de Assis Chateaubriand, que não raramente publicava matérias que não demonstravam preocupação com os princípios éticos do Jornalismo;
- a revista tinha um padrão gráfico de alta qualidade (papel, fotos e cores), ênfase na realização de grandes reportagens ilustradas e ampla distribuição pelo país (a tiragem da edição sobre a morte de Getúlio Vargas teria ultrapassado os 700 mil exemplares, marca que seria superada pela revista *Veja* somente na década de 80);
- David Nasser e Jean Manzon formaram, na época, a primeira e mais destacada dupla profissional do jornalismo brasileiro pelos furos jornalísticos, grandes reportagens, abordagens polêmicas e combinação exitosa entre texto e fotografia. **(valor: 5,0 pontos)**

b) Os três princípios éticos sugeridos são:

* não ludibriar a fonte quanto aos objetivos da reportagem;
* respeitar a dignidade e a vida privada das pessoas;
* considerar sempre as conseqüências da promoção do fato e da sua divulgação.

A análise de qualquer um dos princípios identificados deve levar em conta a relação do jornalista com a fonte, que se deve pautar pela verdade; pelo respeito à privacidade e à intimidade; e pela responsabilidade. **(valor: 5,0 pontos)**

7. DISCURSIVA

PADRÃO DE RESPOSTA ESPERADO

* "O meio é a mensagem" traduz a idéia de que o elemento fundamental para a compreensão dos efeitos sociais de um meio de comunicação reside na natureza mesma desse meio, nas suas características específicas, de estrutura e funcionamento, que determinam a peculiariedade da mensagem que emite. Assim, o que verdadeiramente interessa não é tanto o que o rádio ou a televisão dizem, mas o fato de existirem, trazendo transformações à sociedade no processo cognitivo que o jornalismo realiza. Essas transformações são a sua mensagem. Desta forma, o videofone passa a ser a mensagem principal da reportagem.
* "Os meios de comunicação são extensões do homem" porque formam o ambiente no qual ele se move, se projeta e se forma. Rádio, telefone ou televisão e, da mesma forma, videofone, ampliam e modificam os sentidos do homem como a visão, audição, tato, etc. As tecnologias são consideradas pelo pensador como agentes modificadores da sociedade, extensões do indivíduo que geram mudanças em seu próprio comportamento e moldam os padrões de percepção do mundo e de si próprio.
* "Aldeia global" foi outro conceito importante do pensador. Ao analisar a passagem de uma civilização moldada na comunicação impressa para a comunicação de base eletrônica, McLuhan observa uma mudança de padrão. De uma comunicação fragmentada, linear, de propagação lenta e de caráter individualizado, passou-se para outra integrada, não linear, de propagação imediata e de caráter comunitário. Acreditava que os meios de comunicação como rádio e televisão permitiam a todos participar da vida de todos, num envolvimento social global. Pelos meios eletrônicos, o mundo tornar-se-ia um grande vilarejo, uma aldeia global. O videofone conectou espectadores de todo o mundo às aldeias do Iraque, sem fronteiras de tempo ou de espaço.

8. DISCURSIVA

PADRÃO DE RESPOSTA ESPERADO

O plano de divulgação deve, necessariamente, incluir:

* definição de objetivos e justificativas da divulgação;
* seleção de veículos apropriados para o público-alvo, tais como programas populares de emissoras de rádio e TV locais, canais alternativos de rádio e TV e impressos locais;
* indicação de ações de divulgação adequadas aos veículos, tais como testemunhais para comunicadores populares, agendamento de entrevistas, produção de *releases*, etc.

A justificativa deve considerar a compatibilidade e a adequação entre os objetivos, os veículos escolhidos, as ações propostas e o público-alvo.

2001 – JORNALISMO

1. DISCURSIVA

PADRÃO DE RESPOSTA ESPERADO

Espera-se que:

* o graduando selecione as informações fundamentais da pesquisa para incluí-las no texto radiofônico, destacando as estatísticas de desempenho, o resultado das escalações propostas e que a unanimidade só não existe para as duplas de goleiro e de lateral esquerdo; (valor: 3,0 pontos)
* o graduando utilize as técnicas de redação do radiojornalismo (texto simples, ordem direta, frases curtas, simplificação dos dados numéricos e comparações); (valor: 3,0 pontos)
* o texto inclua uma chamada estimulando a participação do ouvinte; (valor: 3,0 pontos)
* o texto reflita o que a pesquisa aponta – a coincidência do resultado das três pesquisas nas escalações – e que, em função do tempo e do veículo, sejam utilizadas as informações de forma que o ouvinte compreenda o fato; (valor: 3,0 pontos)
* sejam apresentadas indicações técnicas de um roteiro de rádio para as falas do locutor e do repórter. (valor: 3,0 pontos)

2. DISCURSIVA

PADRÃO DE RESPOSTA ESPERADO

A partir das características da televisão, o planejamento deve explorar:

* possibilidade de apresentar diferentes exemplos de trabalho voluntário realizados no estado, identificando os resultados dessas ações a partir de depoimentos de beneficiados, voluntários, empresários, dirigentes públicos e representantes de instituições não governamentais; (valor: 3,0 pontos)
* possibilidade de abrir a matéria com um personagem que se dedica ao trabalho voluntário há vários anos e tem o reconhecimento da comunidade onde atua; (valor: 3,0 pontos)
* noção da realidade e da inserção do fato em seu contexto como, por exemplo, relacionar essas ações no âmbito das políticas públicas e sociais e identificar as fontes de financiamento para os projetos em que atuam voluntários; (valor: 3,0 pontos)
* possibilidade de apresentar roteiro detalhado que aponte para o trabalho do repórter, incluindo lista de entrevistados, roteiro de perguntas e enfoque da matéria; (valor: 3,0 pontos)
* indicação de uso de equipamentos, valorizando-a. (valor: 3,0 pontos)

Obs.: Poderão ser explorados outros aspectos, desde que pertinentes.

3. DISCURSIVA

PADRÃO DE RESPOSTA ESPERADO

O espaço do jornal não pode servir como "palanque privilegiado para acertar contas pessoais". Interesse público, direito à correta informação, pluralidade de fontes estão entre os princípios éticos que regem a atividade jornalística. Outras respostas são admitidas, desde que o interesse público possa justificar a ação circunstancial do jornalista. (valor: 10,0 pontos)

4. DISCURSIVA

PADRÃO DE RESPOSTA ESPERADO

A resposta deverá apresentar:

- correção gramatical, clareza, coesão, coerência, adequação técnica de texto, título e chamada ao meio (jornal impresso); (valor: 4,0 pontos)
- pertinência e lógica na seleção, hierarquização e apresentação das informações obtidas a partir do material fornecido, segundo critérios jornalísticos – destacando tanto a recusa dos países desenvolvidos de reduzirem suas emissões de CO_2 quanto o problema do desenvolvimento sustentável da Amazônia, e o peso de cada uma das questões no desequilíbrio do clima global; (valor: 4,0 pontos)
- contextualização pertinente; (valor: 4,0 pontos)
- coerência entre texto, título e chamada; (valor: 4,0 pontos)
- definição de ilustração complementar ao texto (por exemplo: o próprio gráfico apresentado ou outro similar; fotos das pessoas citadas, ou da Floresta Amazônica, ou outra relativa ao tema; desenhos). (valor: 4,0 pontos)

5. DISCURSIVA

PADRÃO DE RESPOSTA ESPERADO

A resposta deve indicar:

- a introdução, no século XX, da diagramação com o uso de manchetes e títulos de diversos tamanhos para hierarquizar e apresentar as informações; (valor: 2,0 pontos)
- a introdução do uso de fotografias, ilustrações, infográficos e de chamadas (só com manchetes ou com manchetes e olhos das matérias) para o conteúdo do interior do jornal , enquanto o jornal do século XIX não usa chamadas; (valor: 2,0 pontos)
- a presença de um folhetim na primeira página do século XIX e de informações de serviço (tempo, suas contas), além da presença de anúncios e de índice na primeira página do jornal do século XX; (valor: 1,0 ponto)
- como as mudanças gráficas facilitam a leitura do jornal. (valor: 2,0 pontos)

6. DISCURSIVA

PADRÃO DE RESPOSTA ESPERADO

Diante de uma infinidade de documentos circulando na rede, o desafio dos jornalistas é conseguir informações confiáveis e de qualidade num curto espaço de tempo. Entre os principais problemas que surgem, estão:

credibilidade das fontes - Na Internet qualquer cidadão pode tornar-se editor de informação. É necessário dar crédito aos dados que provêm de fontes conceituadas e fidedignas (como instituições e meio de comunicação) e tomá-las como ponto de partida para uma apuração mais rigorosa. O uso indiscriminado de informações sem a devida contextualização e análise coloca em risco a credibilidade da notícia. (valor: 3,0 pontos)

autoria - O código de ética da profissão censura o plágio ou a reprodução de informações sem identificar a autoria. A facilidade de copiar e transferir arquivos pode favorecer a cópia de informação sem o devido cuidado de citar a fonte. (valor: 3,0 pontos)

7. DISCURSIVA

PADRÃO DE RESPOSTA ESPERADO

A foto, de fevereiro de 2001, expressa o momento em que Marta Suplicy ascende na cena política de São Paulo, ao mesmo tempo em que o governador Mario Covas se mostra cada vez mais abatido pelo câncer que o mataria em seguida. Isto se traduz no contraste da expressão corporal dos dois políticos. (valor: 2,0 pontos)

Essa foto poderia estar na primeira página de um jornal porque apresenta as seguintes características:

- contexto;
- ângulo (de quem fotografou e editou);
- impacto e qualidade técnica (contraste, nitidez e composição). (valor: 2,0 pontos)

8. DISCURSIVA

PADRÃO DE RESPOSTA ESPERADO

Pode ser aceita qualquer uma das críticas abaixo.

- Uma das maiores críticas está associada à análise da cultura de massa: o fatalismo do conceito frankfurtiano fixa de maneira exemplar a derrocada da cultura e sua redução a mercadoria, o que resultaria na indesejável padronização cultural – uma posição considerada elitista e nostálgica, que pressupõe uma experiência cultural independente da técnica.
- Outra crítica está relacionada ao fato de que ao receptor era atribuída uma posição passiva em relação aos meios. Os teóricos da Escola de Frankfurt acreditavam que a padronização da cultura constituía uma forma de alienação social.
- Mais do que tudo, os frankfurtianos foram criticados por seu pessimismo e pela visão apocalíptica do papel dos meios de comunicação na sociedade. (valor: 6,0 pontos para qualquer uma das críticas acima)

Obs.: Serão aceitas outras respostas, desde que pertinentes.

9. DISCURSIVA

PADRÃO DE RESPOSTA ESPERADO

Editorial – a opinião representa interesses e posicionamentos do veículo. (valor: 2,0 pontos)

Colunas – a opinião está submetida ao ponto de vista do autor, que pode ser um jornalista ou especialista em temas específicos. (valor: 2,0 pontos)

Crítica – a opinião tem por objetivo apresentar obra ou produto e avaliá-lo. (valor: 2,0 pontos)

10. DISCURSIVA

PADRÃO DE RESPOSTA ESPERADO

O limite para a dramatização da informação está em não distorcer a realidade simplesmente para exagerar seus aspectos sensacionais. A informação jornalística deve necessariamente refletir da maneira mais fiel possível a realidade, respeitando os princípios éticos e o real impacto dos acontecimentos em seu contexto. (valor: 5,0 pontos)

Exemplos de casos recentes: a cobertura do seqüestro do ônibus da linha 174 no Rio de Janeiro; rebeliões nos presídios de São Paulo; acidente com a plataforma P 36 da Petrobras; programa da Rede TV! que vasculha o lixo dos artistas famosos; o programa do Ratinho; o Linha Direta; o uso de jornalismo em programas de entretenimento como o Domingão do Faustão (Rede Globo) e Domingo Legal (SBT). (valor: 2,0 pontos)

Obs.: Serão aceitas outras respostas, desde que pertinentes.

CAPÍTULO V
QUESTÕES DE COMPONENTES ESPECÍFICOS
DE DESIGN

DESIGN DE MODA – 2009		
1. E	10. A	19. B
2. B	11. E	20. D
3. C	12. C	21. A
4. D	13. B	22. A
5. E	14. D	23. B
6. B	15. C	24. A
7. A	16. E	25. A
8. D	17. B	26. B
9. C	18. ANULADA	27. E

28.DISCURSIVA
PADRÃO DE RESPOSTA ESPERADO

Os criadores de moda japoneses levaram para a Europa um estilo menos sexy e exuberante, pois em vez de despir as mulheres, eles propunham vesti-las.

a) O estilo vigente, antes da chegada do grupo japonês, era carregado de sensualidade com decotes provocantes e tecidos com strech (lycra) que deixavam a roupa mais colada ao corpo. Havia, ainda, um exagerado decorativismo nas roupas, maquiagem forte e corte de cabelo em camadas.

b) O estilo empreendido pelos japoneses era caracterizado por silhuetas completamente surpreendentes e por efeitos espaciais, que colocaram em evidência materiais invulgares que viviam em função do corpo, deixando para segundo plano o sexo de quem o vestia. Foi o início de uma revolução do conceito ocidental de corpo e vestuário.

Dados complementares deste item que podem ou não serem respondidos – Kenzo apresentou o seu vestuário de estilo folclórico, muito colorido e pouco convencional. Ele combinava o corte tradicional do kimono com elementos sul-americanos, orientais ou escandinavos. Issey Miyake influenciou-se pelas formas do vestuário tradicional japonês e "importou" das artes plásticas sua maneira de entender a moda, com construções elaboradas que privilegiavam formas inusitadas e efeitos plissados. Rei Kawakubo, também com formação em artes plásticas, mostrava um vestuário de aspecto quase pobre e aparentemente disforme. Yohji Yamamoto pretendia criar um espaço de movimento para o corpo com a ajuda do vestuário e propôs peças de corte solto e frequentemente volumoso, com aparência de escultura.

c) Até hoje, criadores de moda desenvolvem coleções que experimentam os efeitos produzidos pelos criadores Kenzo, Rei, Issey e Yohji. Seja pela aparência aproximada de efeitos escultóricos, seja pela exploração e experimentação de novas modelagens ou, ainda, pelo desejo em apresentar uma proposta que valorize mais o vestuário do que o corpo de quem o porta.

29. DISCURSIVA
PADRÃO DE RESPOSTA ESPERADO
ANULADA

30. DISCURSIVA
PADRÃO DE RESPOSTA ESPERADO

a) A confecção dos aventais passa por várias etapas: da elaboração do modelo à entrega dos produtos. Todas as etapas possíveis são:

1) Encaixe – disposição dos moldes sobre o tecido com o objetivo de obter o melhor aproveitamento do material;

2) Risco – contorno dos moldes encaixados;

3) Enfesto do tecido – estender o tecido em camadas sobrepostas, perfeitamente alinhadas, com as faces posicionadas de acordo com as características do material;

4) Corte – execução do corte seguindo o risco efetuado;

5) Costura / Montagem – junção das partes cortadas e acabamentos diversos.

b) Os fatores que limitam a utilização desses aventais são, entre outros:

1) Uso de material inflamável;

2) Uso de tecidos inadequados ao contexto do trabalho;

3) Modelagem inadequada.

DESIGN – 2009		
1. C	10. ANULADA	19. B
2. A	11. A	20. C
3. ANULADA	12. C	21. ANULADA
4. ANULADA	13. C	22. B
5. B	14. A	23. C
6. B	15. D	24. C
7. ANULADA	16. D	25. C
8. D	17. B	26. C
9. C	18. C	27. A

28. DISCURSIVA

PADRÃO DE RESPOSTA ESPERADO

Alexandre Wollner

Poderá ser citado:

- Foi um dos primeiros a ter um aprendizado formal na área. O examinando pode exemplificar, citando que Wollner foi aluno do Instituto de Arte Contemporânea (IAC) e que foi aluno da Hochschule für Gestaltung, de Ulm (conhecida como Escola de Ulm).
- Foi sócio do que é considerado, para alguns, o primeiro escritório de design no Brasil (Forminform).
- Foi um dos professores pioneiros do ensino de nível superior de design no país (professor da ESDI– Escola Superior de Desenho Industrial – Rio de Janeiro).
- Desenvolveu projetos de identidade visual, quando esta prática ainda não era corrente no Brasil.
- Projetos desenvolvidos – identidade visual, entre outros:
  - Metal leve
  - Eucatex
  - Probjeto
  - Argos Industrial
  - Escriba
  - Moinho Santista
  - Banco Itaú
- Embalagens:
  - Açúcar União
  - Sardinhas Coqueiro

Aloísio Magalhães

- Foi o primeiro brasileiro a lecionar design no exterior (Phildelphia Museum School of Art).
- Foi um dos pioneiros na adoção e divulgação do léxico construtivo e nos métodos ligados às escolas suíça e alemã em projetos de identidade visual no Brasil – léxico e métodos esses vieram a se tornar dominantes no país.

- Foi um dos professores pioneiros do ensino de nível superior de design no país (professor da ESDI– Escola Superior de Desenho Industrial – Rio de Janeiro).
- Montou o escritório PVDI, no Rio de Janeiro, responsável por grandes e pioneiros projetos de identidade visual e que também, por meio de estágios e empregos, colaborou na formação de, pelo menos, uma geração de designers, que replicaram suas ideias.
- Projetos de identidade visual, entre outros:
  - Petite Galerie
  - Editora Delta
  - Banco Aliança
  - Banco do Estado da Guanabara
  - Banespa
  - Banco Moreira Salles
  - Símbolo do 4º Centenário do Rio de Janeiro
  - Light
  - CCPL
  - Produtos Beija-Flor
  - Petrobrás
  - Embratel

Sérgio Rodrigues

- Desenvolveu projetos de móveis com características inovadoras (formais, de fabricação e de uso de materiais – neste último caso, couro e madeiras de lei)
- Foi dos primeiros a receber prêmios internacionais na área do design, como o de Cantu, na Itália, na década de 1960.
- Foi fundador da indústria moveleira Oca, uma das pioneiras na fabricação, comercialização e difusão do móvel moderno no país.
- Projetos desenvolvidos, entre outros:
  - Poltrona mole / sofá mole
  - Poltrona Sheriff
  - Poltrona Kilin

29. DISCURSIVA

PADRÃO DE RESPOSTA ESPERADO

Cada linha apresenta uma forma diferente, com suas possíveis variações (rotação, espelhamento)

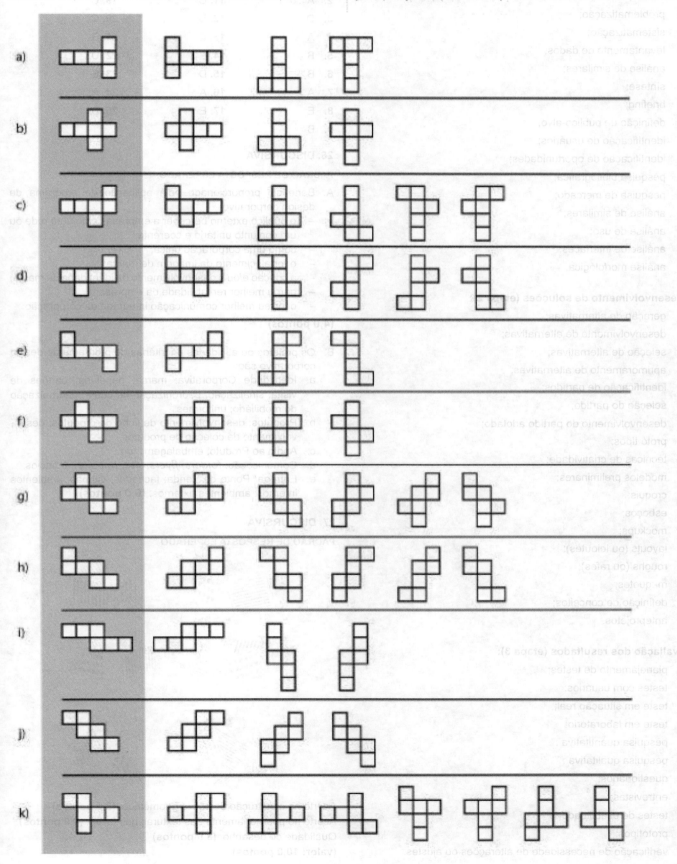

30. DISCURSIVA

PADRÃO DE RESPOSTA ESPERADO

Identificação e apresentação do problema (etapa 1):

- problematização;
- sistematização;
- levantamento de dados;
- análise de similares;
- síntese;
- briefing;
- definição de público-alvo;
- identificação de usuários;
- identificação de oportunidades;
- pesquisa bibliográfica;
- pesquisa de mercado;
- análise de similares;
- análise de uso;
- análise de interfaces;
- análise morfológica.

Desenvolvimento de soluções (etapa 2):

- geração de alternativas;
- desenvolvimento de alternativas;
- seleção de alternativas;
- aprimoramento de alternativas;
- identificação de partidos;
- seleção do partido;
- desenvolvimento do partido adotado;
- protó tipos;
- técnicas de criatividade;
- modelos preliminares;
- croquis;
- esboços;
- mockups;
- layouts (ou leioutes);
- roughs (ou rafes);
- maquetes;
- definição de conceitos;
- anteprojetos.

Avaliação dos resultados (etapa 3):

- planejamento de testes;
- testes com usuários;
- teste em situação real;
- teste em laboratório;
- pesquisa quantitativa ;
- pesquisa qualitativa ;
- questionários;
- entrevistas;
- testes de usabilidade;
- protótipos;
- verificação de necessidade de alterações ou ajustes.

DESIGN – 2006

1. E	10. C	18. C
2. A	11. C	19. C
3. D	12. D	20. C
4. A	13. E	21. B
5. B	14. E	22. D
6. B	15. D	23. E
7. A	16. A	24. A
8. E	17. E	25. D
9. B		

26. DISCURSIVA

PADRÃO DE RESPOSTA ESPERADO

A. Benefício proporcionado pela aplicação do programa de design corporativo:
   - o público externo perceber a empresa como uma rede ou um conjunto unitário e coerente;
   - como uma corporação única;
   - o fortalecimento da imagem de marca;
   - a criação e/ou o desenvolvimento da identidade de marca;
   - gerou melhor rentabilidade da empresa;
   - ocorreu melhor comunicação integrada da corporação.

(4,0 pontos)

B. Os projetos ou atividades prioritárias do programa de design corporativo são:
   a. Identidade Corporativa: marca; papelaria; cartões de visita; sinalização; padronização de cores; padronização do mobiliário; uniformes.
   b. Produtos: desenvolvimento de linha de produtos; desenvolvimento de coleção de produtos.
   c. Apoio ao Produto: embalagem; *tag*.
   d. Comunicação: *folders*; *flyers*; *site; hot-site*; anúncios.
   e. Entrega/ Ponto de Venda: fachadas; vitrinas; ambientes internos; ambientes externos. **(6,0 pontos)**

27. DISCURSIVA

PADRÃO DE RESPOSTA ESPERADO

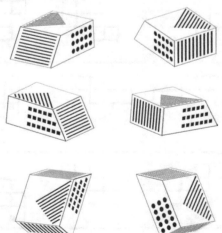

Acerto na construção do sólido geométrico. **(3,0 pontos)**
Acerto no posicionamento das texturas nas faces. **(4,0 pontos)**
Qualidade do desenho. **(3,0 pontos)**
(valor: 10,0 pontos)

28. DISCURSIVA

PADRÃO DE RESPOSTA ESPERADO

A. Os elementos relacionados aos fatores mercadológicos incluem
- Usuários, consumidores, clientes
- Divulgação, publicidade, propaganda
- Logística, canais de distribuição, ponto de venda, praça, revendedores
- Mercado, marketing, concorrência, produtos semelhantes
- Custo, lucro, preço
- Falhas, problemas
- Capital, investimento
- Segmento, nicho

(5,0 pontos)

B. Os elementos relacionados aos fatores produtivos incluem
- Transporte, logística, estoque
- Maquinário, equipamentos
- Processo produtivo
- Investimentos
- Montagem
- Quantidade, volume
- Meio ambiente, sustentabilidade
- Custo
- Arranjo físico

(5,0 pontos)

29. DISCURSIVA

PADRÃO DE RESPOSTA ESPERADO

Deve ser mencionado um exemplo de uma situação de design em que não se conhece o estereótipo e que deve ser descoberto mediante uma pesquisa experimental. Essa situação deve ser devidamente descrita. Na seleção dos sujeitos deve ser considerado uma amostra representativa do público-alvo, de acordo com as características importantes para o estereótipo considerado. **(valor: 10,0 pontos)**

30. DISCURSIVA

PADRÃO DE RESPOSTA ESPERADO

Definir algum tipo de produto da área de *design* do aluno e dois processos de fabricação desse produto (e não somente os materiais que ele é feito) e as implicações decorrentes desses processos na configuração do produto, assim como as implicações no custo do produto. Exemplos:

– *Design de Produtos*
  a) Considerando uma **cadeira** – especificamente o apoio lombar e dos glúteos –, a utilização dos processos de laminação ou de fibra de vidro. **(2,0 pontos)**
  b) Produção em fibra de vidro permite configurações orgânicas e superfícies de revolução complexa, enquanto a fabricação com madeira laminada pede configurações lineares e superfícies derivadas de curvas simples. **(4,0 pontos)**
  c) O processo de produção de fibra de vidro laminada é adequado à produção em pequena escala, pois o custo inicial dos moldes é baixo e resiste a pequenas tiragens, enquanto a laminação da madeira exige ferramentais mais caros e séries maiores para amortização dos custos de investimento. **(4,0 pontos)**

– *Design Gráfico*
  a) Considerando um **cartaz**, em formato A3, por exemplo, produzido em *offset* com policromia ou em serigrafia. **(2,0 pontos)**
  b) Processo de *offset* com policromia permite o uso de infinitas cores e tons, assim como representações por meio de fotografias. A produção do mesmo cartaz em serigrafia não permitiria tais soluções, a não ser com custos mais elevados. Ao seu modo, a serigrafia proporciona a utilização de um volume de tinta maior em superfícies de materiais mais diversos, possibilitando, assim, diferentes resultados estéticos. **(4,0 pontos)**
  c) O custo unitário de um cartaz produzido pelo processo em *offset* pode ser bem menor que o custo do produzido pela serigrafia, pois o primeiro processo é adequado a grandes tiragens, enquanto o segundo, a pequenas tiragens. **(4,0 pontos)**

– *Design de moda*
  a) Considerando a **confecção de uma camisa masculina**, cortada e confeccionada uma a uma, em máquina doméstica ou em série, com uso de máquina industrial. **(2,0 pontos)**
  b) Na produção doméstica, com a utilização de tesoura manual, cada peça pode ficar diferente da outra. No corte por enfestamento, pode-se cortar 30 peças de cada vez, com uso de tesoura elétrica, e todas ficam iguais. Além disso, o ponto da costura doméstica fica folgado, enquanto, na máquina industrial, o ponto fica mais justo, proporcionando acabamento melhor e durabilidade maior. **(4,0 pontos)**
  c) O custo unitário da confecção da camisa pelo processo doméstico pode sair por R$ 40,00. Pelo processo industrial de facção, esse custo pode ser reduzido para R$ 5,00 a unidade. **(4,0 pontos)**

– *Design de interiores*
  a) Considerando a elaboração de **projeto de estande**, em que seriam representadas graficamente soluções para esse ambiente, utilizam-se o desenho manual ou Autocad. **(2,0 pontos)**

  b) No desenvolvimento pelo processo manual, a elaboração do desenho necessitará mais tempo, com limitação do uso de materiais, cores e suporte (papel), com reprodução por meio de cópia ou escaneamento. No projeto finalizado, não seria possível correções no desenho. O desenvolvimento com a ferramenta Autocad disponibiliza novas formas de trabalhar.
  Conjugando o desenho 2D com o modelo 3D, projetar, visualizar, apresentar e documentar, antevendo possíveis falhas. O desenvolvimento também é mais rápido. **(4,0 pontos)**

  c) O custo para desenvolvimento manual do projeto é mais elevado, pois envolve uma série de ferramentas – lápis, caneta, marcadores, pincéis etc –, e suportes – diversos tipos de papéis, além da hora de trabalho. O Autocad tem um custo inicial elevado, mas esse custo se dilui na quantidade de trabalhos executados.

CAPÍTULO VI
QUESTÕES DE COMPONENTES ESPECÍFICOS
DE TURISMO

GESTÃO DE TURISMO – 2009

1. E	10. E	19. E
2. C	11. B	20. A
3. C	12. E	21. D
4. D	13. A	22. C
5. A	14. B	23. A
6. E	15. A	24. C
7. A	16. B	25. C
8. A	17. B	26. B
9. A	18. B	27. E

28. DISCURSIVA

PADRÃO DE RESPOSTA ESPERADO

A) Os estudantes devem ser capazes de realizar uma análise crítica do texto. Os aspectos que merecem críticas são:

- Os turistas serem considerados mais importantes que a comunidade local;
- A tônica de seu negócio estar no turismo de massa;
- O lucro estar acima de outras questões;
- Conhecer superficialmente o seu cliente;
- Possuir falhas no processo de relacionamento com os clientes (durante a venda dos produtos/serviços);
- A qualificação de seus funcionários não ser satisfatória para os padrões de qualidade atuais;
- O tom amadorístico com que atuam profissionalmente;
- Não disponibilizar serviços especializados a segmentos de mercados específicos;
- A falta de ética profissional.

Ainda na letra A, os estudantes podem mencionar que a empresa **X** possui mais aspectos passíveis de crítica (5 no total) que a empresa **Y** (3 no total). A empresa Y pode ser considerada mais sustentável que a X, pois a X trabalha com turismo de massa. Ainda neste tópico, os estudantes podem analisar as estratégias adotadas pelas empresas, a partir de uma perspectiva dos princípios do turismo responsável, ou seja, podem mencionar as "boas práticas" de cada empresa.

B) As propostas para a empresa **X** devem estar relacionadas com:

- Os turistas serem considerados mais importantes que a comunidade local;
- A tônica de seu negócio estar no turismo de massa;
- O lucro estar acima de outras questões;
- Conhecer superficialmente o seu cliente;
- Possuir falhas no processo de relacionamento com os clientes (durante a venda dos produtos/serviços).

Propostas possíveis para a empresa **X**:

- Realizar campanhas de sensibilização com os proprietários da empresa, para que valorizem mais a comunidade local;
- Estimular os donos da empresa a refletirem sobre um turismo mais responsável;
- Elaborar novos produtos, redirecionando o marketing e todos os serviços prestados para o turismo de pequenos grupos;
- Incutir nestes empresários o conceito de sustentabilidade e o de ética com o meio ambiente;
- Realizar pesquisas de demanda;
- Analisar em pormenor os clientes atuais, através de questionários, entrevistas, etc;
- Identificar as falhas no relacionamento com os clientes e realizar correções no processo (podem sugerir aqui o uso das novas tecno logias, etc.);
- Analisar outras propostas estabelecidas pelos estudantes e ver se está em consonância com os problemas enfrentados pela empresa **X**.

As propostas para a empresa **Y** devem estar relacionadas com:

- A qualificação de seus funcionários não ser satisfatória para os padrões de qualidade atuais;
- O tom amadorístico com que atuam profissionalmente;
- Não disponibilizar serviços especializados a segmentos de mercados específicos.

Propostas possíveis para a empresa **Y**:

- Realizar cursos de capacitação para os funcionários;
- Elaborar cursos de reciclagem para os recursos humanos da empresa;
- Realizar cursos com a alta gerência e proprietários, no sentido de profissionalizar o negócio;
- Elaborar produtos e serviços para segmentos específicos de mercado (podem inclusive sugerir algum produto/serviço específico);
- Analisar outras propostas estabelecidas pelos estudantes e ver se está em consonância com os problemas enfrentados pela empresa **Y**.

29. DISCURSIVA

PADRÃO DE RESPOSTA ESPERADO

A) Os estudantes devem ter clareza da segmentação de mercado e, ao definir o público-alvo, podem citar:
a) 3ª idade;
b) jovens;
c) ecoturista;
d) turista de aventura;

COLETÂNEA DE QUESTÕES – GABARITO E PADRÃO DE RESPOSTA — 245

e) turista de natureza;

f) portadores de necessidades especiais;

g) público GLS;

h) grupo de turismo cultural;

i) grupo de estudantes (turismo pedagógico);

j) turista de incentivo;

k) turista de negócio;

l) outros.

B) Os estudantes deverão ter a capacidade de propor produtos ou serviços turísticos especializados referentes ao público-alvo eleito.

C) A forma de divulgação também deve estar relacionada ao público-alvo e podem ser citadas: TV, rádio, sites, portal, blog, twitter, revistas especializadas, outdoor, jornal, telemarketing, entre outros.

30. DISCURSIVA

PADRÃO DE RESPOSTA ESPERADO

Há várias etapas que podem ser citadas pelos estudantes. Espera-se nesta questão um raciocínio lógico e sequencial relacionado ao processo de planejamento de um novo empreendimento, no caso em questão da agência de turismo.

Serão aceitas as seguintes citações referentes às três etapas:

a) Estudos sobre a ideia do projeto (investigações sobre a área);

b) Análise do mercado (estudo ambiente interno e externa/análises SWOT/FOFA);

c) Análise da demanda;

d) Análise da concorrência;

e) Definição de público-alvo (segmentos de mercado);

f) Estudo de viabilidade econômico-financeira;

g) Escolha da localização da empresa;

h) Constituição legal da empresa;

i) Definição de produtos e serviços;

j) Planos de marketing;

k) Outras etapas relacionadas ao processo de planejamento do negócio, como por exemplo, diagnóstico, cenário atual, análise de tendências e prognóstico.

O importante na parte discursiva é a argumentação sobre a escolha das etapas. Espera-se que pelo menos uma das etapas citadas pelos estudantes esteja relacionada a pesquisas de base, como por exemplo, a análise do mercado e/ou da concorrência.

TURISMO – 2009		
1. B	10. B	19. D
2. D	11. E	20. B
3. E	12. E	21. E
4. D	13. C	22. D
5. A	14. D	23. E
6. D	15. E	24. D
7. D	16. A	25. E
8. E	17. E	26. B
9. ANULADA	18. E	27. D

28. DISCURSIVA

PADRÃO DE RESPOSTA ESPERADO

A) Fundamentos do planejamento
Planejamento estratégico
Pesquisa de mercado (Concorrência, mercado consumidor, fornecedores)
Pesquisa de demanda
Estudos de viabilidade socioeconômica
Análise do ambiente interno e externo
Análise SWOT / FFOA ou FOFA
Planejamento Sistêmico
Planejamento Participativo

Fundamentos da Gestão

• **Gestão ambiental** – uso de energia limpa, conscientização dos hóspedes para o desperdício, implementação de sistemas de controle de gastos de energia, redução de resíduos entre outras, reaproveitamento de resíduos, por exemplo, transformação de óleo usado em sabão.

• **Gestão com responsabilidade social** – manutenção de tradições e culturas locais, valorização dos recursos humanos, participação em programas com ênfase nas questões sociais, etc.

• **Gestão econômica e financeira** – envolvendo conceitos de *pay&bac*, gestão de recursos físicos e econômicos, gestão orçamentária.

• **Gestão de recursos humanos-** conjunto de métodos, políticas, técnicas e práticas definidas com o objetivo de orientar o comportamento humano e suas relações , para maximizar o potencial do capital humano

• **Gestão de marketing** – 4p's – preço, produto, praça e promoção, relacionamento com o cliente.

B) Desenvolvimento sustentável – Dinamização da economia local, equidade social e prudência ecológica.
Conceitos associados ao Desenvolvimento Sustentável, descrevendo como as atividades de hotelaria e turismo podem conciliar a viabilidade econômica com responsabilidade socioambiental por meio de programas de gestão ambiental, o envolvimento e responsabilidade social, proporcionando melhor qualidade de serviços e respeitando as culturas locais.

29. DISCURSIVA

PADRÃO DE RESPOSTA ESPERADO

Não concordo - Prováveis argumentos
Concordo – Prováveis argumentos

Argumentos:

Os estudantes devem fazer um paralelo entre a visão dos empreendedores e gestores de resorts e de cruzeiros marítimos.

Para os resorts

• um resort além dos investimentos em terrenos, edificações, instalações, serviços com o aproveitamento da mão de obra local;

• paga impostos aos organismos públicos, encargo sociais de colaboradores;

- é fiscalizado por órgãos ambientais e cumpre uma rígida legislação trabalhista, entre outras obrigações de uma empresa hoteleira, imóvel;
- depende da sazonalidade e da inconstância da demanda.
- não pode oferecer dentre os serviços de animação, os cassinos, que são proibidos em território nacional.

Para os cruzeiros marítimos

Na verdade, os cruzeiros têm **custos de implementação do negócio elevados,** pagam taxas para o governo tanto para sua entrada, quanto permanência no país, além de pagar as taxas portuárias mais altas do mundo.

Enfrentam grandes **problemas com a infraestrutura.**

Aproveitam do potencial e de uma **demanda reprimida.**

Há uma **lei que exige que os cruzeiros contratem no mínimo 20 %** de mão-de-obra brasileira e segue normas das leis trabalhistas.

Os cruzeiros têm práticas **de gerenciamento de receitas** que prevêm em muito, a relação custo operacional, demanda, sazonalidade para estabelecer seus preços, o que não é amplamente aplicado pela rede hoteleira em larga escala.

O investimento em Marketing é alto, que envolve preço, promoção, formas de comercialização e distribuição, o que confere bons resultados para os cruzeiros marítimos.

Fazem a prática da **integração vertical** a partir do momento em que firmam parceria com transportadoras aéreas para reduzir o custo do deslocamento até o navio, algo pouco ou quase nada praticado pelos resorts ou rede hoteleira.

Os cruzeiros são **incentivadores de demanda futura,** a partir do momento em que o pax conhece uma localização visitada pelo cruzeiro, se satisfeito com o local, acaba por voltar em outro período de férias ou oportunidade.

Conclusão: Existência de concorrência, porém, **não desleal,** pois ambos devem seguir legislações previamente definidas pelo governo, com especificidades para sua área de atuação que trazem consigo dificuldades de atuação. Ambos enfrentam problemas estruturais, porém, as vantagens competitivas são distintas. Além disso, os cruzeiros atendem segmentos distintos de demanda, incluindo as classes B e C, diferentemente dos resorts que procuram atender à classe A. Com relação aos cassinos, os cruzeiros marítimos são proibidos de oferecer este tipo de lazer quando em limites territoriais do país, devendo, portanto respeitar a mesma legislação que os resorts. Além disso, os preços e a forma de pagamento praticados pelos resorts são pouco acessíveis à demanda brasileira, sendo seu foco, muitas vezes, no público internacional.

30. DISCURSIVA

PADRÃO DE RESPOSTA ESPERADO

A) Procedimentos
- Ações do poder público
- Educação ambiental
- Plano diretor turístico
- Programas de conscientização tanto do visitante , quanto da comunidade
- Programas de interpretação do patrimônio ambiental
- Prover infraestrutura urbana para incentivar bons hábitos (coleta de lixo, placas de sinalização e advertências)

- Redimencionamento do sistema sanitário (aumentar o limite de coleta de resíduos sólidos e líquidos, tratamento dos resíduos conforme normas técnicas)
- Aumentar em épocas de alta temporada o contingente de mão-de-obra para limpeza urbana.
- Educação para o turismo nas escolas.

B) Ações
- Controle dos impactos negativos do turismo de massa.
- Política Publica de Gestão do Turismo.
- Planejamento Sustentável.
- Identificar fase do Ciclo de Vida do Produto Turístico; saturação tendendo ao declínio.
- Responsabilidade Social: envolvimento da comunidade local.
- Capacidade de Carga Social.

TURISMO – 2006		
1. C	10. D	19. E
2. B	11. C	20. A
3. A	12. B	21. A
4. A	13. A	22. E
5. B	14. D	23. B
6. C	15. C	24. C
7. C	16. D	25. B
8. D	17. B	26. B
9. E	18. D	

27. DISCURSIVA

PADRÃO DE RESPOSTA ESPERADO

A resposta deve conter as relações entre os diversos tipos de sustentabilidade:

a) sustentabilidade ambiental – gestão integrada dos recursos naturais e uso adequado desses recursos;

b) sustentabilidade social – grau de contribuição do turismo para a redução das desigualdades sociais, mediante a promoção da inclusão e do empoderamento da comunidade dos destinos;

c) sustentabilidade econômica – geração e distribuição da renda nas localidades turísticas;

d) sustentabilidade cultural – respeito aos processos culturais das comunidades e sua importância para a competitividade do local;

28. DISCURSIVA

PADRÃO DE RESPOSTA ESPERADO

Tipologias de turismo/segmentos principais por região:

1) Norte: cultura, ecoturismo, esportes, negócios e eventos, aventura e turismo rural.

2) Nordeste: cultura, sol e praia, ecoturismo, esportes, negócios e eventos, aventura e turismo rural.

3) Sul: cultura, sol e praia, ecoturismo, negócios e eventos, aventura e turismo rural.

4) Sudeste: cultura, sol e praia, ecoturismo, esportes, negócios e eventos, aventura e turismo rural.

5) Centro-oeste: cultura, ecoturismo, esportes, negócios e eventos, aventura e turismo rural.

Na justificativa, o aluno deverá apresentar, pelo menos, um exemplo/nome do segmento escolhido diferente para cada região, ressaltando os aspectos mais importantes da oferta em relação às características daquele segmento.

Outras tipologias/segmentos poderão ser citadas pelo aluno e aceitos como resposta desde que atendam ao solicitado no comando.

29. DISCURSIVA

PADRÃO DE RESPOSTA ESPERADO

As políticas públicas de turismo devem ser implantadas de modo participativo e estar integradas com os vários setores de gestão da atividade turística. Entre os seus objetivos, devem estar a capacitação de mão-de-obra, a geração de emprego, a valorização cultural e elevação da auto-estima da comunidade e o incremento da qualidade de vida da população. A política de turismo deve primar por um planejamento estratégico no desenvolvimento sustentável do turismo, valorizando a mobilização social e a participação comunitária, fatores que propiciarão o desenvolvimento endógeno e favorecerão a inclusão socioeconômica.

30. DISCURSIVA

PADRÃO DE RESPOSTA ESPERADO

A hospitalidade de uma cidade é diretamente proporcional a um relacionamento de qualidade entre anfitriões e hóspedes/visitantes. A qualidade no espaço urbano é resultado da combinação de características gerais, tais como: infra-estrutura adequada; segurança; patrimônio cultural que forneça identidade; qualidade ambiental do entorno; acesso e oportunidade de lazer; eventos que forneçam animação; respeito às diferentes culturas, faixas etárias e limitações físicas. A qualidade dos equipamentos e serviços turísticos precisa ser percebida como adequada ou superior às expectativas da demanda. A gestão do destino turístico deve contar com a participação de todos os grandes grupos de atores sociais relacionados à atividade turística.

Impressão e Acabamento

Prol EDITORA GRÁFICA